中华传世藏书
【图文珍藏版】
论语
诠解
[春秋]孔子◎原著
马博◎主编
线装书局

图书在版编目（CIP）数据

论语诠解：全6册 / (春秋) 孔子原著；马博主编. -- 北京：线装书局, 2014.6
ISBN 978-7-5120-1374-2

Ⅰ. ①论… Ⅱ. ①孔… ②马… Ⅲ. ①儒家②《论语》－注释 Ⅳ. ①B222.22

中国版本图书馆CIP数据核字(2014)第088026号

论语诠解

原　　著：［春秋］孔　子
主　　编：马　博
责任编辑：杜　语　高晓彬
装帧设计：博雅圣轩藏书馆 Boyashengxuan Cangshuguan
出版发行：线装书局
　　地　址：北京市西城区鼓楼西大街41号（100009）
　　电　话：010-64045283　64041012
　　网　址：www.xzhbc.com
经　　销：新华书店
印　　制：北京彩虹伟业印刷有限公司
开　　本：787mm × 1092mm　1/16
印　　张：168
彩　　插：8
字　　数：2040千字
版　　次：2014年6月第1版第1次印刷
印　　数：0001－3000套

定　　价：1580.00元（全六册）

至圣先师孔子及《论语》

孔子(公元前551~前479)，名丘，字仲尼，春秋末期鲁国人，著名的思想家和教育家，儒家学派的创始人，自汉武帝始，孔子学说成为封建文化的主流思想，孔子本人也被尊为圣人。他一生周游列国，宣传自己的政治主张，他宣扬刚正的人格，主张施行仁政，反对残暴统治和武力征伐，同情人民的疾苦。晚年整理了《诗》、《书》等古代文献，还把《春秋》修订成我国第一部编年体史书。他在教育事业中的业绩也是卓著的，他首创了私人讲学的教育形式，主张“有教无类”、“因材施教”，相传有弟子三千，贤人七十二。

《论语》是孔子弟子及其再传弟子记录孔子言行的书，共二十篇。主要记载孔子的社会理想、政治主张以及他在修身、交友、学习等方面的见解，是研究孔子思想的主要依据。南宋时，朱熹把它和《大学》《中庸》《孟子》合为“四书”。

学琴师襄

问礼老聃

在齐闻韶

昭公赐鲤

退修琴书

临河而反

同车次乘

灵公问陈

空中奏乐

楚王使聘

适卫击磬

因膰去鲁

删述六经

天降赤虹

接舆狂歌

习礼树下

在陈绝粮

西狩获麟

梦奠两楹

子贡庐墓

前言

想找出一本影响了中国的书并不难，从《诗经》到《易经》，从《左传》到《史记》都能如此说，但要找到一本能够长远的影响中国发展进程以及对中国人的精神品性有着千丝万缕联系的渗透的书，恐怕也只有儒家的经典之作《论语》了。

《论语》是儒家学派的经典著作之一，由孔子的弟子及其再传弟子编撰而成。它以语录体和对话文体为主，记录了孔子及其弟子言行，集中体现了孔子的政治主张、伦理思想、道德观念及教育原则等。它所反映出来的两千多年前的社会人生精论，富有哲理的名句箴言，是中华民族文明程度的历史展示。

《论语》作为国学经典，涉及人类生活诸多方面，比如如何从政，如何塑造君子人格，如何教育子弟，如何与人交往等，堪称中国传统智慧的源泉和宝库，千百年来一直指导着人们修身养性，治国安邦。

赵普说：《论语》二十篇，吾以一半佐太祖定天下。

钱穆说：《论语》自西汉以来，为中国识字人一部人人必读书。

余秋雨说：美德的最高文本，是孔子的《论语》。

梁漱溟说：孔子的东西不是一种思想，而是一种生活。

南怀瑾说：孔子学说与《论语》本书的价值，无论在任何时代，任何地区，对它的原文本意，只要不故加曲解，始终具有不可毁的不朽价值。后起之秀，如笃学之、慎思之、明辨之，融会有得而见之于行事之间，必可得到自证。

和迁哲郎说：孔子是用最平凡的日常态度来揭示人性的奥秘。

读《论语》这部书，能让你从中认识一个迂阔率性、明知其不可而为之的孔子，一个多才多艺、诲人不倦的孔子，一个食不厌精、懂得生活乐趣的孔子。学贯中西的学者们常把孔子和古希腊哲人苏格拉底相提并论，苏格拉底是被雅典民主政权处死的，据说是自由精神阻止他逃亡。但人们更喜欢孔子的直言不讳："道不行，乖桴浮于海"，这同样是一种自由精神。打开《论语》去读，像是穿越几千年的时光隧道，看到群雄逐鹿，争霸天下的春秋时期，产生了孔子一个伟大的思想家、教育家，他的言行论述了孝道、治学、治国、为政，为历代君王所推崇，如汉武帝罢黜百家，独尊儒术。

孔子的至理名言，比不上老子的意味深长，比不上庄子的逍遥洒脱，却是一剂朴素的灵丹妙药，短短几句，往往就能使人受益一辈子。小小的一本语录体书籍，从治国，到为政，再到做人，无不有详细的思想与感悟，宋朝的宰相赵普曾称，他以半部《论语》治天下，现在我们普通人也能说，我们以一本《论语》治人生。

在实现中华民族伟大复兴的“中国梦”的今天，孔子的思想言论不一定与我们所处的时代相吻合，但对于影响了几千年的中国文化的经书，是有必要一读的。有鉴于此，我们组织有关专家学者编撰了这套《论语诠解》一书，在整个编写过程中，由于时间紧、任务重，加上编者水平有限，书中错漏在所难免，恳请广大读者批评指正！

目　录

第一章　孔子其人

第一节　圣降尼山

孔子是中华民族一代圣人，是中国古代文化承上启下的集大成者，是中国历史上伟大的思想家、政治家、教育家。在他的思想学说基础上形成的儒家思想体系，就像宇宙中一颗金光闪耀的巨星。它的光辉照耀着中华大地，并将永远在中国，乃至世界的大地上闪烁着光芒。

一、家世渊源

孔子，名丘，字仲尼，春秋时期鲁国人，生于公元前551年（鲁襄公二十二年），卒于公元前479年（鲁哀公十六年），享年七十三岁。他是殷商的后裔，孔子临终前也说："予，殷人也。"家世渊源可追溯到宋国微子。

商微子

微子是商纣王的庶兄，名启。初封于微地（今山东省梁山西北一带），职为子爵，故称微子。纣王即位，昏庸无道，荒淫无度，不听微子劝谏，残害忠良，横征暴敛，招来了天怒民怨的政治局面。微子感到极度失望，在少师的劝谏下弃商出走。这时正值武王兴兵伐纣，微子认为这是上天对暴政的惩罚。他选择了顺从天意而自绑双手、袒露肩膀的归顺礼节，归顺周武王。武王为微子松绑，待以厚礼，恢复了他的爵位。武王死后成王即位，因年幼没有处理国家政事能力，由周公辅佐成王，摄政国事。武王弟弟管叔、蔡叔不服，怀疑周公有篡位野心，联合商纣王之子武庚叛乱，周公奉命诛杀了武庚、管叔、蔡叔。这时商朝宗庙已无人主祭，周成王就命微子启代替武庚为商朝后嗣，续祀汤先王宗庙，并将微子启封于宋地建国，成为宋国第一代国君。

二、孔姓先祖

孔子的先祖是宋国国君。其位曾三次禅让。

第一次禅让：是第一代国君微子启，仁德治国，深得周王室赞赏。微子暮年将至，就主动将王位禅让给弟弟衍。衍号仲微，是孔子的先祖。

第二次禅让：是缗公共。仲微生宋公稽，稽生丁公申，申生缗公共。缗公共承先祖遗风，施仁德于天下，没有将君位交给自己的儿子，而是禅让给贤能的弟弟襄公熙。

第三次禅让：襄公熙生有两子，即弗父何与厉公方祀。襄公熙准备把君位交给长子弗父何，弗父何继缗公共美德，主动让弟弟厉公方祀继承王位。到正考甫（弗父何的曾孙）时，为了使子孙永久保持这种谦让的高尚品德，铸鼎铭文，以戒后代。

微子传至弗父何是五代，弗父何传至孔父嘉又是五代，已五世亲满。按先王礼制，孔父嘉要另立公族，他以孔姓立族，成为孔姓家族第一人。

孔父嘉时为宋国大司马，执掌军事大权，忠心不二地辅佐宋殇公。他有一位贤良而美貌的妻子。宋国太宰华督决意霸占孔父嘉的妻子，于是以太宰之权刁难大司马，并以造谣诬陷的卑劣手段离间孔父嘉与国君的关系，不久华督阴谋得逞，杀了孔父嘉。

孔父嘉的儿子木金父，畏惧华督凶残，举家避难到鲁国，放弃了宋国公侯的贵族世袭特权。木金父在鲁国定居后，仍心怀仁德，代代相传。木金父生睪夷，睪夷生防叔，防叔生伯夏，伯夏生叔梁纥，叔梁纥生东方一代圣人孔仲尼。

三、天道助善

鲁国陬邑（今山东曲阜境内）下大夫叔梁纥，承嗣先祖遗风，淳朴善良，性格直率，身高七尺，力大无比，见义勇为，骁勇善战，与秦营父、狄虎弥并称为鲁国三大勇士。在一次鲁国与郑国的战争中，鲁国攻入郑国都城，郑兵欲将城门上的千斤拦闸门放下，以拦截鲁兵出路。在这千钧一发之际，叔梁纥不顾个人安危，以他无比的力量和勇气托住了闸门，保证了鲁兵迅速安全地撤离，立下了汗马功劳，受到了国君的封赠。

叔梁纥曾有前妻，生有一子名孟皮。孟皮天生病足，礼制规定病足者不能祭祀宗庙，这时的叔梁纥已六十四岁，为遵循后继有人的周礼，只能向当地的士人颜襄之女再次求娶。

士人颜襄，崇尚礼仪，温文尔雅，是被人尊重的长者。叔梁纥去见颜襄后，以他直率的性格开门见山地说："长辈，实不相瞒，我曾有前妻，现只有一个残疾而不能祭祀宗庙的儿子，欲想再立夫人，以求孔氏后有祭祀宗庙之人，特来求娶。"

颜襄将三个女儿叫到一旁，将叔梁纥因无子续祀宗庙香火而来求婚之举告诉了女儿们。他特别介绍了叔梁纥是殷商先王后裔，祖德流芳，叔虽六十四岁，但身高体壮，性格温和，崇尚仁德，是个德才兼备的好人，询问哪个女儿愿与他配婚。

颜氏的大女儿和二女儿听后，都默不作声，三女儿颜徵在看出了两个姐姐不愿与嫁的心意也知道父亲的意愿，就主动说："徵在愿意遵从父亲心意，应允这门亲事！"

颜襄说："好一个有德有孝的徵在，你愿从嫁叔梁纥，为父高兴！"于是告知叔梁纥，要他择吉日迎亲。

十六岁的颜徵在嫁给六十四岁的叔梁纥，这种年龄悬殊的婚姻，虽不违背礼制，但不能按初笄（音姬）的结婚仪式举行婚礼，只能将颜徵在迎娶至孔氏宗庙内相见，人称"野合"。婚后，互敬互爱，两人共同的心愿就是能早生一个儿子。按照当地风俗信仰，诚心诚意地来到灵验的尼山祈祷，求上天赐子。

盼生儿子的心情，日思夜想，真是心诚则灵。一天夜里，颜徵在刚躺在床上闭目，忽见西北上空飘来一朵五彩祥云，直落在家门前，霎时彩云散开，见一独角龙麟兽的背脊上坐着个白白胖胖的男孩，张着小嘴朝她微笑。随着天空传来"这个水精之子，该生于空桑之地"的话语。颜徵在高兴地去抱这个男孩时，独角兽向前一蹿，把颜徵在惊醒。她把这个美梦告诉丈夫，叔梁纥高兴地说："这是尼山神灵显圣，送子来了！"果然，徵在察觉自己怀孕了。肚子一天天大起来，眼看就要临近产期。心地淳朴而虔诚的夫妻俩，检点行李和一切必需用品，按照神灵指点，去到那空桑之地迎接他们的宝宝降临。

四、圣降尼山

徵在虽生在士人之家，但从小勤于劳作，住到那空桑之地后，每天拖着身孕在那山前山后拾柴、种菜，从不消闲。有一天傍晚，身感疲劳，饭也没吃就躺在床上休息了。闭上眼，又梦见两条苍龙自天而降，守在尼山左右，又见两个和善女神，笑颜可掬，手臂擎香立于尼山上空。馨香的光芒，直射在徵在脸上，她感到无比舒坦温馨。当她醒来睁眼一看，已是光芒万丈的朝霞映红了尼山的漫山遍野，她一边盥洗，一边回味美妙梦境，既而急跨出几步，膝跪尘埃，拜谢上天神圣。她和平时一样，又拖着沉重的双脚向那山坡走去，行不过百步，突然腹中胎儿躁动，一下子就到了临产的紧急时刻，她来不及回家，急忙钻进了身边一个山洞(现称"夫子洞"或"坤洞")，还未等她坐下，那婴儿却已呱呱坠地了。她以母爱的本能，将孩子抱在手上，一眼发现是个男孩。她忘了产后的疲劳，眼泪泉水般洒在孩儿的脸上，此时为鲁襄公二十二年(公元前551年)，夏历八月二十七日午时。

正在这时，叔梁纥来到了她身边，徵在将发生的一切告诉了丈夫，并说："感谢上天的恩赐，我们期盼的儿子终于来了。你快给他取个名字吧！"

叔梁纥沉思片刻后说："儿子出生在尼山，儿子头顶隆起，像个山丘，大概是接受了这尼山之灵气，就名丘，生在尼山，在家排行第二，他的字就叫仲尼吧！"

此刻的徵在已成了最伟大的母亲，她以从未有过的享受欣慰地笑了。

五、懂事的孩子

当时，孔父嘉被宋国太宰华父督杀害，他的后代防叔因畏惧华父督的迫害而逃到鲁国。按照当时的礼仪规定，他的贵族身份在鲁国得到承认，得以出任鲁国贵族臧孙氏的家臣，做了防邑宰。这是一个管理贵族采邑，即封地的小官。

防叔的孙子叔梁纥做了陬邑宰，又称陬邑大夫，是鲁国基层地方官吏，职位级别相当于现在的乡镇长。当时的地方官都是文武相兼的，平时管理地方，遇有战事就率兵打仗。叔梁纥在鲁国以孔武有力而闻名。

叔梁纥虽然通过自己大半生的英勇战斗获得了一定的地位和声望，但却因为没有一个身心健全的儿子袭爵继宗而闷闷不乐。他的夫人施氏一连生下九个女儿，未生一个男孩。其妾尽管生了一个儿子孟皮，却因下肢残疾而难以在贵族圈子里周旋应酬。

叔梁纥为此十分烦恼，决心再娶一个能为他生儿子的年轻女子作为妻子。于是，叔梁纥就向居住在鲁都曲阜的颜家求婚，结果他如愿以偿了。公元前 552 年，颜家十分贤惠的三女儿颜徵在正式成为叔梁纥的妻子。

颜徵在虽然为叔梁纥生下了健康的儿子，但是在家庭中，她依然没有任何地位，终日在施氏的淫威下过着忍气吞声的日子。也只有牙牙学语的儿子能给她带来欢笑声，能够暂时驱散她心头的阴霾，能够给她一些宽慰。

她每天都盼望着儿子能够尽快长大。不幸的是，就在仲尼刚满 3 岁的时候，叔梁纥却因为一场大病，不得不久卧在床，最后不幸撒手而去了，丢下了颜徵在母子。

丈夫的突然离世，让颜徵在心中感到无比悲痛。她对这个充满敌意的家庭再也没有什么可以留恋的了，她不得不带着儿子回到娘家居住的曲阜城。

颜徵在仅靠自己纺线织布、种粮种菜、饲养禽畜以及亲友的接济艰难地度日。这位无比坚强的女性，把自己的全部希望都寄托在聪颖懂事的儿子身上。

受母亲言传身教的深刻影响，仲尼自幼就酷爱礼仪，尤其是他对祭祀等一些古老的文化礼仪有着十分浓厚的兴趣，并且他经常做这方面的游戏。

公元前 546 年早春，一天早饭后，阳光暖暖地照着，阙里大街上传来了悠扬的乐声和嘹亮的锣鼓声。在乐队的后面，跟着一队马车。原来，这是某位贵族要进行祭祀活动，参加祭祀的贵族们兴高采烈地坐在车里。

小仲尼赶紧跑出家门，和平民百姓一起，紧紧地跟在祭祀队伍的后面。穿过街巷，祭祀队伍来到了曲阜南郊。主祭官和贵族们登上了祭坛。看热闹的布衣平民则有序地站在祭坛周围。

供桌上放着烤熟的猪、牛、羊和油炸的鸡、鸭、鱼、肉等祭品。空气里弥漫着肉的香味儿。只见穿戴一新的主祭官郑重地宣布道:“郊祭大典开始！依规程敬祭天神、地神！”

这次郊祭大典大约进行了一个时辰,年幼的仲尼始终兴致勃勃地在旁边观看着。

直至祭祀典礼结束了,仲尼才回到家里。年仅6岁的仲尼仍然兴趣不减,刚吃过午饭,他就在院子里摆上一些坛坛罐罐,模仿起祭礼来。他又当“主祭官”,又当“参祭者”,一步不落地按照程序严格操作着。

日复一日,仲尼尽情地演习着郊外的祭礼。这一切,都被他细心的母亲看在眼里。有一天,母亲颜徵在把仲尼叫到身边,微笑着问道:“丘儿,你长大以后,是想做管祭祀的官吗？小孩子家怎么天天学礼制呀?”

仲尼瞪着一双明亮的大眼睛,认真地回答:“娘啊,我长大了,要当个为国效力的好大夫,不学礼制能行吗？再说,你也不教我识字,我没事干呀！学礼容易,不用教,照着演习就行了。”

颜徵在一听到儿子有读书的要求,她的心中十分欣喜,就一把将儿子搂在怀里说:“丘儿真是娘的好孩子啊！从今以后,咱家里专为你设立学堂,你姥爷当过教书先生,我也当教书先生,娘教你读书好吗?”

“太好啦,太好啦！孩儿谢过母亲!”仲尼说完,恭敬地给母亲磕了一个头。

由于家里全靠母亲一个人支撑着,生活十分拮据。仲尼很小就尝到了生活的艰辛。年幼的仲尼看到母亲为抚育自己成长,付出了太多的辛劳和汗水。他在心里暗下决心,一定要好好学习礼制,不让母亲失望。

仲尼很小就知道体贴母亲,他经常抢着帮母亲干些力所能及的活,挑水、打柴、种菜、放牧等,凡是他自己能够干的活,他都抢着干。他用尽自己的微薄之力以减轻母亲的负担,以此抚慰母亲孤苦的心灵。

后来,长大成人的孔子特别注重孝道,除了时代的原因外,也与他个人的生活经历有着密切的关系。

仲尼的母亲体弱多病，常常卧病在床不能起身。每次母亲病倒，仲尼都尽心地服侍左右。要是母亲病情严重时，仲尼常常衣不解带地陪伴着母亲。

六、虚心好学

公元前546年，六岁的仲尼在家里跟母亲学识字。

一天早晨，颜徵在将刻有汉字的竹简放在桌子上，对儿子说："丘儿，这是娘给你准备的一个月的课程，一月之内，你要学会这三百多个字。"

"娘说的话，儿记下了，娘快教儿识字吧！"仲尼手舞足蹈地说。

颜徵在开始教儿子识字："天、地、太、平"，仲尼逐一读、讲、写，全神贯注，学会几个字之后，便催促着母亲再往下教。

颜徵在说："光会读会讲还不行，还要会刻写。"

仲尼立即把学过的字刻写给母亲看。只用了6天的工夫，仲尼就把三百多个字学会了。

那时，社会的阶级制度划分得很严格。诸侯之下是卿，卿之下是大夫，大夫之下是士，这些人统统属于上流社会。在士下面是一般的农、工、商人，再下面便是奴隶了。

仲尼是属于士的阶级。士以上各阶级的子女，到了十三岁起便开始入学。

那时的学校很简陋，教师都是由村落的长老来担任，只是将《诗》《书》《礼》《乐》概略地介绍一番。当时学生们所学的，主要是敬神祭祀的礼节。此外，就是对待长辈的揖让进退的礼貌和一些修身做人的道理。

仲尼也同一般的孩子一样，只是乖乖地坐在那里听老师讲课，但过了两年之后，他的学习态度有了明显的改变。

以前，仲尼只是听讲，从不发问，而现在却自动提出问题请求别人解答。他常常对老师、对母亲提出一连串的问题，对任何一件事只要有疑问，他都要打破砂锅问到底。老师和母亲有时也难免被他问得不知如何作答才好。

偏僻乡村的教育，已无法满足他的求知欲望。于是，母子俩便一同搬到鲁国的曲阜去住，仲尼就进了当地的学校。

仲尼这时候的学习态度，简单地说，就是“尚古”，也就是“崇尚古制”。“古”，是指古代的尧、舜、禹、周文王、周武王、周公时代的政治和文化。这些帝王都仁慈贤明，他们在位时国内的政治都安定而修明，为民造福。可是，到了仲尼那个时代，情形就大不相同了。

原来，在周天子支配下的各国诸侯，互相争权夺利，纷纷与王室脱离关系，宣告独立，过去的修明政治如今已被搞得混乱不堪。鲁国是东方的小国，势弱力小，随时有遭受他国兼并的危险。再加上国内权臣们的钩心斗角，形势更加纷乱。

仲尼目睹这种情形，不免怀念起古代的修明政治和安定的生活，因而对古代的文化和古时候圣人的言行如《诗》《书》《礼》《乐》等，都很细心地去探究。

仲尼在十五岁前学习了一般文化知识和基本技能。但这些根本无法满足他对知识的渴求。由于家境贫寒，仲尼没有条件进入专门为贵族子弟设立的高级学校深造，他就只能通过自学来提高自己的水平了。

仲尼后来回忆说，我十五岁就立志向学了，从那时起就下功夫学习了《诗》《书》等典籍。

《诗》是周朝民间的里巷歌谣和朝庙的乐章。《诗》的绮丽、优雅、丰润和悠闲，一切都是在歌颂古时周朝时期的盛况。仲尼曾在曲阜看到有由遥远的周朝派遣来的盲人乐团，便随着音乐的伴奏学起《诗》来。

《书》是以记录三代时的典谟训诰为主。如要明白周文王、周武王、周公等修明政治的施行情形，读这书是最为方便的。

对于《礼》，仲尼更为热衷。在曲阜，有司掌礼节的礼官，仲尼曾向他们请教过各种礼仪。

《乐》是五声八音的总名。仲尼后来曾学乐于苌弘。

《诗》《书》《礼》《乐》是周武王的弟弟周公旦所整理的。再说，鲁国就是周公旦的封国，所以，仲尼当然是很仰慕他的。

母亲的精心教育、家庭的深远影响，使年轻的仲尼表现出与众不同的特质。他勤奋好学，当时社会上要求一个士人必须精通的礼、乐、射、御、书、数六大科目，他都努力去掌握。进太庙时遇见什么问什么，表现了极其强烈的求知欲望。

仲尼从不放弃任何一个学习的机会，并且非常热衷于政治。他从小就树立了自己的远大理想，决心步入仕途，中兴家业，出人头地。

七、从小仰慕有政见的人

仲尼对周公非常仰慕，以至于在梦中见到了周公。

这位深受仲尼尊敬的周公是对父亲周文王最孝顺的一个。武王即位后，他帮助武王治理天下；征伐殷纣王的时候，他协助武王攻入了纣王的宫殿；纣王死后，周公把纣王的罪状向百姓们宣布。因为周公对国家的功劳很大，所以接着就把鲁国分封给他。

武王的弟弟管叔和蔡叔嫉妒周公的地位，到处散布谣言说："周公是伪君子，表面上说得很好听，其实，不久他就要篡夺成王的王位了。"

当然，周公是根本就没有这种想法的。

周公曾经对太公望说："不管别人怎样冷嘲热讽，我都必须协助成王摄政，因为周朝这时候最需要政治安定，不然的话，各地随时都有发生叛变的可能。

"要是天下大乱，我哪还有脸去拜见祖先？历代祖先经过长时间的努力奋斗，好不容易才建立起这番王业。武王不幸早逝，成王年纪还小，目前，维护王业的重任我当然是责无旁贷的。"

管叔和蔡叔散布谣言后，见周公不理睬，就挟持纣王的儿子武庚叛乱。周公奉成王的命令，带兵征伐，很快就把叛军打败了，杀掉管叔，放逐蔡叔，在两年之内，叛乱完全平息。

成王即王位后第七年的年初，经过一番实地勘察后，选定洛阳作为东都。这时候成王已经是个懂事的青年了。于是，周公就把政事交给成王，由他自己去治理。

周公把国家政事交还给成王以后，还有些人造出不少的谣言，向成王告密。周公也

很明白，成王听了这些无中生有的谗言后难免会产生疑虑，所以，他不得不逃到楚国去。

周公出走以后，成王偶然发现了一枚竹简。上面写着周公的名字，是这样写的："幼王年纪轻，不大懂事。假使有冒犯神灵的地方，也请不必责怪他，应该负责的是代理摄政的我。我诚心祈祷，请让幼王恢复健康。"

这是成王年幼患病时，周公向神祷告的字句。成王看了这张字条之后，才知道周公对他是一片真诚，恍然大悟地说："我不该听信谣言，我真对不起周公。"

他立刻打发人去请周公回来，向他道歉。

周公又曾做了两篇文章，献给成王，奉劝他勤修政事。其中一篇写道：

以前，从商汤到殷帝乙，即纣王的父亲，历代的皇帝都善于祭神、明德，顺从天神的意志。到了纣王的时候，就把这种事给败坏了，自绝于天，结怨于民。对于这样暴虐无道的帝王，人民是可以起来把他灭掉的。到了周朝，都是贤能的帝王。文王常常是废寝忘食地勤于政事，所以，他在位五十年之久，而王业隆盛。

同母亲一起住在曲阜郊外的小房子里的仲尼，常常在睡觉时梦见周公。

有一次，仲尼在梦中喃喃自语，把母亲给惊醒了。

母亲问他："仲尼，怎么了？"

"没什么，把您给吵醒了，对不起！"

"你的梦语使我吃了一惊。"

"我刚才正在做梦哩！"

"做什么梦？"

"我梦见周公了。"

"噢！周公他跟你讲话了没有？"

"嗯！周公的马车走过来的时候，我就跪在路旁。他看见了我，微微地对我一笑，就跟我讲起话来。"

"他说什么？"

"他问我：'你叫什么名字？'我说出名字之后，他很慈爱地笑着说：'你好像很知道用功读书，希望你要努力坚持到底。’”

“哟！”母亲有点惊异地笑了起来。

仲尼接着又说：“我太高兴了，高兴得在马车走过后，不禁哭了出来。”

“原来如此，那太好了，能够在梦里见到周公，是很难得的呀！”母亲说。

每次梦见周公后，仲尼总是久久不能入睡。

仲尼敬仰周公，经常到鲁国各地考察学习，遇有不明白的问题就虚心向他人求教，这使他获得了大量知识。

八、求知欲望非常强烈

公元前542年，十岁的仲尼跟随母亲来到了外公家，开始了在外祖父家里的读书生活。

第一天上课，母亲也在场。外祖父颜襄说：“按外孙的功底，该授‘六艺’了。‘六艺’包括礼、乐、书、数、射、御六科。我多年讲授礼、乐、书、数，对这四科还算是通晓，但对射、御两科，虽然知道一些知识，但没练习过射箭，也没驾驭过车辆。”

仲尼说：“请外公先给我讲一讲‘六艺’的含义吧！然后再细细地学。至于射箭、驾驭车辆方面的本领，我可以另找机会学习。”

颜徵在对儿子说：“你外公学识丰富，你要专心学习，不要急于求成，只要循序渐进，必能成才。”

颜襄说：“外孙急于求知，这本是好事嘛！”

颜襄端起茶碗，喝了两口茶，开始讲解“六艺”的含义。

仲尼听完，惊讶地说：“外公如此博学，真神人也！知识如江河湖海，无穷无尽呀！丘定孜孜以求之。”

日复一日，外公讲授不倦，仲尼废寝忘食，夜以继日地学习着。

四年之后，颜襄不遗余力地把自己所掌握的丰富知识教给了外孙。仲尼对所学的“六艺”等书本知识做到了熟背和明义，能对所学知识举一反三、灵活运用，并且，已开始攻读《诗》这门课程了。

仲尼向外公颜襄学习"书"时,在掌握六种造字和用字之法的基础上,刻苦练习刻字。

颜襄指导外孙说:"刻字应按方书刻,方中有圆,笔画讲究轻重顿挫,一笔不苟,横竖有别,严整中有变化,清劲中含灵气,力求写得秀朗美观。"

仲尼按照外公的要求,认真习字。每天,先用半个小时,手持刷子,在一大块"习字石板"上反复练写。外公站立一旁,及时纠正他写姿、运笔方面的毛病。

颜襄院内的鸡窝上,盖着一块又厚又光滑的大青石板,仲尼就把这块大青石板作为练习大字的"竹简"。

他每天用刷子蘸清水,在大青石板上练写一百个大字。盛夏,汗流浃背,不辍练习;严冬,手冻得红肿发抖,刷子和青石板冻结在一起,他换盆热水,仍坚持习字。

仲尼每天坚持习字,不到两年,便练出了一手好字。这时的仲尼年仅十三岁,已成了鲁都城内有名气的少年书法家了。

在仲尼刻苦练字期间,仍不忘随时随地研习周礼。实际上,在同龄人当中,孔子对周礼已经很熟悉了,可是他仍然不断地观摩钻研。

有一回,他去观看太庙里的祭祀典礼,他把自己所见到的每一项礼节、每一件祭物,都虚心地向内行人打听。

有人嘲笑他:"谁说这个陬邑大夫的儿子懂得礼节呢?你看他没完没了地问,大概是什么也不懂吧?"

仲尼听了这些话,却很坦然,他说:"不懂就问,这正是礼呀!别人的嘲笑,何有于我哉?"

后来,人们把此事总结成一句话:"子入太庙,每事问。"

意思是说,无论什么人,有不懂的事物就要请教他人,这不是羞耻的事情,不懂装懂才可耻。

九、被羞辱后更加勤奋

仲尼从懂事时起就牢牢记住了自己的贵族身份,念念不忘自己祖先的光荣。他是那么渴望跻身于贵族的圈子里，与上等人为伍，享受贵族的尊荣。

他拼命地学习各类文化典籍和礼乐知识，也是希望这些学识终有一天能派上用场。

随着年龄的增长，仲尼的这种欲望就变得越来越强烈了。

每逢他路过鲁国国君的宫殿门前，每当他经过季孙氏、孟孙氏和叔孙氏三家大夫的府第前，看到那些衣冠楚楚的贵族们进进出出，看到他们坐着华丽的马车在大道上恣意驰骋，心里就会掀起阵阵波澜。

仲尼常想："什么时候我也能像他们那样自由地出入宫廷、官府和贵族之家啊，什么时候我能像他们那样可以议论政治，享受盛宴和参与各种典礼呢？"

这个机会终于等来了。公元前535年，鲁国的执政大夫季武子和季孙宿举行盛大的飨士宴以招待士人。

这种宴会在当时不定期地举行，是当政者在士人阶层中选拔官吏的一种形式。而且，这一年的飨士宴与鲁国大夫孟僖子、仲孙获陪同鲁昭公出使郑国和楚国时，因不懂礼仪而大出洋相有关。

鲁国的执政者想通过这次飨士宴，一方面向士人显示他们礼贤下士的风度，另一方面也想借此机会物色一批通晓礼仪的人才，使以东方礼仪之邦著称的鲁国再也不要失礼于其他诸侯国了。

仲尼得到举行飨士宴的消息后，兴奋得彻夜未眠。十七岁的孔子，已经是鲁国学识深湛、深孚众望的青年才俊了。

仲尼思考着，设想着。他想利用这次机会和季孙氏接触。如果季孙氏真能了解自己，收自己为家臣，就等于登上了政治舞台。就是凭着自己是陬邑大夫的儿子和博学多才这两个条件，也具备士的资格了。何不抓住这个难得的机会，争取跻身于仕途呢？

举办宴会的这天上午，仲尼早早地来到季孙氏门口的石阶前。

那些穿戴华丽、神气十足、自由出入的纨绔子弟的形象不断地映入他的眼帘。孔子低下头看着自己浑身上下穿的是孝服，显然与今天季孙府喜气洋洋的气氛不协调。

他心想：母亲离世不久，穿孝服正是儿子应该做的！于是，仲尼便挺胸昂首，拾级

而上。

"站住！你是什么人？来这里做什么？"大门旁站着一位凶神恶煞的汉子，见这个少年身着孝服要进去，就大声问道。

"我是孔丘，是特意来参加相府宴会的。"仲尼马上停止脚步，恭恭敬敬地回答。

那汉子手握宝剑，傲慢无理地对仲尼说："哈哈哈，我早就知道你仲尼的大名了！至于本人吗！就是相国的家臣阳货！"

"失敬了，失敬了！孔丘对您也是早有耳闻，只是一直没有见过面。"仲尼说完，施了一礼，就又朝相府走去。

阳货看见仲尼还向里面走，一下子跳起来，站到大门口的中间，挡住了仲尼的去路："相国今天只是宴请文人学士、社会名流，你有什么资格前来赴宴！你有相国的邀请函吗？"

阳货的一句话，就如一瓢冷水泼下来，问得仲尼哑口无言，他意识到自己再也不能向前迈步了，因为他实在找不出任何理由来。

仲尼气愤地离开相国府，回到家里，数日不肯出门。很显然，这次赴宴遭到了拒绝，对仲尼的刺激很大。

这件事就如当头一棒，让年少的仲尼彻底清醒过来。他从此不再寄希望于幻想，他也终于明白了自己在身份上与贵族的差距，认识到祖宗的余荫是靠不住的。要想进人上流社会，一切都必须靠自己努力争取。

从此以后，仲尼在心底里暗暗发誓，一定要凭着自己的才学和能力，走进上流社会，光宗耀祖。于是，他更加发奋地努力学习、刻苦钻研。他相信，发挥自己聪明才智的日子迟早有一天会到来。

仲尼虽然在少年时期曾帮着母亲干过许多杂活，然而，对这个一贯以贵族子弟自居的青年人来说，毕竟不能把种田、放牧作为自己谋生的手段。

母亲的离世，让仲尼的生活更为艰难了。他整天除了学习就是谋划着自力更生的办法。于是迫于生计，他选择了相礼助丧的职业，当时叫作丧祝，就是专门为贵族和富裕的平民主持、操办丧事。

按照中国古代礼制，当时的丧礼活动是十分复杂、也颇为讲究的，尤其是富庶人家的葬礼更是隆重奢华。

这种相礼的活动在西周时期大概是由王室和诸侯国的神职人员巫、祝之类主持的。后来，随着社会的发展，神职人员地位开始逐渐降低，他们逐步散落民间，便成为专门从事相礼活动的丧祝。

后来，相礼不再是贵族的特权，一部分富裕起来的平民在丧葬礼仪上也日益讲究起来，对于丧祝的需求也越来越多。如此一来，丧祝开始成为一部分民间知识分子的正式职业。

那么，孔子是从什么时候开始从事相礼活动的呢？史料上并无确切记载，据研究人员推算，大概是在他母亲去世前就已经开始了。

当丧祝的人，需要身着特制的礼服，头戴特制的礼帽，当时称之为“襦服”。“襦”与“儒”字同音，人们便逐渐直接称丧祝为儒。因为孔子长期从事这种职业，他创立的学派也就称为儒家学派了。

孔子对丧礼的掌握同样经历了由少到多、由不熟练到熟练的过程。他关于丧礼的许多知识，也是来自于做丧祝的过程之中。

在那尊祖宗、敬鬼神的古代，人们对待死去的先人要比对待活着的人重视得多，丧葬祭祀活动也日益隆重而繁杂。贵族发丧时，场面浩大，涉及人员众多，丧礼繁杂而又考究。

据古籍记载，从人死到下葬前的礼仪程序就有抹浴、饭含、小殓、小殓奠、大殓、殡、大殓、奠、朝夕哭、荐新、启殡、载柩、朝祖、行柩等，多达五十余项。每项都有复杂的规定。各个程序、环节所需不同丧具以及它们如何放置使用，也都有约定俗成的要求。

相礼的儒要负责指导和安排数以百计、千计的参加丧事的各类亲友。同时，儒者本身设物执事、一举一动也都有其严格细密的规定，儒者必须一丝不苟地加以履行。

从事这种复杂而严谨的相礼业务，需要对丧礼各方面知识熟练掌握。这门职业其实是很辛苦的，既要操心，又要劳力，还要小心翼翼地保证参加葬礼的人不出现疏忽或差误。

可是孔子却尽心尽力地去从事这一职业，而且是一直做到晚年。

孔子在晚年回忆自己曾经的生活时，说：

出则事公卿，入则事父兄，丧事不敢不勉。不为酒困，何有于我哉？

所谓“丧事不敢不勉”，就是对他在相礼过程中认真、尽职的真实写照。在从事相礼职业的过程中，孔子的知识、经验越来越多，对业务也是越来越熟练。

孔子虽然严肃认真地从事助丧相礼，但是却不满足于做传统的儒者，不满足于能熟练地重复着世代沿袭的基本相同的程式，不满足于对礼乐知识的简单掌握，不满足于这不体面的“鄙事”和仅仅把礼乐知识当作一种谋生的手段。

从墨家攻击孔子以后的那些为求食而做儒者的情形，似乎可以窥见早年此类儒者是为君子所鄙视的。

孔子向往和追求的是个人生命价值可得以展现的职业；是发现礼的意义，追究礼的大体，探索蕴含在礼乐中的社会、人生哲理；发现礼的规定中所蕴含的精神、“所以迹”、道义等。

因此后来，孔子便逐渐由助丧相礼之儒向新型的学者之儒或曰道义之儒发展变化，最终成了名副其实的“君子儒”，成为我国历史上由传统“相礼之儒”向“儒学之儒”转化的第一人。

孔子在从事丧祝工作的同时，利用一切可能的机会刻苦学习，所学知识很快就超出了当时贵族学校规定的礼、乐、射、御、书、数六大科目，成为一个名副其实的学者。

因为孔子很有学问，他主持和策划的丧祝与一般人主持的丧祝完全不同。

他在为人家进行相礼活动时也干得特别出色，并且时常有些新颖的活动加入传统的相礼中，使原来显得死气沉沉的活动变得有声有色。因此，许多显赫的贵族家庭在有需要时都特意前来请他。

孔子因而名气越来越大，就连鲁国国君也开始注意到他了。

十、成家后仍不忘忧国

孔子为了维持生计经常帮人料理礼仪事务，入班当吹鼓手，还替人干杂活。他总是把一切都打理得井井有条，因此受到人们的一致赞誉。

这天早晨，一位老汉来到了孔子家里，自报家门说："我姓亓官，是从宋国迁来的。昨夜，我家院墙被猪拱倒了。我现在又生病，家中没有会修缮的人，为此特地前来请你帮忙修补院墙，不知可否？"

听了老汉的此番言语，孔子知道老人是求他帮忙，便赶紧把老人让进屋里，摆上果品，热情地款待这位来客。

孔子说道："我家祖籍也是宋国，咱两家的远祖原本就是同乡，现在又是邻居，就更应该帮忙了。"

亓官老汉接着说："我听街坊邻居们说，你是贵族的后代，以劳助学，并且知书达理，将来必成大器啊！"

孔子谦虚地说道："感谢您老人家的鼓励！事不宜迟，趁天色尚早，您现在就带我前去修补院墙吧！"

一来到亓官老汉的家里，孔子连水都没喝一口就忙着干起活来。

亓官老汉看着年轻聪慧的小伙子，既知书达理，又能出力干出一手好活计，更是发自内心地喜欢了。

不知不觉到了午饭时间，亓官老汉的女儿将早已备好的饭菜端到桌子上，便知礼而退了。

亓官老汉叫来女儿："女儿，你过来一下。"

然后，老汉指着他的女儿，向孔子介绍说："她是我的独生女，今年十六岁。我老伴在孩子三岁时就被一场大病夺去了性命。从此后，我是又当爹，又当娘，还要教她读书、写字，不容易呀！"

他又对女儿说："孩子，他就是我经常向你提起的仲尼。"

孔子望了一眼秀外慧中的姑娘，不禁由她的身世想到了自己的身世。他想到自己三岁丧父，心中突然有种同病相怜的感觉。

活干得很快，下午的时候就完工了。

亓官老汉说："多谢仲尼热情帮助，劳累一天，辛苦你了！老夫无以为谢，这些粮食和干肉你就带回家吧，聊表老夫谢意。"

孔子说："邻里相帮，本是孔丘应该做的，哪能收受您的物品呢？您的生活也不宽裕，还是留着以备家用吧！"

孔子婉言谢绝了亓官老汉的好意，就回到家中，继续钻研起学问来。

冬去春来，转眼间孔子已经十九岁，出落成一个英俊儒雅的少年。一年一度的初春乡射在鲁都矍相圃正紧张地进行着。

在众多的参赛选手中，孔子也是其中的一个。他早就希望这场比赛如期举行了。在激烈的比赛中，选手们个个都为自己捏了一把汗。

轮到孔子上场了，只见他气定神闲，毫无紧张之意。他不慌不忙地拿起箭，拉满弓，按照比赛规定一鼓作气连发数箭，箭箭都射中了靶心。观众席上传来了阵阵叫好声。比赛结束后，主持人在台上宣布："本届乡射比赛，孔仲尼夺魁。"

乡射完毕后，孔子开心地走在回家的路上。巧的是，正好与观射回来的亓官父女相遇。

亓官老汉热情地说："仲尼果然不出老夫所料，今年再次夺魁，可喜可贺呀！"

"您过奖了！过奖了！"孔子拱手施礼道。

"既然相遇于此，不妨顺路到老夫家暂且坐坐，你意下如何？"亓官老汉盛情相邀道。

孔子正高兴着，见别人盛情相邀，也没推辞。

到了亓官家，亓官的女儿忙端上一杯水给孔子。孔子连忙起身道谢："有劳姑娘了！"

亓官老汉说："仲尼呀！老夫真为你高兴。没想到你射箭这么准。看来，你是真正精通'六艺'的人！"

"哪里！哪里！我对'六艺'的学习还仅仅是入门，算不上精通。"孔子谦虚地说道。

正在谈话间，亓官女拿来了一篇文章，来到孔子面前，说道："这是小女子偶感而发，写的一篇文章，还望仲尼不吝赐教！"

孔子谦虚地说："不敢！不敢！孔丘应当拜读才是。"

通过这次交流，两个年轻人的关系又近了一层。

这年三月，鲁国出现了极为罕见的干旱，人们都把希望寄托于老天，纷纷祭天求雨。祭天求雨仪式结束后，人们都散尽了，孔子却仍然站在河边作揖祈祷。

这一天，亓官女跟着孔子一同祈祷，两个情窦初开的年轻人在河边度过了美妙的时光。

经过一段时间的交往，孔子决定去亓官家求婚。

在一个雨过天晴后的上午，孔子换上了新衣，买了六只公鸡、六条咸干肉，朝亓官老汉家走去。

他进屋就向老人施礼道："大叔，孔丘特来看望您老人家。"

亓官老汉明白了孔子这次来的目的，笑着说："看来，今天是个大喜的日子啊！"

孔子有些紧张地说："请原谅孔丘冒昧，今天特此前来求婚，不知道尊长您是什么意见？"

"正符合我的意愿，能将小女许配给你，这也是我亓官家的造化，是我小女的福气。"亓官老汉高兴地答应了这门亲事。

四月下旬的一天，是孔子结婚的大喜日子。他穿戴一新，热情地接待客人。孔子的至亲、前后左右的邻居们以及一些同窗、好友都来了。按当地平民标准，宴席还算比较丰盛。直至掌灯时分，亲友们才相继散去。

孔子带领新婚之妻跪在父母的牌位前，磕头祈祷。他说："孩儿向父母禀报：我已十九岁长大成人了，今天和亓官女结为夫妻。今后，我将更加奋发上进，有所作为，以告慰父母在天之灵。"

亓官女紧随孔子双膝跪下，道："亓官女跪禀公婆：儿媳会终生照料丈夫，全心侍其左右，以助他早成大器，慰藉公婆在天之灵。"

婚后第二年，孔夫人就生下了一个儿子，这对年轻的夫妇自是高兴不已。婚后的生活对孔子来说是幸福而美满的，尽管生活并不富足。夫妻两人你恩我爱，相互勉励。

有了家庭的孔子比原来更加努力学习，他曾经专程到宋国考察殷朝的礼制，对周礼的渊源进行研究。他明确地指出夏礼、殷礼以及周礼之间的继承关系。

鲁昭公对孔子的言行极为认可，当他得知孔子有了儿子，特地命人送去一条大鲤鱼，以示祝贺。孔子夫妇能得到国王的如此厚待，简直是受宠若惊。孔子随即给儿子起名为鲤，字伯鱼，以表示对昭公赐鱼的纪念。

公元前529年的春末夏初，二十三岁的孔子又喜得一千金，他为女儿取名为“无违”。

关于这个名字，他给妻子解释说：“当今的鲁国，像季武子，虽然是相国，竟然敢违背周礼，如果层层仿效，作为规范人们行为标准的周礼就不起作用了，鲁国就会处于混乱状态。我给女儿取名‘无违’，就是基于上述思考，希望自己的孩子永不做违背周礼的事，更希望社会上不出现违背周礼的现象。”

十一、拜访师襄子　苦学音律

孔子对音乐怀着很深的情感，我们从他在齐国因为听到《韶》乐而“三月不识肉味儿”这件事里就能明显看出来。

孔子学音乐的时候，曾经下过很大的工夫。就像他在其他方面的学习一样，虚心而踏实。他跟鲁国音乐专家师襄子学琴的故事，就是一个典型例子。

公元前523年，一心为挽救礼乐而努力的孔子，越来越意识到学好音乐的必要性。

他对颜路说：“在‘六艺’中，我的音乐造诣不深，想拜师襄子为师。”

于是，三十岁的孔子辞别亲友，由颜路等陪同，向着师襄子家乡的方向走去。孔子来到师襄子家门口，躬身施礼道：“我是鲁国孔丘，是专程来向您老人家学习弹琴的。”

师襄子说：“盛名之下，其实难副。先生不远千里，专程而来，足见学艺心切，我定尽力与夫子切磋琴艺。”

于是，孔子安心地住在师襄子家里，潜心学起音乐来。

有一段时间,孔子每天都在师襄子家的后庭院中练琴。可以说是达到了足不出户,手不离琴的地步。即使是到了吃饭的时间,也是匆忙吃几口,草草了事。然后就又操起琴来。

师襄子见他如此刻苦用心,很是欣赏。

孔子在师襄子家里已经学了半月有余。这天一大早,孔子又继续练琴,他是如此专注地练习着,以至于老师站在他身后好久,他都没有察觉。

师襄子没有打扰孔子,直至孔子弹完一曲,才对孔子说:“我方才听你弹的乐曲,悠扬婉转,指法娴熟,已经非常不错了,你现在就可以学新的乐曲了。”

孔子恭敬地站起身来,又深深地施了一礼,说:“感谢老师赐教。只是为徒学艺未精,我还想再练些时候,可以吗?”

师襄子点头笑着应允。

过了些时候,师襄子两次来到后庭院中,听着孔子弹琴已经相当熟练了,便说:“从你现在的乐曲中,可以明显听出来,你比以前弹得更好了,现在可以练习其他曲子了。”

孔子仍是毕恭毕敬地站起身来,深施一礼说:“谢老师夸奖,我的指法、技法虽然成熟了,但是曲子的真谛还没有悟出。请容我再练些时日吧!”

就这样,时光在孔子弹琴的指尖轻轻地流过。每天,孔子早起晚睡,不知疲倦地一遍遍练习着。当他练到第十五天的时候,忽然站起来,像是突然间领悟到什么,脸上露出平日里少有的笑容。

师襄子此时已经来到了孔子身边。孔子兴高采烈地对老师说:“我现在终于摸索出来了。这是一个有深邃的思想的人,这是一个乐观而又眼光极其远大的人,这是一个要统一全国的、拥有远大志向的人。难道这就是周文王吗?不是他,谁还能谱出这样美妙动听的乐曲呢?”

师襄子听后,激动地说:“夫子果然名不虚传啊,不愧被人们公认为当今的贤人!曾经教我学琴的老师告诉过我:据传,这支乐曲实乃周文王所作,名字叫《文王操》。”

孔子在师襄子那里大约学了一个月的音乐,在乐理及音律、弹奏等方面的修为突飞猛进。他和老师终日谈琴论曲,成了知音。

师襄子与孔子经常一边对饮,一边亲切交谈。

孔子说:“古人为什么制造了琴?我还是有不明白的地方,希望老师指教。”

师襄子说:“古人造琴,一是为了娱乐,陶冶人的情操;二是为了教育,歌颂功德、正义、美好生活,鞭挞丑恶。”

说完,他来到一架乌黑发亮的古琴旁,调好琴弦,聚精会神地弹起来。一曲终了,师襄子问:“这首曲子完整地表达了刚才谈到的音乐的功能,估计夫子也不生疏吧?”

“如果我没记错的话,这首曲子叫《大武》,歌颂了武王伐纣、平定天下、造福百姓的文治武功。”孔子谦逊地说。

师襄子说:“在当今礼崩乐坏的时代,能在家中遇上像夫子这样重礼通乐的贤人,的确是我晚年的幸运啊!”

“您老对晚辈过奖了!”孔子起身为师襄子续杯,说道,“对《大武》的深刻内涵,我还是不太理解,请您指教。”

师襄子说:“这首乐曲,一共分为六个乐章,现在,我来弹奏。我每弹一章便稍有停顿,请夫子仔细揣摩各章的含义。”

师襄子说完,就开始弹奏起来。流畅的琴音、熟练的技法,无不令站在一旁的孔子啧啧称赞。师襄子认真地弹奏着《大武》的各个乐章。每一乐章的琴音刚落,孔子就会凝神思索一会儿,然后说出自己的感悟。

师襄子离开琴案,重新坐到桌旁,端起孔子递过的杯盏,竖起大拇指,欣慰地说:“这么高深的见解,太让人惊讶了!夫子已经精通音乐了。知音,知音啊!我们的确有着共同的音乐语言,实在是难得啊!”

师襄子不遗余力地教授孔子音乐知识。经过师襄子精心的指导,孔子在音乐方面的技艺日渐提高。师襄子也在与孔子谈古论今中增长了不少知识。

十二、忠于本职工作

孔子渊博的学识和出众的才华,在相礼活动中得到越来越多人的承认和赏识,特别是鲁昭公赐他鲤鱼的消息更是不胫而走，一时间传遍了鲁国都城。

就连邻国也相继知道了这一消息。昔日那些看不起他的王公贵族们也开始对他刮目相看了。这一切，更加让孔子体会到了人心善变、趋炎附势的丑陋嘴脸。

正当孔子娶妻生子后，生活日益拮据，夫妻俩为生计发愁的时候，鲁国的执政季武子派人前来请他。孔子欣然前往。

登上季氏派来的马车，向季氏府第进发。这一路上，仲尼是思潮起伏，感慨万千。

孔子想起了就在几年以前，他贸然去季氏府第赴飨士宴，被阳货无理拒绝的情景。当时真如冷水浇顶，无地自容。如今，季氏居然又派人前来聘请，真是今非昔比啊！

到了季武子家，季武子见孔子身材高挑，英俊儒雅，仪表堂堂，谈吐不凡，更是另眼相待。

据史书上记载，孔子“身长九尺六寸”，被人称为“长人”。

季武子为了考察孔子的学识，与孔子交谈了好久。在这期间，季武子起身去了趟厕所。

他刚走到屋外就听有一个费邑人前来报告，说：“我们挖井时挖出了一个土罐，里面有一只羊，不知是何怪物？”

季武子想，正好借此事件来试探一下孔子的学问，便嘱咐那人不要说话。然后，季武子回到屋里，问孔子：“我最近听说有人在挖井时挖出了一只狗样的动物，不知是什么怪物？”

孔子说：“要让我说，挖出的东西肯定不是狗，而是羊。”

季武子大吃一惊，忙问孔子为什么。

孔子说：“我听说山中之怪叫夔魍魉，水中之怪叫龙罔象，土中之怪叫羵羊，现在你说的这个怪物是挖井挖出来的，属于土中之怪，肯定是羊。”

季武子问：“为什么管这种怪物叫羵羊呢？”

孔子说：“非雌非雄，所以叫羵羊。”

然后，季武子又召来费邑人，经过询问才知道，那个怪物果真分不出雌雄。

季武子大惊说:“先生的学问,实在是没人能比啊!”于是,他当场决定把孔子留在季府。

这件事情不久后传到了楚国,楚昭王即刻派人带着贵重礼品来到鲁国请教孔子,问当年自己渡江时所得到的东西是什么?

孔子说:“叫萍实,可以剖开吃。”

使者说:“先生是怎么知道的呢?”

孔子说:“我以前游历楚国时,曾经听到一首童谣:‘楚王渡江得萍实,大如斗,赤如日,剖而食之甜如蜜。’因此就知道了。”

使者问:“萍实能不能经常得到呢?”

孔子接着说道:“所谓萍实,就是那些漂浮在江水中的无根之物聚结而生的果实,千年未必生成一个,极其难得。这是散而复聚、衰而复兴的征兆,楚王能得到这东西,真是可喜可贺啊!”

使者回国复命后,楚昭王叹服不已。

有一天,在齐国的南方边境处忽然飞来一只大鸟,身长一米左右,颈部羽毛为白色,其余的部分羽毛为黑色,嘴长,独足,在田里飞来飞去,农夫怎么赶也赶不走它。过了一阵后,那只大鸟忽然腾空往北飞去了。

季武子听到这件怪事后,又询问孔子这是怎么回事。

孔子说:“这只鸟叫‘商羊’,生在北海之滨。天将要下雨时,‘商羊’就会飞舞,所过之地,必有大雨。齐国和鲁国相邻,应提前做好准备,以防雨灾。”

于是,季武子赶紧告知汶上那个地方的百姓,让大家抓紧修缮房屋。三天后,汶上果然下起了暴雨,但由于鲁国提前做好了抗灾准备,所以百姓安然无恙。

这件事传到齐国后,齐景公以孔子为神人,从此孔子的博学多识名闻天下,时人皆称孔子为“圣人”。

孔子一生好学,从不满足于现状,即使在身为人师的时候也是如此。

有一次,鲁国的一个附庸国的国君,名叫郯子,前来鲁国朝见鲁昭公。郯子虽是一小国之君,可自称是少皋氏的后代,少皋氏可能是属于鸟图腾崇拜的东方民族。

在鲁昭公举行的宴会上,叔孙昭子问少皋氏因何以鸟名为官名,郯子便大谈了一通古代官名的由来,还乘机夸耀“我高祖少皋挚之立也,凤鸟适至,故纪于鸟”。

孔子听过后,出于对古代官制的兴趣,便“见于郯子而学之”。

孔子后来对人说:“我听说,天子失官,学在四夷,还真是这样。”

以后他去了许多有不同文化传统的诸侯国,都致力于收集各地的历史和礼仪等方面的史料,成为当时学问最渊博的学者,被后人称为“集大成者”。

孔子所在的那个时代,信息很不发达,获得信息的途径也很少,在这种情况下,孔子的博学还这样包罗万象,涉及很多学科及另类问题,因此孔子有“圣人”之称也就不足为奇了。

话说,孔子当天被聘人季氏府第,随后即被引进客厅。

季武子说:“我今天请你来,是仰慕你的学识,请你帮我做点儿事情。”

看到孔子洗耳恭听的神情,季武子继续说,“我想请你做我家的‘委吏’,帮我管理仓库。以后有需要再安排其他职务。”

孔子听罢,心想这一职务尽管并不怎么显要,但总可以得到稳定的俸禄,不必再为妻儿的衣食犯愁了,所以就爽快地答应了。

季武子当即向孔子发了委任书。他向孔子讲述了原委吏郎利渎职的情况,并说:“我责成你严加处置,做好仓库管理工作。”

“遵命,丘明日赴任。”孔子郑重地说。

第二天清晨,季武子安排管家带孔子来到鲁都城东仓库大院吏署。管家把郎利和郝、黄、米、汤、平、常六个差头召集到吏署,逐一向孔子介绍。

管家对大家说:“奉季孙相国之命,新任委吏孔仲尼接替郎利,希望诸位协助孔委吏,做好交接和今后的田赋征管工作。”

孔子当场指示:“郝、平、常三位差头与我一起查看粮仓,其余各位回去休息。”说完,便和他们一起向仓库走去。

他们把几十个大粮仓看了一遍，每个仓内的囤数相同，囤的大小相等。孔子记下了仓数和每仓内的囤数，分别谦虚地问三个差头每囤粮食有多少石。

结果，平、常两位差头说出的石数一致，郝差头说的石数多一些。孔子还单独逐个问了黄、米、汤三位差头，他们说的石数都高，而且各不相同。

孔子又分别问平、常两人："郝、黄、米、汤四位差头与郎利是什么关系？"

四位差头都回答："他们是亲戚。"孔子心里有底了。

孔子请平、常二位差头协助其查账，只用了一个月的时间，就把前任委吏郎利的账全查清楚了，并建立了账物相符的新账。

在查账期间，平、常两位差头被孔子正直公正、一丝不苟的精神所感动，主动交代了郎利为堵自己的嘴而派人往自己家里送私分粮的数量。

接着，两人又向孔子揭发了五年来，郎利监守自盗的行为和数量，还揭发了其余四个差头和全体差役每年私分的情况和数量。

孔子将他们的私分数、库存数、出库数相加，大体上等于五年来的规定征赋数。孔子将清仓查库情况、清退结果和管理措施一并向季武子作了禀报，并请季武子察看仓库、旧账、新账和清退出的巨额粮、钱。

季武子说："做得对，办得好，夫子真有本事！我赏你黄金五镒、粮食十石。眼下，夏收到了，我相信夫子也一定能把收赋之事办好。"

不久，季武子对孔子说："夫子是个人才！我想请夫子推荐一个委吏，按夫子的管理办法，接替夫子的工作。夫子是否能改做乘田吏，再把园圃管好，夫子你同意吗？"

"既然相国大人高看丘，我哪有不同意的道理！"孔子满口答应，并从现任的差头中，推荐常青任委吏。

"就这么定了！你交接完毕，即可去乘田吏署上任。"季武子说完，从怀中取出事先用白绢写好的委任书，递给了孔子。

孔子向季武子谈了如何上任、如何克服痼习、如何管理的思路，季武子乐得拍着膝盖说："好，好！就这么办！"

季孙氏的乘田吏署和园圃设在防山西边的丘陵上，这是个天然牧场，距曲阜有二十多里。

孔子从小就放过牛羊，积累了一定的经验，又善于从典籍中学习畜牧知识，接任乘田吏的职务后，更是专心致志，认真负责，很快建立起一套行之有效的管理、喂养、放牧、繁殖的制度，把牧场管理得井井有条。

一年后，不仅原有的牲畜茁壮成长，还有了大量的繁殖。季武子几次去牧场视察，发现牧场大变样，所有牧工、兽医和其他工作人员都各司其职，忙而不乱，一切都很有秩序。季武子对孔子的才能更加赞赏，他明白，孔子的确是一个不可多得的人才。

后来，孔子凭借广博的学识和才干，就任了鲁国的大司寇。

在季孙氏家里服务期间，孔子一面做好本职工作，一面也不时接手一些相礼的事情，以便赚些酬金补贴家用。同时更加孜孜不倦地学习。

他越学越感到不满足，越学越感到自己与中国文化结下了不解之缘。他珍视每一个学习的机会，随时注意向遇到的任何一个学识渊博或有一技之长的人请教。

第二节　杏坛讲学

一、立志治国

鲁昭公二十年（公元前522年）八月二十七日这天，亲戚朋友都来祝贺仲尼三十岁的生日。仲尼的心情却不舒畅，只是以礼节应付着来自各方的赞扬、祝贺，忙碌了一天，好不容易送走了客人。

夜阑人静，仲尼危坐书室，回忆着三十年来的历程：在慈母的教育下，十五岁的那天曾立下了“而志于学”的誓言，寒来暑往从不懈怠地学习，刻苦向文献学习，向社会实践学习，初步懂得了仁政德治的道理。在任委吏、司职吏官职时，政绩显著，认识了社会现实，这一切使他感到顺心。然而，社会现实与他所追求的仁政德治的理想大相径庭。先帝明王的品德，国家仁政的规范等，都在渐渐淡化、消亡，而败坏仁政德治的行为却不断增多。昭公十六年正月，鲁昭公被晋国扣留，“仁”和“礼”被践踏。二月齐国占领蒲隧，徐国求和，于是徐国君和郯人、莒人会见齐侯，在蒲隧结盟，送给齐侯甲父之鼎，对其贿赂，以强凌弱之举使先王之德遭到摧残。昭公十八年春，周朝的毛得杀了毛伯过，取代了他的职务。毛得恶贯满盈，敢于在天子的都城骄横跋扈，竟得不到应有的惩处。特别是近日传说楚平王听信费无极的谗言，纳儿媳秦女孟嬴为妾，驱逐太子建。还有一些诸侯小国互相征战，伦理秩序紊乱，不仁不义之徒横行，整个社会现实已是君不君，臣不臣，父不父，子不子，周朝正室已是礼崩乐坏了。

仲尼想：今日三十岁了，也是决定自己一生行为的关键时刻，我必须在这动荡的年代，设法挽救周王室的衰微，用仁德政治来振兴周室天下，这就是我三十岁的今天立下的志愿。

今日的天下，治国无纲，人伦颠倒，礼崩乐坏，有如山岚雾瘴，混沌一片。要净化这云遮雾瘴环境，非孔丘一人所能做到的事，我只是那奔腾不息黄河中的一滴清水，在那浑浊难分的洪流中也无济于事。要实现自己振兴天下的抱负，我只能以自己为一滴清水，从那莽莽昆仑源流出发，去聚集那无数的清水，汇成一条滚滚向前的江河，让这股洪流一泻千里地冲刷这天下的污泥浊水。只有这样，才能成为大器。今日，我有知识，有智慧，我要以教育去启人心智，挖沟凿渠，让所有的清流汇聚成明净的世界；用“六艺”来培育“上事君以忠，下使民以惠”的贤臣，改造“礼崩乐坏”的社会现实，实现“大道之行，天下为公”的太平盛世。

仲尼看了看熟睡的妻儿，披衣推窗，望着繁星闪烁的天空，三十而立啊！我要走上讲台，传先王之道，授六艺之技，育天下之才，步成汤文武周公之后尘。对！就是这个决定，天明就去辞掉委吏、司职吏之职，筑设讲台，收徒讲学。

三十岁生日的夜晚，仲尼彻夜未眠，他决心要撑持住这摇摇欲坠的王室。这时，他心情豁然开朗，推开大门，东方已是霞光万道，八月微风夹带着桂子沁香拂在他面上。他清

周公

醒地想到应有人支持他的事业。他想到的第一个人就是平日能和自己思想沟通的仲孙大夫，这仲孙大夫在朝廷只是徒有其名并无实权，然而他为人忠厚善良，路见不平能直言指责，深得朝野人心，连国君有时也能听他的劝谏。若能得到他的支持，这办学有些问题就能迎刃而解了，于是他立即起身直奔仲孙大夫府邸求见。

仲孙大夫听了仲尼请求支持办学的陈述后，就说："现办有学堂，何需你再办学呢？"

"现在的学堂是官学，只有官家子弟才能进入，平民百姓的子弟只能被挡门外！"

"那你办的学堂就可以收平民百姓的子弟？"

"是的，我要办的是私学，凡是要求读书者，不管他是官家富户的子弟，还是平民百姓的儿女，我都收为门徒。"

仲孙大夫认为这乱了古代办学的礼制，表示反对，仲尼即说："古代礼制是先王根据当时的情况而定的。后面增删前朝礼制也是合情合理的。因此教育礼制也应该时移事易，增加合理的去掉不合理的。王公贵族的子弟是人，平民百姓的子弟也是人，为什么平民百姓就不能受教育呢？我为平民百姓办教育，难道就违背了先王的仁德礼制吗？"

仲孙大夫听后说："有一定的道理呀！"

仲尼又说："孔丘能得到仲孙大夫的错爱，实为人生大幸。记得有次与您论及治国时，我说了作为治理国家的当政者，应该是'泛爱众，而亲仁'，所谓'泛'就是广泛，所谓'仁'即'仁者爱人，去爱一切人'，当时大夫对我的主张是赞赏的。我广收天下弟子，就是'泛爱'之举。我办的学是民学，只要是自愿来学习，人人我都教授，没有什么贵贱贫富、地域之分，故我的办学方针称为'有教无类'，请仲孙大夫支持。"

仲孙大夫深受感动地说："仲尼德行可嘉，只是当今世界，你的宏愿恐难彻底实现！"

仲尼说："要实现人人受教育的愿望，一时是难以做到的。但丘要首先去做，为人人受教育开创一条先河。也许将来是能水到渠成的，人人都有受教育的机会，丘相信一定会实现的。"

二、冉耕入学

仲尼开创私学、广聚门徒的消息，就像一声春雷震撼了齐鲁大地，给那些躬身俯耕的劳动者送去了似万物复苏的春天气息，一种难以言表的希望，人们奔走相告。

仲尼家的院落中，人声鼎沸，有的筑讲学土台，有的在美化环境，都是支持仲尼办学主动来帮忙的。还有一些和仲尼年纪相近的邻居好友，如曾点、颜路等人早就崇拜仲尼，如今也要名正言顺地拜师学习。不几天，讲坛筑好了，旁边还移栽了一棵枝繁叶茂的银杏树，把整个院落衬出勃勃生机。仲尼非常高兴，就说："这讲台就叫杏坛！"接着就是有志学者纷纷前来拜师受教，仲尼只遵古礼收下"束脩"（一束干肉），都纳为徒。一时孔府弟子盈门，书声琅琅。

有一天，颜路牵着一个身体瘦弱的青年走近杏坛，双膝跪在仲尼面前说："小人早想拜先生为师，只因出身奴隶，现为庶民，请先生开恩接受！"仲尼对青年仔细一看，就是那个常在院墙外听讲学有时还跟着朗诵的青年，他的行为早为仲尼发现并注意了。仲尼忙起身扶起了这个青年，说："孔丘广收弟子，不分贵贱，我今收你为弟子，你叫什么名字？"青年回答叫"禾兔"。仲尼说："名字不雅，你姓什么？"青年回答："姓冉"。仲尼说："我给你改名耕，字伯牛吧！"

颜路告诉先生，杏坛边那棵银杏树就是冉耕送来并帮助栽下的。仲尼高兴地对冉耕

颜路

点头称是。

三、初教子路

在离曲阜百里之遥的卞地，有一人名仲由，字子路，性格爽直，为人勇武，信守诺言，武艺高强，家境较为富有，比仲尼仅小九岁，慕仲尼大名，前来求教拜师。

子路身着华丽服装，面露傲慢气色，见了仲尼就高声地说："仲由拜见先生，望先生收我为弟子！"

仲尼见此心感不快，念在初次见面，不便直率批评，耐着性子说："好啊，先生诚心欢迎你，初次见面，先生想说一句话，不知你愿听否？"

子路说："仲由愿听先生教训！"

仲尼说："你穿着这样华丽，又表现出不凡样子，这算得了什么呢？要知道，那江水出自岷山，发源时水浅得连一只酒杯都浮不起来，可是到了下游成为江河，汇成汪汪水泽，不乘大船不避大风是不能渡过去的。要知道，这浩荡的下游之水，是由那连酒杯都浮不起来的水积聚而成的，人要积聚汪洋恣肆的知识，才能成为人上之人。"

子路有些不好意思，过了一会，他换成练武的衣服走进来，并且拔剑在庭院中舞了起来。舞罢，对仲尼说："先生，古时候有道德的人没有不佩剑以自卫的。仲由曾听说令尊生前是位虎将，先生应该学剑习武，继承先业。"

仲尼回答说："古代道德高尚的人，是以忠诚为本性，以仁德保自身。见到不好的就拿忠恕教化，遇到强暴的就拿仁德感化，何必要用剑来自卫呢？我听说成汤伐桀、武王伐纣，既未亲自拔剑以自卫，又未曾单枪匹马去冲锋陷阵，而是以仁德统率千军万马取得了胜利！"

子路站起来说："仲由听先生如此教诲，犹如常坐暗室中见到了明灯！"说完急忙退下，换了平常的衣服，除去了佩剑，慢步走近仲尼，再也没有那武夫模样了，并恭敬地说："请先生赐教。"

仲尼说："子路你听着，喜欢自夸的华而不实；自以为奋勇者定称自己功绩；聪明显露在面上而又自夸其能者，便是德性很差的小人。我希望你做个有道德的人，平实的人，高智慧的人。知之为知之，不知为不知，是知也。有这种智慧的人，才是一个有道德的人，一个平实的人。"

子路连忙说："感谢先生教诲，仲由过去不学，行为鄙俗，请先生原谅！"

四、做人之道

仲尼几个得意门生聚集一起，向先生请教。

曾点首先问："您教诲弟子要去掉不好性情，回到本性上来，那人的性情怎么有好坏呢？"

仲尼说："可以用两句话回答你。一句是'性相近也'，即人的性情本来是相近的，没有贵贱、智愚、肖与不肖之分，这是我提出'有教无类'口号的主要依据。另一句是'习相远也'，即因受不同环境的熏陶，性情便大不一样了。有的人沾染了恶习，如果不去教育就会有坏的性情出现。这是我立志行教的理由所在。因为只有通过教育，勤于学习，才能使一个人除掉沾染的不良习气，回到本性上来。"

子路问："先生行教的目的，是要我们学会做人，学会做学问，那应当如何去做呢？"

仲尼说："要做到四点：一是志于道，即有高远的理想；二是据于德，即以高尚道德为依据；三是依于仁，即有仁的内在修养；四是游于艺，即有礼、乐、射、御、书、数六艺的广博知识。具备了这四点，就是一个真正的人，有学问的人。"

颜路问："弟子们应从哪些方面去学做人呢？"

仲尼说："着重从四个方面受教，即：文、行、忠、信。文，指知识文章；行，指一生事业的成果；忠，指对人对事物永远不渝的诚心；信，指信义。这是我行教的四个重点，包括德才两个方面，是不可分开的！"

五、君子三戒

一天，曾点请教先生："应如何才能学到舜帝的美德？"

仲尼说："这要看你能不能做到，在家里孝顺父母；在外面敬爱兄长、朋友及一切人；做人谨慎，说话诚实可靠；广泛地友爱所有的人，亲近那些具有仁德的人。如果按以上几点认真做了还有剩余精力，就要去学习文献。如果你们都能这样诚心实意地去做，那舜帝的德行就能慢慢学习到手。"

冉耕问："道德高尚的人应如何待人接物？"

仲尼说："道德高尚的人，在日常生活中应以伦理道德作为做人做事的标准，起码在九个方面是要认真考虑的：对事物的观察要考虑是否清楚明白；对听来的话要考虑是否已用智慧去判断；待人的脸色要想到是否温和；对人的态度想想是否恭敬；讲话要想到是否言而有信；做事要想到是否负责尽职；有怀疑时要想想是否和别人一起研究；对一件事在情绪冲动要做时，要想想是否每件事都有它难的一面，而不轻易去做；见到种种利益，在可以拿到手的时候，要考虑是否合理。"

子路问："有德行的人哪些是需要戒备的呢？"

仲尼说："君子有三戒：少之时，血气未定，戒之在色；年富力强时，血气方刚，戒之在斗；及其老也，血气既衰，戒之在得（贪得无厌）。"

仲尼师徒在谈论到学习时，仲尼说："过去为了研究一个问题，我曾经整天不吃饭，通夜不睡觉，专门自己思考研究，结果发现没有用，不如多读书，多求学。"

冉耕问："什么样的学习态度，才算好学呢？"

仲尼说："一个有仁德的人，他在学习的时候，不要求饮食饱足，居住的地方也不要求舒适，工作起来敏捷而认真负责，说话非常谨慎，而又勤于去向有道德的人学习，用别人的优点来改正自己的缺点，这样的人就可以说是好学了。"

子路又问："一个心地善良的人而不好学，请问先生，这也能产生弊端吗？"

仲尼说："爱好仁德却不喜欢学问，它的弊端是容易被愚弄；爱要聪明，却不喜欢学问，它的弊端是容易被人利用而害了自己；喜爱直率，却不喜好学问，它的弊端是说话尖刻伤人；喜爱勇敢，却不喜好学问，它的弊端是捣乱闯祸；喜爱刚强，却不喜好学问，它的弊端是胆大妄为。所以一个有仁德的人必须是要喜好学问。"

子路说："感谢先生的精辟论述，仲由当永记在心。"

六、问礼老子

鲁国公族大夫孟釐子病重，嘱咐嗣子孟懿子和南宫适说："孔丘不愧是圣贤君主的后代，学识渊博，礼仪精通，在鲁国堪称第一。日后，你们一定要拜他为师。"孟釐子去世后，孟懿子（又名何忌）兄弟遵父命去向仲尼拜师求学，成了仲尼门徒，只是他们各有公务，不能长驻学门，只能常来请教一些疑惑之事。

仲尼自办学以来，学子盈门，迎来送往，顺心如意，不觉已是三年。在这三年的教学过程中，时常遇到很多难题，他总是要深究其理后再教学生。在深入研究周礼时，很多地方总弄不懂其所以然。他早听说老聃贯通礼乐奥旨，深明道德的精义，有心前去求教，无奈困难重重，心中常常不乐。

一天，南宫适前来学习，正遇仲尼发愁。仲尼一见南宫，心里豁然一亮。他想这南宫也许有办法解决见老聃的困难，就对南宫适说："丘闻听老聃博古通今，深明礼乐，足当仲尼师表。丘想去周天子京都拜访这位先生，只是很多具体问题不能解决，不知你能否成全我的心愿?”

南宫适一听去京都拜师求教,就满腔热情答应说:“我极愿奉陪先生前往,待我去请命鲁君,征得国君同意,赐以行装,以壮行色!”即奔往宫廷。见到国君后他请命道:“臣适,谨遵父的遗嘱,将仲尼作为先生侍奉。仲尼在任司职吏时,业绩显著,国君对仲尼早已赏识,曾送鲤鱼作为贺礼以赐赠,仲尼深为感动,深知君主贺礼之深意,以礼(鲤)为重,就将小儿命名为鲤。现在他想去周室京都,瞻仰先王遗制,考察礼乐源流,这是绝大好事,请主公赐以车马,臣愿和他同行。”

先圣之

鲁昭公早已认识南宫适,因为他是孟孙氏家贤臣。仲尼早有美名在鲁国传扬,去学习先王礼制,对鲁国政权巩固必将大有裨益,于是立刻颁赐车一乘、马两匹、御者一人,并赐往返的一切费用,由南宫适陪同前往。

老子,姓李,名耳,字伯阳,席谥号为聃,又称老聃。先任周朝守藏室之史(相当于现在的国家图书馆或历史博物馆馆长),后为柱下史。他熟于掌故,精于历史,谙熟周礼,明于天道,晚年躬耕授徒,讲道论德。他对鲁国的孔丘和南宫适来访非常高兴,热情接待。

仲尼见到老子后说:“久慕先生博古通今,深明礼乐,力行德道,今奉鲁国君主之命和鲁国孟孙大夫之子南宫适前来求教,祈望先生不吝赐教!”

老子说:“聃怎敢自信为先知先觉,只是愿将一知半解尽量贡献给二位。对于礼和道德尚略知一二。讲乐,我非乐官,未曾专心研究,且乐非常重要,不敢乱谈,只好荐贤代之。我的好友苌弘,现任王宫乐官,通晓乐理,倘有所问,必能详细相告,待后再去访问便是。”

仲尼说:“敢问先生,今日天下礼仪为何不及古代礼仪了?”

老子叹息道:“周朝王室政治衰微,诸侯各国相互争霸称雄,不惜僭越礼制,周礼遭到践踏。”

仲尼说:“请先生赐教周礼源流!”

老子说:“周朝古礼,是周公旦辅佐武王、成王时制定的。在西周极盛时期,礼制完备,上下遵导。自东周以来,王道日渐衰微,古礼也慢慢变质了。”

仲尼又问:“周朝古礼有哪些主要方面?”

老子说:“若论西周古礼,我看耳闻不如目睹,我领二位去一看便能知道。”

南宫适说:“这就很好,若先生能给我们当面示教,一则可以达到向先生学习的目的,二则也能瞻仰到先王的遗制!”

说罢,老子就近将二人引到了明堂,仲尼举目四望,只见四扇大门上,画着尧、舜、桀、纣的像。尧、舜相貌和善魁梧,带着兴旺的神气;桀、纣相貌凶恶尖削,带着颓废神情。还有周公像,成王图,以及鼎铭、盘铭,多得一时难以看尽。老子仅择其中主要的向二位进行简单讲解。退出明堂后,老子又引导二人去太庙,参观各式祭器,大大小小约有数百件,老子将各种祭器名称和用途作了简单介绍。仲尼走到右边的石阶前,看见有个大小与人相似的金人,口上黏着三道封锁,背上刻着很长的铭文。仲尼将铭文细读了一遍,对南宫说:“今天见了这三缄其口的金人,才知道做人不要多言,多言多失败;不要多事,多事多烦恼。”

仲尼请教老子说:“丘对各种礼制意义不能贯通,敢请先生明白指教!”

老子说:“天下国家的礼正,治国就有了准绳。禹汤、文武、成王、周公都是凭着正直的礼制在位,所以国家就兴盛;幽王、厉王不凭正直礼制在位,所以他们招致祸殃。由此可以看出,礼制关系国家治乱兴衰,因此对礼制不可等闲视之。要知道古代圣王是凭着天道治理人情的。为了用敬奉鬼神来教化百姓,便制定了郊社、禘尝、馈奠、射飨等礼制。”

仲尼又问:“请先生指教郊社礼的古代意义?”

老子说:“郊祭天,社祭地。古代帝王的郊祭,都是祭祀祖先以配天。因为万物的生存全在于天,人们的生育繁衍全在于祖先。郊祭原是为了报答祖先,报答祖先就要配祭上帝。冬至日举长，即主迎日长，以此报答天。郊祭用冬至月的上辛日，社祭是用惊蛰日，主是为了祈祷农事，称为大郊祭。郊祭必须筑祭坛于南面郊外，名叫圆丘，又叫天坛、泰坛。郊祭用的牛，提前精养三月；社祭用的牛，临时准备，以此分别祭祀天神与人鬼的敬意。祭祀的牛都必须是赤色。临祭祀时，必须将天坛洒扫干净。祭祀用陶匏，郊礼用匏数为象天数，社礼用的象地数，这是天子的祭祀，诸侯就不能用这种礼制。"

礼和乐都是大学问，仲尼二人请教了礼再请教乐。

老子说："二位要问乐之事，我已告知苌弘，约他今日来和二位相见。"正说着，苌弘进了客厅，老子即将仲尼二人向苌弘做了介绍。

七、学乐苌弘

南宫说："久慕先生大名，特来请教！"

仲尼趋步上前施礼，开门见山问道："《武》乐意之深奥，孔丘往往莫名其妙，请问，'武之备戒之已久'这句说的是什么意思？"

苌弘答道："这是周武王担心士众不能持久地敬服他，所以做此乐歌一句，以警戒众人。"

"'迟矣而又，久立于缀'这句是什么意思？"

苌弘又说："这句用在音乐之中，用意形容成功。《武》乐是表彰武王兴国灭纣的功绩，'迟矣而又'是说灭纣成功的迟缓，'久立于缀'是说武王统领大军像山屹立不动，会各诸侯于孟津的意思。《武》乐共六章，俗称六节。一章是出兵伐纣；二章是灭商成功；三章是周朝开国；四章是南国诸侯归附；五章是述论周、召二公分陕而治；六章是歌颂天子。这就是《武》乐的大成。"

仲尼又问："不知《武》乐和《韶》乐哪种为好？"

苌弘说："《韶》是虞帝的乐名，《武》是武王的乐名。论他们的功业，舜帝继尧帝治国，武王则是伐纣救民，堪称无分轻重。如果就乐论乐，《韶》乐声宏容盛，字义尽美；《武》乐声容虽美，歌调晦涩，不及《韶》乐。评论起来，《韶》乐可称尽善尽美，《武》乐却尽

访乐苌弘

美而未尽善。”听罢，仲尼感谢不已。

仲尼和南宫适在京都向老子、苌弘学习后，特去老子府第辞行回国。临别时，老子特向仲尼说：“你是我结识的朋友中最令我敬佩的一位，但愿以后还能相见！我听说，富贵的人送别时赠送财物，品德高尚的人送别时赠以言辞。我不是富贵之人，只好冒充品德高尚者用言辞为你送行，我将这几句话相赠于你：聪明深察的人，常常受到死的威胁，因为他喜欢议论别人的长短；博学善辩、见识广大的人，常常遭受困厄而危及自身，因为他好揭发别人罪恶的缘故；做人子女的要忘掉自己而去一心想父母；做臣子的要忘掉自己而去一心想君王。”

仲尼躬身作别说：“先生又赐金玉良言，丘一定铭记在心！”

洛阳之行，成为年轻仲尼人生征途中一段不可磨灭的历程，是他走向圣人境界极为重要的一站，孔子和老子是中国文化史上极其杰出的人物，他们的会见，是铸就中国古代灿烂文化而传承至今不衰的极有意义的一页。

时为鲁昭公二十四年（公元前 518 年），仲尼三十四岁。

八、庙堂教子

仲尼向老子学礼回家后，儿子伯鱼详细询问学习礼仪的内容，表现出对礼仪强烈的学习愿望。仲尼想，何不带他去太庙瞻仰一番，以此对他进行礼仪教育。

不久，仲尼带伯鱼去鲁桓公太庙瞻仰。进庙门后，伯鱼见神位前的木器，便问庙祝：“这是什么祭器？”

观器论道

庙祝说：“这器叫宥坐，是帝王用的劝诫器，以此随时提醒自己行仁天下。”

伯鱼对回答不甚了解，仲尼即教育儿子说：“这宥坐器，内中空虚无水它就不正，内中装水半满它就平衡，如果装满了水，它就倾覆。这是贤明君主用以劝诫自己的礼器，所以常将它放在身边。你可以用水灌注试试！”

征得庙祝同意后，伯鱼将水慢慢灌入器中，果然水满宥坐则覆。

仲尼长叹道：“世上哪有满极而不倾覆的东西。鲤呀！你要谨记莫忘啊！你说说此器告诉人们何种道理？”

孔鲤立即回答：“满则覆！”

说罢，仲尼又带伯鱼观看北堂。行至门前伯鱼止步瞻仰，只见北面门棂尽是断损残缺的模样，便问父亲：“这个残败的样子，是工匠没有做好的过失，还是另有典故？”

仲尼说：“建筑太庙，是由朝廷招来有名工匠，选用的是上等木材，工作竭尽巧妙，做成这个样子必然另有说法，一定是用来告诫后人对太庙要不断修葺吧！”

仲尼带伯鱼回家后说：“去太庙观瞻是为了教育你做人。你少小无知，还不懂立身处世的道理，我今告诉你，做人之道有‘三要’，就是要知耻、知鄙、知危。幼年不勤学，老来一无成就，这是可耻的；能够做官显贵，遇见过去贫贱时的朋友而不理，这是可鄙的；常和那些德行不良的人接近，不去亲近贤良明德的人，这是危险的。这三件事，也是我平日所严格力行的啊！”

伯鱼忙说：“儿定遵父命不移，今后做人，儿永远像宥坐器一样永不自满，并不断修整自己的不良行为。”

九、避乱奔齐

鲁国政权早已为季孙、孟孙、叔孙“三家”或称“三桓”共掌管，国君并无实权，只是执政者发表命令、主持祭祀、接待外国来宾的工具。“三家”中唯季孙排列第一，权力最大。但“三家”又互相牵制，各自培植家臣势力，争夺施政权力。

鲁昭公二十五年（公元前 517 年），昭公的皇亲郈昭伯与季孙（季平子）斗鸡。季平子给鸡套上皮甲，郈昭伯给鸡绑上金属瓜子。季氏的鸡被斗败而恼恨在心，就故意在郈昭伯那里扩展自己的住宅，挑起事端。执掌国家政权的正卿大夫（丞相）季平子，专横跋扈，目无国君，令鲁昭公怒火中烧，企图借此机会削弱季平子权力，引起了鲁国政治的一场

泰山问政

混乱。

季平子得悉昭公意图后，图谋杀掉昭公，夺取鲁国君位，于是就与孟孙、叔孙串联密谋，取得了联合反叛的共识。他又秘密命令家臣阳虎训练甲兵二千，待机叛变。这些大逆不道行为早为仲尼发觉，仲尼的弟子南宫适从先生口中得知这一情况后，连夜入宫向昭公报告。

鲁昭公闻讯，立即率领军队去攻打季平子，哪知这正中了“三家”联合反叛的计谋。季氏府邸的军队早已训练就绪，城堡筑得坚如磐石，不是昭公临时调来的兵士所能攻破的。季氏被围困时，为混淆视听，避免落个反叛国君的罪名，就登上防御的高台，假装对国君请求说：“君王没有调查下臣罪过，就兵甲讨伐下臣，臣请求在沂水边上让君调查。”昭公不同意。季氏又假装要求被囚禁在费地，昭公也不答应。季氏又请求让他带五辆车子逃亡出走，昭公还是不答应。郈昭伯高喊：“一定要杀掉季平子！”就在这时，季平子指挥反叛，孟孙氏挥剑将郈昭伯斩为两段。季平子让早已埋伏的兵甲出动，并抛下郈昭伯的首级，昭公的军队不战自败，鲁昭公见大势已去立即逃到了齐国，住在阳州。

昭公出逃后，“三家”争夺国家政治大权加剧，国内一派大乱。仲尼一直对“三家”僭越礼制，削弱公室权力不满，尤其对季氏带头背叛国君更是反对。为逃避这种违背礼制的混乱局面和将会危及自身的灾祸，也为了能安心于行教事业，他和齐国的好友高昭子取得联系，将家属妥善安置后，便带着他宠爱的弟子驾车奔赴齐国。

十、晏婴妒贤

一辆笨重的木轮马车载着仲尼和他的弟子向齐国而去。车上的人个个心情沉重，低头不语，似在思索：国家政治动乱逼着他们离开祖国，背井离乡外出逃难，这是国家的耻辱，也是鲁国百姓们的耻辱。

仲尼在车上面露忧郁，他突然想起了五年前昭公召他去见来鲁国访问的齐国国君景公、宰相晏婴以及陪臣大夫高昭子的事。当时，仲尼只是个小寒士，但他的品德和才华在齐鲁大地却小有名气了。齐景公见到仲尼后，问及了昔日秦穆公为什么能称霸诸侯等一系列政事。仲尼对答如流,侃侃而论,景公听得十分高兴。告别时,宰相晏婴握着仲尼的手说:"愿结为友,望早日来临淄赐教!"高昭子也说:"先生来齐国,我当亲自迎接!"仲尼想到此,心里倒也兴奋了一下,当今真的要去临淄相会了。

行程数日,车轮不觉越过了界碑,进入了齐国。高昭子原是齐国元老高国仲的长孙,因德才兼备而为齐国有名大夫。仲尼这次来齐,先期已与昭子联系好了。当仲尼一行进入齐国都城临淄时,昭子早已命人在城门迎接,自己亦在家门前迎接仲尼一行。

仲尼说:"丘此次因避乱来到贵国,一则是探望旧友,二则丘之国君早来贵国,丘要去问候,但不知昭公现居何处?"

昭子说:"由景公将昭公安顿于堂阜,离此约半日路程。"

昭子设宴为仲尼洗尘,邀请晏婴作陪。

晏子身高不满六尺,因有才而出名。有一次景公差他去见楚王,楚王见他矮小有意羞辱他,就在城门旁开一狗洞,命他从狗洞进入。晏子即说:"出使到狗国当然要从狗洞进,今臣奉命出使楚国,当从楚国国门进。"楚王知道失礼,放他从城门进入。见到楚王后,他以一张利嘴说得楚王以礼相待。回国复命时,景公就提升他为相国。

晏子虽有才干,但心胸狭窄,他非常害怕景公用德才兼备的仲尼,于是虽热情相见,内心设防。昭子一时未了解晏子嫉贤妒能之心,真心实意地说:"孔丘先生说鲁国为父母之国,应当辅佐鲁国,尊重周室。但这与目前天下形势和先生的家世渊源不相称。鲁昭公被逼出逃,'三家'争权夺地斗争激烈,况且鲁国政权落在专权者手中,公室衰微已非一日。据讯,现在季氏想拥戴定公作为新的国君。我认为就是定公即位,也不过是权臣底下的傀儡,国家大事是不会让定公过问的,若让先生去辅佐季氏,去干篡逆不道之事,先生必定是不愿意的,从这来看,只有齐国才是先生用武之地。"

仲尼是个学识渊博而又十分机警的人,对晏子的心理不安和不适当的举动早已察觉。于是对昭子说:"假若老天不生管仲,或者管仲不遇鲍叔的荐贤,齐桓公就不能用管仲,也就不能九合诸侯,一匡天下,称霸诸侯了。"仲尼绝口不谈自己的打算,昭子才意识到仲尼和晏子的各自心事,也就只好把话题岔开。

晏子回朝后，叮嘱众大夫，千万不能让景公知道仲尼已来齐国，而且密信告诫昭子，千万不要在景公面前举荐仲尼在朝为官，否则他就辞去丞相之职，让位于仲尼。

昭子是个诚信于朋友的人，见已无法向景公荐贤启用仲尼，就如实地将情况告诉了仲尼。

仲尼说："丘已早知晏婴的心情，看来我也不便在齐国做官了。不过，我想借先生一房，作为学馆之用，以便教授弟子。"

昭子满口应承，并说："先生一行的生活费用，在下全部供给，请先生安心，只是在下有一想法不敢对先生启齿。"

仲尼说："你我情谊深厚，有事尽管说，若需丘相助的事，只要能办到的，岂敢违命于先生！"

昭子就说："先生在敝舍行教，而我家的公私事务繁杂，缺少一人料理，若先生能够屈尊，就为在下总管一切家务。只要先生发个话就行了，具体事务绝不劳驾先生，你只管一心教授弟子吧！"

仲尼一听就说："先生如此盛情，且又错爱孔丘，丘怎敢不从命呢！"

当下众弟子听后，也个个满意。从此，仲尼一面在昭子府设馆行教，又一面兼任昭子的家臣。

十一、三月不知肉味

仲尼在昭子家既为官臣，又教授弟子，还去堂阜看望了鲁昭公，日子过得充实、愉快。

一日，吴国知名大夫季札奉命来拜访景公，在朝廷上与昭子相见。因二人在各诸侯国中都有名气，且过去多次见面，今日一见不免亲切叙谈。昭子请季札在府上做客，回府将此事告知仲尼。

仲尼说："吴国延陵季子，是个贤德有名的大夫，孔丘愿意与他相见，请先生作引！"

第二天季札应邀来到高府，昭子即介绍仲尼与之相见。季札说："札久慕孔丘先生高名，早有去鲁求教愿望，今能在此巧遇，幸会幸会！"

仲尼与季子相见，有如故友重逢。昭子也十分高兴，就留季札暂住府内，以便交流。

次日，昭子因公务离府，仲尼和季札推心置腹叙谈，不约而同地为周朝王室礼崩乐坏而惋惜，为王室安危而忧心。不觉谈到了音乐。论及音乐，季札比仲尼精通，仲尼曾经苌弘指点，但未深究，于是向季札虚心学习起来。

仲尼说："丘长久以来就想学习弹奏《韶》乐，苦无明人指点，今日极愿季大夫不吝赐教！"

季札微笑着说："先生喜爱《韶》乐，又精通演奏技巧，札愿为先生正拍，札也有求于先生！"

仲尼说："若有用力之处，怎敢违命于先生！"

季札说："因久慕先生，原想去鲁国拜访先生，将小儿长子毅投拜先生门下，苦无机会。这次奉君主之命来齐、晋、秦、楚等国拜访，故命小子同行，以择师求教。在此巧遇先生，又见先生在此行教，实为小子有缘。今愿将小子拜到门墙，望先生万勿推却！"

"承蒙大夫抬爱，贵公子前来就学，丘当尽力而为之。"

季札在高府精心指导仲尼弹奏《韶》乐，三天后才去向景公辞行。

仲尼每天除讲学外，就沉浸在《韶》乐的弹奏中。一连三个月，如醉如痴。《韶》乐的美妙占据了他整个头脑，使他忘记了一切，就连吃了肉也不知肉的味道。

十二、景公问政

鲁昭公逃至齐国后，齐景公亲赴堂阜看望过鲁昭公。不觉半年又过去了。有一天，鲁昭公来临淄对景公当面表示谢意。二人正在殿内交谈时，一只独脚怪鸟飞进殿堂，展翅在地上起跳，景公和大臣们都感到惊奇！景公询问包括晏婴在内的大臣们，都说不知道。这时鲁昭公说："敝国孔丘是鲁国博士，见识甚广，现在贵国高昭子大夫家做客，何不派人去问问，看他能否知道这是何鸟，凶吉如何？"

景公听后，忙差高昭子去问个明白。昭子回府将此告知仲尼，这是他特奉君命前来请教先生的，望先生说出个端详！

商羊知雨

仲尼问:“齐君怎知丘在贵府?”

昭子说:“鲁昭公前来面见齐君,殿堂之中突现此鸟,君主问遍左右皆为不知,鲁君将先生在敝舍这事告知了齐君,说你可能知道其情。”

仲尼说:“这鸟叫商羊,是水患即将来临的兆头。从前有儿童弯曲一条腿伸张两手像翅膀,一边跳跃一边唱道:‘天将大雨,商羊起舞。’今日齐国殿堂见到此鸟,定有水患来临,请速告知百姓,疏通沟渠,修筑堤防,以免大水成灾。”

高昭子立即回到朝廷,将仲尼之话详细告知齐景公。景公听后,对仲尼说法深信不疑,即命昭子通晓百姓,挖沟修渠,以防水患。果然,不出十日,天色大变,一场特大暴风雨冲击齐鲁大地。三日不止,邻国都受到了严重水灾,唯有齐国有备无患,免除了一场水灾。从此,齐景公对仲尼的学识更加钦佩,对高昭子说:“圣贤不会说欺骗人的话,仲尼算得上圣贤啊!你回家整理一下,并告之仲尼,寡人要去见他!”

第二天,景公来到高宅,仲尼以臣礼拜见景公。景公说:“寡人在位多年,对有德才的人必然举用,爱惜贤臣,礼遇下士,可齐国仍不能继承先君的霸业。请问,一个国君应如何施政?”

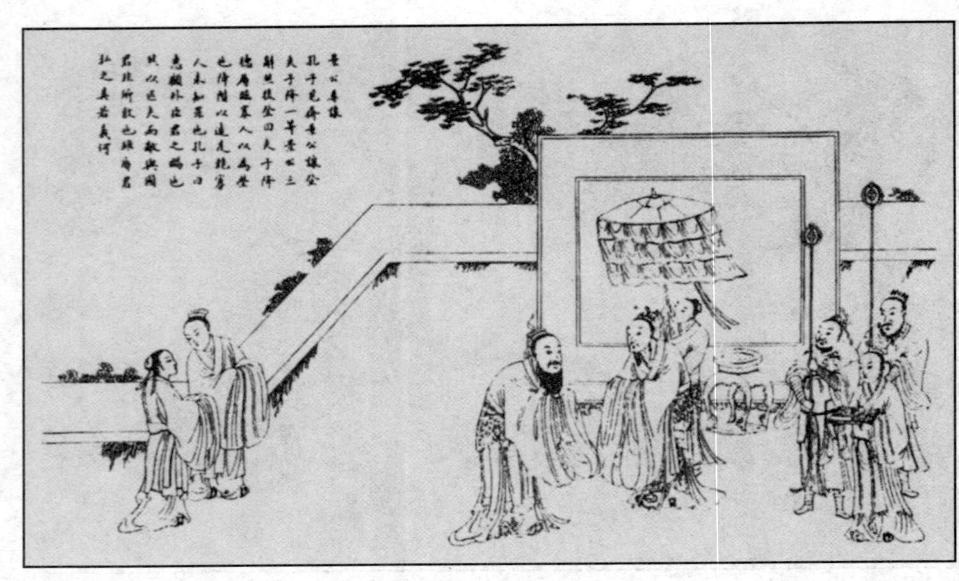

景公尊让

仲尼回答说:“国君施政,首要的是,做国君的要像个国君,做臣子的要像个臣子,做父亲的要像个父亲,做儿子的要像个儿子。”

景公又问:“那施政的原则又是什么?”

仲尼说:“施政最重要的是控制支出,节省财力。”景公听后很满意,于是时常来和仲尼谈论一些治国的事。一日,景公约仲尼去郊外狩猎,景公以弓箭招呼管田猎的虞人,虞人没有听他的招呼,站立不动。景公大怒,责问为何不应招呼,虞人说:“先君狩猎规定的礼制是:招呼大夫用旌旗;招呼士人用弓箭;招呼虞人用皮冠。今日臣不见皮冠,只见弓箭,认为是在招呼士人,所以不敢前进。”

景公说:“规定的礼仪不可弄乱,你无罪!”

虞人退下后,仲尼说:“虞人能遵守狩猎的官制礼仪,谁能说他错了呢?”

齐景公又对仲尼说:“与先生在一起,感到很高兴,而且受到教益也很深,寡人应给先生俸禄。给鲁国上卿季氏那样高的待遇,寡人做不到;给下卿孟氏那样的待遇,又对不起先生,那寡人就给先生季孟之间的待遇吧!”仲尼当即表示谢意。

十三、辞谢封赠

仲尼在齐国虽未做官,但得到了齐景公的高度信任。高昭子大夫待他如同手足,且还能安心地教授弟子,不觉留居齐国已是三年了。

一天,仲尼正和弟子深究《诗》意,昭子急急进来说:"景公驾到!"仲尼和往常一样,即出门迎驾。

进入厅堂宾主坐定后,景公说:"自从先生屈留齐国,不独寡人获益匪浅,齐国百姓也沾了先生之恩惠。有功于人民,理应得到报偿。寡人拟将尼溪田地封赠于先生,以作先生的俸禄。愿先生能接受,不要推辞!"

仲尼急躬身拱礼说:"国君厚恩,丘感激不尽。然丘并无多大恩惠布施齐国百姓,无功岂能受禄,请君收回成命。如果硬是要给孔丘封赠,丘实难领受,那丘只好不辞而别,到别国去。"

昭子最懂仲尼心意,怕仲尼真的不辞而别,就对景公说:"先生真心辞谢,请主公暂缓封赠。"

景公说:"先生如此客气,寡人只好收回成命!"

十四、离齐归鲁

齐景公欲将尼溪田地封赠孔丘之事在朝廷传开后,引起了以晏婴为首的嫉贤妒能者的不安。他们在群臣中散布仲尼有意在齐国夺取大权,排斥齐国重臣的谎言,更是在景公面前朝夕贬低仲尼,离间景公与仲尼的关系。景公由于对仲尼的坏话越听越多,态度开始转变了,慢慢地疏远仲尼,并准备下逐客令。高昭子对此有说不出的苦处,又不敢对仲尼直说。不久仲尼也意识到了这些,还在疑惑之时,子路来报一信,说是南宫适差人送信来给先生。

南宫适在信中先是讲述了阔别之情,接着介绍了鲁国政局正日趋稳定,最后告知先生他妻子夭折,失去了贤惠的内助,甚感凄凉,恳切盼望仲尼先生速回鲁国。阅读完毕,仲尼长叹一声说:“南宫子容,堪称鲁国君子,如今年轻丧妻,也许是上天对他的折磨吧!”

子路问:“他还说了什么?”

仲尼说:“鲁国战乱已经平定,极望我归国!”

“先生打算怎样?”子路又问。

仲尼说:“可以回去了,那晏婴一直怀有妒忌之意,他不可能在景公面前说我的好话。景公近来已疏远我了,内情莫测,我早有回国之心。”

子路说:“先生欲回国去,不知昭子大夫如何看待?”

仲尼说:“齐国的卿大夫若都能像高昭子这样以诚相待,丘早就会将家眷接来做久留之计。我早已决定不与这班人同朝议政,现在我该回去了,鲁国毕竟是我的祖国!”

正说着,高昭子面带难色进来了,仲尼察觉他情绪反常,即问:“大夫今日莫非有什么心事?”

昭子说:“先生啊,昭确有难言之隐!”

仲尼说:“但说无妨,你我情同手足,难道丘对大夫有何异心不成?”

昭子说:“昭愧对先生。多日来,一直想与先生交谈,心感似有对先生不起之处,故难于启齿,今实不能再瞒先生了。齐景公也许为某个卿大夫所惑,对先生不信任了,一月来未来见先生。今日上朝后,国君就对我说:‘高卿,你去转告孔丘,就说寡人已经老了,不能用他了。’昭以为先生如此大才,却遭到如此冷落,实为先生不平。只因职微言轻,无法荐贤。昭今日又闻听,近日将对先生下毒手。今已如此,所以心情难以平静。”

仲尼说:“大夫何出此言,丘的为人,大夫当能了解。丘曾对弟子说过:‘用我的时候,我就尽力去干;不用我的时候,我就埋头隐藏。’丘当感谢大夫对我的一片盛情。”

昭子说:“先生哪曾知道,昭闻听有人要加害先生,终日为先生安全担心。故无事就回家中以防不测,请先生自为珍重!”

仲尼长叹一声说:“丘早已预料会有这么一天,记得在周室京都向老子学礼后,临别他赠我一言,‘聪明深察的人,常常受到死的威胁,因为他喜欢议论别人的长短’,丘今天陷入如此境地也可能就是这个缘故吧!大夫,我只能归国了,对齐景公丘只能不辞而别了！”

仲尼决定立即启程，忙召集弟子们赶快收拾行装、准备车马，连已经下了锅的米也立即捞起来，登车回国。

时为鲁昭公二十七年（公元前515年），仲尼三十七岁。

第三节　因材施教

一、重振杏坛

仲尼带着被羞辱的心情，愤然离开齐国，很快回到了曲阜与家人团聚。儿女都已长大成人，在妻子亓官氏的教导下，儿女们对《诗》《书》《礼》也能谈得头头是道。天伦之乐，冲淡了仲尼愤忧的心情。

南宫适来问候先生。见面后，南宫讲述了自己想念先生的心情，介绍了鲁国的政局近况，并说：“先生是否想过参政，以匡正混乱，或者还有更为重要的打算？”

仲尼说：“丘虽然早想做官，以实现自己仁德政治的抱负，但坚决不能同这些权贵同流合污。反复考虑，丘回国后别无所求，只想一心从事教育事业，将多年研究古典文献的心得传授给弟子，让他们去努力实行丘的政治主张。因此，我要广招弟子，重振杏坛。”

仲尼重振杏坛的消息，不胫而走，迎来了第二次办学高潮。

阙里街的东侧有一条简陋小巷，从一所破旧茅屋内走出父子两人，衣裳俭朴、单薄，他们兴致勃勃地朝杏坛走来，这是颜路和他的儿子颜回。

拜师仪式上，颜回手捧一只贽雉，恭恭敬敬地走上杏坛，正将下跪之时，一个年纪与他相近的富家子弟，身着华丽服饰，手提十只贽雉，挤到颜回身边同时下跪。这少年姓端木，名赐，字子贡，卫（今河南一带）人。两个小小少年同时向仲尼叩头拜师，引起了仲尼的特别注意与欢心，似乎其慧眼看出了他们了不起的未来。

这时，前来拜师求学的除齐、鲁两国的学子外，还有楚、晋、秦、陈、吴、宋蔡、卫吴等国慕名而来的门徒。颜回、子贡、冉求、仲弓、闵子骞、宰予、公冶长、子游、子若等人都是这一时期的学生，成为孔子七十二贤人中的佼佼者。

二、《诗》三百

近来，仲尼对弟子们传授古《诗》。当时存留的诗歌三千余首，他要逐一加以分析深究，哪些诗该部分修正，哪些诗应予删除，哪些诗是优秀之作，应如何保留并传授给弟子，他的脑海就成了《诗》的海洋。

一天中午，仲尼叫侄女无加来见他，他非常珍爱这个失去了父爱的侄女儿。仲尼问无加："近来你学习《诗》很认真，你能背诵你最爱的一首给我听吗？"

无加说："我最喜爱《扬之水》这首诗。"于是背诵起来：

激扬河中水，(扬之水)

白石露鲜明。(白石凿凿)

白衣红绣领，(素衣朱襮)

跟您到沃城。(从子于沃)

得把桓叔见，(既见君子)

怎不乐融融！(云何不乐)

……

激扬河中水，(扬之水)

白石光粼粼。(白石粼粼)

我闻有密令，(我闻有命)

不敢告知人！(不敢以告人)

仲尼高兴地问："你为什么最喜欢这首诗呢？"

无加答道："这首诗写的是一个思想纯正、道德高尚的男子，在政治动乱激流中，投奔正人君子的高尚行为，是否？请叔叔教诲！"

仲尼说："想不到我的侄女竟对《诗》领会得如此透彻，今后学诗时都要这样仔细领会！"

三、《诗》为媒

无加高兴地退下去后，妻子亓官氏对仲尼说："我曾对你说过，无加是个温顺贤淑、知书达理、聪明过人的女孩。今年已二十一岁，因你不在家，无人做主，未能婚嫁，你已归来，应快为她择婿完婚。"

仲尼说："你说得极是，女儿出嫁是终身大事，草率从事，后患无穷。待我留心选择适宜男儿还不算迟，也包括我的女儿无违在内！"

亓官氏高兴地笑了。

南宫子容也迷上了《诗》的美妙，他道德高尚，今为朝中大夫，深得仲尼器重，只是妻子早亡留下一双儿女。有一天仲尼问南宫："哪一首诗你最为欣赏？"

子容说："最喜欢《抑》这首！因它是描写圣人君子的品德，严正谦恭，以爱人之心，不忘天下百姓，若都能遵循圣明先帝的美德，那天下就会变得十分美好！"说着，他韵味无穷地背诵起来：

端庄严谨好仪容，（抑抑威仪）

高尚品德寓其中。（维德之隅）

……

国家强盛靠贤英，（无竞维人）

四方诸侯来顺从。（四方其训之）

……

要让人民都安定，（质尔人民）

谨守法度莫乱行，（谨尔侯度）

以防意外事发生。（用戒不虞）

开口发言要谨慎，（慎尔出话）

行为举止有高风，(敬尔威仪)

处处和善近人情。(无不柔嘉)

白圭上面有污点，(白圭之玷)

还可把它磨干净；(尚可磨也)

若是讲话出差错，(斯言之玷)

完全无法再磨平！(不可为也)

……

子容背诵完后，又重复背诵其中两句："白玉之玷，尚可磨也；斯言之玷，不可为也！"并说："这是多么谦恭谨慎的为人态度，自尊自强的品德啊！"

子容走后，仲尼想："只有品德高尚的人，才能领会到诗中美好寓意；只有仁德之心的人才能欣赏贤明先王的德政，也才能继承这种优良的道德传统。"他又想到侄女无加正因贤淑，才欣赏《扬之水》中那纯正高尚的品德。突然一个念头涌上心头，何不将无加嫁给南宫子容。于是他请出妻子，将自己的想法告知亓官氏。

亓官氏说："若说南宫子容家业，倒也无啥可说，可惜他是当今的掌权者，难免不介入国内夺权争地的斗争，倘有个闪失，也就害了无加啊！"

仲尼说："南宫子容虽是个掌权者，但他的言行谨慎。昭公在位，国内政治清平时，他能久居大夫职位；昭公逃亡，国内政治动乱，他又能安居国内未遭牵连，不愧是个贤大夫！"

亓官氏听后，同意了丈夫的说法。于是二人商议请媒说合。不久，就将无加嫁给了南宫子容。婚后，无加善待前妻子女，夫唱妇随，家庭和融幸福。《诗》为媒，造就了孔氏和南宫联姻，这是仲尼行教中的一段佳话。

四、嫁女

南宫子容来到仲尼家，论述《诗》的美妙，涉及男婚女嫁的内容。南宫子容随口说出自己婚后的美满和家庭的幸福，他突然问道："先生千金无违，到了待嫁的年龄，不知先生有何打算，要择个什么样的好女婿？”

仲尼说：“无违的婚事，我已再三考虑，宁肯选择既贫且贱而有仁德的君子，绝不选择那既富且贵而没有德行的小人。”

南宫说：“一个有仁德的君子，不容易啊！先生门下有这么多弟子，这其中没有您满意的吗？”

仲尼说：“人倒是有一个，但我尚未考虑成熟，再说我还未和无违的母亲商量，只是在自己的心里琢磨！”

“那是谁呢？”

“公冶长！”仲尼接着说：“一个人朴实超过文采，那就显得粗野；如果文采多于朴实的话，那又未免有些浮夸。如果文采和朴实在一个人身上配合得非常恰当，这才叫大雅君子啊！我认为在公冶长的身上，朴实和文采是配合得很得当的，堪称为大雅君子，你看怎样？”

南宫说：“先生对子长的评论是恰当的，只是子长朴厚有余而家财有限。”

仲尼说：“吃粗粮，喝冷水；弯着胳臂当枕头，这里面自有乐趣。如果用不正当的手段得到富与贵，这种富与贵对我来说，如同天上飘来飘去的浮云一样。”

南宫适出去后，仲尼请来妻子亓官氏商量此事。亓官氏说“公冶长才智过人，谁都知道。只是他是个坐过牢狱的人，怎能成为孔氏家门的女婿呢？”

仲尼说：“据我长期观察，公冶长是个百里挑一的好青年。他道德高尚，能忍辱负重，而且才智过人。至于他曾坐过牢狱，那并不是他的过错，公冶长能识鸟语，一次独自赶路，一只鸟向他飞来对他唱道：‘公冶长，公冶长，南山有头野乌羊。你吃肉来我吃肠。’他听了鸟语就往南山走去，果然看见草地上有头不系绳索的乌黑羊。于是他深信鸟语，认为是头野山羊，就把羊弄回家去，半路上遇见了羊的主人，硬说公冶长是偷羊贼，便拉着他去见官，那官也认为公冶长偷羊是实，将他押进了牢房，后托人保释，不久便清洗了罪名。因此，把女儿嫁给他，我深信他们日后会幸福的。”

亓官氏说：“你是我信得过的人，由你做主吧！”

仲尼请南宫适为媒，选择了吉日，便按照嫁女的风俗，办了一场较为隆重的婚礼，将无违嫁给了公冶长。

五、弟子问仁

一天，颜回一人向仲尼请教说："仁，是先生思想的中心，先生整个学说都在讲仁，对弟子传授最多的也是仁。我想请先生给仁下个定义，它的最高境界是什么？"

仲尼说："这个问题不是一般人能领悟的，只有你颜同能做到三月不违仁，能达到一定高度的仁的境界。什么是'仁'呢？克己复礼为仁，就是克服自己的妄念、过分的情欲、邪恶思想、偏差观念，而完全回复到庄严、诚挚的礼的境界，这才叫仁。一旦这样做了，天下的人都会称你是仁人。实践仁德，全凭自己。"

颜回说："克己复礼是艰苦的修养功夫，不知从何入手？"

仲尼说："你聪明，悟性高，送你四句话：不合礼的事不看，不合礼的事不听，不合礼的事不说，不合礼的事不做。这样规范自己，时间长了，习惯成了自然，就化为自己的德性了。"

子贡来向先生问仁说："假若有个人无条件地把东西送给百姓，救济他们，让他们得到帮助，先生，这可算得是你所讲的'仁'吗？"

仲尼回答说："这岂止是仁道，他简直成了圣人。即使尧舜那样圣明的帝王，他们也难以做到。那种有仁德的人，做起事来，既要自己站得住，也要使别人站得住；自己想要办事通达，也要使别人办事通达。如果能坚持这样去做，那就可以说找到仁德的方法了。"

子贡又问："能有终身奉行的一句话吗？"

仲尼说："这就是讲究宽恕的道理啊！凡是自己不愿意做的事，不要加到别人身上。"

仲弓，姓冉名雍，字仲弓，是仲尼喜爱的弟子之一，他来向先生请教仁道。

仲尼说："当你出门做事的时候，好像是接见重要宾客的样子；在你使百姓劳役的时候，好像是参加重大的祭祀一样。凡是自己不愿做的事情，不要强加到别人身上。在工

克复传颜

作岗位上不要对工作有所怨恨，就是不在工作岗位上，也没有怨恨。”

仲弓听后说：“先生，颜回问仁，先生回答‘克己复礼为仁’；子贡来问仁，先生回答‘己欲立而立人，己欲达而达人’；我来请教，先生则作上述回答，不知是何道理？”

仲尼说：“我对你做前面的述说，是因为你‘可使南面’，即你有帝王之器，是块当领袖的材料。要做好一个领导人，就必须尊重别人，对群众负责，替别人着想，于国于家都无怨尤。”

孟武伯是鲁国大夫孟懿子的儿子，亦是鲁国大夫。他曾问“孝”于仲尼，仲尼回答：“对父母能付出当自己孩子生病时那种程度的关心，才是‘孝’道。”现在，他又来问仁，其目的是征召人才，因仲尼学问最高境界是仁，于是他就仲尼学生中最有名气的几个问起。首先问：“子路仁吗？”

仲尼说：“不知道！”

“我是说子路在办事时是否达到了仁的境界？”

“子路这个人，要是有一千辆兵车的国家，可以让他去主管兵赋。至于学问修养是否达到了仁的境界，我不知道。”言下之意是尚未达到。

孟武伯又问：“冉求怎么样？”

仲尼说：“冉求这个人，一个有千户人家的城邑，有一百辆兵车的大夫封地，可以让他来当总管。至于学问上他有没有达到仁的境界，我想，恐怕与仁还有一段距离。”

孟武伯再问：“公西赤怎么样？”

仲尼说：“公西赤这个人，穿起锦袍玉带的礼服，仪表堂堂，风度翩翩，有外国的首长、大夫来，他是最好的外交官。谈到学问、修养，也还未达到仁的境界。”讲到这里，仲尼怕孟武伯误解自己的弟子中没有一个达到仁的境界，于是他又说：“在我的学生中，颜回能把仁的境界一直保持三个月，其余学生只是偶然地达到仁的境界，或是一天有一次，或是一月有一次。”

六、敬叔问礼

鲁定公三年，鲁国附庸小国邾国君主更替，朱隐公即位，遣使者来向仲尼请教加冕之礼。

君王加冕礼仪复杂，仲尼因教学长年研究《礼》，当然一概全知。他告诉邾国派来学习礼仪的使者：“世子加冕，在东阶主位肃立，在户西客位醮酒，表示敬公考。加冠冕三次，首次绕缁布，二次戴皮弁，三次加爵弁。冠上加字，冕礼要安排在祖庙进行，奠酒享神，燔柴行礼，撞钟击鼓奏乐，表示敬重祖先。诸侯加冕之礼，因等级而别，大同小异。”仲尼在教邾国学礼者如何行加冕典礼时，边说边示范，众弟子都侍立于两旁，静静地听，仔细地看，就像各种加冕典礼的实习。

鲁定公五年，鲁国发生了一起僭越礼制的大事，南宫子容非常气愤，前来请教仲尼。南宫说：“六月，季平子巡视东野，在路途害起病来，返回还未到家，于十七日在房病死。家臣阳虎打算用美玉随葬，另一家臣仲梁怀不同意，认为这不合礼制，没有拿出美玉来，阳虎便要赶走他。季平子的儿子季桓子继承正卿大夫之后，又去巡视东野，到了费地慰劳仲梁怀，表示对他的尊重。而仲梁怀对季氏不表示尊重，阳虎要季氏把他杀掉，这合乎礼吗?”

仲尼说“仲梁怀遵循礼制,对季氏表示不尊重,是对他的越礼行为的不尊重,这是合礼的。那阳虎就是助长季氏越礼的罪魁,其结果只能是导致阳虎对自己的背叛。”

南宫说:“那季桓子去慰问他,已从内心显示了自我责备,也就可以了,为什么还要对他不恭呢?”

仲尼说:“论及季桓子的德行,我没见过他有错误而能在内心自我责备过。仲梁怀在维护礼制上可以说是一个有志气、有高尚道德的人,他不贪生怕死,用勇于自我牺牲的精神来维护礼制,这点是值得学习的。”

“先生,您能对鲁国礼制现状谈一下看法吗?”

仲尼说:“季平子作为正卿大夫,理应尽心尽力辅佐鲁昭公。而他不让国君过问政事,不将国君放在眼里,这难道有什么君臣之礼吗?他逼迫昭公逃亡齐国,后又让他回到鲁国边境乾侯居住,还无理拥戴定公,这是臣子事君之礼吗?昭公死后又以惩罚国君的形式去埋葬昭公,这又是什么君臣之礼呢?僭越国君礼制,用《八佾》乐舞来祭祀先祖,这又把古代帝王制定的礼仪置于何处呢?由于他不遵循礼仪,弄得鲁国百姓们无所适从,当今的鲁国已谈不上有什么古代的礼制了。今天鲁国之礼就像一只没有棱的觚(饮酒礼器)。觚没有棱,按照古制就不像觚,还是觚吗?这就是鲁国今天的礼制!”

时为定公五年(公元前 505 年),仲尼四十七岁。

七、拒见阳货

阳虎,又叫阳货,是个专横跋扈长期左右季氏正卿大夫之权的家臣,而且正阴谋除掉季氏,继而掌管国家大权,甚至危及鲁国君主之位。定公五年十月,他把继承正卿大夫之职不久的季桓子囚禁,逼他订盟:要时时事事听阳虎的摆布。从此,阳虎更加肆无忌惮,全不把季氏放在眼中,直接操纵起“国命”来。

季桓子自然不会束手待毙,他要抗争。可自己势力单薄,硬斗不过阳虎,又没有一个真心实意维护国家正义的人来帮助自己扼制阳虎的野心。这时,他想到了仲尼,若能让他入朝为官，不但他能掌管国家大事，就连他的一班学生也能为国效力。他又想，国君靠的是“三桓”才能做国君，只要去提议，定公一定会同意。于是将自己的想法告知了国君，鲁定公也同意仲尼入朝为官，但须观察考验一段时间。可是，这消息被阳虎知道了，他知道仲尼在鲁国的声望，更知道欲得鲁国政权必先得仲尼。

在三十多年前，阳虎羞辱仲尼于季氏飨士宴门外，今天反而欲将仲尼拉与自己一起，共同对付“三桓”与定公，这是因为仲尼像个沉重砝码，谁都想抢过来放在自己一边，以胜过对方。阳虎深知仲尼与自己的主张截然不同，自己是求权求富，而仲尼是求仁。他想，难道“求仁”者就不想当官吗？况且仲尼对鲁国“三桓”执掌国家大权而轻视君主的行为早就不满，也许去联合他反对“三桓”正是时机了，于是决定去见仲尼。

一天，仲尼从外归来，子贡报告：“阳虎来过两次，似有急事要见先生。”仲尼想，跟阳虎这种人少打交道为好。这时，又有人报告阳虎求见，仲尼见阳虎一天三次求见，心中更加疑惑，决定回绝，就说：“前去回禀，就说我不在家。”

阳虎见仲尼有意回避，只好打道回府，边走边想下一步相见的办法。

第二天，仲尼又是从外回来，孔鲤告诉父亲，阳虎送来一只蒸豚（小猪）。仲尼听后说：“这阳虎真是诡计多端，昨日登门三次，今日又趁我不在家而送豚，这明明是要我按礼节上门去拜谢他。”

公冶长说：“收人之礼，需亲往拜谢，看来今日是难以回避的了。”

仲尼思考片刻后，对公冶长说：“你快去阳虎家，看他在不在家！”公冶长明白了仲尼意图，急向阳虎家而去。

公冶长回来禀报说：“阳虎刚乘车往孟氏家去了。”仲尼闻听，立即穿戴整齐，直奔阳虎家中，门人告诉仲尼阳虎不在，仲尼说明来意，请门人代谢！然后准备返回，恰在这时，阳虎乘车迎面而来，仲尼无法回避，只得上前施礼，感谢送豚之盛情，阳虎忙下车还礼。

阳虎知道仲尼一定会趁他不在家而来答谢，因此，他就假装乘车去孟府，出门就将车停在小胡同中等待仲尼的到来。果然仲尼来到了门前，阳虎忙邀仲尼进府，仲尼以劳累一天而婉言谢绝。这时，阳虎一反过去不顺心时就专横的态度微笑着说：“阳虎乃鲁莽武夫,不明礼教,多有得罪。今日求贤若渴,愿先生赐教!"

此时的仲尼只想快离开阳虎,但出于礼貌,只好说:"丘也不才,实不敢当。"

"莫非先生仍怀有三十年前受阻飨士宴之怨?"

"孔丘在家无怨,在邦无怨,何必提及此事!"

阳虎说:"请问夫子,一个人心怀韬略,却不顾国家衰亡,只图个人洁身自好,能算是'仁'吗?本想从政,却屡失良机,能算是'智'吗?"他抓住仲尼最反对的事进一步说:"鲁国的政权受制于'三桓'已近百年,当今天下,天子被逐,诸侯争权,礼崩乐坏,难道夫子弃追求多年的治国之道而不用,让别人永久来摆布你吗?"

仲尼当然知道阳虎的阴谋,很礼貌地说:"对国家的盛衰,每个人有自己的看法和治理的想法。大夫若想仿效诸侯争权,岂不破坏周礼。就是得到了权力,若不用仁政礼乐去感化百姓,是不能长治久安的。在下欲以周公的仁政感化君臣,既可免除百姓们的战乱之苦,又可使国家处于诗书礼乐之盛世。孔丘只想以仁德化干戈为玉帛,拯救华夏,恢复统一,丘不为一家一族之利去求取自己的荣耀。"

阳虎深知仲尼的为人,这次没有说服他,也许以后还有需要他的时候,于是微笑着和仲尼道别。

八、农山论志

仲尼和弟子们去登农山。农山险峻高耸,林深茂密,风景不凡。仲尼望着壮丽山河感慨地说:"站在这壮丽的山顶上,我心中涌现出很多想法。子路、子贡、颜回你们三人也来谈自己的志向,看哪个的志向符合我的愿望。"

子路进前说:"由愿前面的宽旷平原上,有一大队手执刀、枪、斧、钺的人马,他们的身上都穿着像皓月般的铠甲,头戴插有颜色像红太阳一样的红色羽毛的头盔,伴着声震于天的钟鼓,又有铺天盖地的旌旗,呼啸着朝我杀来。在这样的阵势前面,仲由一人敢于对敌,杀退敌人,得地千里,还能把敌人的耳朵一只只割下。这样的事,恐怕只有由才能做得到。"

农山言志

仲尼说:“由啊!你真是勇敢!”

子贡接着说:“赐愿出使齐国和鲁国,当这两个国家将要大战于广大平原之时,正当两军对峙相望,两军卷起的尘埃相接,举起明亮闪光的兵器将要厮杀时,赐将身着白色衣服,头戴白色之帽,敢站立于两军之间,向两军宣讲战争会给他们带来损害的道理,使他们停止战争,自行退出战场,解除两个国家因战争带来的痛苦。这种事恐怕只有赐才能做到!”

仲尼说:“端木赐呀,你的确能言善辩。”

两人听了先生的评说后,颇感高兴。而颜回却退而不语,仲尼说:“回啊!你的个人愿望呢?”

颜回说:“论文武之事,他们二人都说了,我在这些方面远不及他们,还有什么可说的!”

仲尼说:“我还是想听听你的志向!”

颜回说:“回曾听说过极香的薰草和臭味难闻的蕕草是不能同藏于一个器皿中的,贤君唐尧和暴君夏桀是不能共同治理一个国家的,这叫物以类聚,人以群分。回只愿得到一个

圣明的君主，那时我就去忠诚地辅佐他，并在广大的百姓中全面施以父义、母慈、兄友、弟恭、子孝的五大教育，引导他们遵循礼乐，使国家的城廓可以不修而无忧，沟池不修而无人逾越；把剑戟斧钺等兵器全用来铸造农具，把那些作战用的牛马都放于水草丰富的原野上，使每个家庭再无离散的忧虑，使天下千年万代免除战争祸患。这样，那仲由一人陷阵的大勇就无处施展，赐也用不着那样雄辩了！”

仲尼高兴地说：“你的愿望真好，真是有德行啊！到那时，我愿去当你的家臣，为你管账也心悦诚服呀！”

子路一时不明仲尼的意思，就问：“先生，我们都说了志向，您认为哪个符合您的心愿呢？”

仲尼严肃地说：“我的心愿就是不伤损百姓的财物，不伤害百姓的生命，让国家永世太平，人民安居乐业；也希望不在百姓面前施以滔滔不绝的繁话废语，只有颜氏的儿子所说的才是我的真正愿望。”

九、平息叛乱

阳虎反对“三桓”的目的，是为了夺取鲁国政权。为了鲁国的安定，百姓不受动乱之苦，仲尼心里一直在想尽一切办法来挽救国家危亡。今弟子中具有治国才干者日益增加，他想通过弟子的从政来制止这场叛乱，便日夜加以运筹。

前不久，仲尼推荐冉有做了季氏家臣，现在他要将任蒲邑宰的子路召回来另作安排。子路任蒲邑宰后，勤政爱民，修渠疏沟，以防灾害，现突然叫他回来，很不高兴，认为这是干扰了他的政事，带着愠色见仲尼。仲尼首先让子路不要生气，接着说：“季桓子要我荐一位武功高强的弟子做家臣，我想你最为合适！”

子路听说去做季氏家臣，便带着怒气说：“先生年近半百，尚未出仕，就因为不愿为家臣，不甘当权臣附庸。由虽粗鲁，然而‘师善其善’之理尚懂，愿学先生志气，宁可饿死，决不做家臣。”

仲尼说：“子路呀，你已是四十岁开外的人了，考虑问题也该成熟了。你想，今日鲁国哪一样不在季氏管辖之中,‘公室’、‘私家’早已不复存在。冉有已去季氏家数月。让你们去做家臣,并非为季氏,而是为鲁国君主,是为鲁国的江山社稷。我的安排,你日后将会明白的!”接着就把阳虎的篡政阴谋及自己的打算详细地告诉了仲由,子路听后难过地说:“先生若早把话说清楚了,弟子就不会生气了,请先生原谅!”

仲尼又说:“冉有办事细致,但过于忠于季氏。你去后,必须与冉有紧密结合,仔细观察阳虎的行动,及时与季氏商量,定要阻止阳虎的叛乱。鲁国没有内乱了,实行礼教就有希望。”

阳虎虽是季氏家臣,他的威慑力过去就超过了季平子。当今定公和季桓子也不在他的话下,凭着多端的诡计,将孟孙氏、叔孙氏家的家臣中对其主人不满者操纵在自己的手中,就连“三桓”家族中心怀不满而企图一逞的夺权者,也纠集在自己的身边,成为这些企图反叛者的核心。阳虎自见仲尼并交谈后,知道孔丘反对自己的主张比反对季氏专权还要强烈。如果仲尼将此告知了季氏,那季桓子也会破釜沉舟来反抗,在未准备好的情况下,肯定敌不过他们。现在的唯一办法是立即联合必须联合的人,一起商议提前行动,于是他把想法告知了他的弟弟阳越。

阳越将公敛阳、叔孙辄、叔仲志治、季孙寤邀集来到阳虎身边,仔细策划着如何调动兵力,谁去统管兵力,行动路线,在何时何地将季桓子杀掉等等。

正在议论时,有人来通报,鲁国“闻人”少正卯来了。少正卯,姓少正,名卯,是鲁国权力不大的大夫。但凭他那三寸不烂之舌和诡计过人的技能骗得鲁国“闻人”称号,是个野心勃勃者。他反对“三桓”、鲁君和名人孔丘之心,大大超过了阳虎。阳虎企图叛乱的野心,不但早在他的掌握之中,而且是阳虎阴谋的策划者。今天又是来为阳虎出谋划策的,阳虎当即向他求教。

少正卯说:“行必有名,方可有理有力。历来诸侯争霸,都是打着保护君王,反对奸臣的旗号。今天的鲁国,只有强公室抑私家,才能得民心,顺民意。因此,现在不但不能动鲁定公一根毫毛,而且要打出保护国君这块招牌,待权力到手,要宰要割就可以由你了。”阳虎连连称是。季桓子的儿子季孙寤急于夺取家主的地位,只求早日下手,哪里还念什么父子之情，忙问："你看何时行动为好？"

阳虎说："祭祀过后，趁季桓子到蒲圃飨胙时，乘机将他除掉，然后宣诏其罪。现离祭祀尚有数日，可周密部署，不可泄露机密。"阳虎在少正卯的指使下，开始了叛乱的准备。

仲尼这一方，以弟子为核心暗暗地运筹着反叛乱的准备。

公敛阳并非阳虎的同谋者，他是忠心季氏的家臣。他参与阳虎、少正卯密谋叛乱之事，是乘机打入阳虎内部的人。从此，他经常往返于阙里仲尼之家，秘密通报阳虎的有关情况。

子贡

孟懿子在筑新房居，有意向季氏借来子路督工，昼夜突击。新室改为明碉暗堡，这是有意精心设计的特别建筑，子路并在孟氏府中日夜加强训练兵丁。

仲尼家中，南宫子容经常来秘密交谈，与子贡也经常在一起密会，时常又出现在鲁定公身边，让定公知道阳虎叛乱之事，并有意保护定公。

子贡与林楚叙谈。林楚是季桓子的御手，当然是让林楚在关键时刻驾车保护季桓子之事。

祭祀日即将来临，双方都紧张非常。

祭祀的第二天，按照祭祀惯例，必须由国君或正卿大夫去蒲圃飨胙，即将祭祀的肉等祭品分给其他大夫和有关人员享用。这天，阳虎很早就来到了季桓子处，他一反常态，殷勤而又礼貌地催促季桓子早动身去蒲圃分胙，并招呼其弟阳越陪同季氏前往。季桓子因知内情，又见阳虎一反常态，家丁个个执械，似乎都面有杀伐之色。桓子不免竦骨竖毛，站立默不作声。阳虎再三催促，他才上由林楚驾驭的车。

蒲圃在曲阜城南门外，要去须经中心大街路过孟氏府第。季氏在车上向后观望，只见阳越手提大刀，怒目圆睁，凶相毕露，季氏一阵心跳。林楚已察觉到季氏的紧张，就若明若暗地与季氏说起话来，暗示季氏放心。季氏稍觉宽慰。说话间车已近孟府，前边是一道急拐弯，林楚向那辕马猛抽三鞭，马车旋风般转过墙角，驶进了孟府。阳越毫无思想

准备，待回过神来，急忙策马追赶，季氏的马车早已无影踪了。阳越心知中计，带领人马向孟府冲去，孟府栅门大开，无人把守，阳越指挥兵士蜂拥而入。正在此时，箭似飞蝗，从明碉暗堡中射出。阳越中箭身亡，兵卒见失主帅就纷纷溃逃，被杀得七零八落。

阳虎按照少正卯的指点，打发季桓子走后，便带领人马直闯鲁宫，欲挟持定公讨伐“三桓”，弄一个“尊君除奸”美名。哪知子贡早已说服定公避到了孟氏新居，阳虎扑了个空，劫掠了宫中珠宝，率兵向蒲圃赶去。赶到孟府时见阳越已死，于是杀出一条血路而逃。赶到蒲圃一看，阳越的士兵尸横遍野，全军覆灭。

阳虎失败后，出逃入灌（今山东宁阳县境），后又逃至阳关（山东泰安南）。阳虎将此地据为己有，成为他一小块根据地，从此，鲁国“陪臣执国命”的历史结束了。

时为定公八年（公元前502年），仲尼五十岁。

第四节　从政仕鲁

一、中都宰

在仲尼的通盘策划下，为季、孟、叔三家平息了阳虎的叛乱，“三家”避免了这场灭顶之灾，“三桓”对仲尼更为敬重和信任。鲁定公在孟孙无忌的举荐下亦想起用仲尼，便先让季氏探问仲尼的心思。季氏见到仲尼后说：“这次平息阳虎叛主，承蒙先生指点之功，当致谢意！”

仲尼说：“乱国之臣，实为人人厌恶，若不除掉，将为国家造成混乱，给人民带来灾难。国家兴衰，人人有责，何谈谢意。”

季氏说：“闻听阳虎背叛事前有意求助于先生，也是先生从政的机会，您为何不往呢？”

仲尼说：“政事，即公正之事。从政者应以定国兴邦为己任，争权夺利就是乱政行为，这只能带来灾难。阳虎的行为是夺权篡位，无益于国，有害于民，如此卑鄙行径，如此没有仁德的匹夫，仲尼闻而厌之，怎能与其同流合污！"

季氏又问："听说先生早有从政愿望，那先生为何不从政呢？"

仲尼说："如果今日有仁德的当政者肯用孔丘的话，我将使先王的德政在东方再度兴起啊！"

季氏说："当今百姓能听从你的治国之道吗？"

仲尼答："百姓听与不听，根本在于当政者。当政者对百姓的事严肃认真，那百姓也会对你严肃认真；你孝顺老人、慈爱幼小，百姓对你也会尽心竭力；你提拔好人，教育力弱的人，百姓也会互相劝勉。"

季氏将仲尼有意从政之事告知了定公，定公就召见仲尼。鲁定公问："先生博学贤才，为什么早不出来从政？"

仲尼说："用我和不用我，这是当政者的事，丘无须屈志从政。若能用丘，丘将尽力去做；不能用丘，丘的能力也只能藏起来。"

定公说："一个博学贤能的人，不去从政怎么谈得上有治国贡献呢？"

仲尼说："《尚书》说，什么是孝呢？只有孝顺父母，友爱兄弟，才是孝。把这推广到政治生活上去，也就是为政！"

定公说："先生之言在理啊！寡人就任命你为中都的县长，你当会接受吧？"

仲尼礼拜回答："国君之命，丘当遵从！"

时为定公九年（公元前501年），仲尼五十一岁。

二、德治中都

仲尼受命去中都做县官，他的一批学有成就、才干出众的弟子跟随他一同去任职协助工作。去到中都后，闵子骞说："先生平日教授我们仁义之道，今天，我们该力行了，又不知怎么去行道？"

仲尼说："要知道如何去做，首先就要知道百姓需要你做什么。中都百姓需要的是有

人去爱护他们，他们这种需要胜过需要水火。你们现在都身居职位，在职位上不能偷懒，办事要忠实尽力，遇事要抢着干，遇到了困难就要先辛苦自己。从现在起，有空就要到百姓住的地方走走看看，他们吃的是什么？住的又怎样？以仁爱之心对待百姓，百姓就会以同样的心情回报你们。了解百姓的需求，满足他们的需求，就是你们所要做的事。”

弟子们听了仲尼教育后，除闵子骞留县衙处理日常事务外，其余人员皆到乡村进行调查访问，并不定时回来向仲尼禀报情况。一时中都的百姓们都在议论这些好父母官，仲尼对弟子的德行和工作作风也感到满意。

一天，子路回来向先生汇报工作，谈到了这样一件事：有一年逾古稀的老人，一生勤劳俭朴，年迈不能再从事繁重的农活，儿子就慢慢对老者态度不好，既而又不给老人吃饱饭，而且吃的尽是粗粮，老人无法，只能忍气吞声。子路听说后，忙将他的儿子叫来，教育他要孝敬父母，并限他立即改正，儿子当面答应了子路的要求。仲尼听后认为这事办得好。

然而，这个不孝之子不但不改正错误，反而变本加厉虐待父亲。子路再去这个村子时，老人只得再找子路投诉。子路答应在三天之内再来处理这事，并交代左邻右舍照顾好老人。

化行中都

也许是子路的公务太多，就把此事忘了。一晃十多天过去了，那不孝之子认为父亲不应该告官，对父亲虐待越演越烈，老人饥饿难忍，在乡邻的帮助下来中都找子路，恰巧遇见了仲尼。仲尼询问后知道就是子路对他说的受虐待的老人，立即吩咐下人以膳食招待。并叫来子路，用极其严厉的口气批评子路在百姓中不讲诚信，办事拖沓更是不该。子路知道自己错了，遵先生指示，立即将那不孝子找来。仲尼见了那不孝子时劈头就问："你有儿子吗？"

"有。"不孝子答。

仲尼就叫那不孝子回答儿子生下时多大，如今多高，是谁将他养大的，自身又是谁抚养大的。

不孝子答："儿子生下时不满一尺，如今身高六尺有余，是我和妻子养大儿子的。我今五十二岁，也是父母养育成人的。"

仲尼说："你还知道自己是父母养育的，这就好了，再过二十年，你就是今日你父亲的年纪了。那时，你年迈不能做重活，谁养活你？"

"只能靠儿子养活。"

"你儿子学你今日对待你父亲的样子来对待你，也不给你吃饱穿暖，你有何办法？"那不孝子半天无言对答，仲尼接着说："羊尚有跪乳之恩，鸦有反哺之义，你这个不孝之子连禽兽不如，半点人性也没有，你可知罪？"

不孝子忙说："小人知道错了，今后我一定用爱儿子之心来恭恭敬敬赡养父亲。"

仲尼说："那就好了，做父亲就该像个做父亲的样子，做儿子就应该像个做儿子的样子，这才是美德。你今悔改，那就好了，不再问罪了，如若不然，将受到严厉惩处，快将你父亲接回去吧！"

不孝子说："大人的教诲，小人终生不忘。"说完抱着父亲痛哭流涕，悔恨不已。仲尼将老者送出门外。这事在中都一下传扬出去了，百姓都为仲尼妥善处理此事赞美不绝。

一天，两个农夫推着一个被捆绑者来见仲尼："昨夜，这个盗贼偷去一只羊，今早在集市上卖掉了，请老爷治他的罪！"

仲尼先问盗羊者是否如此，盗羊者供认不讳。

仲尼问两个农夫:"你们说,该如何治他的罪?"

农夫答:"老爷自来中都后,未听过有盗贼之事。今出此事极不光彩,若不杀掉这盗贼,恐有人效仿这坏榜样!"

仲尼问盗羊者,家住哪里,家有何人,为何要去偷盗。

盗羊者说:"小人家住费邑,有父母妻儿。只因天灾,生活无着,为养活家人,在万般无奈下只好偷盗。第一次偷羊,就被抓住,请饶恕一死,以成全我赡养父母的孝道!这种卑鄙恶劣的盗窃行为,小人再也不敢了!"

"你知道偷盗卑鄙,又愿改正,这是好事。"仲尼又对农夫说:"将他松绑,他会改正错误的。"

松绑后,盗羊者跪下哭诉着说:"大人如此宽容,小人对不起大人,对不起父母,也对不起这两位乡邻,小人既已错了,请大人处置吧!"

仲尼说:"你已知错,又愿改正,念你一片孝心,又是初犯,就饶恕你吧。不道德的事是不能容忍在中都出现的,为消除不良影响,你在哪里偷盗就去哪里赔礼道歉,向当地百姓真诚悔改道谢!"又问农夫:"你们是受害者,这样处理可行吗?"

农夫说:"有理有理,可以教育别人坏事是不能做的。"说罢,三人走了。

子路问:"先生,对一个盗贼这样处理行吗?"

仲尼说:"当政者不对百姓进行教育,一旦出事就用刑罚处理,这是当政者的暴虐行为。你们必须懂得,治理人民只用政治法令,约束人民只用刑罚,那么人民就只图幸免刑罚而不知道犯罪的耻辱;如果治理人民用道德,约束人民用礼仪,那么人民不但对犯罪有耻辱感,而且能自己纠正自己的错误。"

一天,有人来报案,某村发生了两死一伤的人命案,请求立即查办!仲尼不禁惊讶,忙问事件的原委。

乡里人详细叙述了事件经过:罪犯名叫吴常,二十八岁,母亲早年去世,父亲因儿子偷盗且屡教不改气急而自杀身亡。吴常不下地干活,逼着妻子去干,稍不顺意就对妻子拳脚相加,终日游手好闲,见到瓜熟就偷瓜,见到猪羊就偷猪羊。谁若揭发干涉,就横蛮伤害他人，当地百姓只好忍气吞声。尤其不能容允的是见了年轻女子，就大要流氓。前几天，他暗藏路边，有一年轻女子路过，他蹿出将女子按压在地。女子拼命挣扎呼叫，吴常见无办法，就用手卡住女子咽喉。女子的父亲闻声赶来时，女子已经气绝。吴常又将女子的父亲打伤后想逃走，愤怒的乡亲赶来将他捉住。吴常妻子闻信后，一气之下自缢身亡。说罢，乡里人又将捆绑的吴常推了进来，请求发落。

仲尼听后怒火直冒，即命子路前去将事实查个实实在在。子路回来后，将查实的情况告知仲尼，说是与乡里所述的事实完全相符，百姓们强烈要求严惩这个杀人犯。

仲尼又与吴常一件件对实，吴常供认不讳。仲尼指着吴常说："国家规定的礼制你不遵守，乃为不忠于国家；你的恶劣行径气死了你的父亲，乃为不孝；你败坏道德扼杀妇女，打伤百姓，乃为不仁；逼死了你的妻子，乃为不义。如此不忠不孝不仁不义之徒，实为祸害百姓的祸根，留下无益，推出斩首示众。"

杀了吴常后，曾点问仲尼："先生，这个犯人几年来多次被人告到县衙，前任邑宰没有处理他，现在把他杀了是否妥当？"

仲尼说："这是顽固不化的刁民，早就应该诛之。若早除掉这个恶徒，也就没有现在的两死一伤的惨事了。对极少数屡教不改者当以严厉刑罚处治之。"

三、礼仪教化

颜回和子贡回来向先生汇报了一件难忘的事，他俩路过汶山下一座小茅屋时，见一老者尸首停放在门前榻上，一四十余岁的妇女在旁痛哭，邻里在一旁也有的在流泪。于是二人过去问了个明白：老者七十八岁，勤劳一生，儿子夭折，靠儿媳妇维持生活。老人在外伐树回来，饥渴交织，儿媳送了茶水后又端来饭食。老者因饥饿已极，吃饭过急，又是粗粮，一口饭噎在喉咙中而死，乡亲们正准备用草席埋葬老人。子贡和颜回非常同情，于是二人倾囊相助，救济这个悲惨人家。仲尼高兴地说："你们做得好，有仁爱之心。"

子贡滔滔不绝地汇报他们的见闻，其余弟子们慢慢聚集一起听着子贡的精彩汇报。仲尼说："你们来得好，我们来研究一下，怎样才能把中都治理得更好！"

主管土木家畜的颜路（名无繇）首先说："路在乡村看到大多数老人生前有人养，死后有人葬，也遇到一位老者死去三天还无人去掩埋。有一些富户在丧葬上不遵循礼制，大制棺椁，奢侈浪费，若不制止，中都礼仪之风将会败坏！"

仲尼说："你看得仔细，说的是理！"

主管财政的曾点（字子皙）说："自先生来中都后，就教育百姓耕种不误农时，兴修水利，合理灌溉。因此，今年中都粮食丰收已成定局，基本上保证了百姓们有饭吃了。就是那些鳏寡孤独病残者尚有困难，应想法解决才是！"

仲尼说："好啊，你有仁爱之心！"

仲由说："我在这里负责政事武备，在乡村也看到一些败坏礼制的小事。有个人在集市上出卖一只彝，由过去一看，彝上雕刻的纹饰与诸侯所用之器相同。仔细辨认，这是只伪造器，大大僭越了周礼。还看到几个青年男子在路途拦住一青年女子嬉戏，女子大叫，来了一群男人将要流氓的几个人围住。由看得清楚，忙叫乡里对其严加管教。我想，对一些恶徒必须严惩，以杜后患。"

"是啊！"颜路抢着说："不严厉处置，后患无穷。"

仲尼说："诛杀就可以杜绝后患吗？我们来中都后还来不及对百姓进行系统教育，也没有制定出可付诸实践的规章制度。再者他们又不能读书，没有学习古制礼仪，他们对道德行为还不甚理解。我曾对你们说过，不教而诛，是当政者残暴。"

负责县衙事务和文书的闵子骞（名损）说："先生，你刚才的谈话和弟子们的叙述，损都记录下来了。根据先生的教诲，损已拟定几条规定，用以教育百姓。若教育后仍胡作非为者，那就只能严厉处罚，以正中都礼仪之风，不知先生是否同意？"

仲尼高兴地说："损啊！你真是个有德行的人，你的想法正是我一直在考虑的事，你就把拟定的条款念给大家听听！"

闵子骞念道：

"一、养生送死：凡老人须由儿子生养死葬；鳏寡孤独者，乡邻应以仁爱之心给予照顾，死后葬之；有极大困难者，报当地官吏解决；

二、长幼异食：年满五十岁为长，长者饮食应优于幼者.

三、弱强异任：根据每个人的身体状况，在今后服劳役时，应分配给他们力所能及的差役；

四、男女别途：每村每户必须划定日常男女分开行走的道路，男女各行其道，不准混杂，胡作非为；

五、道不拾遗：不准拿别人的东西，道路上别人遗失的东西也不能捡来归己；

六、器不雕伪：凡制作饮食炊具，不准伪造，更不准越礼雕刻纹饰；

七、葬制合礼：凡百姓埋葬死者，做棺用木只能按礼制用四五寸之树；做椁用木不能超过五寸之围；死者只能埋葬在不能耕种庄稼的山丘上，坟墓周围不准栽植大片松柏树林。

以上规定，望各家各户相互转告，相互勉励。经劝告而不遵守者，官府将以刑法处之。”

仲尼非常满意，并问在场者还有什么补充。大家一致同意。仲尼交代，这些规定就作为今后治理中都的制度，并要求弟子们到各村农户广泛宣传。不久，中都百姓都能记住这些规定条款，并以此规范自己的行为。

四、圣人治　中都富

中都颁布行为规范条例后，受到了百姓们的一致拥护，而且按规范力行，成为佳话传遍鲁国。其他的邑宰，也按这个规范暗暗地在自己的县邑执行。中都社会秩序安定，人民精神面貌焕然一新。

仲尼和弟子们再去乡村调查访问，途经泰山时，见一妇女在新的坟墓边啼哭，甚为悲伤。仲尼即命停车，要子路陪他去探问，子路问道：“从你的哭声听出甚为痛苦，为何悲伤？”

妇人说：“是啊！以前我的公公在这里被老虎吞吃了。过了一年，我丈夫又死在老虎口中。现在我的儿子又被虎吃了，叫我怎不痛心啊！”

仲尼问:“你为什么不离开这里搬到别的地方去呢?”

妇人回答:“这里的政治清明,没有苛捐杂税,也没有过多的劳役!”

仲尼听完即上车前行,在车上对弟子说:“那妇人刚才说的话,你们都听到了。要记住,老百姓把苛捐杂税和无休止的劳役看得比老虎还要凶啊!你们做官,千万要为百姓们着想。”

仲尼一行来到汶山下的平原大地。九月的农村,金色麦浪起伏,这是他们来中都后督促百姓精耕细作而结的硕果。仲尼高兴的心情像麦浪一样起伏荡漾。农夫们挥汗如雨地尽力收割,送粮的车辆不时发出吱呀吱呀有节奏的声音,与庄稼人的欢歌笑语融汇一片,成了一支大自然的美妙乐曲。在仲尼心中,这支乐曲比那听起来“三月不知肉味”的《韶》乐更为动听,不觉脱口问:“由呀!我们来中都有多久了?”

仲由答:“再过月余就是一年了。”

“啊!一年了。”仲尼接着说:“中都百姓勤劳俭朴,今年又风调雨顺,是个大丰收年,这是先王的庇荫,上天的保佑啊!”

子贡说:“也是先生在中都施行仁德政治的丰收啊!”

仲尼望着丰收的大地,看着那忙于收割的农人,突然说:“你们看,收割人手不够,这是一个抢收抢种的季节。我们回去吧,若再去他乡,老百姓又要停工接待我们,回中都城去!”

回到中都县衙前,只见有上百的人在忙碌着。曾点在人群中指指点点,子路忙下车去询问曾点。原来曾点按照先生的意图把破烂的县衙修整一下,于是趁先生下乡工作之际,征调了这些工匠和农夫前来动工修整。子路将情况回报了仲尼,仲尼即到这些人群中去询问:“麦子收回了没有,下一季的作物种下去没有?”回答是大多数人的麦子未收回,下一季的作物未种下。于是仲尼就将这些服役的人叫到一起后大声宣布:“现在是抢收抢种的关键时刻,修整衙门事小,你们的吃饭问题事大。现在停止修建县衙,赶快回去抢收抢种,争取明年又一个大丰收!”

那些服役的人们一听让他们回去收割,一齐跪在地上谢恩,弟子们为仲尼爱民的仁德之心甚是感动。

事后仲尼批评曾点说:“使役百姓需要看准时候。现正为农忙,使役他们,使他们误了农时,粮食抢收不回,他们吃什么?作物不及时种下,他们又收什么?这时候他们来服役内心是不高兴的。点呀!我们要为他们着想,这才是仁爱之心。为官治政,就要和老百姓一条心,己欲立而立人,己欲达而达人。要推己及人,做到己所不欲,勿施于人嘛!”

曾点诚心地说:“点一时想得不全面,做得很是不对,今后点一定倍加注意。”

一个月后,这些服役的人们未调而自来了,拖来了树木等建筑材料,一齐动手奋力修整县衙。原来这些服役者上次回家时商定,父母官如此爱护我们,待收割一完都来修整县衙,因此约定了这天就一齐来了。仲尼忙拱手表示谢意,服役者们更是干劲倍增,不到十天,一座新的中都县衙堂皇而就。

十月,中都新修的县衙冷冷清清,而县衙的官吏都忙得不亦乐乎——管农田水利的在下面督促疏通沟渠,赶筑堤防,预防水患,还要督促施肥灌溉保墒,准备明年再夺丰收;负责财政的,更为忙碌,由于官府爱民,又是丰收,缴纳赋税更是踊跃。其余有职无职者,都要去乡村调查鳏寡孤独人群的生活情况。故而县衙内几乎无官坐镇,而显得冷冷清清。中都百姓见有如此爱民的官吏,政策又好,因此过去的农闲时期成了现今的繁忙季节,百姓们编出了一句顺口溜说:“圣人出,黄河清;圣人治,中都富。”这句话不仅传遍了中都,也在鲁国的其他县邑流传。

五、各方效法

叔孙无忌闻听仲尼治理中都的辉煌政绩后,就派郈邑的家臣前来学习。家臣来到中都县衙,仲尼下乡村未归,由衙役礼貌地接待。家臣观看新修的县衙,它虽不富丽但也堂皇。那家臣想,这中都城墙破败为什么不修筑呢?正疑惑之时,衙役送来了饭食,一碟蔬菜和一盘鱼,就问:“你们的老爷平日就吃这样的饭菜吗?”衙役说:“平日老爷以吃蔬菜和粗粮为主。根据老爷的吩咐,凡有客人到来,必须加鲤鱼一条,表示以礼相待!”那郈邑家臣听后很受感动。饭后,他又信步街市,有意察看中都实情。只见货物充裕,买卖公平,

秩序井然，街市行人礼貌相待，中都大治果真名副其实。

那家臣回到县衙后，见到了刚归来的仲尼，就向仲尼说明他是叔孙无忌派来学习的，仲尼客气地接待了他。那家臣说："这中都新貌，令人振奋，先生的政绩真是名不虚传，回去后当向叔孙大夫报告。敢问先生，这县城城墙已是破败，为什么不筑城墙御敌？"

仲尼说："我关心的是百姓的生活，修筑城墙要劳役百姓，百姓不能种庄稼而来修城，岂不怨声载道。孔丘认为城墙没有什么作用！"

那家臣说："城墙乃防守之用！"

仲尼说："孔丘为官是为了天下百姓，不是为自己占据一小块疆土，更不想以一块疆土觊觎而天下，那谁能来与我相争呢？再说，如果百姓真心实意拥护我，若有外人来侵犯，他们自然会奋力保护我。城墙可以用武力攻破，而民心是用武力攻不破的！"

那家臣听后说："敬佩先生美德，在下对先生的宏论当永世难忘。"说罢高兴而去。

不久，费邑也派人来学习，毗邻中都的齐国县邑也来人向仲尼请教。仲尼德治中都的政绩，在天下传开。从此，人们慢慢地称仲尼为圣人。

六、鲁国司空

鲁定公听说中都大治后，立即召见仲尼。定公高兴地说："闻听先生治理中都一年，政绩显著，民心归顺，仓库充盈，道不拾遗，孝悌忠信，可真如此吗？"

仲尼说："今国君之言，乃为百姓们的传说，是否如此，丘不敢乱言。但丘自去治理中都后，的确是民心归一，农业丰收，社会安定，当然这道不拾遗者也有之。"

"你用什么政令法制去治理他们？"

仲尼回答："不能单靠政令法制来治理，而要用道德来引导百姓，用礼教治理百姓。这样，他们不但懂得做坏事可耻，而且言行都归于正道了。"

定公又问："用道德治理百姓，他们能听吗？"

仲尼说："道德治理就是政事，所谓政事就是公正之事。施政者在百姓面前公正了，百姓就能信服你，你有号令他们就会拥护你，遵照你的号令去执行。"

定公又问:"用礼治理百姓,那不是很吃力的事吗?"

仲尼说:"成汤、文武均用礼来治理百姓,四方归顺,民安岁稔。这是当今当政者应该借鉴的。即使有困难,也应这样去做。不用礼去治国又用什么呢?礼就是用来治国的。"

"看来,用道德治国,当是最重要的了!"

仲尼回答说:"是啊!如果治理国家施行仁德,那么你就如同天上的北极星一样,在一定的位置上,别的星辰都会环绕着你运转。"

定公问:"用你治中都的办法能把鲁国治好吗?"

仲尼说:"这样的方法治理天下都是可以的,何况只治一个鲁国。"

定公高兴地说:"先生贤德啊!难怪天下有人称你为圣人。寡人想让你去任鲁国司空,先生当接受吧?"

仲尼说:"君命召,理当遵从,丘当尽力效劳!"

仲尼任司空,得到了"三桓"的认可。司空职责是执掌礼仪,掌管全国土地,负责农由水利管理和工程建设。他一上任,就带着弟子和他的部属跋山涉水,调查勘察,足迹遍及鲁国,尽职尽责地将全国土地划分为山林、川泽、丘陵、坟衍、原隰五种类型,将水源的利用,因地制宜种植,居住设置等详细向百姓宣传,争取民丰岁稔。并以道德教育感化百姓,以礼约束百姓。他的施政,每到一地都受到了欢迎。

在乡村调查时,经常遇到丧葬之事,今天他们又看到了一队送葬的人群。子路问先生:"人应该怎样侍奉鬼神?"

仲尼说:"未能事人,焉能事鬼?(对于人的事情还没有做好,怎么好去讨论鬼的问题?)"

子路又问:"先生,这死是怎么回事?"

仲尼说:"未知生,焉知死?(即连生都没有弄清楚,怎么能够懂得死啊!)"

这时,仲由指着送葬人群中举着的纸扎牛马、草人和泥车等物问:"先生,你说用这些纸扎、泥塑的东西送葬是什么意思?"

仲尼说:"这叫明器,就是把死者视为神明,用明器随葬的人是懂得丧葬意义的。用

明器随葬,自古以来就有,这是对死者寄托哀思。"'

闵子骞问:"我曾见到用活人用的器物去随葬,这可以吗?"

仲尼说:"这样做是令人痛心的呀!死人用活人用的器物,这近乎于用活人去殉葬嘛!过去曾用活人殉葬,太残暴了啊!"

颜回问:"古代帝王用活人殉葬,是符合当时礼制吗?"

仲尼说:"是的,当时应该是合礼制的。"仲尼接着说:"这种礼制是不仁德的,慢慢地被一些圣明的先王看清了,也就渐渐不再用活人殉葬了。残酷的事过去了就算了,但愿以后不再发生!"

子贡说:"现在不用活人殉葬,但还是有人用木头做成活人一样的俑去殉葬,这可以吗?"

仲尼说:"用人俑殉葬也是不仁道的,因为这近乎用人殉葬,实令人不忍啊!'始作俑者,其无后乎',也就是说,首先发明和使用俑殉葬的人,是要绝后的!"

子贡提出去鲁国历代先君陵墓察看一下是否有非礼之事,仲尼非常同意。他们进入陵区后,见鲁昭公陵墓葬于先君墓群之侧,而且中间挖了一条深土沟,把昭公陵墓隔开甚远。

子贡问:"先生,昭公墓为什么与先君隔开了呢?"

仲尼说:"这是季平子对昭公心怀仇怨而做出的极不合礼制的事。"

颜回问:"季氏为什么对昭公这样不仁呢?"

这件发生在近二十年前的事,像颜回、子贡这班年轻的弟子可能是不清楚的,于是仲尼就将昭公二十五年时,郈伯与季氏因斗鸡结怨而引起的一场内乱诉说给颜回等人听了。昭公三十二年十二月,昭公死于乾侯,这时季平子同意让昭公葬入先君陵墓区内,但为继续贬抑昭公,故将他的陵墓葬于先君陵侧旁,并挖深沟隔开,以别于其他先君。

闵子骞说:"这不合礼制之事,竟然在掌权大夫手中发生,这不有损声誉吗?"

子贡说:"先生,您今为司空,有责任调整一国礼仪。先人有错,后人改正,应当是符合礼仪的吧?"

仲尼说:“你们说得好,我长久地思考这件事,故而让你们来看看,也让你们评评这道理!”

闵子骞说:“就将这条沟填平,再在陵墓外挖条深沟,不就将昭公墓划入整个陵园了吗?”

子路抢着说“还有什么说法！就去叫役丁动手把沟填平,在外另挖新沟!”

仲尼说:“仲由说得有理,就这样去做吧!”

于是子路传来役丁,填平了旧沟转挖了新沟,鲁昭公的墓地也就合礼仪了。

仲尼回到曲阜后,向定公报告前段的工作,定公说:“现在诸侯各执行各的礼制,你认为鲁国应执行何种礼制?”

仲尼说:“我认为周朝的礼乐制度借鉴于夏商两代,非常周全、伟大,丘赞成周朝的礼乐制度。鲁国是周公的后裔,也必须继承和发扬周代礼乐制度的精神,今天不合于礼制的事应该改正!”

定公问:“难道有辱先君之事吗?”

仲尼说:“恕丘直言,丘今为国君的司空,有责任调整礼仪之事,故与仲由等人查看了先君陵墓,唯有先君昭公却别葬一侧,并以沟壑划开,如此对待先君,是后人无礼。人们见了就会想:这就是鲁国的臣子对他们的先君的忠诚吗?”

这时,定公心有所动,而专权的正卿大夫季氏却说:“先君当时确有过错。这事是我先父做的!”

“那如何来正确处理这事呢?”定公问。

仲尼说:“丘以为如此埋葬昭公,不合人情礼制。丘为鲁国司空,有用礼节调节失礼过错的责任。我的弟子看见后都感到内心痛苦。因此,我叫仲由调集役丁,将沟壑填平,又在昭公墓外侧另辟深沟,这样就将昭公陵墓归入了先君陵区,符合了礼制。填满一条旧沟,就填补了鲁国的失礼之处。”定公和季氏都赞扬仲尼的这种做法。

季氏说“家臣使用不当,导致国家失礼。阳虎的专横,全家险遭不测,请问先生,您的弟子子路能做我的家臣总管吗?”

仲尼回答说："丘认为子路懂礼而勇敢，办事敏捷而有谋略，作为家臣总管是最为合适的！"

季氏高兴地说："那就由子路做我的家臣总管吧！"

叔孙大夫对仲尼说："我多次听到人们夸奖先生的德行，更听到对您学生的美誉，在您学生中突出的也不少，其中德行最好的是颜回、闵子骞、冉伯牛、仲弓，能言善辩的是宰我、子贡，能办理政事的是冉有、子夏，是这样的吗？"

仲尼说："这样评价我的弟子，丘很高兴，也很赞成。"又将一些突出的学生逐一作了介绍。定公和"三家"都非常高兴。从这以后，其弟子一一被安排做官：冉有做了季氏家臣，子路做了家臣总管，子夏做了莒父的县长，宓子贱做了单父的县长，闵损做了费邑的县长。

仲尼任司空不到一年，国家礼仪兴起，民安岁稔，国威大振，朝中一些难于解决的大问题都被他一一化解。鲁定公认定仲尼是忠于国君的治国良才，于是，他单独召见仲尼。

定公问："作为一个国君，应如何治理政事？"

仲尼说："简单地说，就是关心百姓，重用贤臣，远离奸佞，重本轻末。"

"请先生说得详细一点！"

"主公，得民心者就能得天下，丧失民心的就会丧失整个国家。所以作为国君先要谨慎对待自己的德行，有德行就能拥有民众。如果国君关心民众，把财富分散给民众，民众的生活充裕，那民众就会聚集在国君的周围。"

定公高兴地说："司空之言有理，鲁国需要你这样的圣人治理，寡人决定任命你为鲁国的大司寇！"

七、仁德施政

鲁定公擢升仲尼为大司寇，没有与季桓子商议，加上这与三卿（司徒、司马、司空）并列的司寇是要执掌国家不少重要权利的，也就直接与正卿大夫季桓子有利害关系，因此季桓子对此极不高兴。仲尼任职后要去见季桓子却遭季氏的拒绝，以后仲尼几次求见，

才得以召见。季氏这种非礼行为被人知道后，都为仲尼不平。

宰予极为愤慨，就跑来对仲尼说："过去，予经常听先生说：'国君如果不来聘用我，我就不去屈节请求。'如今先生已被起用为司寇，还没有几天就降低自己的身份屈从地去见季氏，他不愿见您就算了，您何必非要见他！"

仲尼说："是啊！但你应该看到，鲁国的邻国都来侮辱鲁国，鲁国只能以微弱兵力抵抗外来强暴。而国内大夫间又长期明争暗斗，再如此下去，国家就要乱了。现在国家聘我为大司寇，我在其位怎么能不去治理国家呢？国家的安危应大于一切。在大事面前，怎么能计较个人的得失呢？因为国家的事，关系着国家的安危，所以为慎重起见，我必须征求正卿大夫的意见，然后再去认真执行，现在看来我这种做法是正确的啊！"

仁德施政，是仲尼从政的原则。一天，有父子二人前来诉讼，父亲状告儿子不孝顺，儿子却告父亲不慈爱。各据其实，各说其理，仲尼听完后二话没说就命将二人送进牢房。关了三个月，仲尼还不去判定他们的是非。这时，其父亲请求撤诉。仲尼听后将父子分开各教育了一顿，二人自认过错后，便将他们放回去了。

这事让正卿大夫季氏知道了，认为这样处理案件是草率从事，不但怠慢了国家刑法，而且欺骗了正卿大夫，便对家臣冉有说："治理百姓政事，必须考虑应以孝道为先，这个儿子不孝顺父亲就该杀掉。"冉有听后想，先生在治理政事时总是谨慎达理，这样处理父子诉讼定有先生治政的道理，于是就将季氏的话转告先生，并问先生为何这样处理这桩案子。

仲尼叹息地说："怎能不教而诛呢？不事先教育百姓而随便杀掉他们，这是国家无道的表现。要知道，这个做父亲的平日不好好教育儿子，才造成儿子来状告老子。表面看是儿子不孝，但他为什么不孝呢？做老子的从小不教给儿子孝道，儿子实难忍受来告状，事情缘起还在父亲身上。当然做儿子的不去劝谏父亲来告状也有不孝顺的过错。如果进行教育使双方各认其错，达到父子和好，不是更好吗？如果杀掉这个儿子就是滥杀无辜。"

冉有说："先生英明啊，我一定记住您的教诲！"

仲尼任司空时，曲阜城内有三个刁民，一个叫沈犹，专做贩羊买卖。他低价收购农户羊只，每天早晨制作羊最喜爱的水料，让羊饮饱后运至市上出卖，以此欺诈市人，受害者叫苦不迭。另一个叫公慎，他的妻子卖淫败坏风俗，公慎不但不管教，反而纵容从中牟利，市人都为此感到耻辱。还有一个叫慎溃，酒肉无度，而不愿耕田种地，靠的是偷窃和抢劫，谁也无法干涉。仲尼得知其情后，立即派人去对他们进行教育，谁知他们当时满口应诺改正，背后继续胡作非为。仲尼任大司寇后，当地百姓联名前来告状，请求惩处这三个刁民。

仲尼决心匡正社会歪风，命冉有按国家规定的律条对他们实行警告，限定他们立即改邪归正，如若再不听劝告而一意孤行，就要用刑法严厉惩处。

由于仲尼的威信，加上百姓起来共同抵制坏人坏事，这三个人再也不敢作恶了。沈犹非但不敢在早上售羊前逼羊饮水，而且还退回了一些曾受过害的人的钱。公慎对妻也严加管教，其妻仍不听劝阻，公慎将她休了。那女子回到娘家后，在父母的管教下也不再干伤风败俗的坏事了。唯有慎溃，自知在当地恶行太多，百姓们不会轻易放过他，感到在曲阜城无法立足，又不愿改邪归正，就逃出了鲁国。

三个月后，曲阜城内正气上升，邪风近乎绝迹，出现了男子诚信，女子崇尚忠贞顺道，道不拾遗的新风尚。四方到鲁国来的宾客，也可以不去求助当地有关官员，就能得到很好的安置，鲁国出现了秩序井然的大治。

第五节　仁德兴邦

一、夹谷会盟

仲尼施行德政，民心归服，国内呈现政通人和、百废俱兴景象，引起了各国诸侯的关注。

再说阳虎叛乱失败逃往齐国后，齐国将他囚禁，阳虎乘隙越狱逃往了宋国。齐景公听说鲁国日益强盛而心不安，加上阳虎逃脱又怕鲁国怪他纳叛庇护，于是向鲁定公致信，说明阳虎奔宋的经过。为了两国友好，又约定在齐鲁交界的夹谷山前会盟，共修两国长久和好，世代不再动用干戈，情真意切，感人至深。

齐国大夫黎鉏（又名黎弥），素有善谋之称，深得景公信任。得知国君欲与鲁国会盟而遣使送信的消息后，即于当晚进谏景公。国君问他为何深夜求见，黎鉏说："闻讯主公已遣使鲁国，欲求和好。我想齐鲁两国，素有深怨，怎能一次会盟便消除陈见？今鲁国又重用仲尼，仲尼有圣贤之德，深得民心，鲁国必将强大，威胁齐国指日可见。仲尼虽知礼仪，但无勇敢，更不懂战争之事，何不借此会盟机会，将鲁君和仲尼擒获？只要去掉了仲尼，齐国就会安宁了。"

景公说："那很好，但不知如何行动才能成功？"

黎鉏说："臣想，会盟时两国君侯相见先以会盟之礼相待，再奏四方之乐舞，以取悦于鲁君。臣首先安排夷狄之亡族三百人假装乐工舞士，齐声呐喊而舞于两君之前，到时臣会乘虚指挥武士捉拿鲁君，擒获仲尼。鲁国若是诚心友好，两军会盟当不会动用军队前来，而臣兵车早做埋伏，捉拿鲁君时纵有几个礼宾随从反抗，就令埋伏的军士从会盟坛下来杀散鲁君的随从武士。那时，鲁君臣之性命都握在齐国手中，这岂不比用兵讨伐更为轻便吗？"

景公说："这事应与晏婴相国商议才是！"

黎鉏说："晏婴相国素与仲尼交道深厚，若让他知道，必定招致反对。若他将此事通报仲尼知道，这桩美事不但难以办成，反而招来众诸侯的讥笑，臣请求主公将这事交臣一人去办。"黎鉏领命，连夜就去策划运筹。

鲁定公接到齐景公书信后，认为强大的齐国主动提出和好会盟是件求之不得的事，当即召来季、孟、叔三家商议。孟孙无忌说："齐人多狡诈，主公不可轻信！"

季桓子说："齐国强大，每每用兵侵犯于我，今想与我友好，我们怎好拒绝呢？"

定公问："我若赴会，何人保驾？"

夹谷会齐

无忌说："保驾之事，若不是我的先生仲尼，我看谁去都是不行的！"

叔孙说："按照惯例，两君会盟，皆由冢宰相礼，仲尼先生今为司寇，职不相称，有待商议。"

这一议题，早就在季桓子心中考虑，这会盟相礼之责应由他担当。可他想，自己执掌国家政事时间短，不懂规矩，加之自己年轻，在两君相见论事之时，可能遇到一些重大问题要当场表态处理。稍有疏忽，便是丧权辱国之险。他想，自仲尼任司空、司寇以来，很多事情都推给仲尼处理，自己落个清闲。因为他认为仲尼是个忠君爱国的臣子，是个仁德之士，毫无篡权的野心。因此，他对仲尼施政特别放心。于是季桓子就说："臣才疏学浅，不精通礼仪，恐辱国辱君。孔司寇博学多才，足智多谋，可当此任。"

他这一表态，正合孟、叔二大夫的心意，于是孟孙无忌说："那孔丘职位又如何安排呢？"这当然是在逼季氏表态。

季氏说："主公可宣大司寇上朝，先委其代行相事（代理宰相），再命其任相礼之职，事可成矣！"

定公同意了季氏之说，就当众宣布："会盟之事，一切由孔大司寇安排，一切听从大司寇命令。"由仲尼担当相事护驾，得到了朝野众口一词的赞同。

定公召来仲尼，告知三家研究同意会盟之时，由他摄行相事身份以相礼陪驾同行，并命他备办两君相见之时的礼仪。仲尼领命后思想片刻，复而问起其他大事应如何备办？定公说："两国修好，友谊为重，除了相礼，没有其他备办！"

仲尼奏道："丘曾听说，两国君主盟会，办理文事必须武备，办理武事必须文备。古代诸侯出自己的疆界，一定是文武官员随从，文武兼备有备无患。文备礼仪当有仲尼承担，请主公必备左右司马一同前往，选择险要之地妥善安排，以防不测。"

定公对仲尼深谋远虑之见甚为赞同，继而命仲尼部署对策。仲尼命大夫申句须为右司马，乐颀为左司马，各率兵车五百乘，跟在国君前行队列的后面，以作后应；又命大夫兹无率兵车三百乘，离会盟地点十里处扎营安屯，还必须是马不离鞍，手不离兵器，做到一声号令，就能应声而动。

两国各有不同的准备，只等时刻一到，两国君臣会盟夹谷。会盟地点设于两国交界处的夹谷山前（今山东莱芜南）。事前齐国通知鲁国，会盟的一切事务由齐承担。齐在夹谷搭起了军帐幕篷，修筑了会盟的三级台阶土台，台上设置了两国君的座席，旗盖帐幔装饰华丽。

会盟时，两国君在土台前相见，以周公之礼揖让登台就座。鲁国仲尼为相礼，齐国晏婴为相礼，两国宰相行礼相见毕，就向对方的国君行君臣之礼，然后各从其主就座。两国君互相馈赠玉帛酬献礼仪完毕后，齐国执掌礼仪的有司快步上前奏道："请奏四方舞乐！"景公向定公拱手说："寡人准备了四方各族舞乐，愿与鲁君共赏！"定公表示同意后景公下令演奏。

黎鉏听令，立即指挥早已安排的莱夷人上前，莱夷人是早被周天子灭亡的小国的俘虏。他们按事先的安排，猛擂大鼓，呼叫不绝，以旌旗为先导，头戴羽冠，手执戈、矛、剑、钺等兵器蜂拥而来，直冲到土台之前。定公惊恐失色，失去了主张。这时，仲尼镇定自若，面先畏色，快速冲向台阶之中，举袖对景公说："今天，两国君主相会，为的是两国从今以后化干戈为玉帛，世代友好为邻，共辅我周室，以施仁德于天下。齐鲁同为天子诸侯，就应行使周公之礼。而今你如何要用这夷狄之舞乐在此出丑?!"接着他从容不迫，大义凛然地说："两位国君友好相会，却让这些早已亡国的东夷俘虏前来捣乱，不合国礼，不入情理。边远夷狄不能图谋中原，不能扰乱华夏后裔。俘虏不能扰犯盟会，武力也不能威迫友好。今天这样的作为，对于神灵大不吉祥，对于德行是丧失道义，对于社会是丢弃礼制。我今奏明二位君主，这是不能容忍的大事，请命令有司叫这些人赶快退下去！"一席话说得景公羞愧难言，晏婴不知这是景公和黎鉏之计，即忙以解围的语气向景公奏道："鲁司寇所言，是为真正道理，齐国今已失礼了！"

晏婴示意有司叫莱夷人退下。有司指示莱夷人退下，而莱夷人未得到黎鉏指示还站立不走。景公听了两丞相之言，内心也感到不安，又见这些莱夷人站立不动，就面带怒色挥手示意乐舞人员退下。

埋伏在土台下的黎鉏，原计划是莱夷人登台时他就会跃上台阶，擒获鲁国君臣。现在被仲尼制止，又被景公怒斥而退，计划失败。随即他让早已准备好的齐国俳优和侏儒，上前奏淫乐，以羞辱鲁国君臣，有司向景公报告后指示演奏所谓宫廷之乐，传令一出，二十余人的俳优和侏儒分成两队，异服涂面，装女扮男边舞边唱拥向鲁君面前。霎时，跳的跳，唱的唱，所唱歌词都是淫词不堪入耳，所跳轻狂舞姿不堪入目。仲尼见状，怒从心出，他快步上前，还没有登上最后一级台阶，就手按宝剑，怒目斜视景公说："匹夫迷惑戏弄诸侯，论罪当斩，请齐国司马执行法典！"仲尼突然迸发的凛然气势将齐国的文武官吏都给震惊了。景公恐惧懵然，目瞪口呆，一时不知如何回答。那些戏谑的艺人心中早已恐惧，但有命难违，只能佯装狂笑不止。仲尼强抑激动，以稍缓和的语气又对两国君说："两国既已通好就应以兄弟之情相互看待。鲁国的司马也就和齐国的司马一样，两位国君应当同意我的看法！"不等国君回答，他转身举袖一挥，高声命令："申句须、乐颀何在？还不与我行法！"申、乐二司马闻声跃上土台，一步跨入两队艺人之中，各人随手抓住一领班，刀举头落，身首异处。其他艺人亡命而逃，景公惊愧不已，起身不告而退。晏婴已知齐国大失礼仪，也羞愧而走。定公在仲尼和司马的护卫下，起身而行。黎鉏见此，还想在土台上拦截劫持。可他不敢妄动，一来仲尼不是等闲之辈，必有防范之举，怕又弄巧成拙；二来见申、乐二司马英雄难挡，稍有闪失自身性命难保；三来打听到十里之外尚有鲁国兵士屯扎，若轻举妄动，就会招来刀枪之祸。他也胆怯心虚地溜走了，夹谷会盟不欢而散，为齐国带来了极大的不安。

仲尼的力量和勇气，来自他的知礼、循礼。他胸怀仁德陪定公会盟夹谷，粉碎了齐国险恶阴谋，保护了主公安全，维护了礼制尊严，大振了鲁国国威，使鲁国在道义上取得了巨大胜利。仲尼更赢得了定公和百官的信服。

归田谢过

齐景公听信黎鉏谗言，在夹谷会盟中遭到惨败，内心非常恐慌，感到后悔莫及。回到宫廷后，余怒难消，当即召集文武百官当众责备黎鉏说："孔丘为鲁国大臣，用君子之道辅佐他的君主，遵循先王仁德施政，礼仪待人，是多么的高尚啊！而你却用夷狄的办法来迷惑寡人，使寡人陷入夷狄之俗。我本想以会盟来与鲁国结为友好邻邦，而今却使我得罪了鲁国君臣。事至如此，你们都说说，该如何挽回我的过失？"

众大夫听了景公一席话，都感到不安，也不敢随便说话。宰相晏婴思想后说："臣听说，君子有过，就用具体行动诚心道歉认错，而不用花言巧语去谢罪。主公如果真正是因过错而痛心，就该用具体行动去赔不是！"

景公说："丞相，你说这具体行动又指的是哪些呢？"

晏婴说："既然主公有如此美德，那就恕臣直谏。鲁国有三处田土至今为我国占用。

其一叫汶阳，是阳虎背叛鲁国后献给主公的不义之地；其二叫郓城，是昔日为鲁君寓居而向鲁国索取的土地，至今未还而长期为我占用，也是不义之地；其三，就是那龟阴之田，是我先君凭仗强大武力威逼鲁国向我割让的土地，也是极为不义的侵占。为此，鲁国一直耿耿于怀，而又因长期国力不强，没有能力讨还，至今天下诸侯对此无不非议。主公何不趁此机会，将这三处侵占的土地归还鲁国，以这具体行动来表示齐国与鲁国和好的一片真心，也可以此作为对夹谷会盟中的过失真诚歉意。”

景公听后高兴地表示同意，并亲自修国书差遣重臣到鲁国，将汶阳、郓城、龟阴三处田土归还鲁国，以此向定公真诚道歉，向孔丘仁德治国、遵循礼制的精神表示钦敬。

二、礼堕三都

鲁国的权力一直掌握在季、孟、叔三家大夫手中，三家争权夺地日益激烈。各家早就暗暗自筑城邑各据一方，而那些城邑的县官也慢慢将城邑据为己有，有的县官居然藐视主子不听使唤。季氏占的城邑是费县，阳虎叛乱逃往齐国后，县官由公山不狃担任；孟氏占据的是成县，县官是公敛阳；叔氏占据的是邱县，县官为公若藐。这三县的城墙都僭越礼制而增筑，极其坚固，与曲阜国都城一样。这三处城邑的邑宰（县长）以公山不狃最为专横跋扈。他也和阳虎一样，企图背叛季桓子而独霸其地，这又是大夫少正卯暗中支持野心勃勃的公山不狃叛乱以图浑水摸鱼达到自己篡权的目的。于是他与公山不狃密谋，指使公山不狃联合早就不满“三家”专权而又被鲁国人民非常敬重的仲尼一起背叛季氏。只要仲尼参加行动，反对季氏的作为就会一挥而就。少正卯自己想，如能达到目的，就可以阻止仲尼师徒治理鲁国，又可以搅乱鲁国大治的局面，自己从中取胜。公山不狃认为少正卯高明，按他的指点写了书信遣心腹来请仲尼。

仲尼接信观看。信中表达了公山不狃对季氏的愤慨，愿将费邑归属仲尼，自愿做仲尼的下臣，并愿辅佐孔丘除去鲁国的强暴。一看便知公山在联合自己背叛季氏。仲尼立即想到公山平日粗鲁，为何这书信恳切？内中情况复杂，必须了解清楚以利于对策，于是对派来的心腹接待交谈，并对信中所求之事做了些迷惑公山不狃的评述，表示曾经有过

礼堕三都

对“三家”专权的不满。对公山邀他去费邑的事也做了模棱两可的表达，意欲从来人口中了解内中的情况。公山的心腹见仲尼如此表态，认为大事可成，就将大夫少正卯如何指使公山背叛季氏的行动详详细细告诉了仲尼。

公山不狃的心腹回去将仲尼的谈话向主子做了详细的叙述。公山认为仲尼并未反对他的行为而似有参与之意，于是就约来了成县的公敛阳，邱县的公若藐。公敛阳和公若藐都不同意背叛主子，商议不欢而散。而公山不狃却一意孤行，在少正卯暗中示意下，又抓住了邱县有反叛之心的侯犯，进行阴谋活动。侯犯，身居邱县马正官之职。其人勇猛过人，擅长射箭，邱县人都怕他。他不满意这个“马正”小小官职，就将邑宰公若藐杀死，自己做了邱邑的县长。

子路做了季氏家臣总管后，已察觉到家臣内部互相争夺的行为。公山不狃反对季氏的行为日益暴露，今又传来邱邑侯犯背叛杀人。虽这些行为均是对着季、孟、叔三家而来，但势必会造成国家内部混乱。这使他产生了堕毁三都的想法，于是他把想法向仲尼做了陈述，这正合仲尼心意。但因权利限制，不能自行处理，但形势已关系到国家安危，必须立即进行反击，于是决定去晋见定公。

仲尼见到定公后,首先将公山不狃书信邀他一起反叛季氏之举详细向君主作了禀报,但对少正卯是策划者的情况只字未提。因对其行动有待进一步查证,不能随便诬枉一个朝廷大夫。仲尼提出他愿去费邑劝说公山不狃回心转意以免大动干戈。定公不同意仲尼去费邑,只要求仲尼运筹应付公山不狃的叛乱。

仲尼接着谏奏:"鲁国由于对大夫的封邑管理不严,封邑的官员纷纷反叛主子,现已造成国家内部不安定。今丘为国家臣子,因此请主公对此定夺。"

定公:"司寇之言有理,有何良策直言相告!"

仲尼:"鲁国内部混乱出在'三家'的封邑。费邑阳虎作乱刚平息,公山不狃紧步后尘。郈邑的马正侯犯今又杀了邑宰公若藐,自为县长。主公若不采取果断措施,鲁国必将再次陷入混乱。臣认为鲁国必须遵循周礼,周礼规定:国家大臣不准收藏武器,大夫的封邑不准营建高超过一丈、长超过三百丈的城墙。如今费、郈、成三邑的城墙,均已大大超过了这个规定,筑得像曲阜国都城墙一样。因此,这些城邑的官吏就凭借这坚固的城池叛乱造反。臣的意见是立即将三个封邑的城墙堕毁,以正礼制。"

定公说:"甚合寡人心意,但这样的大事不知如何做才能成功?"

仲尼知道定公在"三家"眼中的地位,也知道定公问话的意思是要他去做"三家"的工作,于是仲尼说:"主公既然同意丘堕毁三都的谏奏,这工作由丘向'三家'大夫劝说,让他们都能配合我的行动。丘也想到,'三家'的号令三邑官吏也会无人再听,恐怕非用兵不可。若用兵行事,又势必危及主公安全。丘对这些复杂情况均已考虑好了,主公放心。"

仲尼受命将季、孟、叔三家大夫召集在一起,告知他与定公商讨堕三都以杜绝后患之事。并通报了费邑公山不狃邀他一起叛乱之事的详细情况。又将公山不狃指使郈邑侯犯杀了邑宰公若藐而自称邑宰之事,还非常策略地暗示了公山不狃和侯犯的行动均有强人在暗中策划。现在的形势是剑拔弩张之急,必须迅速动手堕城,以阻止他们的叛乱。这事关系到"三家"的利害。"三家"大夫也早已尝到了这些邑宰不听命之苦,就是苦无办法对付,今仲尼提出这个方案,"三家"大夫不约而同地从内心拥护。经研究,郈邑侯犯杀了前任夺权，说明叛乱已经开始，必须立即处置。先堕邱邑断绝侯犯成为费邑公山不狃的帮凶，接着堕毁费邑，成邑放在其后再堕。

那侯犯听说要堕毁邑城，就煽动邱邑的人登上城墙，拒绝堕城。

叔孙州仇听说邱邑已叛乱，就与孟孙无忌商议对策，无忌说："我助你一臂之力，共同去消灭这帮叛逆者。"于是叔、孟两家发兵前往征讨，一到邱邑就将城池围住。侯犯早有准备，奋力抗拒，使叔、孟两家的兵士面对固若金汤的城池无法取胜。

这时，叔孙的家臣驷赤正在邱邑城中，假意依附侯犯，为侯犯出一些不痛不痒的主意。那侯犯是个有勇无谋之徒，驷赤的话侯犯深信不疑。驷赤对侯犯说："你除了公若藐后，叔氏已遣使去齐国求救兵了。如果齐鲁共同来战，我们是难以抵挡的。你何不以这邱邑去投奔齐国，齐国得到了邱邑就可以逼迫鲁国不敢用兵，那时齐国将会以加倍的地域来酬谢你！"侯犯认为此计甚好，就准备去齐国以邱邑作条件归附齐国。

驷赤又在城内向老百姓散布："侯犯以邱邑向齐国投降，齐国答应了侯犯的条件，准备马上派来军队占领邱邑，并将邱邑百姓全部迁到齐国去。"邱邑百姓听说要将他们赶到齐国去于，是就起来反对侯犯。

驷赤又对侯犯说："现在全城百姓都怕齐国来占领后将他们赶到齐国去，开始造反了。这愤怒的百姓是不好对待的，不如你快点离开这里去齐国。"侯犯知道百姓们要追杀他，不敢擅自出走，驷赤则说："叔孙氏尚不知我已归附你了，只要你今后能提拔重用我，今天我愿舍掉性命秘密送你出去。"侯犯立即登车起程，驷赤就对百姓说："侯犯要逃走，你们让开一条路让他走，他一走齐兵就不会来了。"侯犯就这样逃往齐国去了，邱邑避免了一场刀枪厮杀悲剧。叔、孟大夫入城后，命驷赤为邱邑宰，并把邱邑城墙堕毁了三尺，符合了礼制。

公山不狃听说侯犯已叛变，孟、叔两家领兵去了郈邑，认为国都曲阜城内兵丁空虚，季桓子也孤立无援了。于是他与叔孙辄密谋，以辄为内应，自己率费邑人马突袭曲阜都城，企图挟持定公，胁迫除掉季氏。公山不狃兵至曲阜，叔孙辄即开城门放兵马进城。定公即与仲尼商议应对计策。

仲尼说："主公的兵力不足以抵抗有备而来的公山不狃，臣对主公的安危早已做了好准备，请速往季氏住宅，可以防御！"定公和孟、叔二大夫驱车急奔季氏府第，仲尼请定公和"三家"大夫登上早已准备好的高台，同时又命司马申句须和乐颀在台下保卫，又要季桓子将所有家甲兵丁交由两司马统领，埋伏于高台之下。

公山不狃进入曲阜城后，与叔孙辄到处宣扬说："我们用兵进入都城的目的，是为了扶助国君执掌国政，帮助国君抑制季氏私人权力。我们不再事奉鲁国的正卿大夫，要捉拿季桓子问罪！"以此安定百姓情绪，号召共同反对"三家"专权。接着就指挥兵士一齐冲进宫门，以保护国君的名义来捉拿定公。进入宫廷才知道定公已去季氏住宅，就立即领兵去攻打季氏住宅。公山不狃的兵士逼近定公所居的高台下侧。这时，仲尼立即命令司马申句须、乐颀领精兵反击，并登上高台对费人说："我们的国君在这里，你们难道不知顺从君主的道理和叛逆国君的罪恶吗？还不快快放下武器。"费邑来的人马听说国君在此，又闻仲尼提示他们不要犯叛逆之罪，加之原来就不明真相，仲尼一说完费人就立即放下了武器，跪地请罪。公山不狃和叔孙辄一看知道大势已去，立即败退。鲁国士兵乘胜追击，追至齐鲁两国交界的姑蔑，将他们打败。叔孙辄和公山不狃逃到齐国去了，唯有公山不狃的心腹——送信给仲尼的那个人却被生擒，仲尼指示将此人好好囚禁。

成邑县官公敛阳，对国君和孟孙氏忠心不二，且不与公山不狃狼狈为奸，治理成邑政绩显著，得到成邑百姓的衷心拥护。他听说定公和孟孙大夫要来堕毁城墙，心中着急。他想郈、费的城墙堕毁，是由于侯犯和公山不狃被世人看成是叛逆者。如果成邑城墙也要堕毁，自己岂不被世人看成是叛逆者吗？于是他去请教少正卯大夫。少正卯想：这堕城之事是仲尼的主张，我要你对成邑城墙堕毁不成，让你威信也扫一回地。再说这公敛阳是个曾经听自己传唤的小县官，过去阳虎反对季氏他从中作梗，今日来问我，我就叫他难于下台。成邑堕不成难住了仲尼，公敛阳反对堕城也招致致命的后果，也除了这个不听使唤的人。于是少正卯对公敛阳说："你总不能让他们堕城你也招来一个叛逆主子的罪名吧？"接着又说："我完全同意你的看法，即成邑是鲁国的北大门，是守卫鲁国边疆的要塞。一旦城墙拆毁，齐兵来侵犯时，用什么去防御呀？你大胆坚持这个说法，虽然你拒绝了国君，但这是为鲁国安全着想，他们也不会把你视为叛逆。”公敛阳听了少正卯的说法，就命令士兵守城，坚决反对堕毁城墙。

鲁定公十二年十二月，定公和无忌领兵来到成邑城下，城门紧闭无法进城。这时，公敛阳跪拜在城墙上对定公和孟孙无忌说：“阳虽为成邑县官，官卑职微，但对国君对孟孙大夫忠心不二，天可为鉴。阳并不是只为孟孙大夫守城，我守城为的是鲁国的江山社稷。如果将城墙拆毁，一旦齐兵侵犯，鲁国北面就无城防守了，少正卯大夫也要我坚持不能让成邑堕毁。如果主公坚持要毁成邑之墙，阳愿意以自己身躯，同城墙一起粉碎。”定公和无忌无法进城，公敛阳既是一片爱国忠心，那堕城就暂作罢论，回朝与大司寇仲尼商议后再做决断。

定公回到曲阜后，将在成邑所遇之事告诉了大司寇。仲尼说：“公敛阳确是个忠心不二的邑宰，他说的这番话，恐有人为他出了主意。为了在成邑城墙堕毁上阻止我的行动，刁难国君，有人为公敛阳出了主意，这个人就是‘闻人’少正卯，请主公对证。”

定公说：“是的，公敛阳在城墙上说是少正卯。”正说着正卿大夫季桓子来了，仲尼就征求季氏对成邑城墙未堕的看法。季氏也认为这个决定有利于鲁国的安全，而且朝野人士也有此同感，尊重大司寇的见解，成邑城墙堕毁之事暂缓进行。

季桓子向定公奏道：“臣虽为正卿，身居丞相之职，在对国家施政之事上，仍不及大司寇的才能。臣请求，臣仍为丞相，再请大司寇代理行使丞相职务，请主公决断。”

定公听后正合自己心意，忙说：“季卿如此宏量大义，寡人就同意卿的谏奏，仲尼由司寇摄行相事！请二位爱卿协力齐心，共佐鲁国昌盛！”仲尼即向定公和季氏施礼表示谢意。

时为定公十三年正月（公元前，497年），仲尼五十五岁。

三、诛少正卯

就在仲尼摄行丞相职务后，定公与仲尼、季桓子谈论政事。定公说：“几家的家臣叛逆，过去都未及时发现，认识一个人真不容易啊！”并问仲尼：“大司寇今后如何对待这件事?”

仲尼说:“过去鲁国不能振兴起来,是由于忠奸不分,赏罚不明。要保护好禾苗,就必须锄去莠草。对坏人是不能姑息的,对乱臣奸佞务必严惩。下臣请国君将太庙中的斧和钺陈设于大殿两廊之下,丘将对那些败坏仁德礼义之徒和扰乱国家秩序者正以典法!”

定公说:“好,寡人同意你的做法!”

仲尼摄行相事的第三天,召集众大夫在定公面前商讨国事。定公首先要群臣议论成邑城墙不堕的利害关系,然后由大司寇裁定。众大夫议论纷纷,说利说弊皆为有之。

能言善辩而心术不正的少正卯准备说话了,他知道仲尼是堕三都城墙的倡导者,如今又是大司寇摄行相事之职,这次说话必须迎合仲尼的心意。能迎合仲尼就能得到定公赞赏。

少正卯说:“尊敬的国君,臣以为堕毁三都城墙是为了正规礼制。既然郈、费已堕,那成邑也该一样,理由六点:一是城墙礼制代表国家尊严,一个国家只能有一个国君;二是使都城恢复原先形式;三是扼制了私人的专权;四是使跋扈家臣不能以城墙为凭借而造反;五是堕毁成邑城墙以平三家之心;六是使邻国看到鲁国正在革新图强,不敢轻易来犯!”

少正卯话音刚落,孟孙无忌即反问道:“请问少正大夫,公敛阳在城楼上告知国君和我,不堕成邑城墙的要求是你亲自对他说的,而且你说反对堕城也是为了国家安全,并不能以反对国君论罪。现在你又主张堕毁成邑城墙,这是何意?”

少正卯顿时哑口无言,脸一下变得惨白,当然他知道离间计破灭,欺君之罪难逃。

这时仲尼奏道:“臣认为少正卯今日之言又在挑拨三家关系,扰乱国家政事,暗地里指挥他人反对国君,明里又花言巧语混淆是非,其目的仍是离间君臣关系。如此乱国之臣,按照法典,应正典刑!”

定公还未发话,就有大夫谏奏道:“少正卯大夫是鲁国‘闻人’,言语不当,还不至于死罪!”

仲尼复奏道:“禀主公,丘认为少正卯平时假言假语而诡辩,逃脱了一些罪责。请问少正卯，阳虎聚集一伙叛逆策划叛乱，你当时出谋划策，参与当时策划的公敛阳今还在，是不是要他来对证？”少正卯更加紧张得全身发抖，大汗淋漓。仲尼又问：“公山不狃欲谋叛乱之事时，又是你出谋划策。你指使他用信和我联系，邀我同他一起叛乱。当时我从送信来的公山不狃的心腹之人口中，详细得知了你是如何策划公山不狃叛乱的。你与公山不狃每次的密谋，这个送书信的心腹都在旁亲听。现在这个人被我囚禁在监狱，是否要他来与你对证？”少正卯这时的头低得更厉害了，颤抖的身子似乎站不住了，仲尼接着奏道：“主公，这些叛乱之徒的行动均与少正卯有关，他既狡诈且顽固。当面说是背后道非，挑拨‘三家’相互不和。君臣关系阻滞，他已仁义道德败坏，若不诛杀，国家无法施行仁政。臣今职司寇，有权决断，请按国家刑法以正典刑。”说罢就命左右力士将少正卯捆绑在殿中廊柱之上，用刀斧斩首。此时的众大夫无不惊骇得脸变颜色。季、孟、叔三家大夫都认为仲尼做得正确，仲尼又命力士将少正卯在街陈尸三天，以警诫那些乱政之徒。

鲁国仲尼这一惊人之举，一下在诸侯各国传开，认为仲尼是圣人之举，值得效仿。

四、居安思危

仲秋八月，仲尼作为代理丞相，是统管国家政务的最高官吏，按照礼仪要去向国君报告一年的政绩，便命掌管国家财务的大夫同行。

仲尼晋见定公后说：“臣丘，蒙主公恩赐，代行丞相职务将近一年。丘按礼制特来报告一年来的主要工作，若有不是之处，请予赐教！”

定公：“先生辛苦一年，寡人当致谢意！”

仲尼：“臣以仁德施政，以礼教化百姓。一年来，鲁国已基本做到父慈子孝，夫妻恩爱，兄友弟恭，政局稳定，道不拾遗，男女别途。自从堕毁不合礼制邑城，惩治顽劣后，国威大振，国家政事已取信于民，朝廷官吏大都能自身廉洁。当今鲁国已进入大治之秋，这当是主公的洪福。至于国家今年所聚财富，由司掌此一职务的大夫向主公如实禀告！”

财务大夫报告：“禀主公，鲁国今年财富积聚充盈。这是主公洪福，也是孔代丞相英明领导的结果。今年公田产粮超过以往，农民赋税不用命令都按时交纳完毕。农民自吃有余,按照鲁国俸禄规定:下士的俸禄均能相当上等农民的收获,俸禄足以代替他的耕作收获了;中士的俸禄是下士的一倍;上士的俸禄是中士的一倍;大夫的俸禄是上士的一倍;卿的俸禄是大夫的四倍;国君的俸禄是卿的十倍。除按此规定开支俸禄外,由于农民的丰收,每个在职官吏所得俸禄的标准也提高了。一个下士的俸禄可以养活九人,一个中士的俸禄可以养活十八个人,一个上士的俸禄可以养活七十二人。至于卿大夫的俸禄那就更高了。"

定公说:"司寇,你做得好。如今我鲁国国库充盈,民心归一,国威远扬,国家欣欣向荣,去掉了寡人的忧虑。"

仲尼说:"丘认为国家富足这结论下得为时尚早;民心归一还有待巩固;国威远扬将会招致他国的妒忌。鲁国的一时安定富足,更应去考虑国家长远的安全,若不加强军备,国家安危难保。"

定公问:"应如何去做好这些工作呢?"

仲尼说:"丘认为必须深入教化百姓,警告官吏,要居安思危。因此,丘准备招募和训练兵士,有备无患,也是立国之本。"

定公问:"这武备之事,何人能胜任此事?"

仲尼说:"丘反复思考,除冉有外,尚无他人可以担当此重任,只待主公同意,丘立即照办!"

"司寇还有何高见?"

"今是仲秋八月,照常季节已进入农闲。丘认为必须集中劳役,立即修筑国都城郭,挖掘洞窖,修葺粮仓。主管农业的官吏要立即下到乡村催促农民收获谷物,做到颗粒归仓,加紧储备蔬菜,储备过冬一切物资。并要教育农民不失季节抢种作物,以保证鲁国能年年丰收。"

定公:"感谢司寇为国忠心,为国辛劳,一切均按先生的安排去做吧!"

冉有根据仲尼的安排,在百姓中训练军士。他将仲尼说的"用没有受过军事训练的人民去作战,这叫抛弃他们"和"人民受训七年,也可以叫他们去打仗的话,广泛在百姓中宣传，号召那些符合军训条件的人都来参加训练，以保卫国家，保护自己。鲁国人只要听说是圣人仲尼的号召，都能积极拥护，何况这一做法对国家对自身都有利呢？就这样，鲁国军事训练一下普及到了所有鲁国人。

鲁国进行全民军事训练的消息很快传到齐国。齐景公因夹谷会盟中失礼，招致天下诸侯的非议，因而精神不振。加之宠臣晏婴死去，失去了得力的能臣而忧虑，如今又传来鲁国百姓普遍军训，忧上加惊骇，使他终日不安，于是他召来司马田穰苴。

田穰苴是晏婴去世后景公的另一亲信宠臣。他因英勇善战而立功被封为大司马。他听到鲁国全民军事训练的消息后，也担心鲁国将称霸。他见年迈的景公正日夜焦虑，不便将此事直奏景公。今日被召见，必定是商议此事，于是就立即去见景公。

景公说："鲁国今日全民军训，不知是何意图。过去齐国多次以兵进攻鲁国，鲁国心中必有旧恨。若是称霸，齐国必首当其冲，不知你的看法如何？"

田穰苴说："穰也在想，孔丘广施德政，有惠于民，被百姓称为圣人。他现在真有'堂上一呼，阶下百诺'的威信。在夹谷会盟中曾得罪于他，他若领兵攻我齐国，齐国将无抵抗能力，臣正担心国家的安危。"

景公说："你有何办法能去阻止他们吗？"

田穰苴说："臣考虑只有一个办法，就是臣亲自去找孔丘探听他军事训练的意图。若孔丘广具仁德，那我要劝他停止军训，放弃称霸，他将会听劝；若孔丘不听劝阻，那我国就只能想别的办法，来阻止鲁国的强大！"

景公同意田司马的做法。田氏连夜登程，急赴鲁国会见仲尼。

田穰苴对仲尼说："丞相英明，鲁国在你的施政下，国富民强，威震天下。今日又在全面动员军训，不知意欲如何？"

仲尼说："鲁国并不富裕。至于军事训练一事，田大夫理当明白，鲁国多年来一直受到他国的进攻，割让土地，赔去钱财，历史的教训鲁国当不会忘记。今年国家稍稍安宁，但居安思危是每个臣子应该长期考虑之事，这也是被他国逼出来的，有备无患，防御而已，别无他图！"

田氏的心情紧张起来了,因为齐国曾多次进攻鲁国,使鲁国失地赔钱。今说军训是他国逼出来的,当然这"逼"者是指齐国,其军训当然是对准齐国而来。他镇静一下后问:"敢问丞相,鲁国莫非真想报齐国进攻之仇吗?"

仲尼大笑起来说:"请问大司马,齐鲁两国百姓都喜欢打仗吗?"

田氏说:"战争会消耗财富,夺去无辜者生命,我想两国的百姓都会反对战争。"

仲尼说:"作为施政重臣都应有仁爱之心。所谓仁,就是爱人,要爱护每个人。我仲尼从来就反对战争,主张各国和睦相处,使各自的国家繁荣,使百姓富裕,使每个家庭幸福,为什么要进行战争呢?"

田氏松了一口气:"那鲁国就不必训练军事了!"

仲尼说:"我已说了,前事不忘,后事之师,军训是为了自卫,以防备那些伪君子的行为。如果齐国担心的话,也可以照着鲁国方法去做。不过,绝不能再去以强凌弱,希望齐国再不要去重蹈历史的覆辙!"

五、弃官离鲁

田穰苴回国向景公禀报了与仲尼谈话的内容,景公认为仲尼反对战争的说法难以相信。齐国曾多次进攻鲁国是事实,说被逼而军训也不过分。当然仲尼这样做是针对齐国想称霸天下,因此心绪更加不安。这时,有位大臣向他谏奏,说鲁国仲尼治国,威震天下,称霸是早晚之事。齐国当今难于应对,不如先送给鲁国一些土地,以免兵灾之祸。景公认为此说有理,就立即召来黎鉏商议送土地给鲁国之事。

黎鉏进谏说:"鲁国正在强大,我们应想办法阻止它继续强大。如果试着阻止不能成功,再送给鲁国一些土地也还不晚!"

景公说:"鲁国强大是重用贤德的孔丘施行了正确治理,这怎么能阻止得住啊?"

黎鉏说:"是的,正因鲁国重用了孔丘,才有今天的强大。但臣也曾听说,国家政治安定后,骄奢淫逸也必定在国家重臣中出现。我想,挑一批美丽的女乐以赠鲁君臣,使他们迷恋女色,怠慢政事。孔丘重仁德礼仪,必然强烈反对。若定公拒绝劝谏,感到无法施行仁政、国家前途无望时，就必然会弃官离鲁奔向别国。如能达到目的，主公就可高枕无忧了。”

景公同意了黎鉏的谏奏。黎鉏遵命立即办理此事，他从齐国选了八十名美女，分成十队，都穿上华丽衣服，学习好“康乐”舞，曲调和舞姿均为新近创作，声容绝妙，魅力极其诱人；又挑选出带有美丽花纹的良马一百二十匹，金勒银鞍，毛色个别，配上车轼，斑斓夺目，举世无双。经过周密策划就绪后，由景公向定公写了内容恳切的国书，再次表示在夹谷会盟中有失礼仪，愧心不已，因而馈赠，弥补过失。同时差遣精明使者，将国书和美女、良马一齐送往鲁国。使者将国书送交了定公，将美女、良马安屯在鲁国都城南边高门外，每日演练，等待定公的回复。

仲尼任大司寇并代行丞相之职后，施行仁政德治，礼乐兴邦，使鲁国民安岁稔，国力大振。正卿大夫季桓子认为逢此盛世，何不尽情享乐一番，于是怠慢政事，逐渐陷入了花天酒地、骄奢淫逸的生活之中。

这一天，季桓子的心腹进来偷偷告诉他，齐国送来了美女和良马。他兴奋起来，产生了对美女艳色淫慕之情。随即换了便服，在心腹的带引下悄悄来到南门偷看。只见艳丽女乐正在空旷平地演习，歌声婉转悠扬，舞姿如柳生风。季桓子不觉手麻脚软，意乱神迷，魂销魄散。他忘了一切，就连定公这天三次宣诏，他为贪看女色竟不应诏。他在打算用什么办法能接收这些美女。他想，只要说服定公，方可达此目的，于是去见定公。

定公接到国书后，也有慕恋女色之心，今又听季桓子对艳女的描述后，更是心动不已，于是便问季氏：“女乐今在何处？我是否也可去看看？”

季氏说：“现在城南高门之外，若主公乘车前往，臣当然奉陪。但为了不惊动百官，还是请主公换上便服乘小车去偷偷观看才是！”

定公欣然同意，于是二人快速来到了女乐演习的地方。齐人早已探明鲁君微服来观赏，就吩咐女乐加倍劲力献技。一时，歌声传娇，舞姿翩翩，使鲁国君臣看得目不转睛，手舞足蹈，心潮激荡，不知所以。这时，一心腹又向定公奏道：“还有那文马三十驷（一百二十四），也真是世上少有！”忘乎所以的定公回答说：“就是这些女子已是世上少有的颜色，何必还谈那些良马啊！”

当天晚上，定公一夜未眠，耳边似乎歌声缭绕，枕边似若美女伴嬉，翻来覆去好不容易挨到天明，即召季桓子一人进宫，单独商议向景公回复国书之事。当即向齐国使者赠送了黄金玉帛，将女乐收入宫中。其中二十人赐予季氏，将良马交宫中喂马人好好喂养。

定公和季氏得到这些美女后，各自尽情享受。白天歌舞不休，晚上同枕而乐，一连数日不问朝政。仲尼对此，只能长长叹息，他认为作为臣子辅佐君主，必须忠心不二。君有过失，为臣的必须诚心劝谏，哪怕是一死而能挽回君主错误，也是为臣的一片忠心，于是数次去宫门请求进见。定公当然知道仲尼的为人和他要求进见的意图，但经不住女色诱惑，将仲尼拒之门外。仲尼只能在宫门之外悲伤，这时，子路得知定公收纳美女的荒唐行为，心情愤郁难平，于是来找仲尼说：“先生，国君迷恋女色，相国连通一气，鲁国将会被断送。先生忠心治国美德，今后能被何人采纳，我们可以离开这里了！”

仲尼说：“鲁国将要举行郊祭了，如果还能按礼法将祭肉分给大夫，那我们还可以留下来。”

郊祭那天，定公匆匆而来，行礼方毕匆匆回宫去享乐，没有半点过问国家政事之心。当时仲尼请求进见定公片刻，定公也拒绝相见。按祭祀礼仪，应将祭肉分给朝中大夫，可这次没有这样做。管理祭肉的祭祀官向定公请命，定公将此事推给季氏，季氏又推给家臣。仲尼归家后，到了夜晚还不见祭肉得以分送，已知朝纲败坏，礼仪丧失，于是对子路说：“我仁德施政，礼乐治邦，在鲁国再也行不通了，我们离开吧！”

仲尼带着弟子立即离开鲁国，当夜在屯地住宿过夜。鲁国的师已得知仲尼离去，连夜感到屯地送行，对仲尼说：“先生是没有罪过的！”仲尼回答说：“让我唱歌一首给你听！”于是操琴唱道：

那些妇人的口，
可以把大臣赶走；
亲近那些妇人，
可以使网破身亡。

悠闲啊。悠闲啊！

我只有安度岁月。

师已返回，季桓子问："仲尼说了些什么？"师已如实相告，季氏叹息说："先生是怪罪我接受了齐国那一群女乐的缘故啊！"

仲尼愤然弃官离开鲁国，齐国的阴谋得逞。鲁国从此又回到原来衰败的道路上去了。

时为鲁定公十三年(公元前497年)，仲尼五十五岁。

第六节　周游列国

一、初见卫君

圣人的志向是凌云的，面前的道路却是崎岖的。仲尼带着极其遗憾的心情离开了鲁国，他的弟子冉有、子路等也弃官随行。颜回、闵子骞等一批心爱的弟子相伴，他们开始了人生旅途又一重要历程——周游列国。

仲尼一行向卫国国都帝丘进发，一路上虽有美丽的田野风光，但难抹去理想失落的心情，第三天就到了帝丘。卫国不知仲尼前来，因而无人迎接，好在子路妻子的兄长颜浊邹在卫国做官，师徒们在子路的带领下，直向颜浊邹家而去。颜浊邹，虽官小职微，但厚义薄财。虽未见过仲尼，但对仲尼圣人名望，早已闻听过。特别是仲尼为鲁大司寇兼代理丞相，仁德治国的盛名早在卫国传遍，今又为妹夫子路陪同而来，当然是高兴已极，盛情款待。见面后，仲尼把离开鲁国原委略告知了颜氏，并且希望通过他能见到卫国君主卫灵公，颜氏表示照办。卫灵公治国有可取之处，但不如昭公。尤其他贪恋女色，宠幸夫人南子，丑名远扬。他听说圣人仲尼来了，也很高兴，理由是：一是鲁国失去贤能治理者必然衰败，用不着再惧怕鲁国称霸了；二是仲尼既有圣人之称，来到卫国也能从他那里获

颜浊邹

得一些治国良策，于是他要召见仲尼。

第三天，卫灵公召见仲尼，依礼相见后，卫灵公说："不知先生到来，未曾迎接，予心不安！"

仲尼说："丘匆忙而来，先未通报，有失礼仪，望君主宽恕！"

卫灵公说："先生治理鲁国，忠心辅佐君主，使鲁国民安岁稔，国威大振，先生不愧圣人之称！"

"作为人臣，须当为国效力，仲尼不过尽了点绵薄之力。"

卫灵公问："你看卫国今后应如何治理？"

仲尼答道："对于天下的事物，没有一个该怎样去干的模式，也没有一定不该怎么去干的模式，怎样干合情理，便怎么干。卫国今后该如何治理，也要根据卫国的情况来定。"

卫灵公问："请问先生，你在鲁国的俸禄是多少？"

仲尼答："俸禄六万小斗。"

"先生，在卫国请安心居住，寡人也给你俸禄六万小斗！"

仲尼向卫灵公表示谢意！

仲尼一行住在颜浊邹家，卫国给予的俸禄吃用有余，仲尼除常被卫灵公召见谈论政事外，余闲时就弹琴击磬消遣，谈论卫国的政局。一天先生在室内操琴，琴音低颤，弟子们都知道先生的心情不爽。长居休闲而不被重用，莫说先生深感不快，就连随行的弟子们也心里难受。为减轻先生烦恼，弟子们一同进见先生。

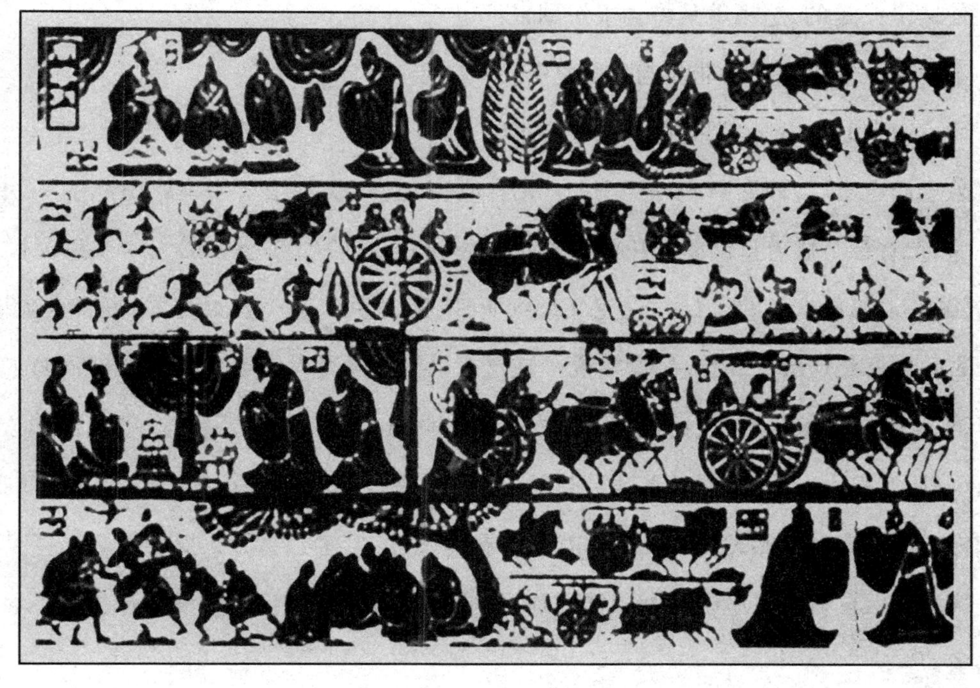

孔子行迹石刻像

子路说："先生，在卫国已住了八九个月了，卫国谁能听懂您的琴声？先生的心情，恐怕只有您的弟子们清楚。'仁者不忧'，这是您教导我们的话，请先生宽心为好啊！灵公昏庸无道，迷恋女色，道德败坏，他有什么能力治理国家？先生，您看是这个原因吧？"

仲尼说："是啊！我向他讲了不少为政以德的道理，似乎他也爱听。只是由于本性不良，难以听进耳内，更说不上去实行了！"

子路说："南子夫人淫乱，卫灵公不但不予以制止，反而为她的淫乱行为提供方便。卫国人厌恶，宋国人唾骂。我看他是天下绝无仅有的昏君。"

子贡问："先生，卫灵公不实行仁德政治治理国家，卫国将会招致祸乱吗？"

仲尼说："卫国将出现何种情况，我难以看准。但是，我认为一个人狂妄而不直爽，幼稚而不老实，无能而不讲信用，是不会有好下场的。卫灵公也不例外。"

子路说："最近听说太子蒯聩，因为他母亲的情夫在宋国，去宋国时遭到宋国百姓们的羞辱，甚为气愤。闻听他回国后，组织了一伙亲信，准备反对他的母亲，若是这样的话卫国将会陷入一场大的混乱。先生，您对此有何看法？"

仲尼说："是的，这场动乱将会很快到来！"

子路说："看来卫国并非我们长留之所！"

仲尼说："是的，适当的时候就离开这里。"

弟子们退出后，仲尼独坐深思，过了一会他去击磬，以消除刚才议论引起的不快思绪。这时，有一个挑着草筐的人从门口经过，这人停步认真听了磬音后大声叹息说："这个击磬的人，是位有心的人呀！"说完又继续听，听后又说："这声音太纯了，真有点凄惨，这个人的性格是这般的固执，好像在说：'在这个世界上没有人知道我啊！'既然没有人知道自己，也就算了吧！可歇息就去歇息吧！《诗·邶风·匏有苦叶》篇说过：'葫芦熟透叶枯黄，济河渡口大水涨，水深带着葫芦过，水浅提起衣裳淌。'你就看看这世界的深浅吧！水深你索性系着葫芦漂过去；水浅，你就撩起衣裳淌过去，何必要如此折磨自己呢！"仲尼听了这番话后自言自语地说："如果能像你说的那样易行的话，我也就没有什么行不通的道路了。"

二、离卫去陈

卫国内部斗争激烈，政治动乱已开始了。正卿大夫公孙发去世，其子公叔戌继承职位执政。公叔戌富有且骄横，他打算除掉南子夫人的一批党羽，被南子发现并告知了卫灵公。不久，卫灵公就驱逐了公叔戌和他的党羽。公叔戌到了鲁国。随后，大夫北宫结也出逃鲁国,他是公叔戌的亲信。

在这一年,卫灵公最宠爱的夫人南子,因名声败坏,遭世人讥讽。南子是宋国人,未嫁与卫灵公前,就与宋国的公子宋朝私通。嫁来卫国后,其关系依然如故。卫灵公对此非常清楚,为换取南子的欢心,还经常安排南子与宋朝幽会。这一年,南子的亲生儿子——已立为太子的蒯聩,对此极为愤怒。蒯聩路过宋国时,宋国百姓在野外唱歌说:"已经满足了你们的母猪,何不归还我们那漂亮的种猪。"太子蒯聩感到羞耻,就对他的家臣戏阳速说:"你跟我去见夫人。夫人接见我,我用眼睛向你示意时,你就上前杀死她。"戏阳速答应后同去见夫人南子。太子三次用眼睛,戏阳速不肯上前动手。南子夫人看到了太子示意要杀她的眼色,便号哭着奔跑去告知卫灵公说:"蒯聩要杀死我!"卫灵公即拉着南子登上了高台。太子图谋失败,立即逃到了宋国。卫灵公将太子的党羽全部赶走了。

这时卫国内部出现了权利争夺,卫灵公良莠不分,贤德的蘧伯玉不起用,却重用了不肖之臣弥子瑕,促成了卫国的政治混乱。弥子瑕一直独揽国政,而这时仲尼闲居在卫,与卫灵公经常往来。弥子瑕怕卫灵公采纳仲尼的政见,妨害自己,因为他的政治主张与仲尼相反,于是就不惜一切代价在卫灵公面前挑拨卫灵公与仲尼的关系。他把最近发生的一切动乱的根源归咎于仲尼。尤其是公叔戌等逃到鲁国,诬陷是仲尼的安排。因此,卫灵公对仲尼从戒备到不信任发展至警惕,于是就派弥子瑕带兵监视仲尼的出入。

仲尼面对险境只好离卫去陈国。一路上子路、子贡等对卫国政事混乱、国君昏庸等议论不断,个个内心感到愤慨。离帝丘越来越远,大家的心情也慢慢平静了许多,不觉来到了卫国与宋国交界处的仪邑。

仪邑的边防长官听说圣人仲尼要从此经过,就立即迎了出来,对子路说:"凡是来到这里的有道德、有学问的人,我没有不拜望的,我请求拜见孔老先生!"子路向先生通报,仲尼同意相见。这个边防长官拜见仲尼后高兴地走出来,对仲尼的弟子们说:"你们诸位不必担心文化的衰落,我们的文化有救了,天下乱了这么久,文化即将凋零,上天将以孔子作为警醒世人的木铎(木铎,木舌的警钟),当天下人的导师!"

三、匡地被困

离仪邑去陈国，车乘路过宋国的匡地时，子路用马鞭指着一城门说："从前我来过这个城，是由那个门进去的！"匡人听他这么一说，误以为是鲁国季氏家的叛逆阳虎。阳虎曾在这里残害过不少人，因子路的长相像阳虎，故匡人见后立即调动兵士将仲尼一行团团围住，要杀掉他们。弟子颜回的车乘掉在后面没有和仲尼在一起，仲尼非常担心颜回的安全。不久颜回赶来了。仲尼说："我以为你出事了！"颜回答道："先生还健在，回怎敢死呢？"

匡人的包围圈越来越小，弟子们害怕起来，仲尼沉着地说："周文王死后，周代的文化典籍不是都在我这里了吗？上天如果想要毁掉这些文化的话，就不会让我来承受这份文化遗产啦！上天如果不想灭绝这些文化遗产的话，匡人能够把我怎样呢？"

子路拿起武器准备与匡人厮杀，仲尼立即制止并批评说："我最厌恶那种懂得仁义又用不仁义的手段去对付那些不知礼仪而有世俗习气的人，你平日《诗》《书》不讲，礼、乐不习，这是我孔丘之过；你若能按先生遇事都讲道德礼仪的要求，去辨别事物的原委，不以暴力行事，那我孔丘就没有罪责了。"他又命令子路说："今天我们只能按先王制定的礼仪来对待这场祸患了。你来抚琴，我来和唱！"

子路听从先生的教诲，立即拿琴抚奏起来，仲尼随着琴音唱起歌来。唱完三支曲子后，匡人闻曲才知道被他们围住的正是崇尚礼乐的仲尼一行，便立即撤走了兵士，仲尼一行脱离了险境。

四、蒲地遇险

仲尼一行在匡地解围后，子路说："从匡地去陈国是不行了，是否可以回到卫国再经曹国绕道而去？"

仲尼说："绕道而行，路程虽然远点，但是只要路上不再受阻也就行了。舍近求远是办事谋略的一种重要方法，这样走，可能还会提前到达呢！"

五乘从游

于是按子路的意见，先入卫地再入曹国去陈国。弟子公良孺，字子正，陈国人，家庭富有，注重德行修养，勇敢非常，是仲尼极为赞许的弟子之一。仲尼列国之行，是他从家中带来五乘车马供仲尼使用。他听到走曹国而往，就主动说："先生，曹国和陈国相邻，良孺常从这里往返，路途熟悉，就由良孺为先生赶车吧！"

仲尼说："子正驾车，我当然高兴！"公良孺执鞭，上路而行。离匡地行程半日，到了卫国的封邑蒲地。蒲地是卫国公叔氏的封邑。公叔氏早有谋反之心，他乘公叔孙死去，公叔戌和太子蒯聩逃亡之机，打着卫灵公和南子夫人治国昏庸无道的旗号，以蒲地为根据地，煽动百姓起来反叛卫国。就在这时，仲尼一行来到了蒲地。

公叔氏听说仲尼的到来，心想：仲尼是天下闻名的圣人，他的弟子文武兼备，也早为天下熟悉。若能将他们留在蒲地，与自己共谋大计，就能一举攻进帝丘，卫灵公也只能束手就擒。于是就立即前去见仲尼。

公叔氏说："不知先生来此，未能迎接，实为失礼，请先生入衙歇息！"

仲尼说："我们还要赶路去帝丘，就不进入了！"

公叔氏说："先生早已闻名天下，他人不重用先生是他们的无知。现在卫国腐败，我想请先生留在这里，与我共谋大计，鄙人愿听从先生的指教！"

仲尼回答说："丘一生求的是安定团结，反对的是征伐战事，更难容的是叛逆不道。因此，我们无法在此逗留！"

公叔氏的阴谋被指责，便恼羞成怒，大声地说："你进城就莫想随意地出去了！"说完，就指示他的兵士将仲尼一行团团围住。公良孺难按心中怒火，就对仲尼说："过匡地遇到危难，今又在这里被包围，我心气难平，为保护先生我宁愿搏斗而死！"话音刚落，就操持武器冲进了公叔氏的兵士队列，拼搏十分激烈。公叔氏持武器赶来与公良孺大战，公良孺勇猛难挡，公叔氏只好换语气说："如果你们不去陈国，我就放你们走。"

仲尼说："只要你放我们走，也可以暂时不去陈国。"公叔氏即撤兵离去，仲尼与弟子一行按原计划又回到了陈国帝丘。

五、再遭冷遇

他们回到帝丘后住在贤德有名的蘧伯玉家里。卫灵公在蘧伯玉的多次劝谏下，改变了对仲尼的怀疑态度。今听说仲尼又回到了卫国，表示欢迎，并仍按以前的俸禄给了仲尼。有时，也召见仲尼，听听仲尼的建议，只是不肯重用。仲尼为此感到苦恼。有一次卫灵公见仲尼，谈完政事后，仲尼感慨地说："假若有人用我治理国家，一年可以使国家变个模样，三年就会大见成效！"卫灵公听后明知其意却不作声，仲尼只好惋惜地离去。

有一天，卫灵公问："请问这打仗应如何排兵布阵？"

仲尼感到不是滋味，就淡淡地说："祭祀礼仪的事情我曾听说过，排兵布阵之事未曾听说过。因为我反对打仗，所以不愿去学习它！"接着就议论起治国政事。正当仲尼认真阐述他仁德治国、礼仪治民的道理时，天边有大雁飞翔并有鸣叫之声，卫灵公这时不听仲尼谈话而抬头仰望雁群，心事也随鸿雁飞翔。仲尼感到卫灵公太不像个国君样子，即告辞而去。回到寓所，心情仍难平静，就将与卫君相见之事对弟子们说了一遍，随后说："是个昏庸的君主啊！这里不是我们久留之地，快快去陈国吧！"

再回卫国，再受冷遇，仲尼对卫国已完全丧失了信心。

六、子见南子

南子夫人,生来娇媚艳丽,不断地择其所爱,淫乱不堪。她早闻仲尼仪表脱俗,就想若能见他一面,也为幸事。曾几次召见仲尼,都被推辞。听说仲尼又来卫国,于是再差人去召见仲尼。

差人来到仲尼寓所,被子路拦阻问何事,差人说:"我奉国君灵公之命,前来敬请仲尼先生。"并转述国君的话说:"夫人慕先生高名,欲当面讨教仁义礼智、安邦定国之道,望先生屈尊进宫。而且夫人早有言在先:'西方之君子,不辱寡君。欲与寡君为兄弟者,必见寡小君(国君夫人的礼仪称号),寡小君愿见之。'寡小君者,南子夫人也。孤身为国君,若再请而先生不肯赏光,孤将何面目立于夫人之前。"

子路将此事立即禀报先生,仲尼一听脸露难色,子路即说:"想那南子百媚妖态,淫乱有名,先生乃正人君子,何能去见如此淫妇!"

仲尼说:"我已多次推辞,今为国君差人召见,若再不去就有失客人对主人应有的礼节了。已不能再推辞了,只好前去!"

仲尼在宫人的引导下,来到了南子的帷帐之外,面向北边行礼后低头而立。早已等在帷帐中的南子,两次回拜答礼。其行为不敢太大胆放肆,只是出帷问仲尼:"先生为何不抬头看一下我满身的环佩玉器呀?"

仲尼说:"夫人乃为国母,仲尼乃是你的客人,怎能随便看你的装饰?不在礼节范围内的东西不看!"

南子说:"今天能见到先生,实在高兴。您为什么站立不动?请您站近一点和我说话好吗?"

仲尼说:"遵循古礼,男女有别。仲尼守礼,不在礼节范围内的行为不做。"

南子又说:"先生,您听那宫内的歌舞之音,何等悦耳怡人!"

仲尼说:"夫人召见孔丘,想必有何国事赐教,丘当恭听。若在此听歌舞之乐,不合时宜,不是礼节范围内的音乐不听!"

南子见无法打动仲尼之心，就单刀直入地问："先生，您一定听说过我南子的美貌，那就请您谈谈对我美貌的看法！"

仲尼立即回答说："请夫人自尊，仲尼绝非轻狂等闲之辈，非礼节范围内的话不说。"

南子听后顿时无话再说，仲尼礼貌地说："孔丘告退了！"撩衣跨出门槛，速速离宫，南子眼巴巴望着仲尼离去。

仲尼回到寓所，子路很不高兴。仲尼对他说："我本来不愿见她，既已无奈去见了，就只能按礼仪行事了！"

子路还是不高兴，仲尼急忙发誓说："假如我做得不对，上天一定会惩罚我，上天一定会惩罚我！"

仲尼虽然用礼仪顶回了南子的色相勾引，但总觉得受了羞辱，今又遭子路的不满，心情非常不愉快，于是独坐抚琴，聊以自慰。

南子碰了个硬钉子后，心情难受。她又想：你仲尼用礼仪顶住我，我还是有办法要你屈从。于是她找卫灵公要求去郊野游览，且必须要天下闻名的圣人仲尼作为次乘陪同。她的用意是用此招摇过市的手段，在百姓前显示我南子夫人并非是个放荡女人，而是个能亲近圣人有道德知礼仪的国色天香。卫灵公为了讨得夫人的欢心，就言听计从了。

出游这天一清早，卫灵公便差人召仲尼进宫。卫灵公非常礼貌地迎接仲尼，并十分谦和地说："今日天气晴和，朝中无事，寡人欲同夫人出城欣赏景色，敬请先生同行，以便随时讨教！"卫灵公如此态度，仲尼一时能有什么话说呢？只得屈从，将不悦和愤懑埋在心底。

第一辆车上，坐着卫灵公与南子夫人。他们并排而坐，撩起车上帐幔，让百姓们能看清他们的面容姿态。南子今天的装束端庄素雅，雍容大方，端坐而不言笑，没有一点轻浮表现，但呈现着洋洋自得的喜色。

第二辆车上，坐着仲尼，这叫次乘，陪同之意。他正襟危坐，面露羞色。最后一辆车上，坐着宫廷内的内侍官员等。他们的车辆招摇过市出了南门，向郊野而去。

仲尼回家后，觉得又再次蒙受耻辱，他愤愤地说："算了吧，我从没有见过喜欢美德像喜欢女色一样的人啊。”

时为定公十四年（公元前 496 年），仲尼五十六岁。

七、黄河遇险

晋国内部正在发生一场政治动乱，赵简子和范氏、中行氏两个贵族互相攻击。赵简子家臣佛肸，为人专横跋扈，乘机占据了中牟（今河北省邢台和邯郸之间），闹起了独立，图谋背叛赵简子，一举夺取晋国正卿大夫的大权。这时，佛肸见仲尼在卫国一直未被重用，便派人来请仲尼去中牟，希望仲尼来壮一壮他的声威，为他出谋划策，进而取代赵简子。

仲尼听说佛肸来聘，先是感到气愤，因为佛肸是个无德之徒。继而冷静思考，接受聘请也是施展政治抱负的好时机，何不用自己的正义去战胜非正义呢？于是他把想法告诉了弟子，但遭到了弟子们的反对。

子路说：“先生，我曾听您说过：‘一个本身行不善的人，君子是不到他那里去的。’如今佛肸盘踞中牟进行叛逆，先生却想应聘，不知是何道理？”

仲尼说：“是的，不过我还说过这样的话：‘真正洁白的东西，任你怎样染也是不会黑的；真正坚硬的东西，任你怎么磨也是磨不薄的。’我怎么能像葫芦一样，只挂在那里不食用呢？”但仲尼最终还是因晋内部混乱而没有去中牟。

就在这年夏天，卫灵公病逝。按照灵公遗命，立蒯聩的儿子辄为卫君，这就是卫出公。从此，卫灵公的父子之争演变为第二代父子之争了。卫国就此陷入了父子争夺帝位的斗争。“危邦不入，乱邦不居”，于是仲尼决定离开卫国。

赵简子，又名赵鞅、志父，晋国正卿大夫（丞相），野心勃勃，企图称霸天下。一天，他对心腹说：“晋国有窦鸣犊、舜华，鲁国有仲尼，我若能将这三人除掉，就能独霸天下。”于是就将窦鸣犊和舜华叫去，以问政事为由，残忍地将二人杀了。他知道仲尼现居卫国，此人被天下人称为圣贤，若不早将他除掉，对自己极为不利，于是差人去卫国假意聘请仲尼来晋国共同治理政事。

差人来到卫国向仲尼传达赵鞅话说:“赵大夫将用肥腯的牛肉到黄河边迎接!”这正合仲尼想去晋国的心情,于是要来人回去通报,自己随后即与弟子应邀同行。

差人回国禀报,赵鞅立即命人将牛肉运到黄河边,秘密指使船夫说:“待会仲尼来到,必登船过河。黄河中心水流湍急,你将他推入河中将其淹死。”说完就藏于岸边等待、观察。

仲尼来到黄河之滨,果然见到肥腯的牛肉陈设,形式甚为恭敬。但不见赵简子。仲尼正欲登船过渡,只见船夫用眼色制止仲尼登舟。仲尼心中疑惑起来,船夫偷偷细语告诉仲尼:“仁德贤才窦鸣犊和舜华均已被鞅杀死,现在又准备在河中心谋杀您。”仲尼听后,立即登上河的高岸,叹息说:“壮美啊!黄河之水,你浩浩荡荡地向东流去,而我孔丘却无缘得以渡过,这恐怕是天意如此吧!”

子贡闻声进前问:“先生,您这话何意?”

仲尼说:“窦鸣犊、舜华是晋国有德有才的大夫,赵鞅未得志时,依靠这两个人才当上了正卿大夫。当他得志后,却将全力辅佐他的人杀掉,怎不叫人伤感啊?我曾听说过:挖出腹中的生命而扼杀,吉祥的麒麟也就不会来到这个国家的郊外了;将泽中水放掉而捕尽其鱼,那么蛟龙也不会再到这个国家的深水中去居住和帮助调和阴阳兴云致雨了;如果将鸟巢掀翻,将巢中鸟蛋全部毁灭,凤凰也不会再飞到这个地方来了。为什么一个自称君子的人竟然丧心病狂地杀害自己的同类,而且是曾尽力为自己效力的同类呢?鸟兽对那些不义行为尚且知道躲避,何况我孔丘呢!”

八、曹国难留

仲尼在黄河之滨高声吟诵:“鸣犊、舜华啊!你们的英灵该知道了吧,仲尼在此悼念你们!”诵毕望着那远去的黄河水。

冉有说:“先生,请节哀!我想问您一事,晋国不能去了,卫国不是我们久留之所,那么到哪里去呢?”

司马牛抢着说:“先生,该去宋国了!”

仲尼:“这却为何?”

司马牛说:“宋乃先生的祖国,也是弟子的祖国。牛的长兄桓魋在宋国为司马,也能有个照应。”

仲尼说:“既然如此,就去宋国吧!”

于是立即登车上路,向宋国而去。去宋国必须经过曹国,弟子们就问起了曹国情况,并建议在曹国也住几天。仲尼告诉大家,曹国也是天子的诸侯国。国虽不大,但土地肥沃,只因没有好的国君治理,故内乱不止,外患丛生,曾多次被灭掉又多次重建。仲尼还说,若有施展宏图之机,就在这里住下去也好。不久就到了曹国之都陶丘(今山东定陶)。曹国之君知道圣人仲尼来了,便乘车迎至陶丘郊外,并将仲尼一行安置在最好的贵宾馆内,生活上的热情接待自不必说。

三天后曹国君主正式接见仲尼,国君问:“一个国君自己并不做事而又能使国家太平,这样的国君有吗?”

仲尼说:“这恐怕只有舜帝吧!他只是庄严地坐在朝廷上指挥治理国家。”

“先生,听说您一贯以仁德治国,什么叫‘仁’呢?”

仲尼说:“所谓‘仁’就是‘人’,仁即爱人,用这样的观点去治理国事,百姓就会感到满意!”

在曹国住了数日,先生虽多次与国君交谈,论及政事,然而国君却没有采纳的意向,更对仲尼的政治主张表现出冷淡和无知。慢慢看出曹国君主平庸俗气,觉得曹国不是行道之地,仲尼一行于是离曹国去宋国,路上走了三日。到达了宋国之都商丘(今河南商丘市),宋国君对仲尼一行给予了热情接待。

一天宋国君召见仲尼,问道:“寡人有个理想:一是所有国家能长期共存,而且共用道德规范来治理;二是使人民都聪明,使士人都效忠国家;三是希望风调雨顺,人民丰衣足食;四是希望有一个圣人来帮助宋国治理国家。是否可行?”

仲尼回答说:“国君的理想是可以实现的。一个国家能与它的邻国和睦相处,它就能够长期存在下去;国君能做到有恩惠于人民,臣子就能对国君忠诚,这个国家也就能和平安定；在政治上不杀无辜，人民就能遵循礼仪，就能竭尽全力为国家贡献财富，人民丰衣足食；尊崇天灵，敬祀鬼神，日月就能遵循四季规律而风调雨顺；尊崇正义之道和重视仁义道德，就会有圣人自愿而来；在治理国家政事中，能任用有德之才，罢去那些庸碌无为的人，官吏就能忠心地去治理国家。"二人心思大体相通，交谈甚久，高兴而别。

司马牛自来宋国后，终日愁眉不展，闷闷不乐。原来，司马牛崇尚仲尼仁德，就去鲁国拜师仲尼。他哥哥司马桓魋，是宋国的司马。此人贪财霸权，野心勃勃，名声极坏。司马牛在宋国时就劝兄长行善积德，去见桓魋却又遭责难。桓魋鄙视仲尼，尤其是对仲尼来宋国后宣传仁德政治和礼乐兴邦的主张极为反感。为此，他警告司马牛，要他转告仲尼一行，立即离开宋国。否则，他将杀掉仲尼。因此，司马牛终日为此忧愁。仲尼发现司马牛不安的心情后，猜测这可能与他的兄长有关，于是就找司马牛谈心，仲尼问："子牛，你闷声不语，莫非受了你兄长的气？"

司马牛就将见到桓魋后与其谈话的内容告诉了先生，并且气愤地说："他是个没有仁德的人，什么坏事都能做得出来的，子牛惭愧啊！"

仲尼说："桓魋是桓魋，子牛是子牛，兄弟道不相同，又有何办法呢？我看你就当作没有这样的一个兄长吧！这也是符合仁义的。"

司马牛听后，心情稍觉宽松，他辞别先生。出门遇着了子夏，就对子夏说："人皆有兄弟，我独无！"

子夏说："君子敬而无失，与人恭而有礼，四海之内，皆兄弟也，君子何患乎无兄弟也？"

商丘，是座古城，仲尼和弟子们前去游览。出城来到北郊时，见到一座石山。有人在凿石开山，先生提出去观察一下，车子很快到了石山之下。只见山上有数人聚在一起，有的在哭泣，有的高声呐喊。仲尼认为一定发生了大事，叫人去探听。子贡立即下车向石山聚集人群处奔去。只见那些人又围着子贡比比说说，仲尼虽听不清这些人说的什么，但见其情绪激昂。没多久，子贡便回来了，板着面孔上了车，仲尼问："这是怎么回事？"

子贡说："这些人都是桓魋抓来为自己建造坟墓石椁的工匠。他们有的在此干了三年，石椁仍未造好，饭不饱腹，衣不遮身，病死和被石块压死者计有二十余人了。先来者慢慢死去，后来者忧心忡忡。今日又有一年轻体壮的工匠死在巨石之下，怨声不绝，真是凄惨啊！”

仲尼即命冉有驾车返回寓所，回来后气愤地说：“一个国君或一个重臣死去后的谥号、葬期和祭祀的庙堂等，不是他活着的时候所能决定的，这一切都是后人的事。所以死丧之事，皆不得在有生之年自己去做。今日所见桓魋的作为，令人恼怒！他只是个司马的官职，在活着的时候竟然如此劳民伤财地为自己办理后事，实为上天所不容！”

九、桓魋伐树

仲尼对桓魋造椁指责之事，很快传到了桓魋的耳边。他对仲尼更是恼怒已极，认为败坏了他的声誉。仲尼与国君经常往来，桓魋怀疑仲尼在国君面前讲了他不少坏话等等。桓魋准备杀掉仲尼，但国君对仲尼的最高待遇表示了他俩之间的感情，故他不敢公开行事。于是就派他的心腹终日在仲尼寓所周围监视，等待有利时机下手。就是不杀掉他，也要把他赶出宋国，以除后患。一天，桓魋正在闷闷不乐，心腹前来通报，仲尼和他的弟子在大树下演习礼仪。桓魋想，在野外非礼仪规定的环境中，又是国君不在场的时刻，正是好下手的场合，于是手提利斧向仲尼演习礼仪的大树奔来。

司马牛对仲尼的安危早已暗中警惕。今见桓魋气势汹汹而来，知其来者不善，就高声吼道：“桓魋，你想如何？”弟子们闻声忙将先生保卫起来。司马牛、子路、公良孺等都是武艺高者，有他们在场也就无所惧怕了。

桓魋举斧高喊：“是谁这样无礼，敢在我宋国大树下胡来？”

子贡上前答道：“身为宋国贵宾，在此演习礼仪，何患于你？”

桓魋说：“何为贵宾，不过是每到一处被人驱赶的说客。今日若不离开，我手中的利斧是不会认人的！”

子路拔剑而答：“我这利剑，专杀不义之徒，还不给我退下去！”

司马牛大叫道：“你这不仁不义之徒，将不会有好下场的！”

桓魋听了子路和司马牛的痛斥后,怒火更加上涨,想上前厮杀却寡不敌众。不马上赶走他们,又遭他们指责,大失脸面,于是率领他的随从,一齐爬到大树的树杈之上,用锋利的刀斧将树枝砍下。仲尼对弟子们说:“君子不和小人斗,回去吧!”回到寓所坐定后,仲尼说:“子牛早已预测桓魋想杀我,看来宋国也不是长居之所,快点离开去陈国吧!”

十、经郑去陈

仲尼一行决定立即去郑国,向宋国国君告辞后,即登车从西城门向郑国而去。桓魋决心置仲尼于死地,回家休息片刻,来人报告,仲尼一行已离城向郑国方向去了。桓魋想:一不做二不休,你逃走我也要去杀掉你。立即备车追赶而去。天近黄昏,终于追上了仲尼一行。子路见桓魋赶来,就对仲尼说:“先生,桓魋既来追赶,目的昭然。今只有由仲由、公良孺和冉有三人在此抵挡,子贡、颜回和司马牛等人护卫先生先行一步。这里已是郑国的边境,进入郑国就比较安全了,明天我们在郑国城门前相会。”

仲尼说:“来者不善,尔等要顾及自身安全,也不要轻易伤害他们,能退则退,赶快来郑国就是!”

师徒进入郑国,找了个歇休之处稍事休息便天亮了。于是向国都郑城(今河南新郑)进发。到郑城东门时,仲尼说:“赐呀,赶快把车停到隐蔽之处,前面不远地方有人朝我而来,定是来看我的,你们都做好准备!”

一会儿,有一个叫姑布子卿的人的车乘朝子贡停车处驶来。在约百步之处他对驾车人和同行者说:“赶快把车驾到避开道路的地方,有圣人将来这里!”仲尼见前面来的车乘为自己让道,就依礼立即下车。姑布子卿也下了车,朝着仲尼步行而来,十步外就开始望着仲尼,边看边走了十步,来到了子贡面前,指着仲尼问道:“那一位是你的什么人?”

子贡回答:“是我先生,名叫孔丘。”

姑布子卿又问:“是鲁国的孔丘吗?我已听说过这人。”

子贡问:“您知道我先生是个什么样的人?”

“他身高九尺六寸,眼睛很大很亮,前额隆起很高,其颈似皋陶,其肩似子产,然而自腰以下不及禹者三寸。"

子贡听后面有惊色地"啊"了一声。

姑布子卿又说:"你何必惊讶而不高兴呢?他的面孔虽不怎么好看,但不使人厌恶;他的嘴唇虽不太美,但不贪婪。这么地看去,那瘦瘦虚弱的形态,就像丧家之犬。先生你有什么不高兴的呢?"说完离去。

子路

子贡将姑布子卿的话全都告诉了仲尼。先生欣然叹息说:"这人怎么形容我的相貌,是无关紧要的。但他所说的'形如丧家之犬',倒是形容得很正确。子贡呀!你想想,我们离开鲁国到卫国后,又到曹国、宋国,他们都不接纳我们,还被匡人围困、桓魋追杀等,所有这些不都说明我们活得像那'丧家之犬'吗?"子贡找了一家安静客店安顿先生休息后,就去迎接子路。子路等战胜桓魋后即向郑国国都东门赶来。与子贡见面后,子路来见仲尼,他简单地向仲尼陈述了与桓魋且战且退的情况,仲尼吩咐他们去休息。

仲尼匆忙逃来郑国,郑国不知他来而没有接待。德才显赫的好友郑国子产正卿大夫在二十余年前就去世了,因此只能自寻宿食之处。在郑休息数日便启程去陈国,走了几天便到了陈国国都淮阳城(今河南淮阳)。这里原是伏羲氏画八卦的圣地,国家虽不大,却是个著名的地方。先生的弟子中有数人是陈国人,如巫马期、公良孺、陈亢等。他们都请先生去自己家住宿,仲尼执意不肯。公良孺是个富家子弟,他见先生不同意去他家,就提出住在他的好友贞子的家中。先生很高兴,其生活接待之好自不必说。

先生在陈国感到满意,可天下发生的一些大事,却令他担忧。陈国君主对仲尼非常敬重,二人经常一起叙谈,对天下的混乱也同样感到担心和愤怒。

十一、心系鲁国

仲尼身居陈国，心系鲁国。在和陈国国君叙谈中，得到了从鲁国传来的一条重要消息：这年秋天，鲁国正卿大夫季桓子病重，他要儿子季康子陪他乘车在曲阜城内巡视一番。当他望见曲阜城墙后，长叹一声说："四年前，这个国家几乎强盛起来了。因为齐国馈赠女乐、文马之事得罪了大司寇仲尼，他气愤地走了，所以鲁国没有强盛起来！"回头对他的继承人季康子说："我要是死了，你必然要当鲁国的丞相。当丞相后，你一定要召回仲尼，让他辅佐你的政事。"不久，季桓子去世了，季康子继承了丞相职位，他想召回仲尼。大夫公子鱼知道后说："从前，我们先君用仲尼没有善终，使他愤然离开鲁国，招致天下诸侯的耻笑。现在又要用他，如果仍半途而废，就会再次被诸侯耻笑。"

知鲁庙灾

季康子说："鲁国今日情况，亟待忠贤辅佐治理，失去仲尼是鲁国的耻辱。今天仍不召回重用，那又召谁来合适呢？"

公子鱼说："仲尼弟子冉有，曾为家臣，既具有仲尼仁爱的德行，又具有施行政事的贤才，何不先召他回来？”季康子同意了这个建议。

不久，鲁国派人去陈国会见冉有，通报了季康子诚心起用他的心意。冉有就将鲁国召他之事告诉了仲尼，并征询仲尼意见是否可以回鲁国。

仲尼说：“鲁国正需要你。据我分析，季康子召你实为真心，你去后鲁国将会重用你，决不会小看你。”冉有辞别了先生，准备立即启程回国。仲尼对弟子们说：“回去吧！回去吧！我家乡的这些弟子，都志向高远，行事疏阔，他们富于文采，我真不知道再从何处下手指导他们了。”

子贡知道先生思归的心情，在送冉有归鲁的路途中对冉有说：“你如果被重用了，设法让季康子把先生召回去！”

冉有亦知先生心意，就回答：“只要有机会，我当然会这样去做的。”

时为鲁哀公三年（公元前 492 年），仲尼六十岁。

十二、绝粮陈蔡

陈国土地肥沃，每年收获也较为充盈。国君的生活奢侈豪华，大夫们忙于积敛私财，劳役繁杂，赋税繁重，百姓的不满情绪日益加剧。仲尼曾向陈国君建议，希望能执行仁德政治，然陈国君不听，于是仲尼对在陈国执行自己的政治主张失去了信心，决定去蔡国。

子贡说：“莫非陈国已处于危险之中了？”

仲尼说：“是的，这个国家的政治已失去了先王纲纪。它的国君只为满足私欲，它的官吏已腐败无能，它的百姓已近饥饿，它的兵卒脆弱不堪一击，它的邻国已是强大无比。这样的国家就如一叶小舟，漂浮在波涛汹涌的大海之上，随时都有颠覆的危险。”

子路说：“先生曾说蔡国国小贫穷，国君无能而懦弱，常遭到邻国侵扰。”

仲尼说：“正因为是这样，所以我才想去，也许他们在左右为难之时，尚能采纳我的主张。若不能用我们，离开就算了！”

蔡昭公无德无能，终日担心楚国来犯。仲尼去蔡国后多次与他相见，希望他起用自己和弟子们，以仁德政治治理好蔡国。他不但不听还怀疑仲尼有夺权野心，仲尼感到非

常失望。不久，闻讯楚国要入侵蔡国，蔡国处在极度恐怖之中。仲尼决定去楚国。

师徒们来到陈、蔡两国交界处，有弟子提出既然楚国要路过蔡国，想必路上很不安全，待探听到真实情况后再走也不迟。先生认为有理，就在一个僻静的小镇中，住进了一处比较宁静的房子里。不久又传来一消息，吴国前来讨伐陈国，陈国求援于楚国，楚国前去救陈，军队已进入了陈、楚交界的城父。

仲尼暂住小镇的消息，很快传到了陈、蔡两国，也传到了楚国楚昭王的耳朵里。

楚昭王得知仲尼住在陈、蔡之间，就立即差使者来见仲尼，聘请仲尼去楚国辅佐政事。楚昭王是个能广纳贤士的国王，仲尼即准备启程赴楚。

仲尼应聘的消息很快又传到了陈、蔡两国，两国的大夫都感到不安。两国商议认为，仲尼是有德有才的贤人，若被楚国重用，那么陈、蔡两国就更危险了。于是两国派遣服劳役的人员，在仲尼出发之际将他们围困在野外。任凭仲尼向他们宣传道理，都无济于事。好不容易才得到同意住进一民间破旧的茅草屋内。

十三、忧道不忧贫

围困已三天了，粮食已快吃完，弟子们怨言不少，仲尼却照常不停地给弟子讲学、诵诗、弹琴。子路很不高兴地说："君子！君子竟然穷得这么倒霉！"

仲尼说："只有君子面对穷困才能坚守节操不动摇，而小人遇到穷困则什么事都能干得出！"

今天是被围困的第五天，粮食早已吃完，当地能吃的野草也已吃尽，一行人饥饿难忍，有的主张以命相拼冲出去，仲尼虽同样饥饿，但他仍以仁德操行影响着他的弟子。他告诉弟子们，这些包围他们的人，都是奉命而来的穷苦百姓，绝不能以他们的生命来换取自己的自由，必须以仁爱人民的道德而宁愿舍身。受先生这样仁爱之心的长期影响才能忍气挨饿而不动干戈，不然的话，这些服劳役者哪是子路、公良儒的对手。仲尼将弟子们聚集，以《诗》来宽慰这些学生。他说："《诗》云：'不是犀牛也不是虎，它却徘徊在旷野上。'难道我们的学说不对吗？我们为什么落到了这步田地呢？你们也说说看！"

子路说："想必是我们的仁德还不够吧，所以人家不信任我们；也许是智谋还不够吧，所以人民不放我们走。"

仲尼说："仲由，假如有仁德的人必定受人信任，哪会有伯夷叔齐饿死在首阳山？假如有智谋的人就能畅通无阻，哪有王子比干会剖心呢？"

子贡说："先生的学说博大到极点，所以天下没有哪个国家能容纳先生，何不降低点要求呢？"

仲尼说："赐呀！有经验的农民会种庄稼，但都不能保证一定有收获；好的工匠虽手艺精巧，但他造的器物未必都能令人称心如意。赐啊，你缺乏远大志向！"

颜回说："先生的学说博大到极点，所以天下没有哪个国家能容纳先生。虽然这样，但先生还要坚持自己的学说。不被天下容纳又何妨，不被容纳，才显出君子的本色。学说得不到进一步的研究提高，那才是自己的耻辱，不被采纳有什么关系呢？"

仲尼听完颜回的话，欣慰地笑着说："是这样的啊！颜家弟子，假如你以后成了大富翁，我愿意去做你的管家！"

围困的第六天，由于子贡和仲尼耐心地做那些围困者的工作，慢慢认识了一些人，争取了他们的同情。今天子贡用自己的私财去找那些已认识的人，请他们放他出去一会就回来，这些人就让子贡出去了。子贡出去后到百姓家说明自己是圣人的弟子和仲尼挨饿的情况，百姓们也非常同情。子贡用自己仅剩的一点私财，从老百姓那里换来了一石米，又立即返回仲尼身边。仲尼非常高兴，因为老百姓还在念念不忘自己，就吩咐颜回、子路去做饭充饥。

他们在屋檐下的泥土灶上做饭，不一会香喷喷的米饭就煮好了。颜回揭开锅盖，发现饭上有一小块黑迹。仔细一看，原来是屋檐下的扬尘掉在饭上，他忙用碗将脏饭盛起来，左看右看将脏饭放下。过了一会儿他又端起了这碗脏饭，很快将脏饭吃掉了。颜回的行动被子贡看得一清二楚。他对颜回私自吃饭非常不满，就想将此事告诉仲尼，但又不好直说，于是绕了一个弯子问："先生，一个有仁德而又廉洁的人，当他穷得无路可走时，会不会放弃仁德而改变节操呢？"

仲尼说："既然他经不起困难的考验而变节，又何能称得上是仁德廉洁之士呢？"

子贡说："如果颜回这样做了，他不就是改变了他的仁德节操吗？"

仲尼说："如果他这样做了，当然也就不能算是有仁德节操了。"

子贡就将颜回吃饭的举动告诉了先生。仲尼慎重地说："让我了解清楚，这其中是否有其他原因呢？"

子贡叫来颜回，仲尼说："不久前，我梦见了先人。先人在天之灵还在相助我们解除厄困，我要酬谢他们，必须用饭来祭祀他们。可是饭熟后你就先吃了，我怎么能用人吃过的饭再去祭祀先人呢？"

颜回答道："先生，当我揭开锅盖时，看见锅里面有灰尘染黑的饭，我立即将饭盛在碗中。如果放着不动，大家见了都会感到恶心。我想舍弃，可这粮食实在来之不易。因此，回就闭着眼睛将这脏饭吃掉了。再说，用这样的脏饭祭祀先人也不行。"

仲尼听后说："原来如此，如果是我，也会这样去做。"子贡也从内心敬佩颜回的德行。

饭后，子路说："若能设法去楚国求救，我们就解围了。"

仲尼说："仲由之言有理，楚国军队离我们不远，若有人快速前去，陈、蔡两国知道后，惧怕楚国，一切问题都能解决。"

子贡说："若有一匹良马，赐愿前往，今晚我就能到达城父。"

公良孺说："我是陈国人，马匹由我去解决！"

仲尼说："好，赐可即刻动身，但要那救助者不要轻易动用武力，只要陈、蔡知其利害就行了。"

子贡和公良孺即和包围者私下沟通后出了包围圈。公良孺在外面弄到了一匹马，子贡策马向城父而去。公良孺回来通报后，当晚师徒们安宁地睡了一觉，迎来了被包围的第七天的早晨。

楚昭王派去聘请仲尼的使者回去禀报后，楚昭王日日盼望仲尼的到来。第六天却音讯杳无，还在疑惑之际，有人来通报："仲尼应聘来楚，被陈、蔡阻截，围困在陈、蔡之间。"楚昭王大怒，认为陈、蔡是藐视楚国的行为，即命司马带兵去援救。军队行动迅速，当天就到了陈、蔡的边境，离仲尼被围的地方不远。

陈、蔡两国都听到了边境守卫官报告，楚国援救仲尼的军队已临边界，两国都紧张起来，因为强大的楚国无法阻挡。于是立即商议放掉仲尼，解除围困，让仲尼赴楚国。并派出代表赴援救仲尼的楚国军队中谈判。子贡这时也赶到了楚、陈、蔡三国谈判之处。陈、蔡两国使者表示他们立即为仲尼解围，让他去楚国。子贡要求楚国军队暂不进入陈、蔡的国土，楚国代表同意了子贡的意见，但必须见到仲尼后他们的军队才能撤退。子贡又马不停蹄地回到仲尼的身边。这是被包围的第七天中午了。子贡报告了三家谈判的情况。楚国同意了他的要求，陈、蔡两国派来使者见仲尼，宣布已撤去了包围，师徒们可以自由通行无阻了。

子贡执鞭为仲尼驾车，他高声地说："我们这些弟子跟随先生在此遭受如此厄难，真是难忘啊！"

十四、小儿辩日

仲尼一行在陈、蔡间解围后，向着楚国而去。首先要经过的楚地是边境小邑负函（又名叶县，今河南信阳）。一天，他们行至一村庄前，见两个小孩争论不休。仲尼见两个天真活泼的小儿感到高兴，下车到小孩身旁问："小孩呀，你们为什么争论？"

甲小孩说"我说太阳早晨出来时离我们最近，而到了中午就离我们最远了。"

乙小孩说："早晨的太阳离我们最远，中午时刻离我们最近！"

甲小孩说："早晨太阳出来时，大得像车子上方的顶盖，到了中午就小得像个盘子。是不是远处的东西看去就小，近处的东西看去就大些？"

乙小孩说："早晨太阳出来时，大地都是清凉的，可到了中午太阳就热得像烧开了的水，不是近才有热，远就凉吗？"

仲尼听了，觉得两个小孩都有理，也就无言以对了。甲小孩说："老爷爷，我们俩谁说得对呀？"

仲尼说："小朋友，你们说的我这老爷爷也无法说清楚。"

楚狂接舆

乙小孩说："大家都说老人家有很多知识，您为什么答不出来呢？"

仲尼说："爷爷也是平常人，你们争论的事，爷爷实在说不清楚。"

离开小孩上路后，弟子问："先生，这是个很有趣的问题，我们也不知道，您为什么不说清楚呀？"

仲尼说："这的确是我无法答复的问题，我为什么要胡说而欺骗小孩呢？世界上万事万物都能够知道的吗？何况我也是个平常人，在这大千世界中，一个人对万事万物的知识是有限的，而未知者是无穷的啊！"

十五、隐士嘲讽

车轮滚滚向负函而去，突然一个个子高大的人蹿到先生车乘前面疯疯癫癫地指着车子高声地唱道："凤啊！凤啊！你的学说和道德为什么如此不受重视？过去的就让它过去吧，未来的还可以追回。算了吧！算了吧！当今从政者是败类。"

仲尼用心倾听，心想他前面的两句，倒也符合我的心意。但后面的几句，明明是劝我逃避现实，这是不行的。于是忙下车想去和他交谈，可这个疯狂模样的人就是和仲尼保持着一定距离。子路说:“这是个狂人,先生何必理会他!”仲尼说:“这是个怀才不遇的人,装狂以避现实。”只听此人边走边唱道:“天下有正直的仁义道德,那是因为圣人成全而来的;天下失去仁义道德,也是因为圣人而产生的。今日天下,能够免去刑罚就不错了。给人民带来的福利轻得就像那羽毛,能解决什么问题呢?而灾祸接连降于大地,毫无办法躲避它。完了啊!完了啊!在这个时候,你给百姓的仁德,有何用啊!你指点一块地方让我去吧,使我从迷惑中明白明白吧。我也想实现自己的仁德,可实现这仁德是多么曲折啊!我想站住脚跟,却无立足之地,就连山丘和树林也互相对立不和了。要知道啊!因为桂树皮可以食用,就遭到砍伐;树漆可用,就遭到割皮。人们都知道去寻找那些可用的东西来用,不会去找来那些无用的东西来用。”

仲尼听完,深知这个人是不平常而受过打击的人,就想过去和他谈一下。那“狂人”见仲尼要接近他却快步地离开了,这使仲尼陷入了沉思。后来打听到这个人名叫接舆。

师徒一行继续前进,前面一条大河挡住了去路。河宽数丈,波浪滔滔,既无舟船,又无桥梁,无法过河。只见前面有两人正拉犁耕地。一个身材高大,浑身汗水淋淋;另一个身材矮胖,满足黄泥。仲尼要子路去打听渡口在何处,子路将缰绳交到了仲尼手中,就下车匆忙过去,恭恭敬敬地问道:“请问二位老丈,此河渡口在何处?”两个耕地者停下农活望着子路,身材高大者问:“车上那执辔者是谁?”

子路回答:“是有名的孔丘。”

又问:“是鲁国那个孔丘吗?”

子路说:“是啊!就是他!”

“他应该知道渡口在哪里!”语气中有讽刺,说完他干活去了。

子路只好问那身材矮胖者:“先生,你能指点这渡口在哪里吗?”

那人回答:“你又是谁呢?”

子路:“我是仲由!”

“你是那鲁国孔丘的门徒子路吗?”

“正是。”子路仍恭敬地回答。

那人又说:“现在天下到处动荡不安,就像洪水一样恶浊横流,你的老师能改变这种局势吗?你紧紧跟随他,这是不识时务啊!我看你与其跟着孔丘避乱逃亡,到处奔波,还不如像我们一样,忘了这个世界,忘记这个时代,种我的田,什么都不管。”一边说一边不停地干活。

子路回到仲尼身边,将他们的谈话述说了一遍,先生听后心里很落寞,也很难过地说:“鸟兽不可与同群。鸟是飞的,兽是走的。飞的与走的不能摆在一起。有句话说‘人各有志’,各走各的路,远走的就去远走,高飞的就去高飞。其实我和他们一样,都是忧国忧世忧社会的,问题只是做法不一样。他们可以丢下这个社会、这个时代不管,可是我丢不下来。假如国家、社会上了轨道,我又何必来改变它呢?就因为时代大乱,才需要我出来改变这个社会的潮流。明知这个担子挑不动,我硬要去挑,这就是我和隐士们的区别之处。”

先生受了两个人的讽刺,心情沮丧。他想这两个人定是身份不一般的隐士。为了打听明白,就将子路留下来问个清楚,自己和其他弟子沿着河堤向着楚国的负函而去,并交代子路在前面路途相见。

子路下车往回走,行了片刻,遇见几个农夫在田间耕作。子路上前恭敬地用手指着刚才两个耕田者问是什么人。农夫告诉他,那身材高大者名长沮,身材矮胖者名叫桀溺。两人曾经做官,不知何故来这里种起了庄稼。子路知道了两个人的名字,也就知道了他们是什么人了。于是立即去追赶仲尼。眼看天色已晚,心情甚是着急。见前面路边有一位老人,用手杖挑着锄草用的工具。子路看去,老人文雅平和,于是上前问道:“老人家,您看见我的先生了吗?”

老人回答说:“你四体不勤、五谷不分,谁是你的先生,我怎么知道?!”老人说完就把手杖插进泥土中,用锄草工具开始锄草去了。子路见状,知道这位老人亦非寻常之辈,于是拱着手恭敬地站在老人身边。老人抬头望着天色说:“天已黄昏,你再追赶也是莫及了。走吧,到我家住宿,明天再追也不迟。”子路非常感谢地跟随老人到了家。老人崇尚礼仪,寡言少语。他做了丰盛晚餐款待子路,而且让他的两个儿子出来相见。次日黎明,老人家又为子路准备了饭食，子路吃完早饭上路，不久就赶上了正等待他的仲尼一行。

子路将问到的长沮、桀溺的情况告诉了仲尼，特别把留宿他的老人家的情况仔细叙述了一遍，仲尼说“这又是一位隐居的高人，你必须以礼仪再去见他。”

子路遵照先生嘱咐，又返回去拜访老人家。家中只有一位老妇人，她告诉子路，她丈夫带着两个儿子游山玩水去了，少则也得三五天才回来。子路只好告诉老妇人，他是奉仲尼之命特来感谢老人盛情的，然后离去。

子路回来将见不到老人之事告知先生，仲尼叹息道：“这位隐士，可能与我相识。他知道你必然返回找他。他为了与世隔绝，不愿见我，故而避开。唉！我仲尼难道真正成了孤家寡人？”

弟子们都知道先生的心情不好，于是都默不作声，只有车轮碾着不平的道路而发出的叹息似的声响。突然，先生沉重地说：“贤能的人逃避恶浊社会而隐居；次一等的人躲开最坏的地方择地而处；再次一等的人避开某些人难看的脸色和难听的语言。而我孔丘为什么不能这样做？为什么还在千方百计地为纯洁这恶浊社会而奔波呢？”

颜回说：“这就是先生的无人可及之处啊！”

十六、叶公好龙

沈诸梁，楚国颇具名望的政治家，他与仲尼的政治主张有类似之处，故两人早有互相敬慕之心。今为叶县（即负函）长官，故又称为叶公。今日仲尼一行来到负函（叶县），受到了沈诸梁热情接待。

两位政治家见面后，便促膝论政，仲尼说：“久闻先生治理负函慎刑罚，薄赋税，办事公正，得到了百姓们的衷心拥护，敬佩！敬佩！”

沈诸梁说：“先生过奖了，梁不过遇事公开为政无私，以直道对待百姓，故叶县民众皆能正直无私。早闻先生仁德治鲁，名扬天下。请问为政之道，祈望赐教！”

仲尼说：“为政者应当廉洁修身，施惠于民，让近处的人感到高兴，让远处的人来投奔你，这样民众就相信你了，你的号令他们就能执行了。”

二人论政，涉及甚广，从吴、楚结怨，吴灭越国的大事到这些国家所用的贤愚之臣等。通过论政，叶公更是敬佩仲尼，但他却不能完全理解仲尼。第二天清早，叶公见院子里散步的子路，就上前问道"孔夫子究竟是个什么样的人?"

子路借故不知而拒绝回答，随即将此事告诉仲尼，仲尼对子路说："你怎么不说他的为人哪，发奋用起功来便忘记了吃饭，得到学习中的快乐就连忧愁也忘记了，明明自己老了还不知道，如此而已。"

子路说："仲由听说，叶公为人并不真诚。表面好像有求于先生，但未必是真心。仲由还听说，这位叶公特别爱龙，很希望能见到真龙。于是，他的家具用品和室内装饰都做成龙的样子，门窗梁柱上都雕刻各式各样的龙。这样的行动感动了上帝，上帝的天龙便降下人间来访问他。叶公在梦中看见窗口探进一个龙头，堂屋中横着一条尾巴。这下可把他吓得魂不附体，大呼救命而逃。原来叶公并不真的爱龙，他爱的不过是似龙非龙的那种东西而已。他对先生作友好姿态，是不是也和爱龙一样呢？仲由认为在不十分了解之前，无须将先生的情况告诉于他。"

仲尼说："仲由说得有道理，待我们再仔细考察后再说吧！"

负函离楚国国都郢路途遥远，楚昭王虽然想用仲尼，但仲尼不在身边，仲尼亦无法施展政治才能，不免又产生了失落感。而仲尼虽然和叶公谈谈政治，也不过是天南地北地聊聊而已。从与叶公几次接触谈论中，慢慢得知楚昭王虽然想用仲尼，但遭到楚国子西大夫等一班重臣的反对，故而楚昭王迟迟不将仲尼召进国都郢。楚昭王对仲尼的品德并不真正了解，而只是看重他的为政的可取之处。经子西大夫等人一劝说，昭王对仲尼也产生了戒备之心，从此对仲尼疏远了。仲尼已意识到在楚国也无法实现自己的政治主张，尤其是遇到了长沮、桀溺、荷莜及接舆等隐士的讽劝，所有的弟子也表现出了失望情绪。可是仲尼却坚决地表示："就算我的政治主张一时难于实行，我也要坚决地做下去！"

一天，从卫国传来一个消息，卫国国君卫出公辄的父亲蒯聩没有继承卫灵公王位，仍然流亡在外。其他诸侯国对蒯聩的行为屡加指责，蒯聩也不敢轻举妄动了。这时仲尼又有一些弟子在卫国做官，卫出公也想仲尼来卫国辅佐政事，仲尼对此很感兴趣，于是对弟子说:“鲁国和卫国的政治同亲兄弟一样。”

不久,卫出公在贤能大夫蘧伯玉的谏奏下召仲尼去卫国。仲尼当然高兴,于是他们就离负函返回卫国。

时为鲁哀公六年(公元前489年),仲尼六十三岁。

十七、名不正　言不顺

仲尼师徒离开楚国负函,昼行夜宿,数日就到达卫国国都帝丘。

卫国大夫蘧伯玉与仲尼政治主张相同,且都注重德行修养,感情非同一般。蘧伯玉成为卫国大夫后,颇顺民意。卫出公即位后重用了蘧伯玉,因而仲尼在卫国的弟子都先后从政。仲尼去卫国,既是卫出公的打算,也是蘧伯玉的心意,因为他需要仲尼这样政治上的朋友。

子路问:“先生,卫君正等待您去辅佐,您去后先打算做什么?”

仲尼说:“一定要纠正名分上的用词不当吧!名分不正,说话就不顺理。说话不顺理,事情就办不成。事情办不成,礼乐就不能兴隆。礼乐不兴隆,刑罚就不会恰当。刑罚不恰当,百姓就不知道怎样做才好。”

仲尼这次来卫国后,受到了良好的礼遇。蘧伯玉要重用子路,任命他去做蒲邑的县长。在蘧大夫的举荐下,又派子贡去信阳做县官。子路、子贡都来向先生辞行,仲尼说:“好啊!看到你们这些弟子离我而去做官,虽难舍难分,但能从政,正符合我的心意。希望你们仁德施政,有惠于民。”

仲尼原想在卫国干一番事业,施展自己的政治抱负,因而提出了“正名”的政治纲领。然而卫出公也像他祖父卫灵公一样欢迎仲尼,礼待仲尼,而且每年给予六万小斗的俸禄,博得个爱贤美名,又像祖父卫灵公一样并不重用仲尼。仲尼在卫国只是做个宾客,并无实际政治意义。在这样的情况下,仲尼只好把精力放在删《诗》《书》,定《礼》《乐》,修《春秋》的准备工作上。他想在这方面施展才华,宣扬自己的政治主张。特别是这几年来,他的弟子一个个进入仕途,而且工作卓有成效,使他时常高兴不已。

时光流逝很快，不觉子路在蒲邑做了三年县官，治政有方，政绩卓著，在卫国有着很高声誉。子贡任信阳邑宰亦是成绩可嘉，百姓称赞，朝廷大夫们亦称是。仲尼为弟子的政绩高兴，更令他高兴的是自己不能实现的政治主张，也许会在弟子们的仕途中得以实现。

十八、名师高徒

鲁哀公十一年春，齐国再次侵犯鲁国。齐兵到达清池时，季康子对他的家臣总管冉有说："齐军驻在清池，必然是来侵犯鲁国，怎么办？"

冉有说："季、孟、叔三家留一家固守都城，两家跟随国君去边境抵御。"季康子不同意这样做，冉有又说："那就在鲁国境内抵御吧！"

季康子将此事与叔孙、孟孙两家商议，两家都不同意这样去做，季氏又将此告知冉有。

冉有说："他们不同意，那国君就不要出征了。由您一人率领军队背城一战，不参加的就不能称是鲁国人。鲁国卿大夫各家的战车总数比齐国多，就是您一家战车也多于齐国。他们两家不想作战是很自然的，因为政权掌握在您季氏手里。在您在世的时候，齐国攻打鲁国，鲁国却不能抵御，这是您的耻辱，还有何面目列于诸侯？"

季康子着急地说："就我一家如何能抵抗呢？"

冉有说："请丞相授军权于冉有，求将率军队面水背城一战，不胜齐军，愿以头颅来见！"

季氏说："总管实为忠勇双全啊！待齐国败退后，当有厚礼酬谢，不知你有什么要求？"

冉有说："军士任我统帅，百姓任我役使，指令樊迟为我的副将，再无他求了。"

"樊迟年轻，恐难担当如此重任！"

冉有说："他虽年轻，却有勇有谋，还能听从指挥！"

季氏听后要冉有跟他上朝，却又将他留在宫廷之外等待。这时，孟孺子叫冉有过去，

冉有

问他关于作战的意见。

冉有冷冷一笑："君子有着深远的考虑，我这个小人能知道什么？"

孟孺子当即就冉有答应领军抗敌追问其理由，冉有回答说："小人考虑以后才说，估计了力量才出力的。"

孟孺子说："你这是说我成不了大丈夫啊！"

冉有检阅军队，指挥操练，准备出击。

孟孺子率领右军，颜羽为他驾驭战车，邴泄作为车右。

冉有统领左军，管周父为他驾驭战车，樊迟为车右。

季康子统率甲士七千人，冉有将那些老的小的留下防守宫室，自己带着三百武城人作为自己的亲兵，驻扎在南门外。

鲁军和齐军在郊外对峙，齐军从稷曲攻击鲁军，鲁军不敢过沟作战。樊迟对冉有说："不是不敢过沟，而是不相信您，请您把号令申明三次，然后带头冲过去！"冉有遵照樊迟的话办了。他带头前冲，指挥大军从容迎战，直冲齐军阵地，打乱了齐军布局。齐军大败，全军溃逃。鲁军砍下了齐军甲士的头颅八十个。晚上探子报告说："齐国人逃跑了！"

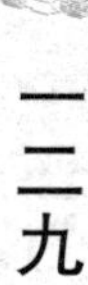

冉有三次请求追击,季康子没有同意,战争就这样结束了。齐鲁之战,显示了仲尼弟子冉有和樊迟的军事才能,也证实了一个真理:名师出高徒。

十九、孔子归鲁

战后季氏问冉有说:"总管的军事才能是学来的还是天生的?"

冉有说:"从孔老先生那里学来的!"

季氏说:"孔老先生从来没有打过仗,怎么从他那里学呢?"

冉有说:"先生是个圣人。鲁国有圣人而不能用,现在鲁国想治理好国家,可却是停步不前。想用先王之道,可又找不到能治理的人。今孔老先生在卫国,卫国现在还想重用他。鲁国有这样的贤人,却被邻国重用,这是鲁国的耻辱啊!"

季康子问:"如何才能请仲尼先生回国呢?"

冉有说:"除了丰厚的礼品外,用他必须有正当的名分,让他施行德政施惠于老百姓。这样做,即使对质于鬼神他也没有遗憾。如果让先生像我一样去打仗,即使封给千社的土地,先生也绝对不会干的。"

季氏问:"我想召先生回来,可以吗?"

冉有说:"如果您想召先生回来,只要不让小人从中阻拦就可以了。"

季康子将此事禀告了哀公,哀公非常同意,于是就准备迎接仲尼回国。这时,卫国孔文子想去攻打太叔疾,就去征求仲尼的意见,仲尼说:"祭祀的事情我曾学过,战争的事情我没有研究。"随即吩咐套马离开卫国,并说:"鸟要选择树木,树木哪能选择鸟呢?"这时,正好季康子派公华、公宾、公林携带厚礼迎接孔丘,仲尼即回到了鲁国。

仲尼离开鲁国历时十四年,前后到达卫、宋、曹、郑、陈、蔡、楚七个诸侯国。在卫国近十年,在陈国年余,收获较大,使得弟子大多进入了仕途。子路任蒲邑县长,子贡任信阳邑宰,高柴任卫国士师,子夏任卫灵公的行人。这样间接地达到他济世传道的目的。尤其是他南行陈、楚,了解到淮夷官风民俗,改变了他过去说的"夷狄虽然有君主,却没有礼仪"的看法,产生了"南人"可亲的观念,他说:"南方国土上的人通达人情,悉知礼节。"进而充实了他"仁"的思想。

时为鲁哀公十一年(公元前484年),仲尼六十八岁。

第七节 著书立说

一、哀公问政

季康子以最高礼遇在曲阜城郊迎接仲尼回国,鲁哀公在宫廷门前迎接仲尼归来。他今天心情也很高兴,一则仲尼在外周游,天下诸侯无不耻笑鲁国容不下一位德才兼备的贤人,今日仲尼的归来,向天下人显示了自己是个能接纳贤士的君主;二则仲尼回国,凭着他在国人中的威望无疑对安定国内政事、请教治国方略都会带来好处。仲尼下车与哀公相见后,哀公将他安置在自己的公馆内居住后,又引他进入贵宾室。就座后,哀公命内侍赐以鲜桃。侍者恭敬地将赐品放置于仲尼的座席前。

哀公说:"请先生品尝鲜桃!"

仲尼立身谢过国君后,就先吃黍米。哀公的近臣和侍者见后捂嘴笑仲尼连桃子也不会吃。

哀公说:"先生,这黍米是用来擦净鲜桃皮毛的,不是吃的!"

仲尼说:"丘知道黍米是用来擦拭鲜桃的,然而那黍米在五谷中,身居首位。国君祭祀宗庙之时,把黍米作为上等祭祀礼品。果品最上等的有六种,而桃子居最下等,祭祀是不能用的,它是不能用于郊祭和宗庙祭祀的。丘曾听说,有仁德的人总是用卑贱的东西去擦净珍贵之物,没有听说过用珍贵之物去擦洗卑贱东西的。今天以五谷中的长者去擦拭果品中最下等的鲜桃,臣以为这样做有伤教化、有害仁义、有违周礼,故不敢胡乱行事。"

哀公和近臣听后都愕然相看,羞愧不已。

侍席鲁君

哀公说："先生，您真是个圣人啊，懂得的道理太多了。请问先生，古代舜帝戴的帽子是个什么样子呢？"仲尼低头不语，哀公接着说："寡人不懂而请教先生，先生却低头不予回答是何原因呢？"

仲尼说："丘正在想如何回答主公之问。原认为国君要从大问题问起，未料到只问及舜帝的帽子，故而出现不语之态，请国君原谅！"

哀公问："什么才是大事？"

仲尼说："虞舜为天下帝王，他在治理国家政事时，终日想的是如何让百姓很好地生存，厌恶的是以刑罚杀戮百姓；此外，他终日想的是要选择有德才的贤人去取代那些不能遵守和不能实行仁德的小人。舜帝的仁德，就像天地般浩大，他的政事就像四季那样有规律地运行，所以天下人像沐浴春风，四方的少数民族也能随着他的意志而行事。天下太平，凤凰向他飞来，麒麟也向他走来，连鸟兽也能因他的仁德而顺从于他。这就是舜帝施行仁德政治的缘故。今日国君不问这些仁德大事而去问他戴的什么帽子，丘只能以后再回答国君！"

哀公听后，似有失言之感，说："先生说得有理，寡人有许多政事要请教先生。"过了片刻，哀公又说："先生在外十余年，虽须发斑白但精神依然，寡人意欲让先生官复原职，完成从前未竟事业！"

仲尼说："丘今年已六十八岁，精力衰退，无法再从政了！"

哀公说："先生何必谦辞，多年在外，周游列国，现在归来，寡人求之不得！"

仲尼说："国君如此器重孔丘，丘并非草木怎能不知好歹？只因年迈，还是另请贤能为好，丘愿住在国君身侧，为主公当当顾问。再说丘还想整理古代文献，以传后世。"

季康子插话说："这也是先生的实话，我想国君会将先生作为告老重臣对待，遇有大事，随时请教，不知先生能否答应？"

仲尼说："丘怎么敢不识抬举，不过孔丘无功怎敢承当重臣的称号？"

哀公赐仲尼金帛，仲尼拜谢后随季康子出宫。季氏设盛宴为仲尼洗尘，并要其弟子冉有、樊迟作陪。

冉有说："先生在外十余年，没有得到哪一个国家的长期俸禄，旅囊恐怕早已告罄了。"

仲尼说："求何出此言，要知道这富贵对我来说像天上的浮云，无关紧要。丘周游列国，目的是推行我的仁道，不是外出求取功名富贵的啊！"

冉有说："求随先生前后数十年，哪有不知道先生的意愿呢？虽然君子能以仁德之心而苦守清贫，然而衣食住行所需，也须解决。如果只有先生一人，求可以终身供奉，只是先生随行的弟子众多，求实无力兼顾。"冉有见先生对自己的话不作回答，就向季康子说："先生对鲁国贡献巨大，且为今日天下闻人，应以大司寇俸禄每月支给！"

季康子说："应该是这样的，每月由你支取后送给先生就行了。"

仲尼向季氏表示谢意，这席酒他们直饮到尽欢而散，仲尼由冉有驾车送到寓所。

二、反对田赋

仲尼回国后，除应哀公和丞相召见谈谈政事外，终日考虑的是如何编修"六书"的事。

一日，冉有前来拜见先生，仲尼问："求啊！你又奉君命来召我吗？"

冉有说:“不是奉君命,是奉季氏差遣前来请教先生的。”

“那有何事要问我?”

冉有说:“季氏认为过去的赋税太轻,现在他想将田亩与家财分开各为一赋,称为田赋,差我前来敬请先生定夺,以便颁布实行!”

仲尼听后脸带怒色地说:“我不是富家的子弟,亦不是理财家出身,不懂什么田赋!”

冉有说:“先生以前为鲁国司空,别五土之性,使全国无荒废的田地,怎么说不是理财家呢?先生今为国老,国家政事待先生一言而定,对此事为何不做答复呢?”仲尼沉默无言,冉有一连请问三次,仍一字不答,弄得冉有十分尴尬,只好恭恭敬敬站立一旁,动也不敢动一下。过了一阵,仲尼才慢慢扭过头来向冉有徐徐地说:“君子施行政事,需要合礼法,然后颁行。对百姓的施舍要力求丰厚,行事要不偏不倚,取税要尽量微薄,这是为政者必须坚持的原则。而鲁国一直实行的是丘赋法,就是方里为井,四井为邑,四邑为丘。每年一丘要出马一匹,牛三头,这种赋税之法已完全够用了。现在改为田赋,就每年一丘要出马二匹,牛六头,其实质就是农民将增加一倍的负担,季氏则增加一倍的收入。如若舍礼法而妄行,贪得财利而无厌,那么虽分田、财各一赋,百姓不能负担,征收者还嫌不足,这便如何呢?季氏若想按法度办事,那么周公的典章法规现在都在那里,何必要来问我孔丘呢?如果季氏硬要逞私意妄行加赋,又何必还来问我呢?求啊!你专为季氏聚敛私财,公寓田地半数已归季氏,他的欲壑何时才能填满呢?”

冉有说:“这次想增税赋,一则是上年收赋不足,二则吴国来聘,要求季氏出兵会同吴国兵师征伐齐国,以报齐国侵犯鲁国而导致吴国衰败之仇。季氏征赋都是他自作主张,求怎敢为他聚敛呀!这事关重大,先生身为国老,还请先生去与季氏商量行事为好!”

仲尼表示同意,即与冉有坐车来访季氏,季氏殷勤迎接入座。仲尼说:“据冉有说,丞相为应吴国要求会师讨伐齐国而想实行田赋新制。丘以为这是舍本求末的下策,不但加重了鲁国百姓的负担,害苦了百姓,而且又与齐国结了怨,敢请慎思而行。”季氏听后默不作声。仲尼见状亦无话再说,便立即起身告辞而归。

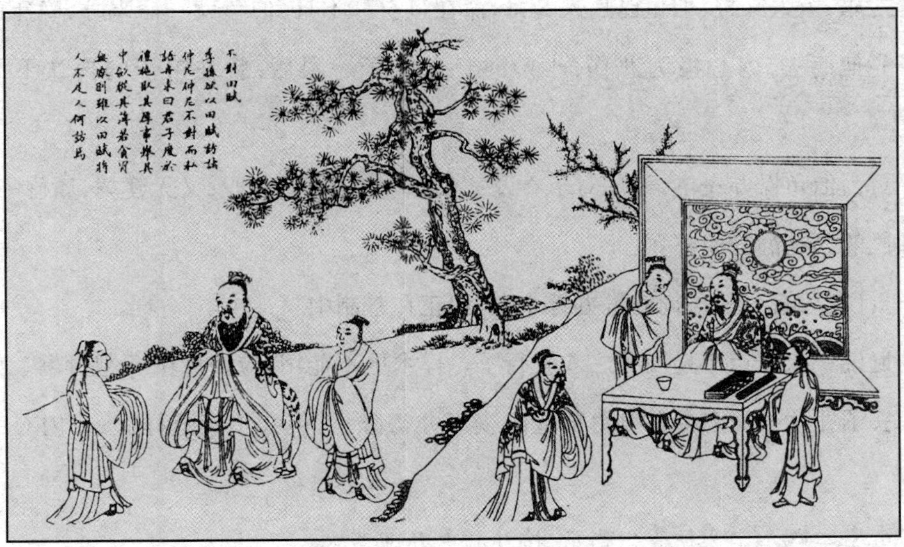

反对田赋

三、添孙丧子

这几个月来，仲尼一直埋头编定《礼》的书稿，翻了又翻，读了又读，专心之至，不亦乐乎。儿子伯鱼匆匆前来拜见，他跪地禀告说：“启禀严亲，是祖先有德，是父亲的仁爱，以致上天恩赐，您的儿媳今日已生下一子，特来报喜！”

仲尼高兴地说：“好啊！上天成全了你的孝道，也了却了我长期担忧无后续祀的心事。你要好好养育他，以继承先祖之德！”

伯鱼说：“谨遵父命，为儿将尽力为之，敬请为小子赐名！”

仲尼说：“好，让我思考一下。”拈须闭目片刻后说：“孔氏家族，先祖有德，又在于谦让俭朴。他的名字叫伋，为了让他时时思念祖先的美德，就将他取字子思吧！以后将此含意告诉他知道。”

“小儿不会辜负您的宏愿的。”伯鱼退出。

从此，仲尼心花怒放，晚上梦中也经常笑醒。他经常去看望孙子，望着孔伋红润的笑脸，他乐得合不拢嘴，只恨相见太晚，不能与孙儿细谈仁德。然而喜不常驻，仅仅三个月的天伦之乐，家人来报，伯鱼已病入膏肓，命在旦夕。不日，伯鱼就一命呜呼，晚年的仲尼见儿子先他而去，内心极为悲伤，小殓时见着儿子一眼后，就在弟子的搀扶下回到了寓所。

子贡为伯鱼操办丧事，仲尼对子贡说："伯鱼一生，既无官职，又无建树，庸碌一生，只能用庶民的葬礼静静而葬。"

子贡说："棺已备好，尚在筹办椁木，衣服正在赶制中。"

仲尼说："衣服以小殓所著之衣就行了。椁木更不能用，应按庶民葬制行事。如用椁木就失去了礼仪。我完全有财力把他的丧事办得隆重，但我不能这样做，在内心中去悲哀吧！"

子贡说："赐一定遵从先生指示，按礼制去办理。"

子贡出去后，仲尼闭目深深悲伤，唯有他最宠爱的颜回懂得先生的痛苦。从此，终日陪伴先生解脱悲伤。

时为哀公十二年（公元前483年），仲尼六十九岁。

四、纵论"六书"

年岁已高的仲尼，成天潜心编修"六书"，有时还为弟子讲授经典文献，颜回劝先生不要如此劳累自己。

仲尼却说："有机会传授弟子是我最高兴的事，因为通过他们的从政可以实现我的政治愿望。"他又叹息说："我仲尼生活的时代就是周朝王室衰微，诸侯称霸的时代。时至今日，礼崩乐坏，《诗》《书》《礼》《乐》、《易》残缺不全，纰漏不少，不修订整理能行吗？现存的《鲁史记》与《周史记》史料芜杂，真伪难辨，急需新编一部《春秋》以传后代。我日夜想的就是如何抓紧余生之年，尽早地完成删《诗》《书》，定《礼》《乐》，序《易辞》，著《春秋》的愿望。"

颜回说："先生对夏、商礼制研究得如此透彻，真是伟大啊！"

仲尼说："是我考察了夏、商礼制后懂得的，殷（商）代继承了夏代的礼仪，有所增减是可以知道的。周代继承了殷代的礼仪，有所增减也是可知的。今后有谁来继承周代的话，即是百代之后的礼仪也是可以知道的。周代礼乐制度是借鉴了夏商两代的礼乐制度建立起来的，它的文德隆盛得很呐！我是遵从周代礼乐制度的，所以我现在要编定《书传》《礼记》。”

颜回

颜回说：“《诗》，可说是中国文化之精华，不知先生如何将其删定？”

仲尼说：“古代流传下来的《诗》共有三千多篇，其中不少是重复的内容，有一些内容很不适合时宜礼教，要把那些重复的删掉，选取其中可以用于礼教的进行编定。上要采自商代的始祖契，周代的始祖后稷；中间述说商、周两代的盛世；直到周幽王、周厉王的政治缺失。而开头第一篇则是关于男女之间爱情的诗。我将《关雎》篇作为《风》的开始，《鹿鸣》篇作为《小雅》的开始，《文王》篇作为《大雅》的开端，《清庙》篇作为《颂》的开端，删改后的《诗》尚有三百零五首，每篇都是佳作。它的思想，可用一句话概括，就是‘思无邪’。”

“编修‘六书’的进程怎样？”颜回又问。

仲尼说：“《诗》的删定已经结束，其他‘五书’弟子们正按我的安排，已基本做好了编修的准备工作。”

五、弟子论孝

这时，以德行闻名而孝道亦为先生盛赞的闵子骞来了，进门就对先生说：“先生，损已向季氏辞去了官职（县长）。因母亲病重，要去侍奉她老人家，今天，我一来问候先生，二来向先生告知此事，不知妥当否？”

仲尼说："一个人忠孝难于双全，亲情为大。你在做官时，勤政高洁，爱民如子，使百姓减少了怨言而顺服于国君，可说是尽了一个做臣子的忠心。现在辞官奉亲乃为孝敬，我看你这样做可以算是忠孝两全了。"原来闵子骞幼小亲娘亡故，后母生了两个弟弟。继母对他不好，在严寒的冬天，弟弟穿着温暖的丝棉袍，他却穿的是用芦花做成的棉袄。冻出病来后，父亲才发现他不是穿的丝棉衣，于是大发雷霆，要将继母休弃。闵子骞立即跪在父亲面前求情说："有继母在，两个弟弟都穿棉袍；若继母不在，恐怕两个弟弟也和我一样都穿芦花做的棉衣，望父息怒，儿毫无怨言。"继母为之感动，自责不对，从此对闵子骞也以亲生子般对待了。乡邻传颂着其动人的孝悌。仲尼感慨地说："好孝道啊！闵子骞！"

闵子骞走后，一班弟子来了，师生们从闵子骞的孝道谈论起来。

有若认为，孝顺父母，友爱兄弟是仁德的基础，提倡孝道和悌道，可以减少犯上作乱的事发生；子夏主张，当父母活着时，做儿子的理应竭尽心力报效他们养育的辛劳；曾参说，"应当'慎终追远'，即父母百年以后，要谨慎恭敬地办理父母的丧事，要按时祭祀久远的先祖。"

仲尼说："我看还要加上一条：当他父母活着的时候要观察他的志向，父母死后要观察他的行为。他如果能继承父亲好的方面长期不去改变，就可以称作'孝'了！"

子游问："能够养活父母算是尽孝了吗？"

仲尼说："如今所说的孝，似乎只要能够养活父母便行了。那狗和马都是人饲养的嘛，如果只谈养活父母而对父母不尊敬，那又和饲养狗马有什么区别？对父母没有敬爱之心，就不是真孝。"

六、《礼记》定稿

公西赤，姓公西，名赤，字子华，亦名公西华，是仲尼的得意门生。由于他好礼而懂礼，仲尼在编修《礼记》时，就让公西赤当了助手。师徒俩现在讨论《礼记》定稿之事。

公西赤说："先生，这部《礼记》再做一些修改就可以定稿了。"

仲尼问："赤，你一定认为此书尚有不足或不妥之处，有什么意见可以径直说来！"

公西赤说："这部书上承先王之德，下昭万代之行，内容丰富，是先生伟大德行的结晶。以它来规范人的行动，既可使国家安定，又可使天下太平。"

"赤啊，不要客气了，有何意见，快点说出来吧！"

《礼记》书影

公西赤说："这是一部关于社会组织、政治体制、社会秩序和道德规范的书，规定的条目太多太细，不易把握。如果能用几句言简意赅的话来概括，让学习者能抓住礼的本质，该有多好，敬请先生恕小子冒昧！"

仲尼听后高兴地说："赤啊！你有德有才，意见很好，我接受。你要记住'当仁不让于师'这句话！"

公西赤连忙说："赤在先生面前永远是学生！"

仲尼说："是啊！你是我的学生，而且是我弟子中出类拔萃的学生。但是你要记住如下的话：'三人行，必有我师焉。择其善者而从之，其不善者而改之。'这是你做学生应该有的态度，也是我一生遵循的重要原则。"思考片刻后又说："我想加这样几句，你看怎么样？"

"先生请讲，学生在此记录。"

仲尼说："礼的内容很丰富，有冠礼、婚礼、丧祭礼、朝聘礼、射乡礼等等。在这诸多的礼中，应以婚礼为根本。另外，我平时和你们讲过的有关礼的一些话，也可以加进去。诸如：'克己复礼为仁'，'人而不仁如礼何'，'礼之用和为贵'，'不知礼，无立足'，'为政以礼，礼者，政之本欤'，'能以礼让为国者何有'，'礼，与其奢也，宁俭；丧，与其易（轻率）也，宁戚（悲伤）'等等。这些话可以帮助学习者领会礼的精神实质。"

公西赤说："好啊！真是精辟。请问先生，这册书可以定稿了吧？"

仲尼说："就这样吧，若有增删，随时可以去做。"

七、畅论《乐》道

《礼记》定稿后，先生常常独自一人在室内弹琴歌唱，子夏听到先生在演奏那《韶》、《武》之乐时，便知道他一定在修改《乐记》。待琴声暂停时他大胆地去见先生，进室便问："先生您在修订《乐记》吧？"

仲尼说："是啊，你是怎么知道的？"

子夏说："先生的琴声时断时续，若不是在琢磨旋律，怎么会这样演奏呢？先生把时间看得比生命更宝贵，可是不久前，鲁国大师乐来访，先生不仅热情接待，与他畅叙音乐之理，而且花了许多时光与其共进午餐。先生若不是在思考《乐记》的删定，恐怕没有这么高的兴致而欣赏音乐吧！"接着他又问："先生在和鲁国大师乐讨论音乐时说：'乐其可知也，始作，翕如也。从之，纯如也，皦如也，绎如也，以成。'这段话是什么意思呢？请先生赐教！"

先生说："我说的是音乐进行的过程。这个过程有三个阶段，即开端（"始作"）、展开（"从之"）及结束（"以成"）。具体说，就是音乐开始的时候，好像含苞待放的花蕾，轻轻地舒展，慢慢地发声，由小而大，且很纯正。后来到了高潮，激昂慷慨或非常庄严肃穆。演奏完毕，还是余音缭绕，似有悠悠未尽之意，这便是成功的音乐。"

子夏问："先生，《乐记》一定整理好了吧！"

仲尼说："是的。我将夏、商、周三代的乐曲做了认真的研究，择其美好的保留，删除了掺杂在其中的淫声乱调，并将现在盛行而优美的新声增补进去。稿已撰写完毕，待我再仔细审察后，就可交由弟子们去学习了。"

八、穷究《周易》

仲尼在归国不到两年的时间内，在学生的协助下，就将《诗》《书》《礼》《乐》整理好了。现在正斟酌《易》的书稿。为了将《易》正确传于后世，七十多岁的仲尼，仍在苦苦学习、研究。他想，《易》是六经之首，大道之原，其智慧高超玄妙，思想博大精深。但语言晦涩难懂，非短期所能掌握。自己幼年学《易》，一生不知读过多少遍，而其中奥妙终未参透。现在虽已写完了《易传》文稿，但总觉得尚有未尽之意。因此，他反复阅读深究，竟将穿连《周易》的皮绳翻断几次（“韦编三绝”），仍不释手。他曾对人说：“如果上天让我再多活几年，我必仔细审察再作修改，力求做到不贻误后代。”

九、慎编《春秋》

一日仲尼对子夏说：“商啊！修《春秋》的前半部时，你整理得很完善，我在编纂中能得心应手，你应抓紧时间整理鲁国历史，好让我尽快编写完毕！”

子夏问：“先生编写鲁史《春秋》的总原则和总态度是什么？”

仲尼说：“八个大字：‘述而不作，信而好古。’这是我从古代一位长寿老人那里学来的。他姓钱，名铿，商代的贤大夫，颛顼帝的曾孙，封于彭城，传说活了七百岁，人称‘老彭’。他对古代文化的态度是传述而不创作，相信而又十分热爱。我不仅用这八个大字来编写《春秋》，而且是用这种指导思想来整理》《《书》《礼》《乐》《易》等书的。”

子夏又问：“请先生阐述编写《春秋》后半部的打算吧！”

子夏

仲尼说：“有四点打算：一、拟写成一部编年体《春秋》史，继承夏、商、周三代法统，以鲁国为中心记述，上起鲁隐公元年，下至鲁哀公，记载十二个国君，共计二百四十余年。二、史料要真实，历史事件，天文现象，如日、月之蚀，发生的年月日都要精确无误。三、观点要鲜明，该褒则褒，该贬而贬，决不含糊其词。如吴、楚的国君自称为王，我写《春秋》时将会贬称他们为子，因为他们还不是文明的国家。又如践土会盟，实际上是晋国国君召周王去的，是对周天子的侮辱，我在《春秋》中就避讳这种说法，只写：‘周王巡狩来到汉阳。'依此类推,《春秋》的内容就以此为准绳,褒贬当时的人和事。四、方法要科学,即一方面要极力冲淡神话色彩,另一方面要'微言大义',将自己的思想渗透到字里行间去,让乱臣贼子望而生畏。"

子夏说:"文如其人!后人读先生编写的这部《春秋》,就如同见到了今日的先生一样啊!"

仲尼说:"我年已七十,剩下的时光不多了,要使这部书尽早问世,还需要几个文学修养好的弟子协助。商,如果你事务繁忙,一个人来不及,可请子游帮你抄些资料。"

子夏、子游、子张将有关资料从国家的储藏室内抄回之后,仲尼便开始作《春秋》的后半部。由于他废寝忘食、夜以继日地奋笔疾书,致使身体明显消瘦下去了。弟子们见此三番五次地欲来帮助整理,都被拒绝。因此先生作的《春秋》,弟子们不仅不能随意增删,而且也提不出什么意见,动不了一个字,这在仲尼看来,"知我者,其惟《春秋》乎!罪我者,其惟《春秋》乎!"

时为鲁哀公十三年(公元前482年),仲尼七十岁。

十、狩猎获麟

鲁哀公十四年春,狩猎之期又将来临。这是国家大典,与祭祀一样隆重举行,哀公自择吉日,去西部山区狩猎。

狩猎这天,上自国君大臣,下至微官小吏,都按吉日良辰齐集于朝廷。哀公带领文武百官登车前往,兵卒步行,旌旗招展,前后拥护着哀公直往郊外峻岭而去。

到了山野之下,哀公率领文武百官进入茂密的森林之中寻觅猎物,人喊马嘶,早已把那森林中的飞禽走兽惊吓得四处奔逃,叫喊追捕之声响彻群山。这时,森林中窜出一只梅花鹿,朝着哀公奔来。哀公立即张弓搭箭,弦响箭飞,箭中鹿身,哀公高兴不已。群臣抬来梅花鹿向哀公祝贺"武德",漫山遍野欢声雷动。

狩猎至未时,国君命令收场,大小百官将所猎之物送至国君马前敬献。正准备下山之时,叔孙氏奔到国君前奏道:"臣围猎至山麓,忽见一异兽从树林中跑出,奔走迅速,非鹿非鹿，毛色斑斓而角晶亮，臣等连连放箭，却不中的。幸而臣的驾车之士子钽商身体强壮，善于奔跑。臣见此兽大异，希望能将其猎获，就命子钽商追捕。果然被他追上将其捕获，特来敬献。”子钽商将异兽背来献于国君前。哀公与群臣仔细观看，只见那异兽形似鹿，但比鹿大，尾巴像牛，蹄又像马，头上长着一只肉角，光亮滑润，不同凡兽：背部的毛发都是巴掌大的旋轮状纹，五彩缤纷，色泽鲜明，日光下耀人睛目；腹部的毛色淡黄，没有旋轮状纹，分披左右，也很光泽，活像狮子。哀公不识此兽，问群臣此兽的名称，大家都无法回答。

季氏说：“这种不常见的东西突然出现，怕是不祥之兆，主公不可带回去，不如丢弃在这西郊，免致灾祸。”

子贡说：“禀主公，此兽不知何兽，是否吉祥，难于断定。不如暂放这里，仲尼先生通今博古，派人前去问个明白。要是祥瑞之物，再来取回也不算迟。”

哀公同意了子贡的建议，命叔孙氏和子贡前去请教仲尼，并将自己猎获的梅花鹿赐给仲尼，命所有人回朝。

叔孙氏见到仲尼后，详细述说了异兽情况。仲尼听后脸上出现了惊恐之色，过了一会才说：“未亲眼细看，无法确定，必须亲自去看个明白！”

子贡命人驾车，一会就到了获兽的现场。仲尼下车一看不觉惊恐起来，惨然地说：“咦！这是麒麟啊！为何在这里出现？！我一生所行的仁道难道就此完结了吗？”

叔孙氏一听是麒麟，便知是个瑞兽，心中高兴，连仲尼叹息之声也听不到了，便命人将麒麟抬上自己的车乘，与仲尼匆匆告别后回朝向国君报喜去了。

仲尼回家后又长叹一声说：“唉！我所要行的仁道，就此结束了！”

子贡问：“赐曾闻麒麟是仁兽，是瑞祥之兆。先生为何反而伤感呢？”

仲尼说：“赐啊！麒麟固然是仁兽，然而它却不是随便出现的，其出必有明王在位，以示祥瑞于世。故帝尧时麒麟游于郊外，百姓知道这是吉祥之物，都不去伤害它；周朝即将走上兴盛的时候，那凤凰鸣于岐山之上，万民都知道是祥瑞，争着去描绘它。麒麟也一度游息于岐山。自尧至今麒麟两次现于盛世。今次出现却无明王在位，其非时也。故被斩足而亡于粗野人的手中，这叫我如何不感伤啊！”说完又掉下了眼泪。

“先生怎么说‘吾道穷矣’呢？”

仲尼说：“丘像麒麟一样啊！麒麟的出现因不遇明王而遭杀害。丘生不逢时，不遇明主，所以我的学说在如今世界上是难以行得通了。恐怕已到了穷途末路的时候了！”

十一、绝笔《春秋》

获麟第三天，子贡遵仲尼之命，将弟子都召集而来，按礼分坐于厅堂之中，仲尼手扶拐杖在子贡的搀扶下走到了自己应坐的位置上。他深情地望着这班弟子，长久不语，两行热泪直流。弟子们都知道先生的心情，也只能悄无声息地陪着掉泪。

子贡首先说话：“我们这班弟子受先生教诲多年，先生的金石之言将会永久铭记。我们这班弟子的子子孙孙，会将先生之道代代相传，又有先生编纂的‘六书’，先生的学识将会垂宪万代，先生之道必旷万古而长存，与天地同久远。敬请先生宽心，以珍重身体为要！”

曾参

仲尼仍在伤感之中，子夏说：“请先生宽心，弟子们在此聆听先生的教诲！”

曾参说：“您如同我们的父母，弟子们将永久跟随您、孝敬您。您说的话，我们将永远照着去做！”

仲尼强忍伤感而叹息说：“唉！几天前，麒麟出现在它不应出现的时刻，故而遭杀害。由此而知，我们要实行的仁德道义也在此而终结了。我的著作可以搁笔了！好在我所删的《诗》《书》以及整理修订的《礼》《乐》《易经》早已完成。我反复考察，再也没有什么地方可增删了。《春秋》一书，周平王东迁，即鲁隐公元年为记述的起点，终于鲁哀公十四年，也就是前几天我见到麒麟时为止，中间所记之事共历二百四十二年，也可称得列举无遗。往后的事情还无穷无尽，记述的责任只好付与诸位弟子了。我以见麒麟之时为搁笔之期，将此书结束。我的学说在我有生之年不能完全实现，唯希望后世有明王出来，将它传于永久。"说完，静坐不语。

子贡说："先生的金玉良言，弟子们将永远铭记。如还有什么教诲，请待日后再说吧！"

仲尼说："该讲的已讲得差不多了。不过还有一件事嘱咐：你们可以把我的著作拿去抄写下来，好好保存，留传后代。抄写完后要将我的手稿一篇不少地交回来，我要将它留给我的孙儿子思收藏！"

时为哀公十四年（公元前481年），仲尼七十一岁。

十二、宰予丧命

鲁哀公十四年六月，齐国齐简公的正卿大夫陈桓（又名田常）杀死了齐简公，立简公的弟弟骜为国君，自立为太宰。仲尼听到这消息后气愤已极，因为他是忠君尊王的倡导者和忠实捍卫者。他连忙更衣整冠，手扶拐杖颤巍巍地入宫朝见哀公并奏道："齐陈桓弑君，大失礼统，请出兵伐齐，声讨陈桓之罪！"

宰予

哀公无可奈何地说："兵权早归'三桓'，请老爱卿直接去告诸'三桓'更为便捷！"

仲尼碰了钉子后，心情非常不悦，自言自语地嘟哝道："因我惭愧地居于大夫之位，遇到此等大事敢不来报告吗？"

这位年过古稀的老人，一路叹息地来到冢宰府，向季康子报告陈桓弑君的消息，请求出兵伐齐。季康子本身就是个目无君主的集权者，且与陈桓交往甚密，对陈桓弑君之举非常赞同，当然不会同意出兵讨伐，只好搪塞说："陈桓虽弑其君，但仍立旧君弟弟嗣位，情尚可恕。况且此乃齐国的内乱，鲁非但无权干涉，更无须去过问。"遭到季氏拒绝后，仲尼退出，又自言自语地说："因我惭愧地居于大夫之位，遇到此等大事敢不来报告吗？"

就在这时，传来一信，在齐国做官的弟子宰予，于齐国陈桓追杀齐简公的混乱中因支持陈桓政变而被杀死。这两件事情对仲尼的刺激不亚于"狩猎获麟"之痛，从此仲尼终日沉默寡言，常常是一个人独处。

十三、痛失颜回

仲尼内心悲伤郁闷，弟子们个个为之痛心。只有仲尼最疼爱的颜回有时能消去仲尼一点烦恼，所以颜回日夜不离仲尼。一天，仲尼突然提出要去防山，一则是为父母扫扫墓，二则也去看看野外风光散散心，只要颜回一人陪同前往。颜回即命驾车前行。在防山下车后，仲尼瞻仰双亲的坟墓，接着在颜回的搀扶下登上了山巅。今日仲尼的精神特别好，步履比往日轻快得多。相反，今日的颜回却精神不振，四肢无力。仲尼在山顶向东南遥望，见很远的山头上有白马一匹，即对颜回说："你看前方很远的小山上有什么东西？"

颜回打量后说："好像是白布在飘动！"

仲尼说："回呀！你的目力怎么还不如我啊！那白色的东西有尾巴摇动，定是一匹白马，怎么是白布呢？"

颜回说："弟子今日身感不适，两目昏花没有看清楚。"

回到家中后，颜回就重病卧床，病情日益加重，仅仅数目竟然离开了人世。

仲尼闻讯后，非常伤心。在弟子们的搀扶簇拥下，跌跌撞撞地赶到陋巷茅舍时，颜回静静地躺在地上。家徒四壁，土墙风蚀，颜回依然穿着那件平日常穿的旧衣，盖着一床遮不住身子的薄被，显得凄凄惨惨。见此情景，仲尼师徒悲上加悲，哭作一团。仲尼用手杖指天，脚跺地，似乎是在指责苍天昏聩，大地不公，涕泪交流，悲伤欲绝，不断地高呼："咳！苍天要我的命啊！苍天要我的命啊！"众弟子纷纷劝慰，请先生不要过于伤心。

仲尼说："困于匡时，他曾对我说道：'夫子健在，回怎敢先死？'如今我尚在，他却白食其言，离师而去，让白发人送黑发人。”

子贡问：“先生独子伯鱼过世，未见先生如此悲伤。为何颜回兄去世，先生却悲痛欲绝，不知何因？”

望吴门马

仲尼哽咽地说：“赐啊，鲤死尚有其子伋在，孔门后继有人。如今回病殁，有谁来继承丘之道，丘之学问呢？仁政、德治的理想将由谁来实现呢？我不为这种人伤心，还为谁伤心呢？”

可怜颜回家贫如洗，仲尼只得依靠子贡、冉有、樊迟等人的捐赠办理丧事。颜回的父亲颜路是仲尼的学生，他就来求先生将其坐车改作为椁。仲尼说：“寻常人死后都不用椁，我的儿子伯鱼也是有棺无椁。只有公侯、卿相死后才棺椁并用，此乃国礼，不可逾越。我虽年迈，不坐车亦无大碍。只因我惭愧地居于大夫之职，出入不可无车，这也是古礼的规定，不可违也。”颜路无语退出去了。颜回死，享年四十一岁。丧葬结束后，颜路前来赠送祭肉给先生，仲尼庄重地出来迎接，回头便悲恸起来。

再说仲尼豢养的爱犬，出则随行，回来就守在门口，终年由颜回喂养。颜回死后，爱犬不食，数日后死去。仲尼对弟子说：“守狗死，应当掩埋。你们去指使人，将狗埋葬于旷野。”这一切又增添了孔子的悲伤。

时为鲁哀公十四年(公元前481年),仲尼七十一岁。

十四、子路殒命

狩猎获麟已过去近一年,在这期间仲尼身边发生的大事太多,致使仲尼日难进食,夜难入寐。正午正在居室闭目沉思之际,在卫国任卫出公辄士师的高柴(字子羔)匆匆闯进门来拜见仲尼,他报告说:"仲由已在卫国宫廷政变中战死。"

仲尼听到噩耗,如雷轰顶,两行热泪夺眶而出。他沉默不语,回想离开卫国时和子路的一席谈话。当时子路在卫做官后,由于政绩显著,被晋升为右司马,辅佐正卿大夫孔悝。孔悝欲请仲尼治理国政,被仲尼拒绝。孔悝再让子路来聘请先生时,仲尼对子路说:"由呀!你勇敢超人,如今是卫国父子争权的多事之秋,你还是甘居人后吧!犯不着奋勇当先而不顾一切。"当时子路回答说:"食君之禄,必当忠诚于君王之事,岂能甘居人后?"说罢辞别而去,从那时起,仲尼就对子路的安危非常挂念。回到鲁国后,他又曾对子贡说:"仲由与高柴同在卫国做官,一旦卫国有乱政之事,柴可做到安然无恙,而仲由恐怕不能保住自身。"当时子贡反问:"先生怎见得如此呢?"仲尼当时回答说:"从他两人平日性格和行事上看得出来。高柴外貌是愚笨,但内心精明,且能深明大义,颇有明哲的风度。预料他遇到危险,能够见机行事,从而避开祸害;子路则天生逞勇,任性直率,只知一意孤行,不善于思前想后,好像一个莽夫。预料他碰到危险,不知迂回曲折,只知勇往直前,必遭杀身之祸。"这些对话犹如昨日之事呈现在仲尼的眼前,他抹干眼泪问子路是如何战死的。

高柴说:"孔悝之母孔姬是蒯聩的姐姐,姐弟密谋废黜出公辄而立辄父蒯聩,用计将卿大夫孔悝挟持在宫中相逼,卫出公辄趁机乘车出逃。仲由闻讯,连夜赶来保护孔悝,城门紧闭,无法进城。东方发白之时,柴正去巡城,守城士卒报告仲由在外叫喊,柴即登城向仲由说:'政事不在你手中,何必要卷入这个旋涡?还是到外面去避一二日,等事情安定后再来吧。'仲由说:'由吃的是孔悝俸禄,他既有难,我怎能这么避开呢?请开城门吧!'正在这时,公孙疾奉蒯聩之命,率兵乘五十乘出城捉拿卫出公辄,仲由就挤门而入,被公孙疾挡住，并说‘辄已出逃，先生入城干什么？’仲由回答说：‘由最痛恨平时受人俸禄，不离左右，一旦遇难就借故逃避之人，由决不仿效这种无耻行为。’说完，径入城内，直奔孔氏堂前。只见孔悝被孔姬、蒯聩左右挟持，便高声大呼：‘仲由在此，孔大夫还不快逃！’这时孔悝已失去‘自由’，不敢下堂。仲由仗剑而进，想救回孔悝。蒯聩就命石乞、孟黡下堂迎敌，仲由奋力而战。石、孟二人相互配合，已战二十余回合。仲由被石乞一戟削断了冠缨，一时心慌，不能招架，身受重伤，就丢掉手中的兵器大呼道：‘大丈夫死不免冠，容我结缨自杀。’说时手取冠缨整结，孔悝高喊：‘不可伤我仲由！’话音未落，子路被一班勇士乱刀砍为肉泥。”

仲尼听罢失声恸哭，时为鲁哀公十五年（公元前480年）闰十二月。

十五、圣人辞世

颜回的逝世，仲由的殒命，给了仲尼最沉重的打击。两个月来，仲尼饮食锐减，精神不振，闭目静坐，似睡非睡。这天子贡轻轻来到他身边，以为仲尼睡着了，故轻轻地准备退出，却被仲尼叫住。

子贡说：“我以为先生在休息，故不敢打扰，不知先生又在闭目深思何事？”

仲尼说：“我在回顾自己七十年来的生涯，我是怎样走过来的。”

子贡说：“先生一生勤奋，仁爱百姓，德政于民，天下的人谁不知道先生？”

仲尼说：“天下百姓敬不敬重我，均非我所想之事。最近我把自己一生的历程概括为：吾十有五而志于学，三十而立，四十而不惑，五十而知天命，六十而耳顺，七十而从心所欲，不逾矩。这就是我一生的修养过程，赐啊，你认为先生是这样吗？”

子贡说：“这就是先生一生伟大的历程，赐日后只要回想先生今日说的这几句话，就能知道先生高尚品德的所在。赐今只希望先生保重身体，好好休息！”

时至鲁哀公十六年夏历仲春之际，大地回春，万物生机盎然。这一天，仲尼清早起床，手持拐杖在宅外走来走去，心神不定地东瞧西望。太阳从尼山那边冉冉升起，温暖的阳光照进了孔宅。仲尼望着尼山和太阳，久久不动，似乎又陷入了深深的思虑之中。在月前听到子路死去后精神痛苦,健康急剧下降,弟子们一有闲暇就来论谈,宽慰先生。可近几天来,却一反常态,仲尼精神似乎好起来了,有时还在翻阅简牍,有时还能看到他脸上的一丝笑容。弟子们见此当然高兴,可是这天,仲尼从早到中午一直出出进进,也不知是什么原因。

中午,子贡退朝后直奔仲尼住宅而来。他一跨进院门,便听到厅堂传出有气无力的歌声,子贡想:先生能唱歌也许是因为精神好转的缘故吧!又想:平日先生精神极端不快时也总是以歌来遣散忧愁。于是他侧耳静听仲尼唱的歌词内容。歌词是:"泰山其颓乎。梁木其坏乎。哲人其萎乎。"

子贡一听不觉惊恐起来,随着歌声望去,只见先生手中拄着拐杖,一边唱一边进入内堂,面对门户而坐。子贡长叹一声,自言自语地说:"泰山如果真的崩塌,叫我还去敬仰什么呢?梁柱如果真毁坏了,我还有什么依托呢?哲人如果真是振作不起来了,我何处去求天道性命之学?唉!今日先生唱出如此心声,恐怕是要生病了。"于是他疾步进入内堂,礼见了仲尼。

仲尼见子贡来了,便似有愠色地叹息说:"赐,为什么来得这样迟,让我等久了。"

子贡说:"赐因朝罢才来,让先生久等,真愧对先生,不知有何指教?"

仲尼忧郁地说:"近来,我常常梦见自己坐在大堂两柱之间。赐啊!你可知道,依古礼规定,夏人死后棺木停于东阶,周人死后棺木停于西阶,殷人死后棺木停于厅堂两柱之间。我的梦境既然是坐于两柱之间受人祭奠,那就意味着我快要死了。死后望你们依古礼将我的棺木停于两柱之间!"

子贡说:"先生何出此言,夜晚做梦之事如何能看作是真的呢!先生年事虽高,但精神尚好,也不至于丢弃赐等一班弟子而去呀!"

仲尼默默无话了。这时公西赤、言偃、曾参等弟子都陆续来到了他的身边。仲尼将上述之事向大家又说了一遍。众弟子只能是安慰先生。突然仲尼身体不适,头昏脑涨,忙命弟子搀扶进室,躺在床上喘息。从此,仲尼卧床不起,弟子们个个紧张,请医买药,忙上忙下,轮流日夜守护仲尼。他们衣不解带,就像侍奉自己的父亲一样。仲尼因年老体衰,已经不起病的折磨,加之早年周游列国在外受风霜劳苦,晚年又不遗余力著书立说,耗费了大量精力。尤其是近年殁子丧徒,精神上又受到严重摧残,精力几乎耗尽,故一病就没有回生的希望了。任凭弟子们想方设法医治调养,而他的病情却与日加重。众弟子束手无策,唯有相对叹息,暗暗流泪而已。到第七天,仲尼病情突然加重,慢慢不省人事,牙关紧闭,连药水也无法再灌下去了。仲尼已病入膏肓,安息就在早晚,弟子们便立即着手分头准备仲尼的后事。当天傍晚,弟子们围坐在仲尼身边,望着仲尼流泪。突然,仲尼动了一下,眼睛慢慢睁开,慈祥而又深情地望着弟子们,然后又慢慢地合上了双眼,安详地睡着了,永远地睡着了,安息了!

时为鲁哀公十六年(公元前 479 年)夏历二月十一日申时,仲尼寿终正寝,享年七十三岁。

十六、哀公恸悼

圣人仙逝,弟子们顿足号啕,悲恸至极。子贡说:"先生离开之日,正是我们孝敬他老人家之时。当下行孝最好方式,就是办好先生的丧事。赐曾记得,先生失去颜回就如同失去了亲儿子,失去子路也是如此。先生一直待我们如同亲生,现在我们失去先生也应是如同失去了自己的父亲一样才是,不知诸位看法如何?"

子贡的话,得到了众师兄弟一致拥护。按照葬父礼制,都穿戴孝服并推举公西赤主持殡葬之事。因为公西赤在孔门弟子中最懂殡葬祭祀礼仪,曾为先生一直称赞。推他主持丧礼,先生在九天之灵定会高兴。接着就按礼制连夜四处报丧。

鲁哀公听说仲尼去世,非常伤心,连夜就写好诔文来祭吊,诔文悼词是:"上天不肯暂时留下这位国老,让他保障余一人居于君位,使我孤零零地忧愁成病,呜呼哀哉!尼父!失去了我的榜样!"(原诔文:"旻天不吊,不慭遗一老,俾屏余一人以在位,茕茕余在疚,呜呼哀哉!尼父,无自律。")

子贡听哀公读完诔文后说:"国君恐怕不能在鲁国善终吧!先生曾说:'礼仪丧失就要昏暗,名分丧失就有过错。'失去意志是昏暗,失去身份是过错。先生活着不能重用,死了又致悼词,这不合乎礼;自称'余一人',这不合名分,国君两样都丧失了。"

公西赤领命主持先生殡葬之事后,从入殓的习俗,衣冠的穿戴,棺椁规格,灵堂的陈设等都考虑得细致入微。一切安排都兼顾夏、商、周三代明王的丧葬规章礼仪,既彰明昭著了先生的丰功伟绩、道德文章,又表达了弟子们的尊师之道。众人满意称是。

十七、弟子三千　贤人七十有二

仲尼一生行教,弟子遍布天下。在著名的七十余名弟子中,除了已去世的外,都赶来为仲尼送行。出殡那天,送葬的人们披麻戴孝,似白雪覆盖大地,顿足号啕,哭声直上云霄。陬邑的乡亲父老,中都的平民百姓,朝廷文武百官,曲阜的亲戚朋友自动形成长长的队列,护送这位生不逢时的伟大圣人。这支曲阜城内前所未有的送葬人流,簇拥着圣人的灵柩,缓缓向着曲阜城北泗水之上仲尼永远安息之地而去。走在最前面的是三岁的孙儿子思,接着是侄儿孔蔑,其后是鲁哀公的"诔文"车,再后就是三千弟子哀悼先生的名单,早先生而逝的弟子名字亦在其中。只见名单的前面写着:

呜呼哀哉!

恩师啊,安息吧!

您的光辉思想,超人的智慧和伟大的业绩,

将流芳千古,垂宪万代!

您的三千弟子为您哭泣,为您送行!

……

名单上的人大都写着籍贯、名字和年龄,有的还写了学业专长、先生的赞辞和任过的官职,其顺序是:

鲁国人,颜回,字子渊,亦称颜渊,四十一岁而亡。德行科第一名,先生赞曰:"有颜回者好学,不迁怒,不贰过,不幸短命死矣。""贤哉,回也!一箪食,一瓢饮,在陋巷,人不堪其忧,回也不改其乐。""其心三日不违仁。"

费宰(县长),鲁国人,闵损,字子骞,五十七岁。德行科第二名,先生赞曰:"夫人不言，言必有中。”“孝哉，闵子骞！人不间（怀疑）于其父母昆弟之言。”

鲁国人，冉耕，字伯牛。身患恶疾早先生而亡，享年六十六岁。德行科第三名。

季氏宰，鲁国人，冉雍，字仲弓，四十四岁。德行科第四名，先生赞曰：“雍也，可使南面（当一国之君主）。”

季氏宰，鲁国人，冉求，字子有，亦称冉有，四十四岁。政事科第一名，先生赞曰：“求也艺，求也，千室之邑，百乘之家，可使为之宰也。”

季氏宰，蒲大夫，卫大夫孔悝之邑宰，鲁国人，仲由，字子路，又字季路。为求仁德战死于卫国，时年六十三岁。政事科第二名。先生赞曰：“衣敝缊袍（穿着破烂旧衣），与衣狐貉（穿好皮衣）者立，而不耻者，其由也与。”“由也，千乘之国可使治其赋也。”

齐国临淄大夫，鲁国人，宰予，字子我，亦称宰我。死于齐国陈桓发动的政变中，时年四十二岁。言语科第一名。

信阳令，信阳宰，鲁国大夫，卫国人，端木赐，字子贡，一字子赣，四十二岁。言语科第二名。先生赞曰：“辩士哉！”

武城宰，吴国人，言偃，字子游，二十八岁。文学科第一名。

莒父宰，卫国人，卜商，字子夏，二十九岁。文学科第二名。先生赞曰：“启予者商也，始可与言诗已矣。”

陈国人，一说鲁国人，颛孙师，字子张，二十五岁。性格开朗，为人豁达，勤学好问。

鲁国人，曾参，字子舆，又称曾子，二十七岁。修身全面，孝行突出。提倡“吾日三省吾身”，具有极高悟性。

鲁国人，澹台灭明，字子羽，三十四岁。

单父宰，鲁国人，宓不齐，字子贱，四十三岁。

先生家宰，鲁国人，原宪，字子思，通称原思，亦称原思仲，三十七岁。

鲁国人，公冶长，字子长，先生之女婿。

鲁国大夫，鲁国人，南宫适，字子容，亦称南容。先生以其兄之女妻之。先生赞曰：“君子哉若人！尚德哉若人！邦有道不废，邦无道免于刑戮。”

齐国人，公皙哀，字季次。

鲁国人，曾点，字皙，曾参之父。

鲁国人，颜无繇，字路，六十七岁，颜回之父。

鲁国人，商瞿，字子木，四十四岁。学识渊博，精通《易》理。

武城宰、费宰、费邱宰、成邑宰、卫之士师（刑狱之官），卫国人，一说齐国人，高柴，字子羔，亦称子皋、子高、季高等，四十三岁。

鲁国人，一说蔡国人，漆雕开，字子开，亦称子若，六十一岁。

宋国人，司马耕，字子牛，亦称司马牛。

鲁国人，樊须，字子迟，亦称樊迟，二十七岁。

鲁国人，有若，字子有，三十岁。

鲁国人，公西赤，字子华，亦称公西华，三十一岁。

单父宰，鲁国人，一说陈国人，巫马施，字子期，亦称巫马期。

齐国人，梁鳣，字叔鱼，四十四岁。

鲁国人，颜幸，字子柳，二十七岁。

鲁国人，冉孺，字子鲁，二十二岁。

蔡国人，曹卹，字子循，二十三岁。

鲁国人，伯虔，字子析，二十三岁。

楚国人，公孙龙，字子石，二十岁。

鲁国人，冉季，字子产。

鲁国人，公祖句兹，字子之。

秦国人，秦祖，字子南。

鲁国人，漆雕哆，字子敛。

鲁国人，颜高，字子骄。

鲁国人，漆雕徒父，字子文。

秦国人，壤驷赤，字子徒。

鲁国人，一说吴国人，商泽，字子秀。

秦国人，石作蜀，字子明。

楚国人，任不齐，字子选。

陈国人，公良孺，字子正，以私车五乘送给先生周游列国，有勇力，保护先生周游列国。

齐国人，后处，字子里。

蔡国人，秦冉，字开。

鲁国人，公夏首，字子乘。

卫国人，一说鲁国人，奚容箴，字子皙。

鲁国人，公肩定，字子中。

鲁国人，颜祖，字襄。

卫国人，句井疆，字子疆。

鲁国人，一说楚国人，秦商，字子丕。

鲁国人，申枨，字周。

鲁国人，颜之仆，字叔。

鲁国人，一说卫国人，荣祈，字子祈。

鲁国人，县成，字子祺。

鲁国人，左人郢，字子行。

鲁国人，燕伋，字思。

鲁国人，郑国，字子徒。

鲁国人，秦非，字子之。

鲁国人，施之常，字子桓。

鲁国人，颜哙，字子声。

齐国人，步叔乘，字子车。

鲁国人，原亢，字籍。

鲁国人，乐欬，字子声。

卫国人，一说鲁国人，廉洁，字庸。

鲁国人，颜何，字冉。

卫国人，狄黑，字皙。

鲁国人，邦巽，字子敛。

鲁国人，孔忠，字子蔑。

鲁国人，公西舆，字子上。

鲁国人，公西箴，字子尚。

卫国人，琴牢，字子开，一字子张。

陈国人，陈亢，字子元，一字子禽，又名原亢。

……

人们望着这长长的名单，皆说孔子自有后来人。他们知道，在这些弟子中出类拔萃者有七十余人，各科又有许多杰出者。通过他们，孔子的学说可以得到全面的继承和发展；这些弟子又遍布天下，其中不少人在各地做官。通过他们，孔子的大同理想，可以得到广泛的传播和实践。在这些弟子中不少人精通六艺，他们又广收门徒行教，经过他们代代相传，孔子的伟大精神将永照人间！

十八、高山仰止

孔子生不逢时，济世救民、行道天下的宏愿和理想无法实现，一生坎坷，颠沛流离，死后却得到殊荣。

孔子死后的第二年，鲁哀公下令将孔子生前所居房屋改为庙堂，"岁时奉祀"，以纪念孔子。庙堂里收藏着孔子的遗物——衣、冠、琴、车、书和一些礼器等，以供人们观瞻。

公元前206年，刘邦称帝建立西汉。汉高祖经过曲阜时，用最高的祭祀大礼——太牢来祭祀孔子，"汉祖崇儒，躬拜厥里。太牢之祀，百代伊始"。汉高祖是历史上第一个用祭天大礼祭祀孔子的帝王，自汉至清，历代帝王到曲阜祭孔者不绝。

孔庙

孔子逝世百年后，孔子之孙子思的门人孟子非常景仰孔子，孟子说："自生民以来，未有盛于孔子也。"孔子贵仁，孟子取义；孔子尊君爱民，孟子认为民贵君轻，"人人皆可为尧舜"。孟子继承并发展了孔子的学说，与孔子并称为"孔孟"。

荀子对孔子也十分推崇，荀子评价孔子："无置锥之地，而王公不能与之争名，在一大夫之位则一君不能独畜，一国不能独容。成名况乎诸侯，莫不愿得以为臣。"意思是说，纵使穷到无立锥之地，但王公大人不能和他这种人争名望。这样的人如居大夫之位，那么一个君主也不能独自奉养他，一个国家也不能独自容纳他，他的功名超过诸侯，君主没有不想让他成为自己臣下的。

孔子去世三百年后，西汉司马迁在《史记·孔子世家》中写道："诗有之：'高山仰止，景行行止。'虽不能至，然心向往之。余读孔氏书，想见其为人……天下君王至于贤人众矣，当时则荣，没则已焉。孔子布衣，传十余世，学者宗之。自天子王侯，中国言'六艺'者折中于夫子，可谓至圣矣！"

孔子是中国的圣人，东方的圣人，亦是世界的圣人！

十九、伟大奠基

先秦儒学是儒学发展的第一个阶段，是儒学在初创时期形成的理论形态。先秦儒学已提出儒家的基本原则、理论框架，后世儒学往往通过注释先秦典籍阐发儒家思想，所以这一阶段的儒学在儒学发展史上占有十分重要的地位，通常被称为古典儒学或原始儒学。它是儒家思想的源头活水。春秋时期孔子创立的学说，战国时期孟子、荀子对孔子学说的阐发，秦汉之际《易传》《中庸》《大学》对孔子思想的发挥，这些都属于先秦儒学的范围。先秦儒学原是百家中的一家。儒学在同其他学派讨论、辩难、争鸣的过程中，不断地完善自己的理论体系，不断地扩大自己的思想影响，不断地拓展自己的理论阵地，很快发展成为在思想界举足轻重的显学。

孔子是儒家的开山鼻祖。孔子（前 551～前 479）名丘，字仲尼，鲁国陬邑（今山东曲阜）人。他的祖先原是宋国的贵族，因避难逃到鲁国。孔子在三岁的时候，年迈的父亲叔梁纥便已去世，他是在年轻的母亲颜徵在的扶养教导下长大成人的。鲁是制礼作乐的周公的第三个儿子伯禽的封地。伯禽运用礼乐文化对这块商裔旧地加以改造，使之成为保存礼乐制度比较完整的地方。晋韩宣子到鲁国访问，曾发出由衷的赞叹："周礼尽在鲁矣！"（《左传·昭公二年》）孔子从小在浓厚的礼乐文化氛围中成长，自然会受到传统意识的熏陶。据《史记·孔子世家》记载："孔子为儿嬉戏，常陈俎豆，设礼容。"长大以后学的也是礼乐知识。据说他向郯子请教过关于古代职官制度的问题，到周问礼于老子，向师襄学习弹琴。孔子虽有贵族身份，但也得像平民一样去拼搏。他在回顾自己青年时代的时候说："吾少也贱，故多能鄙事。"（《论语·子罕》）他好学多问，刻苦自励，掌握了礼、乐、射、御、书、数等方面的知识，以学识闻名于世。孔子在 51 岁时方才踏上仕途，在鲁国先后担任过中都宰、司空、司寇等职。仅过了四年，便因为与当权的季氏发生矛盾，被排斥在统治集团之外。他弃官离鲁，周游列国，待价而沽，但终不见用。晚年回到父母之邦鲁国，从事教育和文献整理工作。他是打破"学在官府"局面、开创私人讲学风气的第一人。他的弟子在 3 千人以上，其中"贤人七十二"。孔子删《诗》《书》，编《春秋》，钻研

《易》《乐》《礼》，集以往文化思想之大成，创立了儒家学派。他的言论和事迹保存在《论语》和先秦其他典籍中。

孔子所处的春秋时期，是中国奴隶制社会向封建制社会过渡的社会大变革时代。随着旧的等级制度的瓦解，出现了“礼坏乐崩”的局面，这标志着礼乐制度的权威性和神圣性业已破坏，礼乐文化的底蕴开始暴露出来，从而为“反省和理解”礼乐文化提供了客观条件。孔子出身贵族，对礼乐非常熟悉，又有独立的人格和自由的身份并且善于独立思考，从而具备了对礼乐文化进行反思和理解的主观条件。孔子正是在对礼乐文化进行反思和理解的过程中，把礼乐中仍然有生命力的原则发掘出来，建构了儒家学说体系。春秋时代是中国社会制度的转轨时期，也是中国文化的转轨时期。孔子正是文化转轨过程中的承上启下的关键性人物，也是中华民族精神形成过程中的奠基性人物。

一、仁学与人文精神的高扬

在《论语》中，“仁”字出现了 109 次之多，可见“仁”在孔子思想体系中占有极其重要的地位。关于“仁”是什么，是孔门师生经常讨论的问题。“樊迟问仁。子曰：‘爱人’。”（《论语·颜渊》）在孔子关于“仁”的种种说法中，这一条最简洁，也最深刻。所谓“爱人”，也就是主张把他人当作自己的同类来看待，这是一种原始的人道主义思想。“爱人”，也就是注重人所共有的最一般的、最普遍的原则，以这种原则沟通人我关系，结成社会群体，谋求人类的共同发展。孔子在一定程度上突破了狭隘的宗法血缘观念，发现了人的类存在。他承认每个人都具有独立的人格，强调道德意识是人普遍具有的特质，因此主张用仁爱原则协调人际关系，实行所谓“忠恕之道”。所谓“忠恕之道”，从消极的意义来说，就是“己所不欲，勿施于人”；从积极的意义来说，就是“己欲立而立人，己欲达而达人”。（《论语·雍也》）这样一来，孔子便从“仁”的观念中引申出一套做人的学问。他把仁视为人的本质规定，主张把自然人（“己”）提升为“真正的人”（即与“己”相对的作为社会成员的人），在躬行仁道的道德实践中，实现人的价值，成就理想人格。他心目中的理想人格就是圣贤、君子。孔子强调，人的价值的实现，人的自我提升，完全是一种自觉自愿的理性选择，“我欲仁，斯仁至矣。”（《论语·述而》）人在修己求仁时表现出一种主动性,而无须外在的约束与强制。从这种仁的观念出发来反观“礼”,“礼”只不过是行仁的手段,“约之以礼”本身不是目的,其目的在于进入“为仁由己”的最高境界。孔子并不否认修己时必须用来自外在的礼对人加以约束,但更强调修己者应主动地接受这种约束,从而实现自律与他律的统一。如果说礼是孔子学说体系的出发点的话,那么,仁才是其思想体系的核心和实质。从这个意义上说,孔子开创的儒学亦可称为“仁学”或“人学”,“修己以安人”之学。

孔子的仁学,既是对以前的思想资料有充分的吸收利用,又有新的创造发展。大致说来,主要包括以下几方面的内容:

(一)亲亲

“爱亲”是仁的一个最基本的规定。早在孔子以前就已有“为仁者,爱亲之谓仁”(《国语·晋语一》)的说法;而在孔子之后,孟子也曾明白指出“亲亲,仁也”。(《孟子·告子下》)《中庸》则进一步强调:“仁者,人也,亲亲为大。”《说文》更是直接把仁定义为“亲也”。所谓“亲也”“亲亲”“爱亲”等等,都是指在一定血缘关系范围内人们之间的相亲相爱的情感关系。

人的血缘关系不是人为的,而是天然形成的;同样。一定血缘关系范围内的相亲相爱也不是人的某种文饰造作,而完全是人的天性的自然流露。“仁”建立在一定的血缘关系基础之上,以人的“亲亲”或“爱亲”的天性为根据,因此是不可移易的,而且具有放之四海而皆准的普适性。孔子了解这一点,他说:“君子笃于亲,则民兴于仁。”(《论语·泰伯》)君子是民的榜样,先有“君子笃于亲”,然后才有“民兴于仁”。从“笃于亲”到“兴于仁”,具有一种逻辑的必然性。应该说,自然的血缘之亲是“仁”的前提或基础。孔子的弟子有子对此心领神会:“君子务本,本立而道生。孝弟也者,其为仁之本与!”(《论语·学而》)“仁”作为有普遍性的情感联系,不能凭空建立,必须以珍视血缘关系为出发点。一个六亲不认、对自己的亲人都不能以仁相待的人,当然也不可能对其他人以仁相待。

(二)仁民

“仁”的情感联系以亲缘关系建立起来,但其适用范围不仅仅限于亲人,而是任何一位社会成员。孔子在回答弟子樊迟问仁时，就曾鲜明地提出，仁即是“爱人”（《论语·颜渊》）。在回答子张问仁时，又说：“能行五者于天下为仁矣。”（《论语·阳货》）“五者”指的是恭、宽、信、敏、惠。他解释道：“恭则不侮，宽则得众，信则人任焉，敏则有功，惠则足以使人。”（《论语·阳货》）子贡问：“如有博施于民而能济众，何如？可谓仁乎？”他指出，那岂止是“仁”，可以说是连尧舜都颇难做到的“圣”！（《论语·雍也》）在另外的场合，他还大力提倡和宣传“泛爱众，而亲仁”（《论语·学而》）。孔子在问答中反复提及的人、民、众，并非是专指某一阶级或阶层的人，而是泛指一般的人。换言之，“爱人”“爱众”之爱，是爱一切人的博爱，而不是只爱一部分人的偏爱。爱一切人，也不是无一遗漏地对每一个人具体的个人都献上一份爱，那是绝对不可能做到的，而是从对具体的个人的“亲情之爱”做起，一步一步地上升到“类之爱”。《吕氏春秋·爱类》写道：“仁于他物，不仁于人，不得为仁；不仁于他物，独仁于人，犹若为仁。仁也者，仁乎其类者也。”从“仁于人”到“仁乎其类”，可见，仁是一种从血缘关系升华而来的普遍而共同的人类精神和情感联系。孔子提出的“泛爱众”，以及子夏所说的“四海之内皆兄弟也”（《论语·颜渊》），就是这种普遍的人类之爱的不同表述。而后来的董仲舒更直接地指出：“仁者，所以爱人类也。”（《春秋繁露·必仁且智》）

（三）爱物

儒家从“亲亲”出发建立起“仁”这样一种普遍性的精神和情感联系，不仅将其推广到所有的社会成员，而且将其推广到自然存在物。孔子以后，儒家学者一方面赋予“仁”以“爱物”的内涵，如孟子所说“亲亲而仁民，仁民而爱物”（《孟子·尽心上》），把“亲亲”“仁民”“爱物”看作仁的三个依次衔接的步骤；另一方面又把“仁”看作是大自然的根本德性，所谓“天地之大德曰生”（《易·系辞下》），“天，仁也”（《春秋繁露·王道通三》），“仁，生物也”（《释名·释形体》）等等。值得注意的是，孔子对东夷人的“仁而好生”的认可，并未采取直接肯定的方式，而是用他自己的语言说了一句耐人寻味的话：“知者乐水，仁者乐山。”（《论语·雍也》）

在孔子心目中，山之可乐可爱，不在于山之高大、险峻、雄奇、秀丽，而在于山之“草木生焉，鸟兽蕃焉”，生意勃发，生机盎然，生趣天成。仁者见之，唤起内心的强烈共鸣，以为山之大德若此，人实在应该与山合其德；人与山合其德，则人就会“爱物”，就会热爱健壮、活泼的生命，崇尚生生不已、绵延无尽的生命创造，进而达到“赞天地之化育”的境界。

应该指出，从“爱亲”到“爱人”再到“爱物”。这三步自成系统，是孔子仁爱思想的逻辑展开。有意思的是，在这三步上，仁爱的力度呈现出一种依次递减的态势，以第一步“爱亲”为最强，第二步“爱人”次之，第三步“爱物”又次之；与此相反，仁爱的范围却呈现出一种依次扩大的态势，从第一步的血缘小圈子，到第二步的全人类，再到第三步的天地万物，仁爱如阳光普照，无远弗届。当然，仁爱在这三步上也是有差等的，“爱亲”甚于“爱人”，“爱人”又甚于“爱物”。但这里的差等，如同第一步“爱亲”的差等一样，是以爱与被爱的天然距离为基础而形成的，有其自然的合理性。这正是孔子仁爱思想切合客观实际情况的表现。

孔子认为，“仁”作为人与人之间的道德关系，就是从自我修养引申到家庭、社会、天下，因此，对社会来说，“仁”的精神，就是人人要亲如一家，对国的忠诚、热爱如同对家和亲人一样，对同事、朋友也当情同手足，讲求信义。故孔子说：“道千乘之国，敬事而信，常用而爱人，使民以时。”其学生子夏说：“事父母，能竭其力；事君，能致其身；与朋友交，言而有信。”（《论语·学而》）因此仁的精神的具体化便是忠恕之道，它包括忠、孝、义、勇、智、信等道德品质。忠恕之道的原则推广于国家社会，即是忠君爱国。孔子肯定“孝慈则忠”（《论语·为政》），说明忠是孝的扩张，孝于宗族长辈，就是忠于国家朝廷。孝悌仁爱之情由血缘、宗法关系向社会关系延伸，逐步地爱亲人、朋友、同事、社会、国家，对家孝、对国忠、对人讲信义，就是仁，就是德。故孔子说“好仁者，无以尚之”（《论语·里仁》），积极倡导“尚德”（《论语·宪问》）。由此可见，孔子尚仁崇德的思想构成了他的爱国主义信念。在孔子儒家思想影响下，以后爱国主义观念日益成为中华民族的普遍精神。在中国悠久的历史上，这种爱国主义思想造就了许许多多的民族英雄，如南宋时“精忠报国”的岳飞，“留取丹心照汗青”的文天祥，明朝收复台湾的郑成功，抗击倭寇的戚继光，晚清甲午海战中慷慨赴死的邓世昌等等，都是为国为民而舍生取义的民族英雄。

孔子儒家确立的仁学思想对于铸造中华民族的精神品格，产生了重大而深远的影响，培育了中华民族团结友爱、助人为乐、互帮互助、忠诚国家和事业的优良品德，形成了中华民族的集体主义和爱国主义的优秀传统。我们在今天建设社会主义精神文明的时候，应该批判继承和发扬光大这一优良传统。

二、礼学与礼乐制度的建构

礼是孔子建立思想体系的出发点。他很重视“礼”，认为礼治是社会得以安定的必要保障；唯有实行礼治，才能建立起“天下有道”的社会秩序。他说：“天下有道，则礼乐征伐自天子出；天下无道，则礼乐征伐自诸侯出。”(《论语·季氏》)在他看来，春秋时代社会之所以动荡不已，其根本原因就是“礼坏乐崩”，因此要使社会由乱变治，就必须恢复礼治。他明确表明：“郁郁乎文哉，吾从周。”(《论语·八佾》)“从周”也就是复兴周代的礼治；而要复兴周礼首要一条就是正名。孔子在卫国时，子路问他：“卫君待子而为政，子将奚先?”他直截了当地回答：“必也正名乎!”所谓“正名”，也就是“君君，臣臣，父父，子子”，即每个社会成员都按照自己的等级名分尽义务，作君主的要像君的样子，作臣子的要像臣的样子，做父亲的要像父的样子，做儿子的要像儿的样子。否则，“名不正则言不顺，言不顺则事不成，事不成则礼乐不兴，礼乐不兴则刑罚不中，刑罚不中则民无所措手足。”(《论语·子路》)这就是说，礼作为人们的行为规范，是社会群体赖以维系的准则，每个社会成员都应当“约之以礼”，维护它的权威，恪守它的要求。

复礼、从周、正名等主张反映出孔子思想有浓厚传统色彩、保守色彩，如果仅从这个角度看待孔子，儒学似乎并不足观。应当注意的是，重礼思想仅仅是孔子儒学的出发点，不是儒学的全部内容。面对即将崩塌的礼治大厦，孔子并无意将它修补起来。他对礼治进行反思和理解，力图把其中仍具有生命力的、普遍适用的原则抽象出来，以备建设新体制之用。孔子对于传统的态度具有两面性：他一方面维护传统，另一方面又超越传统，他并不是抱残守缺、因循守旧的冥顽之辈。这种态度集中体现在他从新的视角看待礼治，对周礼作了损益。在他的眼里，礼并不仅仅是礼仪条文的总汇，并不是一套死板僵化的规定。“礼云礼云，玉帛云乎哉?”(《论语·阳货》)当然不是。那么，什么是礼的深刻内涵呢？孔子认为礼的深刻内涵就是普遍的人文精神，就是人之所以为人的本则。用一个字来概括就是“仁”。他把仁理解为礼的实质，把复礼看成是行仁的手段。他的结论是：“克己复礼为仁，一日克己复礼，天下归仁焉。”（《论语·颜渊》）这样，孔子便从“礼”这一传统观念的反思中引申出、提炼出“仁”这一崭新的观念。

礼对于社会而言代表着一种秩序，而对于个人来说，礼又是一种行为规范。孔子对此亦有充分认识。他说，一个人要成为完美的人，一个不可缺少的条件就是“文以之礼乐”（《论语·宪问》），即用礼乐进行教育和熏陶。倘若没有礼乐，人肯定就会行为粗野鄙陋，变成举止无礼的野蛮人。因此，孔子大力提倡学礼，强调“不学礼，无以立”（《论语·季氏》），并要求人们言行举止合乎礼，坚决做到“非礼勿视，非礼勿听，非礼勿言，非礼勿动”（《论语·颜渊》）。

（一）贞定新的内涵

仁不是别的，仁是礼的根本精神。如果说仁是人的美质，是人之所以为人的内在本质规定，那么，礼则是人的文饰，是人之所以为人的外在行为规定。一个人只有内在美质与外在文饰搭配得当，和谐一致，文质彬彬，才是完美的。比较而言，人的内在美质比外在文饰更为根本，所以人的外在文饰总的说来，必须符合内在美质的要求，而不是相反。但是，一个人如果具有内在美质，则他在外在文饰方面略有出入倒是可以原谅的，这叫作“大德不逾闲，小德出入可也”（《论语·子张》）。若以“大德”比仁，以“小德”比礼，则“小德”无论如何出入，只要万变不离其宗，不违背“大德”的宗旨，那就不必过分追究。正是在这个意义上，孔子原谅了管仲的不知礼。当然，从更积极的方面说，管仲不但不曾违背“大德”，反而在“大德”上有着极为卓越的表现。孔子曾称赞说：“管仲相桓公，霸诸侯，一匡天下，民到于今受其赐。微管仲，吾其被发左衽矣。”（《论语·宪问》）也就是说，管仲在“南夷与北狄交，中国不绝若线”（《公羊传·僖公四年》）的情形下，挺身而出，捍卫了诸夏的习俗文化，这才是值得充分肯定和讴歌的“大德”。相比之下，他的不知礼反倒成了次要的“小德出入”了。当然，事情只是相对而言。若无“大德”，那管仲式的“小德出入”也是不见容于孔子的。鲁国季氏“八佾舞于庭”，僭越了天子的乐舞，这比管仲的

“树塞门”“有反坫”并不严重多少，可是，季氏缺少内在的德性，因而孔子对季氏的僭越无礼行为深恶痛绝，谴责其行为“是可忍，孰不可忍也！”（《论语·八佾》）

总之，“仁”与“礼”在根本宗旨上是完全一致的，差别在于，仁是更为根本、更高层次的范畴，礼是相对而言的低一层次的范畴，两者之间存在着一种相辅相成的关系。孔子的这个观点，为改造礼提供了理论依据：即礼必须合乎仁，其不合者，就要予以改革。换言之，按照仁的基本宗旨对礼进行符合于时代的加工、改铸。

（二）扩展新的领域

在严格的宗法等级制度下，对于每一个贵族来说，政治上的“贵”与经济上的“富”既是统一的，又是世袭的。王、公、大夫、士各个等级莫不如此。所谓世卿世禄制，就正好体现了这一点。世袭一般只适用于贵族范围，是贵族独享的特权。《礼记·礼运》篇记载禹、汤以降“大人世及以为礼”。由此观之，世袭制作为礼的一项重要规定，由来已久。

然而，到了春秋时期，世袭制受到了严重的冲击。许多杰出人才虽然身处下贱，而凭借自己的才能从社会中下层脱颖而出，他们或者因为经营实力而获得了巨额财富，或者因为发愤学习而拥有过人的学识和能力。他们了解民间疾苦，有从政治国的热情和愿望。于是，他们当中的优秀分子先后被吸收进各级权力机关中去，造成了社会阶层的合理流动。在春秋战国之际，尤其是儒家集团崛起之后，孔子及其弟子在鲁国的纷纷参政，就是这种变化的重要开端。他们的行为打破了鲁国几百年来形成的宗法贵族一统天下、垄断政权的局面。尤为重要的是，他们只领俸禄，不受封土，“用之则行，舍之则藏”，成为中国历史上第一代非世袭化的官员。从此以后，官僚制度慢慢形成、发展、完善，最终取代了宗法贵族世袭的古法旧制。如果说孔子及其弟子的参政，是以实际行动打破了世袭的规定，那么，他们首倡的“学而优则仕”，则更在思想观念上与“大人世及以为礼”形成了尖锐对立。无论在理论上，或在实践上，“学而优则仕”都具有显而易见的优越性，所以这一新观念很快便取得了压倒对方的优势，并且流行开来，形成了一种新的风气。从此，不再是“大人世及以为礼”，而是“学而优则仕”以为礼了。

春秋以前，礼仅仅局限于贵族的小圈子，礼的一系列烦琐规定，以及学礼、知礼、守礼的要求,基本上也都是针对士以上的贵族而言的,而下层民众与礼几乎没有什么关系。儒家把这种情况概括为"礼不下庶人,刑不上大夫"(《礼记·曲礼上》)。也就是说,礼作为文明进步的成果,被贵族阶层垄断和独享,作为一种专属品而被赋予了一种贵族品格;而刑作为日渐繁苛的专政工具,则仅仅适用于庶人,与统治集团是无关的。

孔子起于社会底层,深知民众疾苦,对礼乐有独特的认知视角。他看到礼不但对富人、贵族,而且对穷人、平民也有着极其重要的意义。比如,他曾说"小人穷斯滥矣"(《论语·卫灵公》),然而"约之以礼,亦可以弗畔矣夫"(《论语·颜渊》)。就是说,小人,包括穷人、庶人、野人等下层民众,一到穷困窘迫境地便无所不为,但是如果"约之以礼",就会安分守己,不会犯上作乱。故孔子指出,执政治国应当"道之以德,齐之以礼",然后才是"道之以政,齐之以刑"(《论语·为政》)。这是两种执政模式。显然,在孔子眼里,以前者为上,为最可取。既然"道之以德,齐之以礼"的模式最佳,那么,在推行这一模式的时候,自然也会把庶人、平民包括在内,而决不会让他们处于德、礼之外。这样一来,就打破了"礼不下庶人"的古法,顺理成章地把礼推广到平民中去了。

孔子还打破了"学在官府"的旧制,开创兴办私学的新风气。孔子自己办学,倡导"有教无类",无论贵族或平民子弟,"自行束脩以上",即可入孔门求学。孔门弟子中,就有不少人是平民子弟。而孔子教学的内容从文献上讲主要是《诗》《书》《礼》《乐》《易》《春秋》六经,从技能上讲主要是礼、乐、射、御、书、数"六艺"。其中,礼具有重要的地位。孔子强调"不学礼,无以立"(《论语·季氏》);"不知礼,无以立也。"(《论语·尧日》)孔子要求他的弟子们学礼、知礼,很自然地就把礼普及到平民子弟中间去了。自此,礼只为贵族所有的品格发生了变化,礼变成了社会成员共同遵循的普遍准则和伦理规范。

(三)强化新的功能

春秋时期,由于礼坏乐崩,礼在等级规定方面的功用受到日渐削弱,而作为人的言行规范、准则的功用却越来越受重视,不断得到加强。这一消一长,表明礼的功用正在发生质的变化。孔子了解这一点,并适应这一变化的趋势,在强调"礼让为国"的同时,十分注重礼在"修己"方面的功用。他认为,要做一个完美的人,其中重要的一条是要"文之以礼乐”,既要用礼乐规范整饬、约束个人的言行举止,使人一举手、一投足都显得彬彬有礼,儒雅得体。他一而再、再而三地教育弟子们,应当如何“约之以礼”,如何以礼修己。他曾经在谆谆教导颜渊时。一口气说了四个“勿”:“非礼勿视,非礼勿听,非礼勿言,非礼勿动。”(《论语·颜渊》)他以四个否定句划出了四条严格的礼的界限。由于视、听、言、动范围广,除此以外,鲜有余地,所以孔子基本上不留死角,把人的行为几乎全部纳入礼的范围之内。这样,就单个人外在的视、听、言、动的表现形式来说,就可以是文质彬彬,养成君子风度,从而把整个社会的文明程度提高了一个层次。

应该指出,孔子提出了“修己”问题,并且在孔子那里,所谓修己往往是详于“修身”而略于“修心”。这正与孔子十分强调以礼修己是一致的。因为礼毕竟是外在的规范、准则,它只能对人之身起约束作用,而对人之心则似乎鞭长莫及,作用微乎其微。这样一来,所谓以礼修已,也就具体化为以礼修身,而重视以礼修身正是孔子以及早期儒家“修己”思想的一大特点。中华民族素以文明礼仪之邦闻名于世,正是发端于孔子对于中华礼乐制度的重视、损益和建构。

三、中庸与和谐精神的彰显

在孔子思想体系中,仁与礼是两个最基本的范畴。二者相互关联,相辅相成。一方面,仁受礼的制约,行仁不能超出礼规定的范围。孔子不赞成没有差等的仁爱,因为这将模糊上下尊卑的等级名分界限,这一点后来成为儒家与墨家的主要分歧之一。另一方面,仁又规定着礼,只有体现仁的规定的礼才是合理的。有些陈规陋习虽有仪礼方面的根据,如杀殉、专横、暴政等等,在孔子看来仍是非礼之举。孔子把仁与礼相统一的最佳状态称为“中庸”。他曾发出感慨:“中庸之为德也,其至矣乎？民鲜久矣。”(《论语·雍也》)中庸既是理想的道德境界,又是一种方法论原则。中有中正、中和的意思,庸是用的意思,合起来说,中庸也就是“用中”,即反对“过”和“不及”两种片面性,始终贯彻“允执其中”(《论语·尧曰》)的原则。孔子在评论他的两个学生颛孙师与卜商孰贤时说:“师也过,商也不及。”(《论语·先进》)结论是“过犹不及”,因为无论是“过”,还是“不及”,都离开了中道。这也就是说,只有排除极端,维系矛盾双方的和谐、统一和平衡,才算达到了中庸。他还指出，礼是衡量中庸与否的具体尺度，“礼乎礼，夫礼所以制中也”（《礼记·仲尼燕居》）。这样，孔子便把“礼”“仁”“中庸”三个范畴统一为一个有机的整体。

这种由中庸思维方式确立的贵和精神，奠定了中华民族精神世界的基础。这种精神体现在天人、群我、他我的关系上，就是人与自然、人与社会、人与人的三重和谐统一，即天人合一、物我统一、人我和谐，而非天人相分、人我相争。通观《论语》，可以看出孔子就是这样主张的。从人与自然的关系看，他说：“天何言哉？四时行焉，百物生焉，天何言哉？”（《论语·阳货》）对于动物，他主张“子钓而不纲，弋不射宿”（《论语·述而》）。从人与人的关系看，儒家主张“礼之用，和为贵”（《论语·学而》）。为了贯彻这种“和”的精神，他主张“己欲立而立人，己欲达而达人”（《论语·雍也》），“己所不欲，勿施于人”（《论语·颜渊》）。这种推己及人的忠恕之道，被以后的儒家发展为正己正人、成己成物的人格修养，发展成为内圣外王的理想境界，发展成为民胞物与、天下一家的情怀，而它们都归根立足于“中庸”。因为，“中也者，天下之大本也；和也者，天下之达道也。”（《中庸》）孔子还提出要“五十而知天命”，这种“知”并非一般的经验知识，而是经由道德实践而对天道所产生的一种了悟和洞察，其中既包含有敬畏天命的类宗教体验，又包含着道德人伦与自然天则的合一。后来孟子继承孔子“天人合德”的思想，明确提出了“尽心、知性、知天”的天人合一思想。至宋明理学，更把这种思想发扬光大，提出了“仁者以天地万物为一体”的学说。

基于中庸和谐的精神，儒家提出“远人不服，则修文德以来之”（《论语·季氏》）的睦边政策，主张“以直报怨，以德报德”（《论语·宪问》）。中国人历来爱好和平，尚文不尚武，可以说受到“和为贵”思想的陶冶和影响，其“以直报怨”“以德报德”推广到人与人或国与国的关系上时，则表现出宽容、柔顺、和平的气象与风度。其中宽容、柔顺等性格，在一定条件下固然可能流于调和折中，但总的来看是积极健康的，有助于培育而爱好和平、温文尔雅的民族精神。

总之，中华民族热爱自然，热爱生命，热爱和平，表现出的善良、友好、仁爱等美德，皆是立足于中庸和谐的精神。中和和谐的精神构成了中华民族精神的基石，今天它对于保护生态平衡，保持人类与自然的和谐共存，对于反对非正义战争，维护世界和平，对于我国现代化建设的政治局面的安定团结，促进精神文明建设的健康发展，仍有着极为重要的作用。

四、天下观念与民族凝聚力的强化

儒家在人类思想史上第一个提出了乌托邦式的大同理想，比西方的柏拉图还早。儒家的全部思想学说都是为实现其“大道”服务的，即其最低纲领是实现“天下有道”的天下一统的社会，最高纲领是实现“天下为公”的大同理想社会。儒家在中国历史上确立的中华民族的大同精神，自古以来，激励着无数仁人志士前仆后继，舍生取义。

春秋战国时期是中国古代社会发生剧烈变动的时代，天下大乱而思想自由，知识分子对未来美好社会有着种种思考和设计，提出了若干美妙的憧憬和蓝图。例如道家的“小国寡民”理想，农家的“并耕而食”理想，墨家的“兼爱天下”理想，法家的“寄军于政”理想等。儒家以孔子为代表提出了大同理想，主张天下为公，有而不与。故他赞美古之舜禹：“巍巍乎，舜、禹之有天下也而不与焉！”（《论语·泰伯》）他的理想志愿是“老者安之，朋友信之，少者怀之”（《论语·公冶长》）；主张敬老携幼，人人亲如兄弟，“四海之内，皆兄弟也”（《论语·颜渊》）；主张社会的“均、安、和”，“丘也闻有国家者，不患寡而患不均，不患贫而患不安。盖均无贫，和无寡，安无倾”（《论语·季氏》）。孟子提出的“老吾老以及人之老，幼吾幼以及人之幼”（《孟子·梁惠王上》）的思想，亦是基于孔子的这种大同思想而来的。后来《礼记·礼运》把这种大同理想社会概括为：“大道之行也，天下为公，选贤与能，讲信修睦。故人不独亲其亲，不独子其子。使老有所终，壮有所用。幼有所长，矜寡孤独废疾者皆有所养。男有分，女有归。货恶其弃于地也，不必藏于己；力恶其不出于身也，不必为己。是故谋闭而不兴，盗窃乱贼而不作，故外户不闭。是谓大同。”

这种大同世界，是孔子儒家社会政治理想的模式化，它具有小生产基础上的质朴特点，在当时社会条件下，这虽然是幻想，但却表现了古代中国人民追求理想社会的美好愿望，是对黑暗、混乱、污浊的社会现实的否定。因此，在后来两千多年的历史中，它成为鼓舞中华民族反对黑暗现实，争取社会进步的光辉旗帜。

大同世界一如尧、舜之伟业，是一种崇高理想，而禹、汤、文、武、周公之道，却是一种连接历史与未来的精神纽带。因此，孔子真正要建立的社会是"天下有道"的社会。由此孔子开启了中华民族大一统主义之传统观念："天下有道，则礼乐征伐自天子出；天下无道，则礼乐征伐自诸侯出。"(《论语·季氏》)。孔子曾称赞管仲说："管仲相桓公，霸诸侯，一匡天下，民到于今受其赐。微管仲，吾其被发左衽矣。"(《论语·宪问》)春秋战国时期，各诸侯国纷纷摆脱周朝的管辖，周王朝由此逐渐趋于消亡。而此时管仲相齐，使齐国成为诸侯的盟主，因此从表面上看是一种分裂，但实质上仍保持着中国内在的统一。孔子也正是在这一意义上称赞管仲的。自孔子确立理想主义的天下一统思想后，历代儒学家一般都继承这种思想。如荀子主张的"大儒者，善调一天下者也"；董仲舒说的"春秋大一统者，天地之常经，古今之通谊也"等等。在历史上，儒家的天下一统的主张，对于陶铸中华民族要求民族团结和国家统一稳定的心理和性格，起到了重大作用，使中华民族以其强大的生命力和巨大的凝聚力，屹立于世界民族之林。

五、自强精神与民族气节的砥砺

中华民族自古以来便以勤劳勇敢的精神面貌而著称于世。在古代，中华民族为人类文明贡献了举世公认的伟大发明。1840 年以来，中华民族尽管身处逆境，然而，仍旧自强不息、浴血奋战，以杰出的仁智勇维护了民族的自由与独立。1949 年以后，中华民族又多次前仆后继，捍卫了国家的独立、民族的解放和亚洲的和平，有力支援了第三世界中弱小国家维护主权的斗争，获得全世界的尊重。中华民族这种勤劳勇敢、自强不息的精神，正是在中国传统文化特别是孔子儒家具有英雄主义和乐观主义的自强思想的长期熏陶下形成的。

孔子认为大道的实现必须由全体社会成员的共同努力来完成，因此为了大道，每个人都要自强不息。他"学而不厌，诲人不倦"，"发愤忘食，乐以忘忧，不知老之将至"(《论语·述而》)。他反对"饱食终日，无所用心"(《论语·阳货》)，主张有所作为，表现出自强不息的进取精神。孔子的这些思想，后来被《易传》进一步概括为"天行健，君子以自强不息"。由于《易传》在历史上是以孔子手著的名义流传，因而产生广泛的影响，使自强不息的精神在中国文化史上居于主导地位。《中庸》写道:“唯天下之至诚……可以赞天地之化育,则可以与天地参矣”,“至诚无息,不息则久”。《大学》记载汤之盘铭的话:“苟日新,日日新,又日新。”儒家文化培育润泽的中华民族的自强不息精神,永远是中国人民奋发图强,自立于世界民族之林的强大精神动力。

第二章　孔子之道

第一节　孔子的思想体系

一、引言

研究先秦诸子的思想，首当其冲的，就是材料问题。孔子本人没有著书，所以，研究他的思想，不可避免地要从他的后学弟子的记述中去寻找。今人相信《论语》中的“子曰”，甚至只是其中的一部分，而不相信其他经传中的“子曰”，其实没有什么道理，因为同样都是后人的记述。时至今日，以我们对先秦学术的传承特点和先秦古书的流传通例的认识，有理由相信：这些“子曰”，即使不是孔子亲口所说、亲手所写，其思想来源于孔子是没有什么问题的。谈论先秦思想，想要严格地限定于某一个个人的直接材料，几乎是不可能的，甚至可以说是毫无意义的，真正有材料可以凭藉的，都是一个学派或者一个团体的思想。古人并不看重某个个人的思想，只看重某一种思想。探讨孔子的思想，我们不得不依靠晚于孔子的记录，这也是唯一的途径，就像探讨苏格拉底的思想，只能通过柏拉图、色诺芬等后来的记录一样，因为苏格拉底也没有任何著作。所以，本文讨论的前提是，先秦儒家文献中的“子曰”，基本上都可以代表孔子的思想。

孔子的思想是有体系的吗？冯友兰曾经区分形式上的系统与实质上的系统，认为中国哲学家虽不像西洋哲学家有形式上之系统，却还是有实质上之系统的。尽管孔子没有完整地表述过自己的思想体系，我本人也还是相信他是有实质上的体系的。但是困难在于，研究哲学史的学者，即使是相信孔子有实质上的系统的冯友兰，也都只是抓住他的思想中的某些方面来进行论述，似乎也没有能够整理出一个“一以贯之”的体系来，流于散乱。这样就使得孔子的思想体系只能停留在被质疑的状态下。本文试图把孔子思想的各个主要方面整合起来，努力找出一个有着内部逻辑、相对完整的系统来。

二、从天道出发

任何一种哲学思想，如果成体系的话，都必然有一个出发点，或者说是一些公理性的假设，就像欧几里得的几何学一样。

早期人类社会的思想家们，通常都选择“天”或“神”作为自己学说的理论依据。孔子则继承了西周以来“天”的观念。因为宇宙之间、自然界的一切都早已存在了那么长的时间，世界一直有秩序地运行变化，一切都是按部就班，那么和谐。这证明天的伟大，天地的运行是那么完美，什么都像设计好了似的，有条不紊，所以只要效法天，人类社会就一定会和谐地运行。在《论语》中，孔子多次提到要效法天，《阳货》：“子曰：‘予欲无言。’子贡曰：‘子如不言，则小子何述焉？’子曰：‘天何言哉？四时行焉，百物生焉。天何言哉！’”《泰伯》：“子曰：‘大哉，尧之为君也！巍巍乎，唯天为大，唯尧则之。荡荡乎，民无能名焉。巍巍乎，其有成功也！焕乎，其有文章！’”又《礼记·哀公问》：“公曰：‘敢问君子何贵乎天道也？’孔子对曰：‘贵其不已，如日月东西相从而不已也，是天道也；不闭其久，是天道也；无为而物成，是天道也；已成而明，是天道也。’”

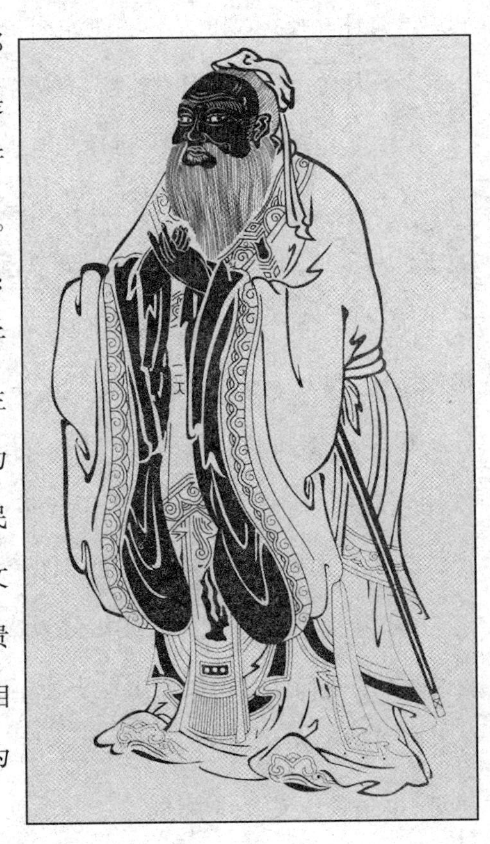

先师孔子

我们可以把这看成是孔子思想体系中的公理

假设:天地自然的秩序,就是最和谐、最完美的秩序。这就是先秦时代所谓的"天道",既是孔子思想体系的起点,也是最终的落脚点。

这个落脚点,应该是在孔子的晚年完成的。孔子的思想,在晚年有一次很大的转折,就是从仁义礼乐的世俗伦理,上升到天道性命的探索。这一转变,应该与他晚年喜读《周易》有关。《史记·孔子世家》说"孔子晚而喜《易》","读《易》,韦编三绝"。

《论语·公冶长》记载子贡的话说:"夫子之文章,可得而闻也,夫子之言性与天道,不可得而闻也。"子贡的这句话常常被用来作为孔子只关心人事、不关心性与天道的证据。但是全面地考察孔子的言行与思想,就知道这样的理解是有问题的。《论语》本身就已经有"天何言哉""唯天为大"的记载,此外还有:第一,《易传》中大量地记载孔子说到性与天道,如《系辞》几乎通篇都在讲天道。《文言》:"乾道变化,各正性命。""利贞者,性情也。"《谦卦·象》:"天道下济而光明,地道卑而上行。"《说卦》:"穷理尽性以至于命。""昔者圣人之作易也,将以顺性命之理。"而且孔子自己也说:"五十而知天命。"(《为政》)第二,在孔子的后学学生中,讲性与天道的也很多。例如《中庸》:"天命之谓性,率性之谓道。"《孟子》也说:"形色,天性也。"第三,在20世纪90年代出土的郭店楚简中,也有不少关于性与天道的说法,例如:"善,人道也,德,天道也。""圣人知天道也。"(《五行》)"性自命出,命自天降。"(《性自命出》)"有天有命,有地有形。"(《语丛一》)郭店楚简中的这些儒家著作,跟七十子及其后学弟子有关,应该没有什么问题。孔子的学生关于性与天道谈了很多,而且常称"子曰",不可能跟孔子没有关系。这些材料,可以说明孔子并不是不谈性与天道。子贡所言,可能是孔子晚年学《易》以前的情况。马王堆帛书易传《要》篇说:"夫子老而好易,居则在席,行则在橐。子赣曰:'夫子它日教弟子曰:德行亡者,神灵之趋;知谋远者,卜筮之繁。赐以此为然矣,以此言取之。赐缗口之为也。夫子何以老而好之乎?'"这段话既可以看出孔子晚年的变化,也可以证明子贡对晚年孔子的认识也有变化。孔子一生不得志,晚年难免会思考一些天道、命运之类的问题,由此进入形而上的思考,也是顺理成章的事情。

不过,这种转变,并不是和原来的思想完全对立的,而是原有思想的合乎逻辑的发展，前后有着内在的一致性。这一转变，与其说使他的学说变成了另外一种体系，不如说是为他原来的学说找到了天道、天命的依据，使得这一系统更加完善，而且具有了思辨色彩。

正因为孔子认为他的学说根源于“天”，因此，他对自己的学说充满自信，他相信有一种“天命”降临在他的身上。他说：“文王既没，文不在兹乎？天之将丧斯文也，后死者不得与于斯文也。天之未丧斯文也，匡人其如予何？”（《子罕》）“道之将行也与，命也；道之将废也与，命也。公伯寮其如命何？”（《宪问》）“天生德于予，桓魋其如予何！”（《述而》）

三、从天道到人性

效法天有两个方面，一方面，把人类社会按照天道运行的法则组织起来。例如孔子认为，人类社会的等级制度，就是与天道一致的：天地二元，但不是平等的，天在地之上，天尊地卑，人类社会必须有上下尊卑之分，所以男尊女卑，君尊臣卑，官尊民卑。所以等级秩序就是天道。父亲对于儿子，君主对于臣子，就好像天对地一样，决不可颠倒。所以《周易·系辞》说：“天尊地卑，乾坤定矣，卑高以陈，贵贱位矣。”这样，人类社会就可以按照天道的运行方式有秩序地运转了。

效法天的另一个方面，就是把人的某些性质的来源归结于天，认为是天造就了人的精神品质。这样，人们就有理由相信，这些品质都是人天然应当拥有或遵守的、毋庸置疑的。因此，人的最基本的精神，即人性，就是天命的衍生。天主宰人类社会，也主宰人的精神，人性直接来源于天命。所谓“性自命出，命自天降”（《性自命出》），“天命之谓性”（《中庸》）。孔子说他自己“五十而知天命”（《学而》），并强调人对天命应有敬畏之心：“君子有三畏：畏天命，畏大人，畏圣人之言。小人不知天命而不畏也，狎大人，侮圣人之言。”（《季氏》）

性来自天，所以人的本性都是相近的。由于后天种种不同的环境风俗等的浸染，就会有差别，逐渐偏离道德，所谓“性相近也，习相远也”（《阳货》）。“凡人虽有性，心无定志，待物而后作，待悦而后行，待习而后定。”（《性自命出》）解决的办法，就是要正心、诚意，这样才能保持天性，也就是所谓的“大学”：“大学之道，在明明德，在亲民，在止于至善。”（《大学》）孔子的所谓“君子”的品德，都是从这里派生出来的。孟子所谓“求其放心而已矣”，也是这个意思。

人立身处世的根本原则，应当符合天性，否则就是戕害天性。人能够保持或顺应天性，就是有德。“德者，得也。”（《乐记》）所谓德，就是得到、保持这种天性。德的基本要求是直，德字在古文字中，常常写作从彳、从心、从直，心直道而行就是德，所以，孔子主张直道而行：“以直报怨，以德报德。”（《宪问》）“吾之于人也，谁毁谁誉？如有所誉者，其有所试矣。斯民也，三代之所以直道而行也。”（《卫灵公》）正直就是直接与上天赋予人的根本性质相合。所以孔子说：“人之生也直，罔之生也幸而免。”（《雍也》）“天命之谓性，率性之谓道。”（《中庸》）率性而为，也是顺天命而行。例如《论语·子路》：“叶公语孔子曰：‘吾党有直躬者，其父攘羊，而子证之。’孔子曰：‘吾党之直者异于是：父为子隐，子为父隐，直在其中矣。’”孔子认为父子之间的关系，是一种天然的联系，父为子隐，子为父隐，就是人的天性，也就是《孝经》讲的“父子之道，天性也”。所以，父子相为“隐”，反而成了“直”的表现，在儒家伦理中是美德。

正直的品德直指天性。正直对自己而言，就是要至诚，所以《中庸》说：“唯天下至诚，为能尽其性。能尽其性，则能尽人之性。能尽人之性，则能尽物之性；能尽物之性，则可以赞天地之化育；可以赞天地之化育，则可以与天地参矣。”对他人来说，就是要忠信。子曰：“言忠信，行笃敬，虽蛮貊之邦行矣。言不忠信，行不笃敬，虽州里行乎哉？”（《卫灵公》）“人而无信，不知其可也。大车无輗，小车无軏，其何以行之哉？”（《为政》）

四、从个人到人伦

个体的人本身是毫无意义的，他必须在与他人的种种关系中得到体现。所有个人的特质，“君子”的人格，只有在与他人的交往之中，才能完成。

最简单的人际关系是两个人之间的关系。只要具备了两个人，就需要遵守一定的行为规则。这个规则，儒家叫作“仁”。有两个人，“仁”就在其中了。儒家在处理人际关系时，有一条根本的准则，就是由近及远，推己及人。《中庸》说："君子之道，譬如行远必自迩，譬如登高必自卑。"推己及人的原则有正反两种表述，反面的表述是"己所不欲，勿施于人"（《卫灵公》），正面的表述是："夫仁者，己欲立而立人，己欲达而达人。能近取譬，可谓仁之方也已。"（《雍也》）孔子把这一原则看成贯穿他整个学说的一条中心线索。《里仁》："子曰：'参乎！吾道一以贯之。'曾子曰：'唯。'子出，门人问曰：'何谓也？'曾子曰：'夫子之道，忠恕而已矣。'"推己及人，就是忠恕之道，就是仁道，"仁"也就成为孔子学说的中心思想。

这种从自身出发，将心比心、推己及人的原则，非常富于人情味。孟子说："老吾老以及人之老，幼吾幼以及人之幼，天下可运于掌。"（《梁惠王上》）儒家认为，能够做到这一点，治理国家就非常容易了，因为治理国家无非是处理与他人的关系而已。

从"近取譬""推己及人"的原则出发，人首先要对与自己关系最近的人有爱心，然后才能对关系远的人有爱心，孔子认为这是人性的表现。那么，什么样的人是与自己关系最近的人呢？我们在这里面对的是孔子思想中的另一个公理：血缘关系，是最天然的人际关系，是与自身最近的人际关系。这一点，似乎也不证自明。相对于上文提到的天道公理，我们也可以把它叫做人伦公理。

所以，人对他人的一切态度，都从自己的亲人开始，对父母亲的孝，就成为"仁"的出发点和基础。所以，有子说："君子务本，本立而道生。孝弟也者，其为仁之本与！"（《学而》）《孝经》说："故不爱其亲而爱他人者，谓之悖德；不敬其亲而敬他人者，谓之悖礼。"

人际关系除了血缘关系之外，还有非血缘关系。血缘关系属于"内"，非血缘关系属于"外"。门内的亲情是天然的，是符合天性的，所以仁道的根本就是亲亲。对于门外的普通人好，是因为由近及远、推己及人的推广，所以叫作"义"，"义者，宜也"（《中庸》），只是天理所当然。因为只有这样，世界才是温暖的、和谐的。子曰："君子之于天下也，无适也，无莫也，义之与比。"（《里仁》）所以郭店楚简《六德》说："仁，内也；义，外也。"仁的表现是爱人，所以樊迟问仁，子曰："爱人。"（《颜渊》）即孟子所谓"仁者爱人"。义的表现就是忠，曾子所谓"为人谋而不忠乎？"（《学而》）亲亲的极点就是父子关系，义的极点就是君臣关系。所以《中庸》说:“仁者,人也,亲亲为大;义者,宜也,尊贤为尚。”《孝经》说:“父子之道,天性也,君臣之道,义也。”由内向外的推广,就是由仁而及义,由孝悌而及于忠顺。所以《孝经》说:“君子之事亲孝,故忠可移于君;事兄悌,故顺可移于长。”所以,疏不间亲,父子之道,或者说孝道,不但先于君臣之道,而且高于君臣之道。所以《六德》云:“为父绝君,不为君绝父。”这是以血缘为纽带的宗法社会最合理的逻辑。

在这种以宗法制度为基础的社会中,夫妇关系只能被置于父子君臣之下。其实夫妇关系才是最基本的人伦关系,因为人类社会最基本的存在就是男人和女人。儒家对于人的基本需求都是承认的:“饮食男女,人之大欲存焉。”(《礼运》)有了夫妇,然后才能有人的繁衍,然后才有父亲和儿子的差别,然后才有兄弟姊妹等各种亲属关系。父子、兄弟关系都是从夫妇关系中派生出来的。所以夫妇关系是人伦之始,至关重要。孔子删定《诗经》,首为《关雎》,《诗序》云:“《周南》《召南》,正始之道,王化之基。是以《关雎》乐得淑女以配君子。”毛传:“夫妇有别则父子亲,父子亲则君臣敬,君臣敬则朝廷正,朝廷正则王化成。”

虽然如此,儒家对于夫妇关系,并不强调仁,也不强调义,而是特别强调“别”。“男女,别生焉。”(《六德》)夫妇之间,是男女之大防,要保证人类社会的正常秩序,必须保证这一大防不被破坏,否则就会回到“父子聚麀”的野蛮时代,父子关系不能确立,社会伦理遭到破坏。《六德》篇说:“男女不别,父子不亲;父子不亲,君臣无义。”所以,子曰:“男女无媒不交,无幣不相见,恐男女之无别也。”“君子远色,以为民纪,故男女授受不亲。”(《礼记·坊记》)在夫权至上的社会背景下,强调男女之间的分别,必然造成女子失去平等的地位,这大概也是中国长期以来妇女地位低下的原因之一。

五、从人伦到礼乐规范

这样,有男人,有女人,有贵人,有贱人。夫妇有别,贵贱有等;父子有亲,君臣有义,兄友弟悌,朋友相信。有了这些分别,一个社会或者国家的基本秩序就确立起来,但是还不能运作。要运作,还需要一些别的东西。

首先,我们需要一些东西,来保持这种分别,保持既定的秩序,这就是礼。人人都按照礼的规定来行事,遵守这种约定,社会才能够保持稳定。所以,礼是保持等级制度、维持社会按照天道运行的基本保证。

其次,每个人都必须在社会中做些什么。礼规定了一个人应当做些什么,应当怎么做,也就是说,为每一个人规定了他应尽的职责,或者说本分。只有每一个人按照这种规定尽好自己的本分,人类才能和谐地发展(苏格拉底也说,正义就是有自己的东西,干自己的事情)。个人的一切行为都必须合乎礼。

礼不仅仅是一种形式化的仪式,它与人内心的仁义要求相一致。仁义都属于善的范畴,因为它们都是遵循天道天德的结果。仁义从人的内心发诸行为,就是符合礼的行为。所有的礼,是通向完美的和谐状态的途径。有子曰:“礼之用,和为贵,先王之道斯为美,小大由之。”(《学而》)个人由于遵循礼,而达到仁人、圣人的完美人格,所以子曰:“克己复礼为仁。一日克己复礼,天下归仁焉。”(《颜渊》)社会由于遵循礼,就能够达到“天下为公”的大同社会(《礼运》),这是孔子理想中完美的黄金时代。但这样的社会,其实是不存在的,在孔子看来,小康社会就已经非常理想了:“今大道既隐,天下为家。各亲其亲,各子其子,货力为己。大人世及以为礼,城郭沟池以为固,礼义以为纪,以正君臣,以笃父子,以睦兄弟,以和夫妇,以设制度,以立田里,以贤勇知,以功为己。故谋用是作,而兵由此起。禹汤文武成王周公,由此其选也。此六君子者,未有不谨于礼者也。以著其义,以考其信,著有过,刑仁讲让,示民有常。如有不由此者,在势者去,众以为殃,是谓小康。”(《礼运》)

可见对于孔子来讲,礼乐也只是在小康社会才出现,它仅仅是道路、手段,而不是目的。一旦社会真的有一天进入大同社会,礼乐也就完成了它的使命。所以子曰:“礼云礼云,玉帛云乎哉!乐云乐云,钟鼓云乎哉!”(《阳货》)这就是说,礼与乐,并不在于平常的各种外在的形式,我们需要它们,仅仅是因为要达到那种和谐、完美的状态。礼乐的意义就在于此,也仅仅在于此。

礼是从人的行为规范上说的,更重要的是,要让人们从内心出发,自觉地维持礼所规定的秩序。能够达到这种自觉的教化功能的，莫甚于乐，这是因为音乐是人内心最真诚的感情的流露，可以直接深入人心："唯乐不可以为伪"，"乐也者，圣人之所乐也，而可以善民心。其感人深，其移风易俗，故先王著其教焉"。音乐与政教相通："治世之音安以乐，其政和；乱世之音怨以怒，其政乖；亡国之音哀以思，其民困。声音之道，与政通矣。""是故先王之制礼乐也，非以极口腹耳目之欲也，将以教民平好恶，而反人道之正也。"(《乐记》)可见音乐具有不可代替的功能。孔子本人非常喜欢音乐，也整理过当时的音乐。《子罕》："子曰：'吾自卫反鲁，然后乐正，雅、颂各得其所。'"他认为君子之德，成于乐："兴于诗，立于礼，成于乐。"(《泰伯》)他对理想社会的音乐也有所设计，《卫灵公》："颜渊问为邦，子曰：'行夏之时，乘殷之辂，服周之冕，乐则韶舞。放郑声，远佞人，郑声淫，佞人殆。'"

具备了礼乐之后，一个社会或者国家，就可以健康地运行了。

六、礼坏乐崩时代的救赎

孔子认为他所处的，正是礼坏乐崩的时代，先代圣王留下来的礼，只有其名，而无其实了。因为礼规定了各人的名分，所以要维持礼在社会中的运作，当务之急，就必须"正名"，随时把那些错误的、不合礼义的行为、名分纠正过来，社会就能顺着健康的轨道发展。所以齐景公问政于孔子，孔子对曰："君君，臣臣，父父，子子。"公曰："善哉！信如君不君，臣不臣，父不父，子不子，虽有粟，吾得而食诸?"(《颜渊》)

"正名"就是正礼，也就是规范人们的行为，规定人们的职责，维持社会的良性循环。统治者治理国家的时候，只要循名责实，就可以事半功倍。《子路》："子路曰：'卫君待子而为政，子将奚先?'子曰：'必也，正名乎！'子路曰：'有是哉，子之迂也！奚其正?'子曰：'野哉由也！君子于其所不知，盖阙如也。名不正则言不顺，言不顺则事不成，事不成则礼乐不兴，礼乐不兴则刑罚不中，刑罚不中则民无所措手足。故君子名之必可言也，言之必可行也。君子于其言，无所苟而已矣。'"正名的这种功能，连子路都很难理解，可见当时礼坏乐崩的情况。礼可能只剩下了某些残留的形式，礼的功能几乎已经被忘记了。

孔子的理想是大同，是完美的和谐社会，但是现实的人是千差万别的，有着各种不同的喜怒哀乐，有着各种不同的利害关系，有着各种不同的主张。人与人之间，不同是绝对的，同是相对的。所以，以礼来调和各种矛盾，必须掌握中庸的原则，“过犹不及”（《先进》）。中庸是处理任何事物需要把握的最佳尺度，也是达到和谐的方法。

孔子说，中庸的思想，来源于上古的圣王。《论语》：“尧曰：‘咨！尔舜！天之历数在尔躬，允执其中。四海困穷，天禄永终。’舜亦以命禹。”（《尧曰》）《中庸》云：“舜其大知也与！舜好问而好察迩言，隐恶而扬善，执其两端，用其中于民，其斯以为舜乎！”

与中庸相关的另一个重要概念是权，执中的同时，也要知道用权。孟子说：“执中无权，犹执一也。所恶执一者，为其贼道也，举一而废百也。”（《尽心上》）“男女授受不亲，礼也。嫂溺援之以手者，权也。”（《离娄上》）权与原则相对，对于人的要求非常高，难以做到，子曰：“可与共学，未可与适道。可与适道，未可与立。可与立，未可与权。”（《子罕》）一个人具有绝对的公正之心，才能用权，否则权就会被利用来假公济私、贪赃枉法。权的基础是人的道德，原则的基础是法制。儒家很讲究权，法家则主张“释人而任势”，排除人治的干扰。今天西方的制度与法家的出发点接近。

所有个人的优秀品质和社会的美好制度，都有待于君子之学。人必须学习，才能对外物的干扰不动于心，才能保持自己善良的天性。学，也就是修养自身，是君子治国平天下的必备的前提。否则，不但不能为政，而且会逐渐丧失那些善良的天性，走向反面：“好仁不好学，其蔽也愚；好知不好学，其蔽也荡；好信不好学，其蔽也贼；好直不好学，其蔽也绞；好勇不好学，其蔽也乱；好刚不好学，其蔽也狂。”（《阳货》）这种学，是正心诚意的“大学”：“大学之道，在明明德，在亲民，在止于至善。”“古之欲明明德于天下者，先治其国；欲治其国者，先齐其家；欲齐其家者，先修其身；欲修其身者，先正其心；欲正其心者，先诚其意；欲诚其意者，先致其知。致知在格物。”（《大学》）这样，就把修身和治国平天下联系起来了，联系的关键，就是学，在于“格物致知”。

这就牵涉到知。学习就是掌握知识，使自己具备智慧，不再迷惑，进而引导人民。古人认为，最高等的人是生而知之的。《史记》说黄帝：“生而神灵。”又说高辛：“生而神灵，自言其名。"孔子认为:"生而知之者上也,学而知之者次也,困而学之又其次也,困而不学,民斯为下矣。"(《季氏》)他按"知"把人分为几等,并说:"中人以上,可以语上也;中人以下,不可以语上也。"(《雍也》)由于"民斯为下矣",而"中人以下,不可以语上",所以,他认为普通的下层人民是"无知"的,也是不可能让他们都"知之"的:"民可使由之,不可使知之。"(《泰泊》)古代之民,取义于茫然无知。古人认为民是无知的,如同瞎子,需要上层的君子去教化和引导。《尚书·多士》序郑注:"民,无知之称。"《春秋繁露·深察名号》:"民之号·取之冥也。"贾子《新书'大政下》:"夫民之为言萌也,萌之为言盲也。"西周金文中民字作"[illegible]",象以针刺瞎人目之形。不可使民知,也是先秦儒家的一个基本理念。《史记·滑稽列传》西门豹曰:"民可与乐成,不可与虑始。"也是这一思想的反映。

这样,社会就分化为两大部分:君子与小人。行政,就是君子(统治者,有道德有智慧的人)引导小人(老百姓,无道德无知者)。孔子的政治哲学是:君子引导小人,通过以身作则来教化他们,不能用强制的办法。上行下效,在上位的人必须身体力行,做出表率,不用说什么,老百姓自然就会跟从。《论语·颜渊》:"季康子问政于孔子,孔子对曰:'政者,正也。子帅以正,孰敢不正?'""君子之德风,小人之德草,草上之风必偃。"

所以,在孔子看来,"为政"是很容易的事情,做好了表率作用,就可以"垂衣裳而天下治"了。孔子对他的弟子,从来不轻易评价为"仁",他说:"回也,其心三月不违仁,其余则日月至焉而已矣。"(《雍也》)也不轻许为"好学",例如哀公问:"弟子孰为好学?"孔子对曰:"有颜回者好学,不迁怒,不贰过。不幸短命死矣,今也则亡,未闻好学者也。"(《雍也》)唯独对于从政,他说很多弟子都可以,例如季康子问子路、子贡、冉有"可使从政也与",孔子说:"由也果,于从政乎何有?""赐也达,于从政乎何有?""求也艺,于从政乎何有?"(《雍也》)

七、从世俗到宗教

所有这些东西,都是世俗社会的基本要素。世俗人生的幸福,很大程度上取决于精神的寄托,也就是宗教问题。在孔子那里,表现为对于鬼神的态度。

鬼神在上古时代有着非常突出的地位,《礼记·表记》:"夏道尊命,事鬼敬神而远之,近人而忠焉。……殷人尊神,率民以事神,先鬼而后礼。……周人尊礼尚施,事鬼敬神而远之,近人而忠焉。"在甲骨文中,殷人几乎每事必卜,可以证明古书上所说"殷人好鬼"的记载是可信的。不过,西周以后,民为邦本的思想逐渐兴起。《尚书》说:"天听自我民听,天视自我民视。"《左传·庄公三十二年》:"国将兴,听于民,将亡,听于神。"《僖公十九年》:"民,神之主也,是以圣王先成民而后致力于神。"

孔子对于鬼神的态度也受到民本思想的影响,他认为鬼神有助于教化,但不可以鬼神为中心,所以采取"神道设教"的态度。《周易·观卦》彖曰:"观天之神道,而四时不忒。圣人以神道设教,而天下服矣。"一方面,鬼神关系到祖先和神明,有助于维持教化、慎终追远、民德归厚,所以要尊敬。但是另一方面,鬼神之事又难知,如果太依赖了、太当真了,就容易诬谰。在若即若离之间,显示了孔子的智慧。他明确提出,要"务民之义,敬鬼神而远之"(《雍也》)。季路问事鬼神。子曰:"未能事人,焉能事鬼?"曰:"敢问死?"曰:"未知生,焉知死。"(《先进》)他认为这与古代圣王的思想是一致的。他盛赞大禹礼鬼神的态度:"禹,吾无间然矣。菲饮食而致孝乎鬼神,恶衣服而致美乎黻冕,卑宫室而尽力乎沟洫。禹,吾无间然矣。"(《泰伯》)他对祭祀的功能也给予了充分的肯定:"或问禘之说。子曰:'不知也。知其说者之于天下也,其如示诸斯乎!'指其掌。"(《八佾》)所以祭祀时要尽其诚意,这是对于鬼神的礼:"祭如在,祭神如神在。子曰:'吾不与祭,如不祭。'"(《八佾》)

孔子说:"鬼神之为德,其盛矣乎!"(《中庸》)就是因为在它们的身上,寄托了普通民众的精神信仰。善导之,则事半功倍,不善导之,则诬谰谓而流于欺诈。圣人因势利导,一匡于正,所以正人心、诚人意,使民风归于淳朴。

八、总结

孔子的思想深深地扎根在传统的观念之中,这大概已经成为学者的共识。孔子自称"述而不作",也基本上是符合事实的。我们从孔子对于天命的先验认识出发,回归到他对于鬼神的智慧的态度,可以体察到他所谓的礼乐,不但是和谐人类关系的手段,也是沟通人与神的手段。在孔子看来,这样和谐的状态,正是尧舜时代"百兽率舞""凤凰来仪""神人以和"(《尧典》)的理想社会。这种理想社会,是智慧与仁政完美结合的典范,也就是柏拉图设想的"哲学王"统治的国家。人类的精神如此相似,难道不正是因为他们的学说,总是本乎善良的天性?

第二节　孔子的哲学

一、与神灵同在

在远古时代,我们人类是与神同居的。当时的人们相信,我们的周围布满了神灵,天地山川都是它们的居所。我们对自己的所作所为,有非常自觉的约束,因为神灵就在我们周围。

今天的人也许会觉得,远古人类的这些思想是何等的愚昧和荒谬,但是我们不能忘记,在这样的观念制约下,古人的生存状态与我们是根本不同的。如果我们要了解古人的思想和生活,就不能简单地把这种观念斥为虚妄。因为,在他们看来,神灵并非只是一些虚幻的概念,而是真切地在参与我们的生活,与我们一同居住在这个世界上。

神灵是高尚的,他们与我们相似,而超乎我们人类的能力之外,因此也是我们所崇拜和欣羡的。只有那些鬼怪妖厉、魑魅魍魉,才是令人恐惧的,因为他们跟人类的坏蛋一样,为非作歹,会危害人类。

这样的时代,可以称作"民神杂糅"的时代。我们可以通过《左传》等后世的一些类似的记录,来理解这样的生活状态。例如《左传》说,晋献公听信宠妃骊姬的谗言,杀太子申生,申生之弟夷吾为君,即惠公。夷吾在位,多行无礼之事,僖公十年:

晋侯改葬共大子(即申生)。秋,狐突适下国(指曲沃新城),遇大子,大子使登仆,而告之曰:"夷吾无礼,余得请于帝矣,将以晋畀秦,秦将祀余。"对曰:"臣闻之,神不歆非类,民不祀非族。君祀无乃殄乎?且民何罪,失刑乏祀?君其图之。"君曰:"诺,吾将复请。七日,新城西偏,将有巫者而见我焉。"许之,遂不见。及期而往,告之曰:"帝许我伐有罪矣,敝于韩。"

五年之后,秦晋战于韩,晋师大败,夷吾被俘,正应验了申生的预言。如果不从"民神杂糅"的时代观念出发来看这个故事,我们也许会对《左传》的作者大言不惭地述说鬼怪故事感到荒诞。又如《左传》宣公十五年说,晋国魏颗在辅氏之战中打败了秦国的著名大力士杜回:

初,魏武子(颗之父)有嬖妾,无子。武子疾,命颗曰:"必嫁是。"疾病,则曰:"必以为殉!"及卒,颗嫁之,曰:"疾病则乱,吾从其治也。"及辅氏之役,颗见老人结草以亢杜回。杜回踬而颠,故获之。夜梦之曰:"余,而所嫁妇人之父也。尔用先人之治命,余是以报。"

我们知道,在古代希腊的神话中,经常出现神与人类共同战斗的场面,与我国古代的记录是相似的。

思想不仅仅是一种意识,它同时也是一种力量,一种生存的方式,它通过改变我们的精神状态改变我们的生活。在古代人类的观念中,神是活泼泼地生活在他们的周围的,我们不要把古希腊神话中神与人在一起生活战斗的故事看成是纯粹的神话,那是用我们今天把神与人截然分开的观念(实际上是否认神的存在)来看待他们的生活。对一个古人来说,当他在梦中游走,当诅咒之后或服药之后的病人恢复健康,当百川沸腾、山冢崒崩,当美丽的鸟儿在箫声中飞翔,当罪恶的人突然间死亡,当天空中划过流星,当日月相食(注意"食"这个词,分明是古人认为它被什么东西所吞食),当白鱼跳入武王伐纣的船只,当雷劈开树,当天边披上绚丽的彩霞,神就在他面前了,他会真切地感到神在他的周围存在着、运作着。神不是在虚空中存在,而是与我们一起"在场"。在他们的世界中,这才是真实发生的历史。希腊的神话也真切地保留了这样一种思维和生活的状况。假如把希腊的神话仅仅当作神话故事,那可真是太可惜了。我们研究文明"破裂"以前的时代,决不能把神从他们的生活中割裂出去,而是要时时让它们参与进来,这样才能理解他们在做些什么，在想些什么，在说些什么。我们也就能理解为什么在《左传》《国语》《尚书》这样的古代作品中往往会出现神与人的交流。这不是神话，而是历史。

作为历史的“民神杂糅”的社会形态与传统所谓神话的差别就在于：这些涉及“神”的事件不仅仅是说的（传说），也不仅仅是想的（观念），更是做的（行为）：是社会的行为方式，渗透占卜、祭祀、日常生活习惯、国家的政权组织方式。

后世人文主义逐渐兴起，人与神灵之间有了界限之后，人们就不太能够理解这种人与神共同生活的模式，反倒觉得这是亵渎神灵的行为，他们把“民神杂糅”的生活模式理解为堕落时代的产物。例如《国语·楚语下》记载楚昭王的大臣观射父的评论：

> 及少皞之衰也，九黎乱德，民神杂糅，不可方物。夫人作享，家为巫史，无有要质。民匮于祀，而不知其福。烝享无度，民神同位。民渎齐盟，无有严威。神狎民则，不蠲其为。嘉生不降，无物以享。祸灾荐臻，莫尽其气。颛顼受之，乃命南正重司天以属神，命火正黎司地以属民，使复旧常，无相侵渎。

《左传》中“民神杂糅”的故事非常多，因此后人有“左氏艳而富，其失也巫”（范宁《谷梁集解·序》）的看法。韩愈云“左氏浮夸”，柳宗元谓左氏“其说多诬淫”，都是以今律古的评论。如果从观念史的角度出发，《左传》才是信史，因为它真实地再现了当时人的生活和精神状态。

二、天上的居民——诸神的起源

对于神灵，起初，人们只有“万物有灵”的观念，这种灵魂并非人格化的神灵，而是说万物之中都隐藏着各自的生命，这种生命都具有很奇特的禀性。从此派生出很多对火、水、风、雷、树木等物的崇拜。在此基础上，逐渐产生了神灵的观念，例如雷电，甲骨文中“神”字写作“”，就是“申”字，像闪电劈开天空的样子；风神，甲骨文中“风”字写作“”，就是凤凰的“凤”，刮风跟凤凰有关；还有日、月、星辰之神，等等。

在大地上居住的，都是山川的神灵和鬼怪，例如著名的河伯、泰山之神。他们既可以帮助我们，也常常会给我们带来灾难。但是那些有道德的，可以看护我们人类的高尚的神灵，都住在天上。在早期中国人的观念中，天上的居民原本就是人类各个族类的伟大祖先，他们生前都是圣王和他们的臣民，死了以后就成了“帝”和各种管理天上人间事务的诸神。早期神与祖先是不分的，把祖先叫作人鬼，并与天神区别开来，那是很晚的事情。

“帝”字在甲骨文中写作“不”，是花蒂的形状，表示根蒂、初始的意思。早期的圣王在人间时，叫作“王”，王死了以后，就上升到天上，这叫作“陟”。“陟”到天上的王，就成为帝，所以又称上帝。在人间的王，都是上帝的子孙，所以王也叫“天子”。天帝是最高的主宰，他是人间最初始的王死后变成的。每一个王都是他的嫡系子孙，死后都来到上帝身边，陪侍在他的左右。如果人间换了朝代，那就是“皇天上帝，改厥元子”（《尚书.召诰》）。这个天帝，在《山海经》中叫作帝俊，帝俊也就是帝喾。

本来上帝只有一个。但是古代氏族社会中，氏族部落很多，每一个集团都有自己认为的上帝，所以在部落合并的过程中，逐渐出现很多不同的“帝”，例如帝颛顼、伏羲、太昊、少昊等，后来形成“五帝”的系统。地上的很多国家或民族，都是他们的后裔。例如秦国就是少昊的后裔，《论语》中“季氏将伐颛臾”的颛臾国，就是太昊的后裔，而楚国是帝颛顼的后裔。

圣王的臣民死后照样也都升天。《尚书》有一篇《盘庚》，记载商王盘庚要迁都，他的大臣们不同意，盘庚说：

古我先后，既劳乃祖乃父，汝共作我畜民。汝有戕则在乃心，我先后绥乃祖乃父，乃祖乃父，乃断弃汝，不救乃死。兹予有乱政同位，具乃贝玉，乃祖先父，丕乃告我高后曰：“作丕刑于朕孙。”迪高后，丕乃崇降弗祥。

盘庚说，过去我的先王曾经劳苦过你们的先祖，所以有你们一起做我的顺民。你们心中如果有贼害人的邪念，先王安抚你们在天上的先祖，你们的先祖就会抛弃你们。如果你们在位的人中有扰乱政事的人，贪污财物，你们的先祖就会告诉我先王：“给我的子孙降下大刑！”于是先王就重重地降下不祥来了。这样看来，死后的世界与现实的世界并没有什么差别。

升天以后的人，都变成各种神灵。例如《国语·鲁语上》：

昔者烈山氏之有天下也，其子曰柱，能殖百谷。夏之兴也，周弃继之，故祀以为稷。共工氏之伯九有也，其子曰后土，能平九土，故祀以为社。

又如《山海经》：

羲和之国，有女子名曰羲和，方浴日于甘渊。羲和者，帝俊之妻，生十日。（《大荒南经》）

大荒之中，有女子方浴月。帝俊妻常羲，生月十有二。（《大荒西经》）

这让我们想起屈原《九歌》所歌咏的湘君与湘夫人，据说就是帝舜之二妃娥皇和女英。二妃是尧女，所以又称“帝子”（《湘夫人》：“帝子降兮北渚，目眇眇兮愁予”）。又《左传》昭公元年：

昔高辛氏有二子，伯曰阏伯，季曰实沈，居于旷林，不相能也，日寻干戈，以相征讨。后帝不臧，迁阏伯于商丘，主辰，商人是因，故辰为商星；迁实沈于大夏，主参，唐人是因……故参为晋星。由是观之，则实沈，参神也。

又《庄子·大宗师》：

夫道……傅说得之，以相武丁，奄有天下，乘东维，骑箕尾，而比于列星。

傅说是殷高宗武丁的贤相，他死后成为“星精”。

神灵就在我们周围，他们与我们同在；而且我们的祖先掌管着整个世界。当我们死了以后，也会来到他们中间，成为神灵的一员。因此，我们完全不必忧心死后的事情，不必对死亡感到恐惧。生存的世界与死后的世界是对应的，死亡是生存的延续。所以孔子说“未知生，焉知死”（《论语·先进》）。今人迫切想要了解、苦苦追问的死后世界，成为我们最大的宗教问题，在先民那里，却根本就不成为一个问题。

我们应该很容易想到为什么孔子不愿意谈论死后世界，而注重现实人生的努力，注重活在当下的体验，那是因为在他所继承的传统中，本来就不需要对此多做探索，也不会发生对于未来世界的真正恐惧。人们只需要把握了现世，也就是把握了来生。尽管孔子的时代，神灵的观念已经发生改变，但是传统对于他的影响仍是挥之不去的。

三、绝地天通——与神隔离

我们本来与神比邻而居，神灵就在我们的周围。天神不仅呆在天上，地上也常常有他们的居所。例如《山海经·西山经》："昆仑之山，是实为帝之下都。""长留之山，其神白帝少昊居之。"《中次三经》："青要之山，实为帝之密都。"甚至我们人类还可以直接到天上去。在古人的观念中，人类中的巫，有很多升天的途径，例如通过高山。《山海经·海内西经》云："巫咸国在女巫北……有登葆山，群巫所从上下也。"《大荒西经》："有灵山……十巫从此升降，百药爰在。"《海内经》："肇山，有人名曰柏高，柏高上下于此，至于天。"

但是就像古代希腊的神话一样，神灵中间有时候也会有斗争，而且他们常常从天上下到民间，在地上兴风作浪。《尚书·吕刑》就记载了一个这样的故事：

蚩尤惟始作乱，延及于平民，罔不寇贼，鸱义奸宄，夺攘矫虔。苗民弗用灵，制以刑，惟作五虐之刑曰法，杀戮无辜。爰始淫为劓刵椓黥，越兹丽刑，并制罔差有辞。民兴胥渐，泯泯棼棼，罔中于信，以覆诅盟。虐威庶戮，方告无辜于上。上帝监民，罔有馨香德，刑发闻惟腥。皇帝哀矜庶戮之不辜，报虐以威，遏绝苗民，无世在下。乃命重、黎，绝地天通，罔有降格。群后之逮在下，明明棐常，鳏寡无盖。

这个故事是说：天神蚩尤下到人间，率领苗民发动叛乱，毒害天下的人民，把人间搞得道德败坏，没有人不抢劫掠夺，奸诈虚伪。苗民不行善道，发明了各种暴虐的刑法，割鼻子、割耳朵、宫刑、刺字等，以此施加刑罚，不管有罪无罪，一律加以刑戮。人间纷乱黑暗，没有信用，违背盟约誓言。那些被欺凌的庶民，都到上帝那里去申冤。上帝俯视人间，没有馨香的德行，只有刑戮的腥臭。上帝哀怜那些无罪而被刑戮的庶民，于是断绝苗民的世系，不让他们有后代在地上。又让天神重黎"绝地天通"，断绝天神与人类的交通，不使互相上下来往，免得再出现蚩尤这样的叛乱。

这种神话故事，反映的历史背景其实是远古时代的部落战争。就"绝地天通"而言，它反映了人类逐渐从"民神杂糅"的状态中走出，神灵对人类的影响逐渐减弱，人文意识逐渐兴起。因此,《国语·楚语下》记载楚昭王的大臣观射父对这个故事作了非常人文主义的解释,他说,本来与天神交流这种事情,专门归天子的巫史掌管,因为他们有崇高的智慧和道德。但是后来人类“家为巫史”,家家户户自己与神交通,严重干扰了王权与神权,所以当时人间的帝王重新明确巫史的职责,让重管天神之事,让黎管人间之事。这是典型的人文主义的“重新分析”。

这种人文主义的“重新分析”,看似简单,其实蕴含着人类文明的重大突破,即从蒙昧的民神杂糅的时代,走向理性的人文主义的时代。观射父生活在春秋时代,与孔子的时代大致相同。在先秦古籍中,有很多有关孔子把古代神话作人文主义解析的案例,例如著名的“黄帝三百年”“黄帝四面”“夔一足”等。《大戴礼记·五帝德》:

宰我问于孔子曰:“昔者予闻诸荣伊令,黄帝三百年。请问黄帝者人邪?抑非人邪?何以至于三百年乎?”孔子曰:“……生而民得其利百年,死而民畏其神百年,亡而民用其教百年,故曰三百年。”

《太平御览》卷七十九引《尸子》云:

子贡曰:“古者黄帝四面,信乎?”孔子曰:“黄帝取合己者四人,使治四方,不计而耦,不约而成,此之谓四面。”

《吕氏春秋·察传》:

鲁哀公问于孔子曰:“乐正夔一足,信乎?”孔子曰:“昔者舜欲以乐传教于天下,乃令重黎举夔于草莽之中而进之,舜以为乐正。夔于是正六律,和五声,以通八风,而天下大服。重黎又欲益求人,舜曰:‘夫乐,天地之精也,得失之节也,故唯圣人为能和。乐之本也。夔能和之,以平天下。若夔者一而足矣。’故曰夔一足,非一足也。”

这些故事可以说明,孔子生活的时代,是理性逐渐觉醒的时代,孔子就是这个时代中的一个先知先觉者。尽管比孔子更晚的时代,我们还能看到很多“民神杂糅”式的记载,但是理性已经在向神灵呼唤“芝麻开门”了。

然而,“绝地天通”之后的清醒的人未必就是幸福的,理性的兴起是要付出代价的。从人的处境而言,与其说我们是从神灵的怀抱中走出来的,不如说我们是被甩出来的。

我们本来依偎在神灵的怀抱中，受他们的呵护，我们死了以后，也会来到他们身边，可是现在，世界不一样了。天“空”了，诸神隐去了，我们的心灵也失去了依托，人类发现自己是如此孤独。

人类与天神的联系断裂了，天“空”了，我们凭什么与神再续前缘？这是突现在春秋时代的知识分子面前的一个共同的难题，也是作为思想家的孔子首先必须面对的问题。

四、天道

天上的居民不见了。天“空”了之后，还剩下什么？只剩下一个接近于自然的天。好在我们可以很清楚地看到，这个自然的天表现出来的秩序是非常完美的：天尊地卑，从来没有颠倒过来过；四时有序，从来没有错位过；光明与黑暗交替，从来没有出过差错。这种完美的秩序，就是“天道”。天道是春秋时代为绝大多数知识分子所承认的不言而喻的前提。

对于孔子，也不例外。天地的运行是那么完美，什么都像设计好了似的，有条不紊，所以只要效法天，人类社会就一定会和谐地运行。在《论语》中，孔子多次提到要效法天：

子曰：“予欲无言。”子贡曰：“子如不言，则小子何述焉？”子曰：“天何言哉？四时行焉，百物生焉。天何言哉！”（《阳货》）

子曰：“大哉，尧之为君也！巍巍乎，唯天为大，唯尧则之。荡荡乎，民无能名焉。巍巍乎，其有成功也！焕乎，其有文章！”（《泰伯》）

又《礼记·哀公问》：

公曰：“敢问君子何贵乎天道也？”孔子对曰：“贵其不已，如日月东西相从而不已也，是天道也；不闭其久，是天道也；无为而物成，是天道也；已成而明，是天道也。”

问题是，天道隐微，并不像我们眼睛能够看到的那些事物一样简单，我们如何能够知道那些隐微的天道？我们如何能够知道眼睛看到的事物之中，上天要向我们显示什么？子产就说：“天道远，人道迩，非所及也，何以知之？”《左传》记载的这个故事最能体现当时人在天道观上的冲突。昭公十七年冬，有彗星出现。当时鲁国的大夫申须、梓慎，郑国

的大夫裨(pí)灶根据天文和地理,都预言宋、卫、陈、郑四国将发生火灾。裨灶向子产说,给我瓘斝玉瓒(瑾玉做的酒杯和玉做的舀酒的勺)祭祀,郑国就可以避免火灾。子产不给。第二年,宋卫陈郑果然同时发生火灾。裨灶又说,不给我瓘斝玉瓒的话,郑国还会再发生火灾,可是子产还是不给:

子大叔曰:“宝以保民也。若有火,国几亡,可以救亡,子何爱焉?”子产曰:“天道远,人道迩,非所及也,何以知之?灶焉知天道?是亦多言矣,岂不或信?”遂不与。亦不复火。

子产认为裨灶根本就不可能知道天道,只不过是经常预测,总有一次被他说中的,所以他坚持不给宝玉,结果也没有再发生火灾。

有意思的是,在先秦文献,尤其是《左传》中,经常出现这种预言,而且往往应验。是不是古人真的能够知道“天命”,能够预测未来呢?

子产与裨灶之间的分歧,反映了天道观在春秋时代的分流。一个支流是沿袭了较古时代的神灵观念,通过观测天象、祭祀、占卜等手段,来重新建立人与神之间的联系;梓慎、裨灶,以及《左传》等书中记述的大量巫史的占卜,就是代表。另一支流,则是以孔子为代表的理性主义的天道观,对上述传统进行了理性主义的改造。

不过我们应该注意的是,这第二个支流,并非完全摆脱了原来的神灵观念,而是继承了传统中人神之间的沟通部分,把它改造成天人之际的沟通。它的最大特点是并不放弃鬼神的观念,而是把鬼神的重心由天地神灵具体到祖先的身上。祖先的观念,对孔子这样的“精英”和平民百姓来说,是有很大不同的。平民百姓对于祖先不仅是一种血缘的亲情,更重要的是信仰,希望祖先能够保护自己。对于精英们来说,他们并无信仰,只是利用了平民的这种心理,用祖先的观念来教化百姓,使他们有所畏惧,即《周易》所谓“圣人以神道设教,而天下服矣”(《观卦·象》)。这一点在《论语》中也反映得很明显,例如:

子曰:“禹,吾无间然矣。菲饮食而致孝乎鬼神,恶衣服而致美乎黻冕,卑宫室而尽力乎沟洫。禹,吾无间然矣。”(《泰伯》)

曾子曰:“慎终追远,民德归厚矣。”(《学而》)

精英们当然知道，鬼神之事难知，只能作为一个终极的理想，不能代替现实本身。所以对于祖先鬼神，要保持在若即若离之间。因此孔子明确提出，对于鬼神，要"敬而远之"：

樊迟问知。子曰："务民之义，敬鬼神而远之，可谓知矣。"(《雍也》)

从根本上讲，鬼神与天道都属于同一种范畴，都是精神家园的寄托。但是对于像孔子这样的知识分子来讲，鬼神是对那些被教化的人、对平民百姓说的"方便法门"，而天道才是他们对自己说的、自己所保守的"真理"。

五、通达天道的方法

神灵消失了，我们不仅仅失去了自己的归宿，不知道自己要走向哪里，更为严重的是，我们此后用什么来评判是与非，用什么来指导自己的行为呢？这也是我们需要哲学的原因。尼采宣称"上帝死了"，纳粹统治欧洲；希特勒失败，欧洲重获自由之后，知识分子都在反思，没有了上帝，人如何对自己的行为负责？历史就是这么不断地在重复，还是在上升？在春秋时代的孔子那里，如何通达天道，也同样是一个迫切的问题。

在天道观上，即便是那些知识精英们，也有差别。子产说："天道远，人道迩，非所及也，何以知之？"子产的观念是比较超脱的，以孔子为代表的儒家思想有所不同。这多少是因为子产是政治家，他考虑的是国家的现实问题，而孔子是思想家，他必须考虑人类的精神和伦理问题。

首先，天道是可知的。君子何以能知天道？这是因为，人本天地之气而生，人本身就是天地自然的产物。天赋予人魂气，地赋予人形体，所以人死后，"魂气归于天，形魄归于地"(《郊特牲》)。因此，在人的本性之中，就包含着天地之性。所以郭店楚简《性自命出》说："性自命出，命自天降。"天道所赋予人之命，就是人的天性。从人的秉性讲，是天性；从赋予的角度讲，是天命；从遵循的角度讲，是天道。三者是同一事物的三种言说角度。《大戴礼记·本命》说得最好："分于道谓之命，形于一谓之性。"从道那里分出来的，得道之一体的，就是天命，这是天道所赋予人与万物的；所谓"一"是同类事物的同一性，天道从人或万物各自的同类身上体现出来的同一性，就是万物各自的本性。就狗而言，就是狗性；就石头而言，就是石头之性；就人而言，就是人性，就是人之所以为人的同一性。

所以《中庸》说："天命之谓性，率性之谓道。"顺应天性，也就是遵循天道。马王堆帛书《易传·要》记孔子告诫弟子曰："顺于天地之心，此谓易道。"也是这个意思。孔子自己还说"五十而知天命"(《学而》)，他强调人对天命要有敬畏之心：

孔子曰："君子有三畏：畏天命，畏大人，畏圣人之言。小人不知天命而不畏也，狎大人，侮圣人之言。"(《季氏》)

性来自天，所以人的本性都是相近的。沾染了后天种种不同的环境风俗等，浸染而有差别，就会偏离道德，所谓"性相近也，习相远也"(《阳货》)。郭店楚简《性自命出》：

凡人虽有性，心无定志，待物而后作，待悦而后行，待习而后定。

孔子所谓"君子"的品德，都是从这里派生出来的。孟子所谓"求其放心而已矣"，也是这个意思。

所以人立身处世的根本原则，应当符合天性，否则就是戕害天性。人能够保持或顺应天性，就是有德。所谓德，就是得，就是得到、具备、保持这种天性。《礼记·乐记》："德者，得也。"

其次，我们如何能够知天道？从以上讨论的天道与人性的关系，既然顺应天性就是顺应天道，那么我们就可以推论，"知天道"这个命题，可以转化为"尽人性"。从逻辑上说，如果一个人能够做到尽人性，也就可以知天道了。我们没有找到孔子的话来证明这一点，但是《中庸》通过"至诚"这个概念给我们提供了证据：

唯天下至诚，为能尽其性；能尽其性，则能尽人之性；能尽人之性，则能尽物之性，能尽物之性，则可以赞天地之化育；可以赞天地之化育，则可以与天地参矣。

至诚可以通达天道，那么人如何做到"至诚"？至诚无非就是修身。具体来说，就是坚持保持"善"的品质，永不改变。《中庸》说：

诚者，天之道也，诚之者，人之道也，诚者不勉而中，不思而得，从容中道，圣人也。诚之者,择善而固执之者也。

这里实际上提出了通达至诚的两条途径:就是执中与守恒,也就是孔子所说的“中庸”。

(一)执中

执中的观念,来源于古代的圣王。《论语·尧曰》:

尧曰:“咨!尔舜!天之历数在尔躬,允执其中。四海困穷,天禄永终。”舜亦以命禹。

《中庸》云:

舜其大知也与!舜好问而好察迩言,隐恶而扬善,执其两端,用其中于民,其斯以为舜乎!

对于“中”的推崇,其实在《易经》中已经有了。易卦由下卦和上卦构成,共六爻,其中第二爻居下卦之中,第五爻居上卦之中。《易经》64卦,中爻共128爻,其爻辞说凶的只有3,有凶有吉的有6(例如《屯》卦九五:“屯其膏,小贞吉,大贞凶”),吝有1,无咎一类的有49,吉、利一类的69。总计无咎与吉利的共有118爻。所以《系辞》总结说:“二与四,同功而异位。其善不同,二多誉,四多惧。”“三与五,同功而异位。三多凶,五多功。”这可以显示“中”这一位置的特殊性。经文有两处直接提到“中”或“中行”:

包荒,用冯河,不退遗。朋亡,得尚(当)于中行。(《泰》九二)

苋陆夬夬,中行无咎。(《夬》九五)

无攸遂,在中馈,贞吉。(《家人》六二)

至于《象》传,则大量提到二与五之位得中的优越。例如《需》卦:

九五:“需于酒食,贞吉。”象曰:“酒食,贞吉,以中正也。”

《比》卦:

九五:“显比。王用三驱,失前禽,邑人不诫,吉。”象曰:“显比之吉,位正中也。”

《履》卦:

九二:“履道坦坦,幽人贞吉。”象曰:“幽人贞吉,中不自乱也。”

九五:“夬履,贞厉。”象曰:“夬履,贞厉,位正当也。”

《临》卦：

六五："知临，大君之宜，吉。"象曰："大君之宜，行中之谓也。"

《大畜》卦：

九二："舆说輹。"象曰："舆说輹中无尤也。"

《坎》卦：

九二："坎，有险，求小得。"象曰："求小得，未出中也。"

九五："坎不盈，祇既平，无咎。"象曰："坎不盈，中未大也。"

《离》卦：

六二："黄离，元吉。"象曰："黄离元吉，得中道也。"

《恒》卦：

九二："悔亡。"象曰："九二悔亡，能久中也。"

《大壮》卦：

九二："贞吉。"象曰："九二贞吉，以中也。"

《解》卦：

九二："田获三狐，得黄矢。贞吉。"象曰："九二贞吉，得中道也。"

《井》卦：

九五："井冽寒泉食。"象曰："寒泉之食，中正也。"

《巽》卦：

九二："巽在床下，用史巫纷若，吉，无咎。"象曰："纷若之吉，得中也。"

九五："贞吉，悔亡，无不利。"象曰："九五之吉，位正中也。"

尽管《象传》的时代晚于经文，但是二、五中位的优越性思想，不能不说也是经文中已经包含的意思。

我们应当注意的是，"中"是一个相对的概念，它相对于"两端"而言，没有两端，也就无所谓中。两端、中这样的概念只有在具体的事情上才能体现。因此，在《论语》中，孔子对于"中"的阐发，往往是因人因事而发：

子贡问："师与商也孰贤？"子曰："师也过，商也不及。"曰："然则师愈与？"子曰："过犹不及。"（《先进》）

子曰："攻乎异端，斯害也已。"（《为政》）

子曰："不得中行而与之，必也狂狷乎。狂者进取，狷者有所不为也。"（《子路》）

所以，作为原则的中道，是一个抽象的概念。怎样做才算是"执中"或把握住了"中道"，是会根据具体的环境发生变化的。因此，中属于"易"的范畴，是变易，即具体情况具体分析，而这，恰恰是孔子讲的另外一个概念——权。运用中道处理具体问题时候的表现，就是权。

权是相对于原则而言的。现实世界千变万化，往往不是单一的原则所能规范的。所以要权衡特定的因素，做出最合适的处理。但是，权的危险性也显而易见。如果没有可靠的监督机制，我们凭什么做出决定，什么时候应该坚持原则，什么时候需要权？因此，权的方法很容易被滥用，成为道德和社会堕落的根源。而孔子的思想弱点也正在这里。在孔子看来，社会是需要由有道德的君子来统治的。君子的道德品质非常高，因此，权与原则的把握，完全可以依赖于圣贤的良心。在他的思想中，权是一个层次很高的修养境界：

子曰："可与共学，未可与适道。可与适道，未可与立。可与立，未可与权。"（《子罕》）

执中是原则，与权相辅相成。《孟子》也说：

男女授受不亲，礼也。嫂溺援之以手者，权也。（《离娄上》）

执中无权，犹执一也。所恶执一者，为其贼道也，举一而废百也。（《尽心上》）

执一就是执其一端，偏执。这正与孔子讲的"叩其两端"相呼应：

子曰："吾有知乎哉？无知也。有鄙夫问于我，空空如也。我叩其两端而竭焉。"（《子罕》）

这种依赖于圣贤良心的权，在圣王执政的理想时代，也许能够作为治理国家的原则，但是在现实社会中，它虽然可以解决某些特殊情况下的难题，却也带来了很多负面的效

应，使得真正的原则如同虚设，根本不可能实行。法家"释人而任势"的观念，也许更符合现代社会的要求。

理解这一点之后，我们就会很容易明白为什么孔子讲的这个"中"，往往跟另外一个词"时"联系在一起，称为"时中"。因为"时"就是时机，就是具体的环境。有学者甚至认为，孔子的"中"的概念是从"时"发展而来的，这恐怕是颠倒过来了。我认为，儒家"时"的观念，是从"中"发展出来的。在《论语》中，虽然出现了"时"这个词，但看不出具有任何哲学性或思想性的意义：

色斯举矣，翔而后集。曰："山梁雌雉，时哉时哉！"子路共之，三嗅而作。（《乡党》）

子问公叔文子于公明贾曰："信乎夫子不言、不笑、不取乎？"公明贾对曰："以告者过也。夫子时然后言，人不厌其言；乐然后笑，人不厌其笑；义然后取，人不厌其取。"子曰："其然？岂其然乎？"（《宪问》）

在《中庸》中，已经出现了"时中"这个词：

君子之中庸也，君子而时中。小人之反中庸也，小人而无忌惮也。

《易传》也有这个词，《蒙》卦彖曰：

蒙亨，以亨行，时中也。

在《易传》中，"时"已经无可置疑地成为一个重要概念了：

"终日乾乾"，与时偕行。"亢龙有悔"，与时偕极。（《乾·文言》）

"含章可贞"，以时发也。"或从王事"，知光大也。（《坤·象》）

艮，止也。时止则止，时行则行，动静不失其时，其道光明。（《艮·彖》）

益动而巽，日进无疆。天施地生，其益无方。凡益之道，与时偕行。（《益·彖》）

《彖传》中随处可见对于"时"的感叹：

天地以顺动，故日月不过，而四时不忒。圣人以顺动，则刑罚清而民服，豫之时义大矣哉！（《豫·彖》）

刚当位而应，与时行也。"小利贞"，浸而长也。遯之时义大矣哉！（《遯·彖》）

大亨贞无咎，而天下随时，随时之义大矣哉！（《随·彖》）

天险,不可升也。地险,山川丘陵也。王公设险以守其国。险之时用大矣哉!(《险·象》)

天地解而雷雨作,雷雨作而百果草木皆甲坼。解之时大矣哉!(《解·象》)

天地革而四时成,汤武革命,顺乎天而应乎人。革之时大矣哉!(《革·象》)

从"时"这个概念,又很容易引发时运、命运的观念。在郭店出土的竹简中,有一篇《穷达以时》(题目为整理者所加),说到古代的一些大人物,初始时候都非常低贱贫穷,例如舜原来是个农夫,皋陶做过建筑工人,姜太公七十岁了还在朝歌屠牛,管仲曾为阶下囚,百里奚当过奴隶,等等。但是由于时来运转,上天使他们遇到了赏识自己的君主,从而成为"达"者,建功立业,兼济天下。这位作者想要从中揭示的主旨就是"穷达以时","遇不遇,天也"。

孔子有时候也会感叹"命"的问题,这个"命"的意义,主要是命运,与天道、天性的天命是不同的:

伯牛有疾,子问之,自牖执其手,曰:"亡之,命矣夫!斯人也而有斯疾也!斯人也而有斯疾也!"(《雍也》)

公伯寮愬子路于季孙。子服景伯以告,曰:"夫子固有惑志于公伯寮,吾力犹能肆诸市朝。"子曰:"道之将行也与,命也;道之将废也与,命也。公伯寮其如命何!"(《宪问》)

司马牛忧曰:"人皆有兄弟,我独亡!"子夏曰:"商闻之矣:死生有命,富贵在天。君子敬而无失,与人恭而有礼。四海之内皆兄弟也,君子何患乎无兄弟也?"(《颜渊》)

我们应该如何来理解孔子对于命运的感叹呢?

这些与"时运"相关的"命"的概念,与我们今天关于"命运"的观念基本是相同的,而与天道之间是有距离的。个人本身的条件和外界的环境综合在一起,常常会在我们的周围造成一种形势,使得某种特定的结果形成了"势在必行"的状态。人在面临这种"势"的时候表现得无能为力。所谓命运,就是由于这种"势"给人造成的无能为力的状态而引发的无奈感。可注意的是,这种"势在必行"的状态,在很多情况下,取决于人自己的判断。因此,对于同一事件,是不是"命",不同的人就会有不同的判断。

命运在我们的古人那里，是一种时运，它包含有我们今天讲的时机、命运、运气等等复杂的因素。“时机”“时运”的“时”，是与特定的时间联系在一起的，也就是在特定的环境下造成的无奈感。正是通过“时”这个词，我们可以感受到古人所感慨的命运，基本上是一种偶然性的解释，而天道的特点，恰恰是必然性。

（二）守恒

我们要注意，所谓的恒，其实就是孔子“中庸”之道的“庸”。

程子说：“不偏之谓中，不易之谓庸。中者，天下之正道，庸者，天下之定理。”此言最精辟。庸就是“恒”，或称“常”，即“不易”之谓。它与“周易”的“易”正好是相反而相成的概念。《中庸》“庸德之行，庸言之谨”，《周易·乾·文言》“庸言之信，庸行之谨”，《荀子·不苟》“庸言必信之，庸行必慎之”，庸都是恒常之义。

守恒是《中庸》给出的另一条通达至诚的途径：坚持善——“择善而固执之”。坚持的不是别的，正是“善”的天性。这一点，跟《论语》的记载非常一致：

子曰：“善人，吾不得而见之矣；得见有恒者，斯可矣。亡而为有，虚而为盈，约而为泰，难乎有恒矣。”（《述而》）

孔子就这样给出了“善”的概念，但是他从来没有明说过什么是“善”，以至于我们用今天的好人、善良的人的意思来理解“善人”这个词时，发现有很大的困难，因为总不能说孔子连一个好人或善良的人都没有见到过吧？

人的善来源于我们的天性。不管后天的环境把我们变成什么样的一个人，其实在我们的内心深处，始终知道什么事情是应该的，什么事情是不应该做的。这就是为什么陀思妥耶夫斯基每次都能从罪恶下面拷问出人性的纯洁来。

孔子在这里讲的善人，不是一般的好人，而是保持了自己初始的天性，在后天的社会环境中没有失去这种“善”的天性的人。这样的人，用《中庸》的话来讲，就是已经达到了“诚”的人，所谓“诚者，天之道也”。这样的人太难得了，大概与圣人的境界差不多了，所以他说自己见不到。他能够见到的，并且在修养上具有可操作性的，是在各种环境中都能坚持自己所认定的善道，持之以恒地努力的人，也就是孔子自己讲的“笃信好学，守死善道”(《泰伯》),也就是《孟子》讲的“求其放心”者,拿《中庸》的话来说,就是“诚之者”,所谓“诚之者,人之道也”。一句话,有恒者就是坚持走在通往善的道路上的人。

这里牵涉到善的表现的问题。所谓善的天性,是一个抽象的概念。我们无法直接看到它,只能通过善的行为或者善的事物来发现它。那么,问题是,当我们说“择善而固执之”的时候,究竟是什么意思呢?我们如何能够发现,并且坚守这种抽象的东西呢?

事实上,善不仅仅是处于人内心的这种善的天性,而且是从人的内心向外投射到事物当中去的一种价值判断。当我们在现实中遭遇到某一件事情时,我们内心的善的天性就会对此做出一种判断:如何面对它、处理它才是符合善的或者不符合善的。这时候,善的天性就被发现了。当我们按照符合善的方式来决定自己的行为时,我们就是保持了善,就是走在善的路上了。这条道路何时终止?《大学》说:

大学之道,在明明德,在亲民,在止于至善。

“至善”显然只是一个理想,因此,这条善的道路也就永无止境。

孔子所说的“善人”,是永远能够对于面临的事情做出善的反应的人。这样的人,表现在具体的行为上,就是永远能够在具体事情上把握住中道的人,拿《中庸》的话来说,就是“不勉而中,不思而得,从容中道”。这样的人,当然是“圣人也”,而事实上,没有人真正有能力做到这一点。因此他说“吾不得而见之”,就不奇怪了,这跟“圣人吾不得而见之矣”其实是同一个意思。这就是为什么孔子老在那里感叹:

子曰:“中庸之为德也,其至矣乎!民鲜久矣。”(《雍也》)

可见,中庸的意思是“既中且庸”。中庸,是善的天性的表现,而善的保持,又需要在具体实践中贯彻中庸之道。

但是现实中的人不可能永远都知道怎样做才是善的,怎样做才是执行了中道。“善人”,是“圣人”的理想境界,真正具有现实性、可操作性的,是“有恒者”,就是那些尽管常常做出了错误的、不善的反应,但能够坚持不放弃按照善的原则来选择的人。所谓“虽不能至,心向往之”,犯错误其实并不要紧,孔子说:“择其善者而从之,其不善者而改之。”(《述而》)过而能改,善莫大焉。

在有恒者的问题上,有一个非常好的模范人物,就是颜回。孔子称赞颜回说“其心三月不违仁”,颜回不是圣人,也会犯错误,也会“违仁”。孔子又称赞他说“不迁怒,不贰过”,可见他善于改过。鲁哀公问孔子,哪些弟子可以算是好学的,孔子说,只有一个颜回,还不幸短命死了,现在就一个都没有了。孔子那么多高才弟子,为什么只有一个颜回好学?可见这个好学不是一般意义上的喜欢学习、喜欢读书的意思,好学是坚定地走在“大学”的道路上,朝着“至善”而行的人,所以孔子称赞颜回“不迁怒,不贰过”,绝不重复以前的错误。而颜回说孔子“仰之弥高,钻之弥坚。瞻之在前,忽焉在后。……博我以文,约我以礼,欲罢不能”,“欲罢不能”,正是“择善而固执之”的生动写照。

孔子对于恒的重视,在《论语》中还可以看到,《子路》:

子曰:“南人有言曰:‘人而无恒,不可以作巫医。’善夫!”“不恒其德,或承之羞。”子曰:“不占而已矣。”

恒的思想,在孔子之前就已经有了,它跟“中”一样,也来源于传统。“不恒其德,或承之羞”之语,就是《易经·恒卦》九三的爻辞。《易经》的经文也多次提到恒的概念,而且能够看出经文作者认为恒是一种应当遵守的美德,有恒者会得到吉利:

《需卦》初九:需于郊。利用恒,无咎。

《豫卦》六五:贞疾,恒,不死。

《益卦》上九:莫益之,或击之,立心勿恒,凶。

在《易传》中,关于恒的思想更加明显:

恒,久也。刚上而柔下。雷风相与,巽而动,刚柔皆应,恒。“恒亨无咎利贞”,久于其道也。天地之道恒久而不已也。“利有攸往”,终则有始也。日月得天而能久照,四时变化而能久成,圣人久于其道而天下化成。观其所恒,而天地万物之情可见矣。(《恒卦·彖》)

雷风,恒。君子以立不易方。(《恒·象》)

子曰:“上下无常,非为邪也。进退无恒,非离群也。君子进德修业,欲及时也。故无咎。”(《乾·文言》)

风自火出，家人。君子以言有物而行有恒。(《家人·象》)

归妹以娣，以恒也；跛能履吉，相承也。(《归妹·象》)

有时候“恒”似乎也有凶，但这是因为其他不好的因素造成的，而且常常是因为“恒”的缘故，会减小这些不好的因素造成的危害。例如《恒卦》初六：“浚恒，贞凶，无攸利。”《象》曰：“浚恒之凶，始求深也。”六五：“恒其德贞，妇人吉，夫凶。”《象》曰：“妇人贞吉，从一而终也；夫子制义，从妇凶也。”上六：“振恒，凶。”《象》曰：“振恒在上，大无功也。”

守恒意味着每时每刻都走在通向“至诚”“至善”的大道上，至始至终都不能改变。守恒其实是非常艰难的事情，并不容易做到，所以越发需要时刻警醒：

子夏闻之，曰：“噫！言游过矣！君子之道，孰先传焉？孰后倦焉？譬诸草木，区以别矣。君子之道，焉可诬也？有始有卒者，其惟圣人乎！”(《子张》)

《诗》云“靡不有初，鲜克有终”，也是这个意思。

我们应当注意到，庸的“恒”这一意义，与“平常”的意义之间，是有联系的，一种永恒不变的道，也最容易成为“百姓日用而不知”的道理，渗透到日常生活中最平常、最普通的事情中去：

子曰：“谁能出不由户？何莫由斯道也？”(《雍也》)

道也者，不可须臾离也；可离非道也。(《中庸》)

这就是为什么“常”这个词，既有永恒的意思，又有平常的意思，正如“庸”这个词，既有永恒的意思，又有平庸的意思。反过来，平常这个意思，也恰恰揭示了君子在道的修养上的“有恒性”的真谛：一点一滴，从平常的一切事情出发，长期养成。平日所为的每一件小事，可能都会在不知不觉中对自己的品德造成影响，古人所谓“勿以恶小而为之，勿以善小而不为”，就是这个道理。所以孔子说：

君子去仁，恶乎成名？君子无终食之间违仁，造次必于是，颠沛必于是。(《里仁》)

言忠信，行笃敬，虽蛮貊之邦行矣。言不忠信，行不笃敬，虽州里行乎哉？立，则见其参于前也；在舆，则见其倚于衡也，夫然后行。(《卫灵公》)

由此我们也就很容易理解为什么儒家强调“慎独”。当一个人闲居独处的时候，普通

人不会注意自己的言行,因为没有人看见,可以无所不为。这就是"自欺",对于君子"至诚"的修养,是很大的伤害。《大学》:

所谓诚其意者,毋自欺也。如恶恶臭,如好好色。此之谓自谦。故君子必慎其独也。小人闲居为不善,无所不至,见君子,而后厌然掩其不善,而著其善。人之视己,如见其肺肝然,则何益矣。此谓诚于中,形于外。故君子必慎其独也。

六、鬼神之为德

我们前面讲到孔子这样的"精英"分子,他们所谈论的鬼神问题,是教化人民的"方便法门",天道才是他们自己保守的"真理"。这样一来,是否有违"至诚""至善"的原则呢?

对于孔子和他的后学们来讲,这不成其为问题。一方面,虽然鬼神问题是一种"方便法门",但这种"欺骗"是善意的欺骗,目的是为了道民以德。目的正确,手段也没有什么危害,自然可以成立。另一方面,虽然他们并不相信鬼神的问题,但是在处理鬼神问题时,却真的是以"至诚"之心来对待的,甚至比那些真正信仰鬼神的人更加虔诚。

祭如在,祭神如神在。子曰:"吾不与祭,如不祭。"(《八佾》)

齐之日,思其居处,思其笑语,思其志意,思其所乐,思其所嗜。齐三日,乃见其所为齐者。祭之日,入室,僾然必有见乎其位,周还出户,肃然必有闻乎其容声,出户而听,忾然必有闻乎其叹息之声。(《礼记·祭义》)

这不能不说是一种非常有趣的思想。鬼神的存在与否其实已经不重要,重要的是人反躬自问:我的所作所为是否真诚?这种"至诚"之心,可以达到非常神奇的效果,使得无鬼神的世界能够达到与有鬼神同样的效果:

至诚之道,可以前知。国家将兴,必有祯祥;国家将亡,必有妖孽。见乎蓍龟,动乎四体。祸福将至,善,必先知之,不善,必先知之。故至诚如神。(《中庸》)

鬼神由此而转化为一种道德修养,而不是宗教信仰:

子曰:"鬼神之为德,其盛矣乎!视之而弗见,听之而弗闻,体物而不可遗。使天下之人齐明盛服以承祭祀,洋洋乎如在其上,如在其左右。《诗》曰:'神之格思,不可度思,矧

可射思！'夫微之显，诚之不可揜如此夫！"（《中庸》）

祭祀的传统是如此根深蒂固，《左传》说："国之大事，在祀与戎。"它不仅仅是有关鬼神的信仰问题，而且关系到当时社会的根本制度——宗法制度的理论根据。无论从社会生活的现实性，还是神道设教的实用性，孔子都难以否定这个传统，否定这个传统也就意味着否定这个社会的根本制度。这就是为什么他一方面承认这个传统，而另一方面又总是语焉不详的原因：

或问禘之说。子曰："不知也。知其说者之于天下也，其如示诸斯乎！"指其掌。（《八佾》）

季路问事鬼神。子曰："未能事人，焉能事鬼？"曰："敢问死？"曰："未知生，焉知死。"（《先进》）

这样，孔子和他的儒家弟子们，巧妙地解决了自己头脑中的理性思想与现实生活中的传统信仰之间的巨大矛盾，非常富有智慧，也的确非常漂亮。

在涉及天道与鬼神的问题上，我们不能不对《易传》的思想做一些考察。《易经》无疑反映了通达鬼神的占卜传统，而《易传》跟孔子之间有着不可分割的联系，《易传》中大量的"子曰"，一方面可以证明《易传》绝非孔子亲作，但是另一方面也可以证明，这些"子曰"，即便不是孔子的原话，也应该跟孔子的思想相去不远。

《论语·述而》："子曰：'加我数年，五十以学《易》，可以无大过矣。'"孔子说他自己"五十而知天命"（《学而》），可能就跟学习《易经》有关系。《史记·孔子世家》也说："孔子晚而喜易，序彖、系、象、说卦、文言。读《易》，韦编三绝。"《易经》是孔子晚年潜心研究的著作，但是我们可以鲜明地体会到，他研究《易经》的旨趣，绝不在于占卜：

夫子老而好易，居则在席，行则在橐。子贡曰："夫子它日教此弟子曰：'德行亡者，神灵之趋。知谋远者，卜筮之繁。'赐以此为然矣。以此言取之，赐缗口之为也。夫子阿以老而好之乎？"夫子曰："君子言以矩方也，前羊而至者，弗羊而巧也。察其要者，不诡其辞。《尚书》多於矣，《周易》未失也。且有古之遗言焉，予非安其用也，予乐其辞也。"

我们今日习称的《易传》，事实上并不见得是具备内部一致性的思想。《系辞》《文言》《彖》《象》与《说卦》《序卦》《杂卦》，其思想的深刻性不可同日而语，而且我们今天还可见马王堆帛书的《易传》，与今本《易传》之间，也有差异。

不过，我们现在尽量避免对于差异的讨论，去寻求其中有关天道观的比较一致性的内容。总的来讲，《易传》的思想表现了理性的精神，但是因为其言说所凭借的是一本占卜之书，所以也常常涉及一些带有神秘色彩的“神物”。

《易传》认为，人通晓天道的途径大致有三：

第一，天地之道会通过天文地理等自然现象表现出来，善于观察和感悟的圣人能够得知，并且可以效法，将之转化为人事。

天垂象，见吉凶，圣人象之；河出图，洛出书，圣人则之。易有四象，所以示也。系辞焉，所以告也。定之以吉凶，所以断也。（《系辞上》）

易与天地准，故能弥纶天地之道。仰以观於天文，俯以察于地理，是故知幽明之故。原始反终，故知死生之说。精气为物，游魂为变，是故知鬼神之情状。与天地相似，故不违；知周乎万物而道济天下，故不过；旁行而不流，乐天知命，故不忧；安土敦乎仁，故能爱。范围天地之化而不过，曲成万物而不遗，通乎昼夜之道而知。故神无方而易无体。（《系辞上》）

古者包牺氏之王天下也，仰则观象于天，俯则观法于地，观鸟兽之文，与地之宜；近取诸身，远取诸物，于是始作八卦，以通神明之德，以类万物之情。（《系辞下》）

这一点，我们几乎可以认为完全是人文性的，是天文学、地理学、博物学知识发展到一定阶段的结果，反映了古代社会的进步。虽然其中不可避免地还带有一些关于死生之说、鬼神之情状等神秘色彩。

第二，天生神物，能够彰往察来，圣人通过这些神物，就可以数往知来。最重要的神物，当然就是《易》所凭借的蓍龟。

法象莫大乎天地，变通莫大乎四时。悬象著明莫大乎日月，崇高莫大乎富贵。备物致用，立成器以为天下利，莫大乎圣人。探赜索隐，钩深致远，以定天下之吉凶，成天下之亹亹者，莫大乎蓍龟。是故，天生神物，圣人则之；天地变化，圣人效之。（《系辞上》）

夫易，开物成务，冒天下之道，如斯而已者也。是故，圣人以通天下之志，以定天下之业，以断天下之疑。是故蓍之德圆而神；卦之德方以知；六爻之义易以贡，圣人以此洗心，退藏于密，吉凶与民同患。（《系辞上》）

对于这一点，我们可以有两种理解：一是《易传》的作者对于占卜的原理是有信仰的，他相信可以通过蓍龟这样的神物通达天道。这样的思想无疑属于较早的时代。但另外一种理解似乎也可以考虑：《易传》的作者跟孔子的理性思想一般无二，在这里之所以会想到要借助于蓍龟这样的神物，是因为他受到所谈对象，即《易》为占卜之书的限制。我本人觉得后一种理解似乎更好。

第三，天地万物的变化，都有一个由微而显的过程，都起于非常细微的先兆，这就叫做“几”“微”“赜”“隐”；圣人能够在事物微动之时就感知其将变化，因而能够预知将来的事情，这是“知几”。

圣人有以见天下之赜，而拟诸其形容，象其物宜，是故谓之象。圣人有以见天下之动，而观其会通，以行其典礼，系辞焉以断其吉凶，是故谓之爻，言天下之至赜而不可恶也。言天下之至动而不可乱也。拟之而后言，议之而后动，拟议以成其变化。（《系辞上》）

子曰：知几其神乎！君子上交不谄，下交不渎，其知几乎！几者，动之微，吉凶之先见者也。君子见几而作，不俟终日。易曰：“介于石，不终日，贞吉。”介如石焉，宁用终日，断可识矣。君子知微知彰，知柔知刚，万夫之望。（《系辞下》）

这一点，最为微妙玄深。它与《中庸》的这段话最为接近：

至诚之道，可以前知。国家将兴，必有祯祥；国家将亡，必有妖孽。见乎蓍龟，动乎四体。祸福将至，善，必先知之，不善，必先知之。故至诚如神。（《中庸》）

值得注意的是，《中庸》讲“至诚如神”，而不就是“神”。从理性的角度讲，任何事变之前，其实都应该是有预兆的，只不过我们人类往往注意不到，最常见的是“事后诸葛亮”，事变发生之后，才恍然大悟，这也就是普通人与“圣人”的差别。比如说 5·12 大地震，据说地震之前灾区成千上万的青蛙蛤蟆成群结队地跑；天空布满了奇怪的云，当时就有人说，那是地震云；有个叫孙俪的演员说，地震前她们家的狗狂吠不止，简直像疯了似的。这就是事变的“几微”之处，可惜我们人类太迟钝了，非得等到灾难发生之后才意识到这些迹象。

因此，圣人可以“前知”，并不是我们的古人在欺骗我们，孔子和他的弟子们告诉我们的只是一种“先见之明”，是根据事物发生的先兆预测未来，而不是宣传迷信。

人禀受天地之气而生，人的魂魄就是“精气”的凝聚。《易传》认为，君子通过“至诚”的培养，可以使得“精气”的运行与天地的变化之间建立联系，由此通过心的“感应”，感受到那些“几微”的变化。

子曰：君子居其室，出其言善，则千里之外应之，况其迩者乎？居其室，出其言不善，则千里之外远之，况其迩者乎？言出乎身，加乎民；行发乎迩，见乎远。言行，君子之枢机。枢机之发，荣辱之主也。言行，君子之所以动天地也，可不慎乎！（《系辞上》）

是以君子将有为也，将有行也，问焉而以言，其受命也如响。无有远近幽深，遂知来物。非天下之至精，其孰能与于此？参伍以变，错综其数。通其变，遂成天下之文；极其数，遂定天下之象。非天下之至变，其孰能与于此？易无思也，无为也，寂然不动，感而遂通天下之故。非天下之至神，其孰能与于此？夫易，圣人之所以极深而研几也。唯深也，故能通天下之志；唯几也，故能成天下之务；唯神也，故不疾而速，不行而至。子曰：易有圣人之道四焉者，此之谓也。（《系辞上》）

子曰：天下何思何虑？天下同归而殊途，一致而百虑，天下何思何虑？日往则月来，月往则日来，日月相推而明生焉。寒往则暑来，暑往则寒来，寒暑相推而岁成焉。往者，屈也；来者，信也。屈信相感而利生焉。尺蠖之屈，以求信也；龙蛇之蛰，以存身也；精义入神，以致用也。利用安身，以崇德也。过此以往，未之或知也。穷神知化，德之盛也。（《系辞下》）

其中的“神”或“神明”，并不是神灵，而是君子通过自身的修养，通达宇宙万物的大道，能够数往知来，体验到天地之间极其细微的变化，从而与天地合而为一，洞彻天地之道，天地万物细微的变化都能够体验到（《孟子》主张养气，与此相近）。也就是所谓“阴

阳不测之谓神”，子曰：“知变化之道者，其知神之所为乎?”(《系辞上》)

保持心灵的至诚，达到至精至诚，就能感应到天下万物几微的变化。这一思想，与上一个时代的巫通神灵的方式是对应的。《国语·楚语下》：

古者民之精爽不携贰者，而又能齐肃中正，其知能上下比义。其圣能光远宣朗，其明能光照之，其聪能听彻之，如是则神明降之，在男曰觋，在女曰巫。

但是孔子思想的伟大之处，就在于把这种神巫的占卜原理，转化为人的道德品质的修养。《易经》显然对孔子的思想产生了深刻的影响，但是孔子对于《易》的态度，非常明确，他要摒弃那种占卜的巫术，而转化为思辨的理性。

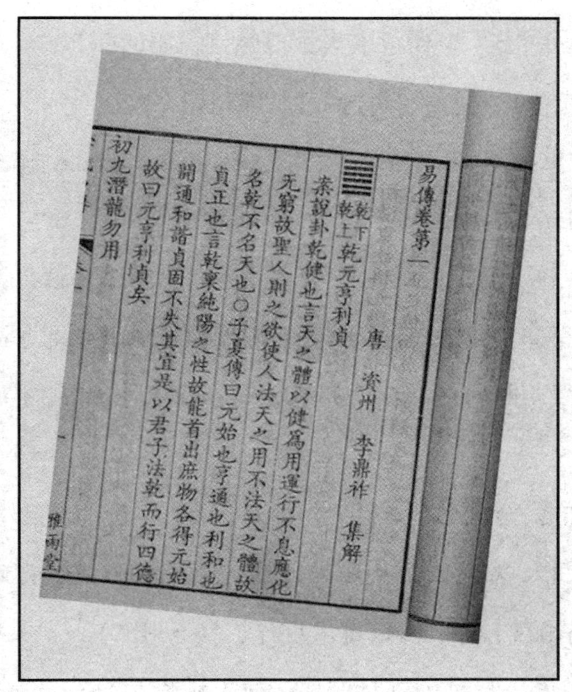

易傳卷第一　唐　資州　李鼎祚　集解

乾下乾上 乾元亨利貞

彖說卦乾健也言天之體以健爲用運行不息應化无窮故聖人則之欲使人法天之用不法天之體故名乾不名天也○子夏傳曰元始也亨通也利和也貞正也言乾稟純陽之性故能首出庶物各得元始開通和諧貞固不失其宜是以君子法乾而行四德故曰元亨利貞矣

初九潛龍勿用

雅雨堂

《周易集解》书影

子曰：“是以察于《损》《益》之变者，不可动以忧喜。故明君不时不宿，不日不月，不卜不筮，而知吉与凶。顺于天地之心，此谓易道。”(马王堆帛书《要》)

正是在这一意义上，帛书《要》明确指出“无德则不能知易，故君子尊德”：

子曰：“易，我后其祝卜矣，我观其德义耳也。幽赞而达乎数，明数而达乎德。有仁口

者而义行之耳。赞而不达于数，则其为之巫。数而不达于德，则其为之史。史巫之筮，向之而来也，始之而非也，后世之士，疑丘者，或以易乎？吾求其德而已。吾与史巫，同途而殊归者也。”（《要》）

同途，同为《易》道；殊归，一归于巫，一归于德：

极天下之赜者存乎卦，鼓天下之动者存乎辞，化而裁之存乎变，推而行之存乎通，神而明之存乎其人。默而成之，不言而信，存乎德行。（《系辞上》）

七、余论

在孔子的天道观中，有一个让很多人觉得触目惊心的断言：“人能弘道，非道弘人。”（《卫灵公》）前人早已指出它与《中庸》的这个解释相一致：

大哉圣人之道，洋洋乎，发育万物，峻极于天，礼仪三百，威仪三千，待其人而后行。故曰：苟非至德，至道不凝焉。

我们既然理解了孔子的天道观，这个断言，也许就不那么触目惊心了。在孔子的天道观中，人的地位变得非常突出，君子知天道，对于君子的要求非常高。贯穿孔子天道观的一个线索是，君子要不断地提升自己的道德修养和精神境界，才可能通达天道。因此《易传》说：

易之为书也不可远，为道也屡迁。变动不居，周流六虚，上下无常，刚柔相易，不可为典要，唯变所适。其出入以度，外内使知惧，又明于忧患与故，无有师保，如临父母。初率其辞，而揆其方，既有典常，苟非其人，道不虚行。（《系辞下》）

“苟非其人，道不虚行”，这绝不是要把任何人排除在“道”之外，而是强调君子在天道面前，首先要反躬自问：“我准备好了吗？”要想接近天道，人首先必须让自己做好充分的准备，不断地提升自己，达到可以与之相遇的境界，而这正是儒家一切精神修养的最终指向。这是坚持走向“至善”的道路，这是勇于承担的精神，也正是孔子知其不可而为之的精神。让我们再一次重温曾子的这段充满激情的话语，或许这一次，又能够从中得到一点新知：

士不可以不弘毅，任重而道远。仁以为己任，不亦重乎？死而后已，不亦远乎？（《论语·泰伯》）

第三节　孔子的伦理学

一、伦理的道德基础——恕

人不但是自然的生物，与天地自然保持着永恒的联系，同时也是社会的产物，处在各种社会关系之中。在人的天性之中，具有美好的德性。但是面临自然和社会这个大环境，我们要生存下去，或者想生存得更好，就会有各种现实的需要。这种需要会激发我们的欲望，使得我们努力去追求现实的各种利益。我们天性中的美好德性，往往会因此而受到蒙蔽，这就是所谓“性相近也，习相远也”。由此必然会带来人与人在现实中的冲突。道德和法律就是解决冲突的途径，而法律又源于道德，因此道德是更加根本性的。一方面，人需要提高各种内在的德性修养，使得社会能够和谐地运行；另一方面，人的各种内在的修养，也受到社会的约束和限定。

道德虽然本之于我们善的天性，但是在现实中，在人与社会的双向关系中，我们如何判别符合道德的事物呢？或者说，道德的基本内容从何而来，是如何确定的呢？

这个问题，在孔子那里，回答得最为明确，也最清晰：推己及人，将心比心。当我们“反求诸己”，作内省的审查：一件事情如果是我所不想要的，那么我也应当考虑到，别人可能也不愿意接受，因此就不能对别人做同样的事。正如子贡所说：

我不欲人之加诸我也，吾亦欲无加诸人。（《公冶长》）

这就是孔子的“恕”的思想：

子贡问曰：“有一言而可以终身行之者乎？”子曰：“其恕乎！己所不欲，勿施于人。”（《卫灵公》）

这实际上是一切社会道德规范的起源。这里体现的原则,是平等,是确信他人与自己在感情上和社会需要上的平等性。道德的起源就是人的平等性(尽管这种平等性是相对的,我们后面再讨论),这种平等性,就是原始民主制度产生的原因,在后世的社会中,它不绝如缕,一脉相传。

我们知道,孔子的所有思想,都是以道德修养为根本的,所谓"壹是皆以修身为本"(《大学》),"恕"就是他的道德思想一以贯之的线索:

子曰:"参乎!吾道一以贯之。"曾子曰:"唯。"子出,门人问曰:"何谓也?"曾子曰:"夫子之道,忠恕而已矣。"(《里仁》)

"忠"是对人尽己所能的品质,是从人的内在品质而言的;"恕"是推己及人的原则,是从外在的行为原则而言的。

正是因为"恕"体现了人与人之间的平等性,是人与人交往的根本准则,因此,它也最接近于孔子"仁"的思想。所以《中庸》说:

忠恕违道不远,施诸己而不愿,亦勿施于人。

己所不欲,勿施于人,是从反面说的,从正面讲,就是:

夫仁者,己欲立而立人,己欲达而达人。(《雍也》)

正因为"恕"是一切道德规范派生的根本,因此,我们不难推断,这一思想,在早期人类社会中是一个普遍的观念,并不只是我们中国才有。

据西方学者的研究,在早期人类社会,很多地方都有"己所不欲,勿施于人"这样的观念。例如古希腊公元前6世纪的庇达库斯(Pittakos)和泰勒斯(Thales),其英文表述是:Do not do yoreself what you disapprove of withyour neighbor.(Diehls & Kranz, *Die Fragmente der Vorsokratiker*, 10th ed 4, Diogenes Laertius I.36. Berlin: Weidemannsche Verlagsbuchhandlung.)公元前1世纪《旧约》外典《多比传》(Tobit),其英文表述是:Do not burden another with what you disapprove of yourself.古代印度的《摩诃婆罗多》(Mahābhārata),其英文表述是:One should never do that to another which oneregards as injurious to one's own self. This, in brief, is the rule of Righteousness.

即便在中国，这也不见得是孔子自己的发明。如《管子·小问》引"语曰"："非其所欲，勿施于人，仁也。"可见，这很可能是当时的成语。

值得注意的是，对于我们中国人来说，"己所不欲，勿施于人"，比起"己欲立而立人，己欲达而达人"更容易为人所接受。但是对于西方人来说，却正好相反。他们把"己欲立而立人，己欲达而达人"称为黄金规则（the Golden Rule），把"己所不欲，勿施于人"称为白银规则（the Silver Rule）。这是中西方文化中非常重要的差异。理解了这一点，我们就不难理解西方文化中那种富于侵略性的改造别种文化的欲望何以如此强烈。

道德的平等原则当然是相对的。这种相对性至少表现在两个方面：首先是在相似社会地位的人之间才有平等性可言。即便君子与君子之间，也有不同的级别，大夫与士之间不可能有完全的平等；君子与小人之间就更不用说了。其次，平等性是一种相对性的公正，这种公正主要表现为"成比例"的平等。拿亚里士多德的话来说，就是一种类比意义上的"政治上"的公正：

政治的公正是自足地共同生活，通过比例达到平等，或在数量上平等的人们之间的公正。在不自足的以及在比例上、数量上都不平等的人们之间，不存在政治的公正，而只存在某种类比意义上的公正。

我们在这里也许可以把亚里士多德说的"成比例的平等"，理解为不同等级之间的平等；把"数量上的平等"，理解为相同等级内部的平等。不管这种理解是否准确，在贵族社会中，不同的等级之间，只能有"类比意义"上的平等，而不可能有超越等级的平等，这一点，是毋庸置疑的。

在孔子的思想体系中，等级制度是现成的制度，也是符合"天道"的制度。贵贱有序，就跟天尊地卑一样，是天经地义的。因此，"恕"的原则主要在君子之间，体现为相对的平等；对于下层的小人，则需要教化，君子需要以身作则，把道德教给他们，让他们跟随自己，共同组成一个和谐社会。

二、伦理道德的出发点——仁

一个思想家的伦理思想，通常是由其哲学思想决定的。孔子也是如此。人的善良的天性,也就是人之所以为人的美好德性。表现为伦理的道德,就是“仁”。“仁”是由“人”派生的同源词,是一个人的本质规定性:对人自己而言,是其作为人的根本要求;根据恕的原则,把自己当人,也就同样要求把别人当人,因此,仁也是君子对待他人的根本道德原则。仁因此也成为君子道德的出发点。

在仁的问题上,我们知道孔子是非常含糊的。一方面,几乎所有孔子所讲的好的品质都可以叫作仁,例如:

(有子曰)孝弟也者,其为仁之本与!(《学而》)

夫仁者,己欲立而立人,己欲达而达人。(《雍也》)

克己复礼为仁。(《颜渊》)

司马牛问仁,子曰:“仁者,其言也切。”曰:“其言也切,斯谓之仁已乎?”子曰:“为之难,言之得无切乎?”(《颜渊》)

樊迟问仁,子曰:“爱人。”(《颜渊》)

樊迟问仁,子曰:“居处恭,执事敬,与人忠,虽之夷狄,不可弃也。”(《子路》)

仁者必有勇,勇者不必有仁。(《宪问》)

子张问仁于孔子,孔子曰:“能行五者于天下,为仁矣。”“请问之。”曰:“恭、宽、信、敏、惠。恭则不侮,宽则得众,信则人任焉,敏则有功,惠则足以使人。”(《阳货》)

另一方面,把现在和过去算在一起,也没有几个人能够达到孔子所讲的仁的标准,《论语》中,大概只有管仲、伯夷、叔齐、微子、箕子、比干几个人勉强可以算仁人。孔子自己说“若圣与仁,则吾岂敢”;他最欣赏的颜回,也只是“其心三月不违仁”:可见仁的道德高度。所以朱熹有“本心之全德曰仁”的解释。但是为什么“全德”跟具体某一种德都可以叫作仁呢?这可是两个截然不同的标准。

仁是人之所以为人的根本德性,因此也是人的本质属性。在孔子那里,仁的属性有双重的意义。

一方面,孔子设定了一个人之所以为人的极其高尚的标准,也就是达到天性中的善的德性,我们也许可以用朱子的“心之全德”来称呼它。但是这种完美的天性究竟是什么样的，能否在现实世界中给出一个比较清楚的界定？这一点孔子没有做到，我相信这只是他理想中的完美人格，只出现在他心目中的古代圣王及其贤佐身上。但是这些古人之所以具有理想的人格，恰恰是因为他们生活在古代，孔子只能凭借前代流传下来的传说对他们有一个总体的印象。完美的人格从来就是这样模糊，生活在自己身边的人是不可能成为理想人格的。“先知在他的故乡永远是行不通的”这句古话，说的也是同样的意思。正是因为这种距离感，过滤掉了或者淡化了这些历史人物身上的缺点，留下来的只有美好的品质。完美的人格就是这么造就的。所以，要想让孔子给出一个当代的现实的完美人格标本，他大概是做不到的。所以，这种理想的“仁”，在现实中其实是不存在的。

另一方面，我们要知道，一个人能在现实中成为一个什么样的人，这一点是需要自己努力的。孔子所谓“为仁由己，而由人乎哉”（《颜渊》），一个人的品德和事业，都是由他自己的行为决定的，他是一个什么样的人，只能是他死了以后，才能“盖棺论定”。这有点像萨特讲的“存在先于本质”。我们的古人非常清楚这一点，因此，每一个君子死了以后，都会给一个谥号。这个谥号就是对他一生品行的总结。

我们不要因为那种理想的仁在现实中不存在，就忽视这个概念。相反，正是因为这种完美人格的设定，使得我们具备了衡量一个人最终所成就的德性的标尺。一切现实人生的通向这个理想状态的努力，都是仁的一方面。一个人在不断地与他人的交往中，奉献自身，这就是“爱人”：樊迟问仁，子曰：“爱人。”（《颜渊》）同时，也正是在与他人的交往中，人得以不断克服自己既有的弱点，从而成就自身的品德。这就是为什么孔子对颜回说：“克己复礼为仁。”为什么“其言也讱”都算仁呢（《颜渊》）？对于一个不知道“为之难，言之得无讱乎”的人来讲，克服自己言语的不慎，就是向自己品格的完美迈出了关键的一步。当然，一个人日常的生活与工作，都是自己人格养成的一部分，所以“居处恭，执事敬，与人忠”（《子路》）当然也是仁。能行恭、宽、信、敏、惠五者于天下（《阳货》），泽及百姓，当然更是大仁了。所以孔子说：“仁远乎哉？我欲仁，斯仁至矣！”（《述而》）当我想到以仁的目标来指导自己的言行时，仁就已经在我身上实现着了。

所以这些美好的品质，都是通向仁人的一部分。现实中的人只能具备其中的某个或某些方面,实现理想人格的人是不存在的。在现实人生中,孔子所看重的,与其说是有没有完美的仁人,还不如说是不是存在不犯错误的人,是不是有人能做到"从心所欲不逾矩"(《为政》)。也就是说,他是从仁的反面来考察一个人是否仁。这就是为什么他评价颜回的时候说"其心三月不违仁,其余则日月至焉而已矣"(《雍也》)。他实际上的意思是,颜回可以做到三个月不犯错误,其他也就是坚持一个月或一天而已。而颜回一旦犯错误,也会马上改过,"不迁怒,不贰过"(《雍也》)。所以,孔子考察一个人的"仁"的品质,也是从他所犯的过错出发:

子曰:"人之过也,各于其党。观过,斯知仁矣。"(《里仁》)

不同的人犯不同的错误,能够克服自己的不足,就是克己成仁。

由此我们看到,仁的品质,可以对应于孔子所讲的"善人",一个人能否不断地克服自己的错误,朝向完美人格迈进,就是一个有恒者的表现。因此,仁既是永恒的至善人格,也是坚持走向这种理想人格的途径。仁的品质,对应于孔子哲学思想中的"永恒之善"的方面,属于"庸"的范畴。

总之,仁是人之所以为人的永恒的德性,也是人成就自身的永恒的途径。是道路,也是真理。

三、由仁到义的人际关系

人际关系是一个人在社会活动中的交往关系。人生活在社会中,当然要跟各类人打交道。与各类不同的人之间,当然是有远近关系的。

最自然的人际关系莫过于血缘关系。即便在今天的世界各地,血缘关系可能仍然是最重要的社会关系。因此,人际关系首先可以分为血缘关系和非血缘关系。在孔子和儒家的思想中,这种关系可以用"内外"来分别。内是家族内部的,有血缘关系的;外是家族以外的,没有血缘关系的。儒家把人伦关系分为"五伦":父子、兄弟、夫妇、君臣、朋友。父子、兄弟属"内",君臣、朋友属"外",介于内外之间的是夫妇。这种根据血缘关系构成的人伦体系,也是周代宗法制度的根本特点。

(一)父子与兄弟

与一个人关系最近的人,当然是与自己有血缘关系的亲人。人对于跟自己有血缘关系的亲人的爱,似乎是一种不证自明的"天性"。因此,作为人的本质德性——仁的最自然的表现,就是亲亲。

孔子的伦理思想,是跟当时的宗法社会制度紧密联系在一起的。在当时的社会制度下,父子关系理所当然地成为血缘关系的核心。父子之间的伦理是孝。孝是人生的第一步,也因而是人的本质德性——仁的最先、最直接的表现。

其次是兄弟姐妹之间的关系。这种伦理是弟。我们今天坚持计划生育,"弟"这一伦理恐怕有消失的危险。这会不会导致独生子女人格上的不健全,倒是值得研究的社会问题。

值得注意的是,孝和弟这两个名词,都是从弱者的立场上来命名的。孝是子对父的,弟是幼对长的。这是因为,宗法制度下的父子兄弟关系,除了那种出乎天性的爱之外,还带上了社会制度的要求,那就是对于服从的强调。所以有子说:

其为人也孝弟,而好犯上者,鲜矣。不好犯上,而好作乱者,未之有也。君子务本,本立而道生。孝弟也者,其为仁之本与!(《学而》)

因此,社会的和谐,是从家庭内部的伦理教化开始的:从小就应当培养子对于父的顺从,弟对于兄的顺从。这种顺从,尤其是儿子对于父亲的顺从,几乎是绝对的:

子曰:"父在观其志,父没观其行。三年无改于父之道,可谓孝矣。"(《学而》)

孟懿子问孝,子曰:"无违。"(《为政》)

曾子曰:"吾闻诸夫子:孟庄子之孝也,其它可能也,其不改父之臣与父之政,是难能也。"(《子张》)

子路问:"闻斯行诸?"子曰:"有父兄在,如之何其闻斯行之?"(《先进》)

子曰:"事父母几谏,见志不从,又敬不违,劳而不怨。"(《里仁》)

这与《礼记·内则》的记载是一致的:"父母有过,下气怡色,柔声以谏。谏若不入,起敬起孝,说则复谏。不说,与其得罪于乡党州闾,宁孰谏。父母怒不说,而挞之流血,不敢疾怨,起敬起孝。”

孔子和儒家认为,这种顺从,并非是外在的强制性规定,而是人的内心深处对于长者的尊敬产生的自然结果。所以,事父母最重要的是恭敬之心,而不是单纯地养活他们:

子游问孝。子曰:“今之孝者,是谓能养。至于犬马,皆能有养。不敬,何以别乎?”(《为政》)

不过,孔子也反过来认为父亲对于儿子也应当有慈爱之心,所谓“父父子子”讲的就是这个道理。但是在要求顺从的社会制度下,父子之间的关系是不可能对等的。即便从血缘关系本身上讲,父与子也不可能真正对等,因为父亲对于儿子有生养之恩,这一点决定了儿子永远处于劣势地位。不独孔子这么思考,亚里士多德也这么说:

一个尽能力回报的人被看作一个公道的人。所以,儿子永远不可以不认父亲,尽管父亲可以不认儿子。因为欠债者应当还债,而儿子无论怎么做也还不完父亲给他的恩惠。所以儿子永远是个负债者。但是债权人可以免除负债者的债务,所以父亲可以不认儿子。同时,除非儿子太坏,否则谁也不会不要儿子。因为,除了这种自然的友爱之外,作为人任何一个做父亲的都不会拒绝儿子的帮助。

所以,当我们大义灭亲的时候,也许可以容忍父亲杀死儿子,但是谁能容忍儿子杀死父亲?例如《左传·隐公四年》记载,卫庄公的儿子州吁有作乱的迹象,大臣石碏的儿子石厚与州吁交好。卫庄公死,州吁兄桓公立,州吁与石厚弑桓公。州吁又恐国人不服,让石厚向他父亲石碏问计。石碏说,陈桓公正有宠于周王,如果州吁到陈国去,请陈桓公劝说周王以王命赐州吁即位,则州吁的君位就稳固了。州吁和石厚果真到了陈国,石碏马上派使者到陈国,请陈国人逮捕这两个弑君篡位的逆臣,并把他们都杀了。《左传》评价石碏说:“君子曰:‘石碏,纯臣也,恶州吁而厚与焉,大义灭亲,其是之谓乎!’”不妨假设一下,假如作乱的是父亲石碏,灭亲的是儿子石厚,《左传》还会不会把“纯臣”“大义灭亲”这样的赞美许给石厚?也许我们可以认为父慈子孝也是一种类比意义上的平等。

父子之间的伦理是父慈子孝,父可以不慈,子不可以不孝。

(二)君臣与朋友

在非血缘关系的人群中，除了君臣与朋友，基本都是没有太大关系的人。就社会的和谐而言，非血缘关系的人，也应当相互有爱心才行。问题是一个人对于自己的亲人，可以有一种天然的爱，但是对于这些非血缘关系的人，却并不具备这种先验性的爱。对于君臣朋友的爱，是我们从“忠恕”的原则推论出来的：我们爱我们自己，爱我们的亲人；我们在与他人的交往中，也希望得到别人的尊重和友爱，因此，我们也应当对别人尊重和友爱。这种爱是“恕”的要求，是从“仁”出发推理的结果。与非血缘的人相处，我们遵循的就是这种“理应如此”的道德准则，这就叫作“义”。《中庸》说“义者，宜也”，宜就是应当如此。

因此，在孔子的伦理中，对自己的亲人和对他人之间的道德，是有本质上的区别的。对亲人的仁爱，是天性，推而广之，我们应当对所有人都有爱心。这两种爱有先后关系，因此也是不平等的，但是又非常符合基本的人情，在这个意义上，它又是理所当然的。这一点，用亚里士多德的“类比性的平等”这个概念，也许最合适不过了。

与非血缘关系的人打交道，我们看重的是什么呢？当然首先是对我们有某种好处，不管这种好处的具体内容是什么。君臣关系是整个国家和社会的保障，我们需要这样的关系。在孔子的思想中，这是一个不需要质疑的问题：难道还有君臣之外的国家制度吗？我们需要朋友，或者是因为能给我们带来快乐，包括让我们获得帮助朋友的快乐；或者是因为能帮助我们增进学问和修养。交朋友当然要择“贤”，贤主要是道德修养，也包括才能。孔子毫不迟疑地主张交朋友要交贤友，他说“乐多贤友，益矣”（《季氏》）：

孔子曰：“益者三友，损者三友。友直，友谅，友多闻，益矣。友便辟，友善柔，友便佞，损矣。”（《季氏》）

所以“毋友不如己者”的重点是要排斥那些“损友”，而不是把正直的人排除在外，因为孔子说：“三人行，必有我师焉，择其善者而从之，其不善者而改之。”（《述而》）真正无善可择，哪一方面都“不如己”的人是没有的。这是勉励君子在道德修养的道路上，要勇猛精进，不要被那些错误的品质所干扰。

所以，血缘关系的核心是仁爱，非血缘关系中最核心的不是仁爱，而是尊贤。郭店楚简《六德》篇说："仁，内也；义，外也。"就是从这个意义上说的。《中庸》说：

仁者，人也，亲亲为大；义者，宜也，尊贤为尚。

因此，君臣关系虽然是国家的根本纲领，但在本质上跟朋友一样，也属于"义"的范畴。仁的极点就是父子之孝，义的极点就是君臣之义，父子之孝先于君臣之义。这就是《孝经》所说的：

父子之道，天性也，君臣之道，义也。

（三）父权与君权

由此可以引发一个极端的问题：当对父亲的孝和对君主的忠发生冲突时，也就是俗语所谓"忠孝不能双全"时，以何者为先呢？

这个问题虽然听起来有些极端，却是非常现实的问题。它的答案其实已经可以由上文的论述推论出来了。但是在明确这个答案之前，我们还是先来看《左传·宣公九年》记载的一个故事：

陈灵公与孔宁、仪行父通于夏姬，皆衷其衵服，以戏于朝。泄冶谏曰："公卿宣淫，民无效焉，且闻不令。君其纳之！"公曰："吾能改矣。"公告二子，二子请杀之。公弗禁，遂杀泄冶。孔子曰："《诗》云：'民之多辟，无自立辟。'其泄冶之谓乎！"

泄冶忠谏其君而死，孔子不但没有肯定他的行为，反而将其死归咎于他自己。按照后世的事君标准，似乎很难理解。孔颖达正义引《孔子家语》云：

子贡曰："陈灵公君臣宣淫于朝，泄冶谏而杀之，是与比干谏死同，可谓仁乎？"孔子曰："比干于纣，亲则诸父，官则少师，忠款之心，在于存宗庙而已，固当以必死争之。冀身死之后，纣当悔悟，本志存于仁者也。泄冶之于灵公，位在大夫，无骨肉之亲，怀宠不去，仕于乱朝。以区区之身，欲止一国之淫，昏死而无益，可谓狷矣。《诗》云：'民之多辟，无自立辟。'其泄冶之谓乎！"

孔子在这里区别的重点，就是骨肉之亲可以必死谏，而一般的君臣是以义相交的，君臣不合就可以离开。《礼记·曲礼下》：

为人臣之礼：不显谏，三谏而不听，则逃之。子之事亲也，三谏而不听，则号泣而随之。

郑玄注："逃，去也，君臣有义则合，无义则离。至亲无去，志在感动之。"孔子这样给"大臣"下定义："所谓大臣者，以道事君，不可则止。"（《季氏》）"事亲有隐而无犯，事君有犯而无隐。"（《礼记·檀弓上》）臣子并不是要无条件地服从君主，惟义所在。《表记》云：

子曰："唯天子受命于天，士受命于君。故君命顺则臣有顺命；君命逆则臣有逆命。《诗》曰：鹊之姜姜，鹑之贲贲；人之无良，我以为君。"

这也就是孟子告齐宣王的话：

君之视臣如手足，则臣视君如腹心；君之视臣如犬马，则臣视君如国人；君之视臣如土芥，则臣视君如寇雠。（《孟子·离娄下》）

郭店楚简《语丛三》云：

父无恶。君犹父也，其弗恶也，犹三军之旌也，正也。所以异于父，君臣不相戴也，则可已；不悦，可去也；不义而加诸己，弗受也。

先秦虽有"天子"的说法，但是伴随着周人弑纣，代商立国，又有"天命靡常"（《诗·大雅·文王》）、"天不可信"（《尚书·君奭》）的观念。因此，即使贵为天子，也不是具有绝对权力的，《左传·昭公三十二年》：

社稷无常奉，君臣无常位，自古以然。故《诗》曰："高岸为谷，深谷为陵。"三后之姓于今为庶，主所知也。

父子之间是天性，君臣之间以义为准则，疏不间亲，所以父子之道，或者说孝道，不但先于君臣之道，而且高于君臣之道。所以郭店楚简《六德》云：

为父绝君，不为君绝父。

这是以血缘为纽带的宗法社会最合理的逻辑。

在《论语》中，没有关于这个问题的直接记载，但是有关于这一思想的一个故事。《子路》篇云：

叶公语孔子曰："吾党有直躬者，其父攘羊，而子证之。"孔子曰："吾党之直者异于是：父为子隐，子为父隐，直在其中矣。"

叶公提出来的，实际上是一个两难的处境，要么违反法律而失去亲情，要么照顾亲情而违反法律。即使在现代社会，这仍然是一个两难的选择。

但是孔子的选择毫不迟疑。孔子的这一态度，对后世的政治与人心影响很大。《汉书·宣帝纪》载宣帝地节四年（公元前66年），诏曰："自今子首匿父母、妻匿夫、孙匿大父母，皆勿坐。其父母匿子、夫匿妻、大父母匿孙，罪殊死，皆上请。"这是汉代政策采《论语》之教，改变秦法。"文化大革命"中，号召人们互相检举揭发，邻居、亲人都不例外，鼓励大义灭亲。陈寅恪、吴宓、冼玉清等学者都指出，这种行为将使得人情凉薄，民风奸诈，信义扫地。今天我们回过头去看，这些学者的看法是有道理的。当时很多儿子揭发老子、妻子告发丈夫、邻居反目、朋友成为最可怕的敌人，似乎世间再无可信之人。结果我们在"文革"之后，又面临着一个道德重建的问题。

大概这种问题很容易激发人的好奇心。《孟子》也对类似的事情表达过相似的看法，如《尽心上》：

桃应问曰："舜为天子，皋陶为士，瞽瞍杀人，则如之何？"

孟子曰："执之而已矣。"

"然则舜不禁与？"

曰："夫舜恶得而禁之？夫有所受之也。"

"然则舜如之何？"

曰："舜视弃天下犹弃敝蹝也。窃负而逃，遵海滨而处，终身欣然，乐而忘天下。"

孟子的看法和孔子是一样的。

这个问题也困扰过古代的希腊人，苏格拉底遇到过同样的问题。柏拉图的《欧悌甫戎篇》记述了这个著名的故事：有个叫欧悌甫戎的贵族要状告他的父亲杀人。事情的经过是，他们在一个叫纳克索的地方雇人耕种，有一个雇工喝醉了，和一个家奴发生争吵，家奴在盛怒之下杀了这个雇工。欧悌甫戎的父亲把家奴绑起来，丢到沟里；同时派人到雅典去请教神巫如何处置此人。可是那个家奴在沟里，又冷又饿，又被绑着，在派出去请示的人回来之前就死了。于是欧悌甫戎控告自己的父亲杀人。

当时一般人的看法是:欧悌甫戎的父亲没有直接杀人,就算杀了,那个家奴本来就是一个杀人犯,也不为过;并且,儿子控诉父亲也是亵渎神的行为。很明显,苏格拉底也是这么看的。但是欧悌甫戎认为:家奴是否有罪,需要神巫判决之后才能知道,因此他父亲是有罪的,他告发父亲的行为才是真正对神的虔敬。凡有罪,不论是父母或任何人,都要告发;明知一个人犯罪,而不去告发以涤除自己和那人的罪愆,便与他同罪。欧悌甫戎有点像古代的墨家。

对孔子而言,君臣之间的伦理是君义臣忠。君不可以不义,君不义,则臣可以不忠。

四、义的内在权衡与外在规范

当我们走出家族的生活范围,走向社会时,就经历着从仁到义的转变。《礼记·丧服四制》说:"门内之治恩掩义,门外之治义断恩。"与社会上的人们交往时,遵循的道德是"义"。义是君子跟天下人打交道时的根本原则:

子曰:"君子之于天下也,无适也,无莫也,义之与比。"(《里仁》)

"义者,宜也",义的基本精神是根据具体的环境、具体的事件,做出最适宜、最得当的反应。

不难发现,义的这种特性,正是孔子讲的"执中"思想在伦理学上的投射。在现实中遵循义的标准,就是经常对自己的行为做出权衡,"见利思义"(《宪问》),"见得思义"(《季氏》),"信近于义,言可复也"(《学而》),"不义而富且贵,于我如浮云"(《述而》)。

但是,如果"义"跟"中"一样,完全是一个内省的道德状态,那么,我们如何在现实中判断何为"义"、何为"非义"呢?是否像善一样,可以从自己内心的善的天性出发,自发地决定何者为善、何者为不善?

在哲学的层面上,善是一种抽象的性质。我们可以做出善与不善的性质判断,但是具体的善与不善的内容,却可能随着环境的变化而变化。我们只需要论证有善的天性就可以了,某一件具体的事情本身是善还是恶,在不同的观念系统下会得出不同的结论,而这正是伦理学要关注的。因此,在伦理学中,我们无法让"义"停留在纯理论的层面,因为现实社会要求我们的,就是对具体的事情做出义和非义的判断。为什么那件事情是义的,或是非义的?

的确,从根本上讲,义与非义的判断来源于善与恶的判断。但是从具体的现实性讲,我们需要一种规范,可以通过它知道什么是义的、什么是恶的,避免因为个人的或环境的因素产生分歧。这是古今中外的思想家面临的共同问题。

好在这个问题是一个不难解决的问题,因为这种问题依赖于历史的现状。任何一个社会中都有一些约定俗成的规范,这些规范的产生,就是基于一些共同认可的理由。例如,在亚里士多德那里,就是法律;在孔子这里,就是礼。

(一)义体现为礼

礼是人内心的义的具体实现形式。一方面,礼是历代的圣王制定的,圣王们制定礼的时候,就是根据人民面临的实际生活状况,本着具体情况具体分析的原则,也就是"中"的原则。因此,礼就是"中"的哲学思想的体现。孔子说"中"是古代的圣王代代相传的"法宝",所谓尧用以命舜,舜亦以此命禹(《尧曰》)。另一方面,礼,尤其是周礼,是长期以来逐渐形成的,被证明是非常有效的。孔子说:"周监于二代,郁郁乎文哉,吾从周。"(《八佾》)历代的礼当然会根据不同的需要做出损益,所谓:"殷因于夏礼,所损益可知也;周因于殷礼,所损益可知也。"(《为政》)但是损益的原则却是相同的,那就是因时制"宜",也同样是义的表现,所以,孔子又说"其或继周者,虽百世可知也"(《为政》)。

我们知道,礼是根据一个人在社会上的身份、地位,来规定他的权利和义务,规定他的言语和行为。礼的最重要的功能是让每一个人都知道自己的本分是什么,从而根据这个本分对自己的社会行为做出判断:"非礼勿视,非礼勿听,非礼勿言,非礼勿动。"(《颜渊》)这样,不仅整个社会因为礼的划分而井然有序,即便是个人,也因为遵从礼而使自己的人格更加优雅和完美。

礼明确每一个人的本分,也就是划定了人与人之间的距离。这是礼的最重要的功能。这一思想基于对于人性的深刻洞察。人与人之间的麻烦,往往起源于界限不清,距离太近或者太远,"近之则不逊,远之则怨"(《阳货》)。所谓一个和尚挑水喝,两个和尚抬水喝，三个和尚没水喝，就是最生动的写照。所以，明确这种界限，是社会生活和谐运转的前提。明确界限，也就是孔子讲的“正名”，这就是为什么他那么重视这个在子路看来迂腐得够呛的正名理论：

子游塑像

子路曰：“卫君待子而为政，子将奚先？”子曰：“必也正名乎！”子路曰：“有是哉，子之迂也！奚其正？”子曰：“野哉由也！君子于其所不知，盖阙如也。名不正，则言不顺；言不顺，则事不成；事不成，则礼乐不兴；礼乐不兴，则刑罚不中；刑罚不中，则民无所错手足。故君子名之必可言也，言之必可行也。君子于其言，无所苟而已矣。”（《子路》）

仔细推究起来，孔子的话还真不完全是迂腐之论，社会运行的奥妙的确就在这名分上。不要说孔子主张以德治国，需要明确每个人的名分，就算是现代国家的依法治国，不也就是明确每个人的权利和义务吗？这不是名分又是什么？抛开治国的大事不谈，人与人之间的交往，其实也都不过名分二字：

子游曰：“事君数，斯辱矣；朋友数，斯疏矣。”（《里仁》）

这也是一个度的问题。

礼分疆划域，使得人与人之间、人群与人群之间有了各自的名分。这是保证社会健康运转的前提。不过，我们不要忘记，这种“分”的目的，不是把人与人、人群与人群孤立起来，而是要让人在一起和谐地相处。也就是说，分的目的是合。合就需要和谐。所以，礼的制定要求分，礼的运用却要求和，只有和谐，才能合成为一个整体：

有子曰：“礼之用，和为贵。先王之道，斯为美。小大由之，有所不行。知和而和，不以礼节之，亦不可行也。”（《学而》）

和谐就是适度，就是中庸的体现。而“和”正是“乐”的基本功能。所以在孔子那里，礼乐常常是并称的，二者相辅相成。

（二）义体现为利

这个命题，初看起来，似乎不可思议，因为在孔子那里，常常是把"义"和"利"对立起来说的，二者是一对反义词，例如"君子喻于义，小人喻于利"（《里仁》），"见利思义"（《宪问》）。义如何能够体现为"利"呢？

我们还是先从孔子所讲的"小利"说起：

子夏为莒父宰。问政，子曰："无欲速，无见小利。欲速则不达，见小利则大事不成。"（《子路》）

他反对见小利，看来言外之意是不反对见大利。

利在现实中是一个任何人都无法回避的东西。从根本上讲，我们在社会中的一切行为都是求利的，不要说名誉和财产，就算是最基本的生活资料，也是利益问题。颜回"一箪食，一瓢饮，在陋巷，人不堪其忧，回也不改其乐"（《雍也》），难道追求快乐就不是利吗？"益者三友"（《季氏》），交朋友不是为了获得利吗？

其实我们活着，人人都需要追求一些对自己有利的东西；最关键的问题在于，我们在追求有利的东西时，不能忘记，别人跟我们一样需要这些利益。这就是"恕"的原则。所谓"己欲立而立人，己欲达而达人"（《雍也》）。

利有大利和小利之分。小利是一己之利，大利是整个国家天下人的共同利益。只考虑自己的利益，那就是孔子说的"放于利而行，多怨"（《里仁》）；但是如果考虑到共同利益，那就是"义然后取，人不厌其取"了（《宪问》）。

因此，大利是由恕的原则推论出来的，这样的大利，也就是"义"了。既然如此，治理国家的君子就不必总是谈利，只要谈义就可以了；谈利容易引起狭隘的理解，所以"子罕言利"（《子罕》），孟子对梁惠王说："王何必曰利？亦有仁义而已矣。"（《梁惠王上》）

概括起来说，义与利相反相成。义体现为大利，"义，利之本也"（《左传》昭公十年）；反过来也成立：义是共同利益，或者说是大利的体现。所以《国语·周语》："言义必及利。"这其实是孔子时代很传统的看法。例如《左传》襄公九年记载穆姜的话："利，义之和也。……利物足以和义。"《周易》："乾，元亨利贞。"《文言》曰："利者，义之和也。"这个利，就是大利，是共同利益达到了和谐的状态。

因此，义是大利，它也属于利的范畴。《墨子·经上》说："义，利也。"《大学》说：

孟献子曰："畜马乘不察於鸡豚，伐冰之家不畜牛羊，百乘之家不畜聚敛之臣，与其有聚敛之臣，宁有盗臣。"此谓国不以利为利，以义为利也。

国家体现的是全体人民的利益，而不是统治者一己的私利。聚敛之臣，偷的是全体人民的利益；盗臣偷的是国君一己一家的私利，所以与其有聚敛之臣，宁有盗臣。这一思想，是非常进步的，也是孔子和儒家最富于革命性的思想。

第四节　孔子的人生观

孔子的哲学，是人生哲学。

孔子虽壮志难酬，却"哀而不伤"。

《论语》说："子之燕居，申申如也，夭夭如也。""其为人也，发愤忘食，乐以忘忧，不知老之将至。"用今天的流行话语来说，孔子之所以成为孔子，是因为孔子有一个很好的人生观。

人生观问题首先是个哲学问题，是对人为何物、人为什么活着以及如何活着的总看法。人为何物？回答人从哪里来。人为什么活着以及如何活着，回答人到哪里去。通俗地说，就是做一个什么样的人，怎样做人。孔子的观点是："弟子入则孝，出则弟，谨而信，泛爱众而亲仁。行有余力，则以学文。"这是孔子对做人的一个总要求。孔子很多关于做人的言论，都是围绕这个总要求展开的。在孔子看来，人生在世，面临大千世界，需要解决种种问题，而如何"出"与"入"，则是做人的根本。处理好做人的"出"与"入"，也就把握了人生的大方向。"入则孝"，目的是建立和谐的家庭关系。"出则弟，谨而信，泛爱众而亲仁"，目的是推己及人，建立和谐的社会关系。"行有余力，则以学文"，目的在于提高人的综合素质，使自己更好地服务于社会。在孔子看来，行是第一位的，只有首先是一个有道德的人，在实践中有能力，"学文"才有意义，否则"巧言令色，鲜矣仁"，徒有虚名而已。据此,我们把孔子做人的思想简称为“出入之说”。

孔子的“出入之说”,是孔子对人生的总态度,也就是孔子的人生观。进而言之,孔子的人生观可以用“三个负责”来概括,即“对自己负责,对家庭负责,对社会负责”。

孔子的人生观有很强的责任意识。责任意识是中国传统文化的精华所在,是后来形成“天下兴亡,匹夫有责”这样庄严使命感的文化基础。

《论语》是如何具体地记录和反映孔子“三个负责”人生观的呢?

一、对自己负责

对自己负责就是要自强不息,努力做一个德才兼备的人。孔子自我要求很严,“己所不欲,勿施于人”。《论语》记载:“子绝四:毋意,毋必,毋固,毋我。”就是说,综观孔子的一生,绝对不存在这四种毛病:不凭空猜测,不绝对肯定,不固执己见,不唯我独尊。

有个例子很能说明孔子的这种严格的自我要求:子贡问友。子曰:“忠告而善导之,不可则止,毋自辱焉。”这是孔子不自以为是、自以为高人一等的典型表现,对于朋友既尽朋友之道,又不把自己的意志强加给他。

孔子还说:“博学于文,约之以礼,亦可以弗畔矣夫!”孔子十分重视“礼”对个人修养的作用。“礼”是什么?我们不能简单地把孔子主张的“礼”看成是上下尊卑的等级制度。而应该把它看作协调社会关系的伦理规范,这种规范也不是一成不变的,在不同的时代有不同的内涵和要求,即“君子之于天下也,无适也,无莫也,义之与比”。就是说,天下的事情,没有固定不变的必须这么做,也没有固定不变的不能那么做,应该是怎样适合情理就怎么做。孔子认为只有广泛地学习一切知识,并自觉遵守社会道德规范的人,才不会背离君子之道。

颜渊问仁。子曰:“克己复礼为仁。一日克己复礼,天下归仁焉。为仁由己,而由人乎哉?”

颜渊曰:“请问其目。”子曰:“非礼勿视,非礼勿听,非礼勿言,非礼勿动。”

“克己复礼”,便是以礼自律,自约其身,使合于礼;视听言动,莫不循礼。

所以，在孔子看来，自己希望自己成为一个什么样的人，只要努力，自己就会成为一个什么样的人，“我欲仁，仁斯至焉”。“为仁由己，而由人乎哉？”

因此，孔子强调“不患无位，患所以立”。要“见贤思齐焉，见不贤而内自省也”。

二、对家庭负责

家庭是人成长的最初场所，是社会的细胞，没有家庭的和谐，就没有社会的和谐。对家庭负责的人，尊敬父母是第一要件。孔子认为，人生三年才免于父母之怀，没有父母的

子游问孝

养育之恩，人无法成长成人。因此，人生在世要懂得感恩，用“孝行”报答父母抚育自己成长的艰辛。孔子认为，能否懂得尊敬父母是人和其他动物的根本区别。《论语》记载了一个著名的“子游问孝”的故事。孔子的学生子游有一天问孔子“怎样做才是孝”，孔子说：“今之孝者，是谓能养。至于犬马，皆能有养；不敬，何以别乎？”在孔子看来，简单的供养并不是尊敬，也不能算作“孝”，因为这是犬马都能做到的，是低级动物也具备的行为。“孝”的关键在于态度，也就是要“敬”。“敬”是源于内心的深刻认识而在行为上的体现。

为了进一步阐发“孝”的内涵，当他的另一个学生子夏问“什么是孝”的时候，孔子说：“色难。有事，弟子服其劳；有酒食，先生馔，曾是以为孝乎？”这里，孔子提出了另一个著名的关于“孝”的命题，即“色难”。孔子以反诘的语气启发学生，如果子女侍奉父母时

态度粗暴，表现出难看的色相，即使有事的时候，子女去操劳，有好吃好喝的，让父母先尝尝，难道这样做就可以认为是孝吗？答案是否定的。有生活经历的人都知道，年轻人在长辈面前有没有诚敬的态度，对老年人的心理影响是大不一样的。态度不好，极易造成对老年人的伤害。相反，在老人面前和颜悦色，能给老人极大的快慰。从这两个故事中，我们看到，在孔子生活的年代，子女对父母不敬是个很严重的社会问题，做人"放利而行"，普遍缺少责任意识，一个连自己父母都不爱的人，还能爱国家吗？

一个人对家庭负责任，不仅体现在语言上，更要体现在具体的细节上。比如，孔子特别强调为人子女者必须记得父母之年。"父母之年，不可不知也。一则以喜，一则以惧"。这一点，直到今天，中国的子女们也没有做好。很多时候，都是父母们忙着给"小寿星"们过生日，又有几个孩子能知道父母的年龄呢？更何况，孔子认为知道"父母之年"与子女对父母的人文关怀是紧密联系的，"一则以喜，一则以惧"，喜的是父母增添了岁月，惧的是父母的身体不如以前。这样的人文关怀，今天的学校教育几乎完全遗忘了。

孔子关于"孝"的第三个命题是："父在观其志，父没观其行，三年无改于父之道，可谓孝也。"意思是，看一个人是否具有"孝"行，不能只凭一时一事下结论，要历史地看，全方位地考察：小的时候，虽然有父母作依靠，但要观察他是否从小树立志向；长大成人后，要观察他有怎样的行为；对于父母的情感，是否长时间坚持而不改变，具有慎终追远的情怀。它的基本思想和孔子自述的精神是一致的。孔子说："吾十有五而志于学，三十而立，四十而不惑。"显然，要做到这些，没有进取心，没有对家庭负责的责任感是不行的。至于"三年无改于父之道"，只是孔子说明父子关系的一个比喻，并不是说父亲当小偷儿子也只能当小偷，这样才算"孝"。"三年"表示时间的一贯性，"道"是做人处事的"大道"，是"君子之道"，也就是《四书》之一的《大学》所说的大学之道，即"在明明德，在亲民，在止于至善"。所以，孔子强调"君子谋道不谋食""君子忧道不忧贫"。我认为"三年无改于父之道"的传统解释是不正确的。传统的解释是："父亲在世时，儿子不能享有独立行动的权利，因而只有观察他的志向，父亲去世后，就要看一看他的行为，如果他能长时间地遵照父亲生前的道德规范而没有改变的话，就可以称他是孝子了。"这样的解释，完全阉割了孔子思想中的灵性，反映出孔子不过是一个十足的拒绝进步、不近人情的顽固分子，没有丝毫的责任感可言，这与孔子所倡导的君子自强不息精神和温润形象不相符合。

孔子关于"孝"的第四个命题是："父母在，不远游，游必有方。"这是一段常被人引用，却也是常被断章取义而曲解的话。引用的人只说孔子主张"父母在，不远游"，却不说孔子同样主张"游必有方"。实际上，这是不可以割裂的，一割裂，意思就被歪曲。而孔子主张"父母在，不远游，游必有方"，正是一个有责任心的人对家庭负责的表现。试想，大凡一个理性健全的人，当父母年纪大了，在家行动不便，需要人照顾时，他怎能抛下父母不管呢？如果确需"远游"，告诉父母"远游"的去向，以免父母担忧，不也十分应该吗？"儿行千里母担忧"呀！孔子"父母在，不远游，游必有方"的主张，不但没有错，相反恰恰闪烁着亮丽的人性光辉。

与此相一致，当"孟武伯问孝"时，孔子告诉他，"孝"就是"父母唯其疾之忧"。孔子主张子女要努力端正自己的行为，不要无事生非，无端让父母替自己担心，除非生病，那是没有办法的事。这样的话，放在今天来理解，更有现实意义。这些年来，一批批领导干部腐化堕落，不仅毁了自己，也毁了家庭，伤了父母。对于国家，他们是不忠；对于父母，就是"不孝"，就是对家庭的不负责任。

但孔子也不主张子女对父母的盲从。盲从同样是对家庭不负责任的表现。孔子说："事父母几谏，见志不从，又敬不违，劳而不怨。"孔子主张，对父母的错误做法，子女可以提出不同的意见，但要注意方法，也不能强迫父母听从自己的意见。即使父母听不进自己的意见，自己对父母的感情要坚持不变。从这里，我们看到，孔子所主张的家庭关系并不是家长的"一言堂"，而是一种"上下互动"的关系。

"修身，齐家，治国平天下"。中国传统文化中，"齐家"既是"修身"的结果，也是检验"修身"成效的尺度，更是能否为社会、为国家尽更大责任的前提条件，故素有"求忠臣必于孝子之门"之说。孔子的学生有子坚决地认为："其为人也孝弟，而好犯上者，鲜矣；不好犯上，而好作乱者，未之有也。君子务本，本立而道生。孝弟也者，其为人之本与！"他的另一个学生曾子在《大学》中则进一步强调："欲治其国者，必先齐其家；欲齐其家者，必先修其身。""身修而家齐，家齐而国治。""自天子以至于庶人，一是皆以修身为本。"对家庭负责的重要性由此可见一斑。

三、对社会负责

对社会负责，这是孔子人生观的归宿。孔子有关这方面的论述是大量的，"仁"是孔子用来统摄这一思想的总原则。北京大学教授张岱年先生对这一问题的认识最为透彻，他说，中国历史上"第一个提出人生理想的，是孔子。孔子以仁为人生理想。仁的观念，所涵甚广，而本旨甚约；境界极高，而平易简实：是一个弘大而切近的生活准则"。简言之，"仁"就是"己欲立而立人，己欲达而达人"。孔子对"仁"的内涵本旨的揭示，出现在他与学生子贡的一次问答中：

子贡曰："如有博施于民，而能济众，何如？"子曰："何事于仁，必也圣乎！尧、舜其犹病诸！夫仁者，己欲立而立人，己欲达而达人。能近取譬，可谓仁之方也已。"

孔子认为，"博施于民，而能济众"，是"圣"的境界，较"仁"为高，不是一般的普通人所能做到的。"己欲立而立人，己欲达而达人"，是"仁"的本旨。"立"是有所成而足以无倚；"达"是有所通而能显于众。自己求立，并使人亦立；自己求达，并使人亦达，即自强不息，而善为人谋。简言之，便是成己成人。"能近取譬"，则是为仁的方法，即在内心由近推远，由己推人。己之所欲，亦为人谋之，己之所不欲，亦无加于人。所以，仁之本旨，从根本上是爱人的，是对社会尽责的表现，"樊迟问仁，子曰爱人"的原因即在于此。

"立人""达人"是"仁"的本旨，换句话说，"仁"则是孔子人生观中对社会负责的努力方向。南怀瑾先生进一步将孔子的"仁"理解为"体"与"用"结合的复合体。"体"是内在要求，"用"是外在表现。也可以说，"仁"集中体现了孔子"做什么样的人，怎样做人"的思想。

孔子主张"仁"以"恕"为体，这是做人能否为社会尽责的基础条件。何为"恕"？"恕"即由己推人。用今天的话来说，"恕"是指稳定、健全的心理素质，是高尚的道德情操。“子贡问曰:有一言而可以终身行之者乎?子曰:其恕乎!己所不欲,勿施于人”。

“自己不愿承受的事,也不要强加给别人”。确立这样一个做人行事的根本生活准则,终身奉行遵守。对人生非常重要。古往今来,很多社会动乱的出现,与行事者奉行“单边主义”,不能“己所不欲,勿施于人”,有着极大的关系。而孔子在与学生仲弓的谈话中,就明确讲到仁恕的联系及其对于社会生活的影响:“仲弓问仁,子曰:出门如见大宾,使民如承大祭。己所不欲,勿施于人。在邦无怨,在家无怨。仲弓曰:雍虽不敏,请事斯语矣。”张岱年先生指出,“在邦无怨,在家无怨”,便是天下归仁。我以为张先生的点评与孔子思想十分契合。

“仁”以力行为用。孔子特别强调“仁”的外用,力行是孔子评判一个人是否对社会尽到责任的尺度。他说:“人而不仁,如礼何?人而不仁,如乐何?”仅有形式而无实际内容,这形式又有什么作用呢?所以,《论语》里孔子强调“实践第一”的“力行观”比比皆是。

“樊迟问仁,子曰:居处恭,执事敬,与人忠。虽之夷狄,不可弃也”。“居处恭,执事敬,与人忠”都是力行的表现,只有力行,才能放之四海而皆准。

“子张问仁于孔子。孔子曰:能行五者于天下,为仁矣。请问之。曰:恭、宽、信、敏、惠”。“恭、宽、信、敏、惠”也是力行的表现。

子曰:“有德者必有言,有言者不必有德。仁者必有勇,勇者不必有仁。”一个不能力行的人,既不能说他有“德”,更不能说有“仁”,故“仁”者必能力行,“仁”者必能有勇,无勇则根本不能为“仁”。孔子又说:“刚毅木讷近仁。”因为,刚毅木讷,则能真实力行,故近仁。巧言令色者,欲以巧伪赢得人心,实非有意立人达人,故远于仁。

孔子还说:“见善如不及,见不善如探汤。吾见其人矣,吾闻其语矣。隐居以求其志,行义以达其道。吾闻其语矣,未见其人也。”终孔子一生,他都在为实现人生理想而孜孜以求,“明知不可为而为之”,表现了顽强的意志和崇高的社会责任感。

这里,特别要强调孔子对管仲的评价,因为它集中反映出力行在孔子心目中的地位。

子路曰:“桓公杀公子纠,召忽死之,管仲不死。”曰:“未仁乎?”子曰:“桓公九合诸侯，不以兵车，管仲之力也。如其仁！如其仁！”

子贡曰：“管仲非仁者与？桓公杀公子纠，不能死，又相之。”子曰：“管仲相桓公，霸诸侯，一匡天下，民到于今受其赐。微管仲，吾其被发左衽矣。岂若匹夫匹妇之为谅也，自经于沟渎而莫之知？”

读了孔子对管仲的如此评论，你是否也会在心中生发出孔子那样的万丈豪情，一改认为孔子是个保守的复辟狂这样的无知偏见呢？我想你一定会的。即便如此，孔子依然说：

“君子道者三，我无能焉：仁者不忧，知者不惑，勇者不惧。”

真是谦逊的孔子，圣伟的孔子。巍巍乎，孔子！

第五节　孔子的历史观

历史观是对历史发展变化的基本观点。

马克思主义的历史观认为，人类社会的发展变化是有规律的，是由低级社会向高级社会呈螺旋状上升的。生产力和生产关系的矛盾运动是推动社会发展变化的根本动力。人是生产力要素中最活跃的因素，人民群众是历史的创造者。科学技术是第一生产力。

我们当然不能要求二千五百年前的孔子具备马克思主义的科学历史观，但是也绝不能像“文革”时期那样武断地认为孔子一心一意地要复辟奴隶制度，开历史倒车，企图把中国人都拉回到周初的体制中去。

说孔子开历史倒车，一心一意要复辟西周的奴隶制度，其实是个伪命题。因为，对于西周社会的性质，本身就没有定论，有人说它是奴隶制，有人说它是封建制。对于一个性质不能定论的社会，谈什么孔子的“复辟”呢？

其实，用不着那么麻烦，《论语》清楚记载和反映了孔子的历史观，这些历史观表现了孔子对历史发展所获得的宝贵认识，不仅在当时达到了人类认识社会历史的最高水准，而且也开创了人类认识自己的新局面。对此，张岱年先先生在上世纪三十年代对孔子的评价极中肯綮。张岱年先生说："孔子思想中有保守的方面，但进步的方面却是主要的。"又说："孔子是集过去时代之学问、思想之大成的人，而又是一个新时代的开创者。"

但一百多年来，中国人中并没有多少人能像张岱年先生那样客观公正地认识孔子，他们只是从《论语》中摘出孔子的片言只语，断章取义地判定孔子鼓吹今不如昔，是个厚古薄今的复辟狂。甚至像顾颉刚这样著名的学者也认为"孔子对政治无主张，只要维护周的制度。孔子主张安分，不想改变君君、臣臣、父父、子子的名分。他不信天命，主张敬鬼神而远之。孔子看不到时代要变了，讲古人的修养多，讲天下大事少，非常少"。

事实并非如此，《论语》所展现的孔子历史观，在今天看来依然具有相当的进步性。

一、大河奔流

孔子不认为历史是一成不变的，也不赞成某种制度具有永恒性。相反，他却极其推崇"天行健，君子以自强不息"的精神，认为社会发展如同长江大河，日夜奔腾不息。

子在川上曰："逝者如斯夫！不舍昼夜。"

南怀瑾先生认为，这是《论语》中最具文学气韵和哲学精神的语言，集中反映了孔子的精神状态及其对历史发展的深刻理解。

发展变化的历史观还体现在孔子与颜渊的对话中：

颜渊问为邦。子曰："行夏之时，乘殷之辂，服周之冕，乐则《韶》《舞》，放郑声、远佞人。郑声淫，佞人殆。"

孔子和颜渊的这段对话，明显地说明孔子并不主张古代的一切都是好的。比如：殷代的车子比夏代造得好，周代的帽子比殷代的戴着舒服。虽然他说的这些东西，不过是生活中的细节，但一叶知秋，显现的是社会发展和变化。但孔子也不认为凡是现代的都是好的，都是进步的，他觉得现代的"郑声"就不如古代的《韶》乐、《舞》乐悦耳动听，不像《韶》乐、《舞》乐那样既有形式又有内容。这也说明，孔子的历史观实事求是，主张以公正的态度对待社会的演变，客观而不偏激。这种实事求是的态度，是孔子一贯所倡导的。

二、后胜于今

孔子强调“后生可畏”，不能轻视年轻人，不能武断地下结论，认为后来人一定赶不上现在的人。

子曰：“后生可畏，焉知来者不如今也？四十、五十而无闻焉，斯亦不足畏也已。”

孔子的“后生可畏”说，说明孔子对未来满怀信心。但孔子不说绝对的话，他一方面寄希望于后辈青年，但同时也注重当下，认为如果一个人到了四五十岁时，还没取得什么成就，也就没有多少发展的空间了。这同样体现了孔子对于社会发展认识上的清醒：既没有绝对的好，也没有绝对的坏。

三、在继承中创新

孔子认为，历史是有继承性的，社会总是在继承前人成果的基础上创造出属于自己时代的文明。人类的文明传统不能割裂。

子曰：“周监于二代，郁郁乎文哉！吾从周。”

文化大革命“批林批孔”的时候，为了证明孔子顽固复古，就硬从这句话中孤立地拉扯出“吾从周”作为孔子反对社会变革的证据。孔子之所以“从周”，是与夏商二代比较而言，认为周朝以夏朝、商朝为借鉴，制定的礼乐制度内容丰富，不是干巴巴的几条文字。参照前代的经验制定一套完善可行的规章制度，无疑是进步的表现，孔子因此而赞赏周朝。孔子是个形式与内容的统一论者，认为“质胜文则野，文胜质则史。文质彬彬，然后君子”。质是内容，文是形式，有质而无文，粗俗鄙陋，行之不远；有文而无质，浮华虚夸，也会让人心里不踏实。

子张问：“十世可知也？”子曰：“殷因于夏礼，所损益，可知也；周因于殷礼，所损益，可知也。其或继周者，虽百世可知也。”

孔子考察社会发展变化的视野具有历史的纵深感。学生子张问他能不能预测十代以后的礼仪制度，他以历史事实为依据，告诉子张，商朝继承了夏朝的制度而有增减变化,周朝又继承了商朝的制度,同样也有增减变化。由此可见,周朝的制度也不是永恒不变的,以后有继承周朝的朝代,即使百世以后,礼仪制度也是可以推知的。虽然孔子没有告诉子张百世以后的制度是个什么样子,但却明白地告诉子张一个认识历史发展变化的原则,那就是既有继承又有创新。

孔子"继承创新的历史观"来源于他对历史的研究和严谨的治学态度。他说:

"我非生而知之者,好古,敏以求之者也。"

这是孔子的一个自我素描,坦诚自己并不是生来就有知识的,他对历史文化的喜爱和了解,完全是勤奋学习和不断探求的结果。他举例说:

"夏礼吾能言之,杞不足征也;殷礼吾能言之,宋不足征也。文献不足故也。足,则吾能征之矣。"

孔子觉得,他能谈谈夏朝的礼,但它的后代杞国不足以作证明;他也能谈谈殷朝的礼,但它的后代宋国不足以作证明。因为杞、宋两国的典籍资料都保存得不完整,不能妄下结论,如果保存的历史资料充足完整,他还是能够对其历史沿革考察清楚的。这样严谨的治学精神和他倡导的"知之为知之,不知为不知"的学习态度是一致的。

孔子"继承创新的历史观"还来源于他对事物本质的深刻把握。孔子对社会发展变化有一个形象比喻:

子曰:"觚不觚,觚哉!觚哉!"

觚是一种酒器,原是上圆下方,有四条棱角,后改成圆形没有棱角了。孔子借题发挥,有感而发,说觚已不像原来觚的样子,但还是一只觚,只是外形上有了变化。笔者以为,孔子在这里用"觚"的意象表达了他的一种历史观,就是事物的发展变化不能离开它的原本,没有了历史文化的继承,社会发展也就成了无源之水。

但这句话的传统解释是"觚不像个觚,这怎么是觚呀!这怎么是觚呀!"从这样的解释里,人们看到了什么呢?人们看到了一个非常害怕社会进步的孔子形象,一只酒杯的变化就让他产生如临大敌的惶恐,这样的孔子怎么能和预测"或继周者,虽百世可知也"的孔子等同起来呢?

四、重视英雄的作用

马克思主义唯物史观视人民群众为创造历史的主体和推动社会前进的根本力量，同时又充分肯定英雄人物推动社会前进所起的重大作用，承认反动人物对社会前进造成的阻碍。孔子虽不是历史唯物主义者，有感叹“河不出图，洛不出书”的天命意识，但他的思想中一样激荡着强烈的英雄情结，既推崇推动历史进步的英雄人物，也否定影响社会进步的反面人物。这主要体现在孔子对历史事件和历史人物的评价上。

子曰：“大哉，尧之为君也！巍巍乎！唯天为大，唯尧则之。荡荡乎！民无能名焉。巍巍乎其有成功也，焕乎其有文章！”

子曰：“巍巍乎，舜禹之有天下也，而不与焉。”

子曰：“禹，吾无间然矣。菲饮食而致孝乎鬼神，恶衣服而致美乎黼冕，卑宫室而尽力乎沟洫。禹，吾无间然矣。”

尧舜禹时期，是中国历史上的“公天下”时代。尧首开“禅让”体制，通过在实践中长期考察的办法，培养接班人舜，条件成熟时完成领导权力的和平交接。舜又用同样的办法培养了接班人禹。以历史的眼光看，禅让无疑是一种制度创新，比“饮毛茹血”的野蛮时代进步自不待言。尧、舜、禹因此被中国人称赞为古代的三位“圣王”，文化经典《礼记》赞美说：“大道之行也，天下为公，选贤与能，讲信修睦。故人不独亲其亲，不独子其子。使老有所终，壮有所用，幼有所长，鳏寡孤独废疾者皆有所养。男有分，女有归。货恶弃于地也，不必藏于己。力恶不出于身也，不必为己。是故谋闭而不兴，盗窃乱贼而不作，故外户而不闭。”。

所以，孔子对尧、舜、禹评价很高，他赞美尧像天一样崇高伟大，“巍巍乎其有成功也，焕乎其有文章！”“民无能名焉”。老百姓真不知道怎么称赞他。他也颂扬舜禹是个伟大的人物，说舜禹作为天子，拥有天下，却一点也不谋私利。对尧、舜、禹的称颂，实际上寄托了孔子反对战争、爱好和平的崇高理想，反映了他对现实生活中不能实现的“人文关怀”的渴望。

春秋时期，社会动荡不安，战争连年不断，人民饱受兵连祸结之苦。齐桓公、管仲、子产是春秋时期著名的政治家，对稳定社会局势，促进社会发展做出过重要贡献。孔子对这些重要历史人物的杰出贡献，无不给予热情洋溢的肯定。当时，由于东周王室衰弱，一些诸侯国起与周王分庭抗礼，南方的楚国迅速向北方扩张，北方戎狄族也深入中原侵扰。但周王室名义上仍保持"天下宗主"的地位，为华夏各国所推崇。齐桓公深刻把握时局，率先提出了"尊王攘夷"的旗号，得到了诸侯的信从，他率领诸侯联军，成功地阻遏了楚国的北进，并存邢救卫，阻止戎狄的侵扰，成为春秋五霸之首。百余年后，孔子赞叹齐国的霸业，说："齐桓公正而不谲。"意思是"齐桓公正派，不诡诈。"

齐桓公的霸业是在管仲的辅助下实现的。"管仲相桓公"几乎成了中国历史上贤君名相关系的典范。

子曰："桓公九合诸侯，不以兵车，管仲之力也。"

子曰："管仲相桓公，霸诸侯，一匡天下，民到于今受其赐，微管仲，吾其被发左衽矣。"

齐桓公任人唯贤，依靠大政治家管仲，整顿国政，扶持工商，发展生产；优待甲士，专练武艺，"经过大吞并，成为华夏各国中最富强的国家"。荀子说齐桓公并国三十五，韩非子说桓公并国三十。所以孔子从战略的意义上总结说，没有管仲，我们大概要披着头发，穿左衽衣，受异族的统治了，因此，对管仲这个人是万万不能忘记的。

孔子对春秋时期郑国的著名政治家子产也给予了很高的评价。

或问子产。子曰："惠人也。"

子谓子产："有君子之道四焉：其行己也恭，其事上也敬，其养民也惠，其使民也义。"

春秋时期中后期，郑国地处晋楚两大霸国间，为两国所必争。而郑国狭小，力不能自立，要避免灭亡，不得不讲求内政外交的善策。子产执国政二十余年，发挥了杰出的政治才能。《左传·襄公二十五年》记载他的话说，"政事和农事一样，要经常用心思考，既想这一件事如何开始，也要想这一件事如何结束，按照预定步骤，切实去实行。行动不要超越思考的范围，好比农夫耕作不要超越自己的田边，这样错误就少了"。据《左传》所记，因为深谋远虑，子产每件事都做得很成功，政治上不曾遭受过失败。故而孔子称赞子产是位"惠人",就是不搞"形象工程",对人民有恩惠的人,没有给后任留下虚假政绩的人。另据《左传·昭公二十年》记载:"及子产卒,仲尼闻之,出涕曰:古之遗爱也。"一位有功于社会的政治家辞世,孔子为之伤心流泪,这说明孔子对于人类具有何等的"大爱"胸怀!

受到孔子赞赏的人还有商汤、周文王、周武王、周公和春秋时期齐国的政治家晏子等著名历史人物。几乎所有在历史上起过进步作用的著名人物,孔子都有点评,这说明孔子有一双与时俱进的"历史眼",能深刻把握时代前进的脉搏。

孔子不仅重视个人的作用,在某种意义上更重视人才群体的作用。

子言卫灵公之无道也,康子曰:"夫如是,奚而不丧?"孔子曰:"仲叔圉治宾客,祝鮀治宗庙,王孙贾治军旅。夫如是,奚其丧?"

子曰:"为命,裨谌草创之,世叔讨论之,行人子羽修饰之,东里子产润饰之。"

微子去之,箕子为之奴,比干谏而死。孔子曰:"殷有三仁焉。"

这是三个十分有意义的故事,并且形成了鲜明的对比。

子产

第一个故事讲的是孔子晚年回到鲁国后,就国家兴亡与选用人才的关系。同鲁国的当权者季康子进行的一段意味深长的谈话。"鲁卫,兄弟之邦也"。孔子周游列国时,曾长期客居卫国,与卫灵公有过较多接触,所以对卫国的政治很了解,认为卫灵公是个昏庸无道的国君,季康子问:既然这样,为什么卫灵公没有败亡呢?孔子告诉季康子,因为卫国有一班贤能的大臣,办外交的仲叔圉、主管文化教育的祝鮀、统领军队的王孙贾都尽职尽责,所以卫灵公才不至于把国政弄到无法收拾的地步。

第二个故事依然讲子产用人。孔子说子产处理国家大事非常慎重,程序缜密,比如制定国家外交政策法令,由大夫裨谌起草,经过大夫世叔提出意见,再交给外交官子羽进行修改,最后由子产修饰把关。子产能够这样做,是因为他很重视人才的培养。子产提出过著名的“国有三不祥”论：国有人才而不知，一不祥也；知而不能任，二不祥也；任而不能用，三不祥也。子产知人善用，为郑国在激烈的大国争霸的夹缝中赢得了生存空间，也赢得了孔子的尊重。

第三个故事的内容在中国妇孺皆知。微子、箕子、比干都是商纣王的宗亲大臣，微子是商纣王的同母兄长，箕子、比干是商纣王的叔父。纣王暴虐无道，有贤不能用，有恶不能去。微子辞职隐去；箕子因纣王拒谏，假装发疯，被降为奴隶；比干力谏纣王，被纣王剖心而惨死。“殷有三仁焉”。孔子对忧国忧民英雄人物由衷地表达了敬仰之情，同时也借此挞伐了纣王的暴政，揭示了暴君的腐败政治对于社会的危害。

子曰：“善人为邦百年，亦可以胜残去杀矣。诚哉斯言也。”

通过对历史经验的深刻总结，孔子发出了建设“好人”政府的深深呼唤！

第六节　孔子的价值观

价值观是哲学家讨论的永恒话题。但是对这个话题感兴趣的，绝不仅有哲学家。

不同的人有不同的价值观，不同的价值观又决定了人的不同的行为方式；不同的时代也有不同的价值观，不同的价值观又决定了不同时代的制度选择。

所以价值观问题，是任何思想家都不能回避的问题。

所谓“价值观”，就是人们对事物取舍或对行为进行价值判断的基本观点。简单地说，就是人们确认什么样的事值得做，什么样的事不值得做的基本态度。马克思指出，如果有200%的利润，资本家宁愿冒上绞刑架的危险。这就是资本原始积累时期资本家的价值观。又比如说“生命诚可贵，爱情价更高。若为自由故，两者皆可抛”。这首家喻户晓的诗篇，反映的是革命者的价值观。在革命者看来，追求自由是人生最大的幸福，也是最值得奋斗的事情，就是牺牲性命也在所不惜。

孔子的价值观，可称之为“君子价值论”，即凡是有利于养成君子品行的事都可以做；凡是不利于养成君子品行的事，则坚决不做。如：

子曰:"居上不宽,为礼不敬,临丧不哀,吾何以观之哉?"

子曰:"君子怀德,小人怀土;君子怀刑,小人怀惠。"

子曰:"士而怀居,不足以为士矣。"

子不语怪、力、乱、神。

可见孔子支持什么,反对什么,态度十分明确。在孔子看来,宽简爱人、态度真诚、心怀仁德、追求理想、敬畏法律,都是君子必须做到的。相反,贪图安逸、目光短浅、放利而行、语言荒诞,则不是一个君子所为。

那么,量度君子处事该做与不该做的标准是什么呢?这个标准就是"义"。"义者,宜也,断决得中也"。仔细体会《论语》所记孔子言论,并参之以孔子一生的行事原则,"义"乃是孔子价值观的精髓之所在。

孔子强调:"君子义以为质,礼以行之,孙以出之,信以成之。君子哉!"孙者,逊也。孔子的意思是:知道什么该做,什么不该做,是对君子最基本的要求。也就是君子要始终保持自己做人的中心思想,只有这样,办事才会讲规矩,说话才会懂得谦逊,处理问题的态度才会诚恳。《论语》对孔子论"义"多有记载,如:

子曰:"非其鬼而祭之,谄也;见义不为,无勇也。"

子张问:"士何如斯可谓达矣?"子曰:"夫达也者,质直而好义,察颜而观色,虑以下人。"

子路问成人。子曰:"见利思义,见危授命,久要不忘平生之言,亦可以为成人矣。"

子曰:"群居终日,言不及义,好行小惠,难也哉!"

孔子曰:"君子有九思:视思明,听思聪,色思温、貌思恭,言思忠,事思敬,疑思问,忿思难,见得思义。"

子曰:"君子喻于义,小人喻于利。"

在以上《论语》各章中,孔子对"义"的要求,说得都很坚决。他认为,"非其鬼而祭之",这是做了自己不该做的事,是谄媚的表现。而"见义不为",眼看正义的事情却不能勇敢地执行,则是怯懦的表现。一个通达的君子,必须质朴正直,爱好道义,敢于担当,并且善于理会别人的感受，不自以为是。孔子提出的“质直而好义，察颜而观色，虑以下人”，其精神与我们今天所说的凡事要看“人民群众答应不答应，高兴不高兴，赞成不赞成”，多少有些相通之处。孔子也不反对对物质利益的追求，但他始终主张追求物质利益必须符合“义”的要求，该是你的东西，该是你的利益，你正大光明地去追求，但不是你的东西，意外之财，你就要想想你是否该拿？因此，在孔子看来，不讲大义，好行小惠，是做不出什么大事业的。比如，楚汉战争中的项羽，看不清时局，赏罚不明，刚愎自用，好行“妇人之仁”，就是“群居终日，言不及义”的表现，最终“难矣哉”，只好被刘邦打败而自刎了事。所以，只有明白大义、懂得取舍的人，才能称得上君子。一般的普通人，所重视的只是眼前的现实利益。孔子自己“钓而不纲，弋不射宿”，事虽小，却是一个君子明白大义的很好例证。

为了进一步说明“义”对于孔子在价值判断上的重要性，我们还可以举三个事例作具体说明。

孔子谓季氏：“八佾舞于庭，是可忍也，孰不可忍也？”

孔子批评季氏“八佾舞于庭”，实是有感而发。佾是古代舞蹈奏乐的行列。八个人为一行，叫一佾。八佾是八行共六十四人，按照当时的礼制规定，只有周天子舞蹈奏乐才能用八佾。诸侯用六佾，大夫用四佾，士用二佾。因鲁国国君是周公后代，周公曾有功于周王室，为报答周公之德，周成王赐给鲁国用天子之礼乐祭祀的特殊待遇。孔子是个主张按规矩办事的人，认为“不知礼，无以立也”。此时，由于季氏（季平子）把持鲁国国政的缘故，就倚仗自己的权臣地位，在自己家的庭院中使用了国君祭祀时才用的八佾舞蹈。孔子认为季氏的做法很不妥当，说出了这句“是可忍也，孰不可忍也”的名言，意思是：祭礼是最重要的礼，祭祀是一件很严肃的国事，国君祭祀时才能使用八佾舞蹈，季氏却“八佾舞于庭”，他连这样的事都能做得出来，他还有什么事不敢做呢？言下之意，季氏连最严肃的事都视作儿戏，还有什么值得他敬畏的呢？“五四”运动以来，特别是“文革”时期，评论者认为，孔子批评季氏“八佾舞于庭”，是维护落后的等级制度，因而也是孔子反动落后的表现。其实不然。孔子批评季氏“八佾舞于庭”，其意义在于孔子对正确价值观的坚守。无论在什么时代,也无论什么人,自己不该做的事或不能做的事,贸然去做了,也就是"不义",都是要受到批评的。即便在今天,美国总统的专机"空军一号",也不是美国哪个州的州长或市长随便可以使用的。又比如,小孩子过生日,唱"祝你生日快乐"是欢乐气氛,如果改唱《国歌》,那就文不对题,显得滑稽,也是对《国歌》的不敬。

子疾病,子路使门人为臣。病间,曰:"久矣哉,由之行诈也!无臣而为有臣。吾谁欺?欺天乎?且予与其死于臣之手也,无宁死于二三子之手乎!且予纵不得大葬,予死于道路乎?"

每读至《论语》这一章,我的脑海里都会浮现一个十分通达的慈祥老人的形象。子路是孔子事业的热心支持者。孔子对子路的批评比较多,但以这一次的批评最为严厉,大概就是因为子路的这次造假举动破坏了孔子最基本的做人原则。事情的原委是,有一次孔子生了重病,子路就让他的学弟们做家臣准备料理丧事。孔子病情好转后知道了这件事,他批评子路说:"仲由搞这种骗人的勾当已经很久了啊!我本来没有家臣,却要装着有家臣,我欺骗谁呢?欺骗天吗?我与其死在家臣的手里,不如死在你们这些弟子手里。我即使没有条件享受隆重葬礼,难道我会死在路上没有人安葬我吗?"这样的话,听了真的让人荡气回肠。我不知道,还有什么比这更具有人格魅力了。真诚不欺,是孔子做人的一贯要求,也是他的"义"之所在。孔子还告诉弟子:"亡而为有,虚而为盈,约而为泰,难乎有恒矣。"这是孔子从反面告诉弟子们做人必须坚守真诚的原则,其意为:没有却装着有,空虚却装着充实,本来穷困却要装着富足,这种没有操守的事是不可能长久的。出现这样的问题,实际上就是人的价值观脱轨。上个世纪五六十年代之交中国出现的大跃进、共产风,毛病就出在孔子所说的"亡而为有,虚而为盈,约而为泰"上。在我们的文化传统里,孔子把"义"看得很重,子路问他:"君子尚勇乎?"他回答:"君子以义为上,君子有勇而无义为乱,小人有勇而无义为盗。"然哉,然哉。

季氏富于周公,而求也为之聚敛而附益之。子曰:"非吾徒也。小子鸣鼓而攻之,可也。"

这是《论语》中另一件关于孔子坚守人生价值原则的故事,读后同样令人颇生感慨。

当时，季氏的税收已占全国的一半之多，孔子的弟子冉求还帮助他搜刮聚敛财富。孔子对冉求的表现非常不满，就对其他弟子说：“冉求不是我的弟子了，你们要大张旗鼓地声讨他。”看得出，孔子说这话的态度十分决然。孔子为什么会这样呢？显然，是因为孔子觉得冉求帮助季氏敛财是不光彩的，是“不义”之举，是没有“守死善道”的表现。

孔子也强调“礼”。孔子的“礼”与孔子的“义”是什么样的关系呢？我以为，孔子的“礼”是孔子“义”的运行方式，或者说，“义”要通过“礼”的方式表现出来。

“礼”的实质是“用中”，也就是恰到好处。如孔子的弟子有子就说：“礼之用，和为贵，先王之道，斯为美，小大由之。有所不行，知和而和，不以礼节之，亦不可行也。”为什么要“以礼节之”呢？孔子说得很明白：

子曰：“恭而无礼则劳，慎而无礼则葸，勇而无礼则乱，直而无礼则绞。”

毫无疑问，恭、慎、勇、直，都是值得嘉许的优点，但处理不当，失之一偏，会适得其反。孔子认为：“态度恭敬而不懂礼，就会劳累；只知道谨慎处事，但不知礼，就会畏惧不前；简单任勇而不知礼，就容易闹出乱子；只图自已心直口快而不知礼，说话就会流于尖刻，容易伤人。”这些言行处事上的失误，即便在今天，也是日常生活中屡屡可见的。因而，《论语》里孔子反复强调“立于礼”，“不知礼，无以立也”。对于“礼”颇有研究的有子也说：“信近于义，言可复也；恭近于礼，远耻辱也。”

总而言之，孔子的“礼”对于“义”具有节制和约束作用。合于“义”的事必须以正确的行为方式表现出来，这样，才能取得最佳效果。从这个意义上说，孔子主张“克己复礼”是非常有道理的。

第七节　孔子的教育观

孔子是个伟大的教育家，这是不言而喻的。孔子的教育事业取得了丰硕成果，这也是毋庸置疑的。但孔子的教育观是什么，他的教育观对他的教育事业有什么影响，却一直没有得到很好的总结。研究这个问题，弄清孔子的教育观，对纠正我们今天在教育上出现的种种问题，特别是高等教育出现的偏差，不无重要的借鉴作用。

一、塑造君子人格

孔子是中国历史上第一个兴办私学的人，是中国教育事业的拓荒者和奠基人。教育是孔子坚守一生的事业。孔子兴办学校，并没有条件像今天许多学校那样利用各种现代化的传媒，铺天盖地地做招生广告，也没有花国家一分钱，可他的教育事业得到了社会的广泛认同，产生了巨大的社会影响。他的三千弟子来自四面八方，遍及诸侯各国，且都是自愿投其门下，有的还终身追随孔子，与孔子风雨同舟，吃尽千辛万苦；有的父子两代人都是孔子的门徒。如曾点、曾参父子；颜路、颜渊父子等。孔子的弟子中，既有贵族大夫，也有贫民子弟。这些人为什么争先恐后地拜孔子为师？难道仅仅是为了“学而优则仕”，如同后人所说的“读书做官”吗？非也！孔子教育思想的精华不仅在于他的教育方法，更在于他的教育观。方法只是实现目的的手段而已。

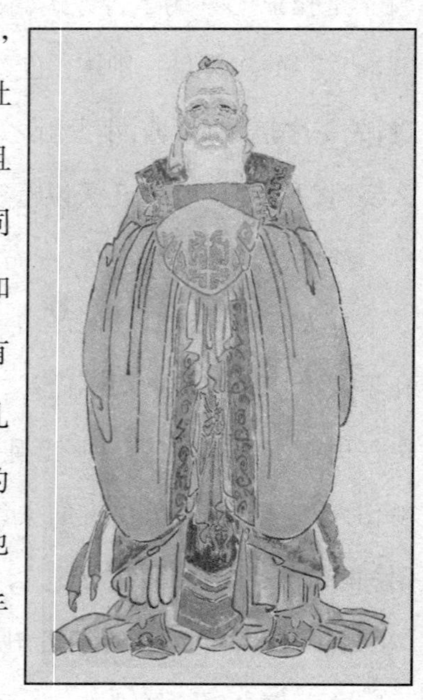

万世师表孔子

长期以来，研究者对孔子教育思想的总结，似乎把注意力都放到了孔子教学的方法上，如有教无类、因材施教、循循善诱、温故知新、举一反三等。这些方法，对于教育来说，都是细枝末节，是知也，非德也。“学校是造就人的工场”。教育最根本、最关键的问题是确立恰当的教育观，也就是要弄清教育的目的、教育的宗旨和教育的方针到底是什么。正如苏联教育家加里宁所说：“教育是对于受教育者心理上所施行的一种确定的、有目的的和有系统的感化作用，以便在受教育者的心身上，养成教育者所希望的品质。”

根据《论语》对孔子教育思想的记载，我们可以得出这样的结论：孔子的教育思想以健全和完善人格为目标，对学生进行全面发展的素质教育。因而孔子的教育是塑造人、发展人的教育。

完善人格教育，首先是做人教育，即教育学生做一个什么样的人，怎样做人。哲学家康德说："人只有靠教育才能成人。人完全是教育的结果。"教育家夸美纽斯也说："只有受过一定的合适的教育之后，人才能成为一个人。"孔子教育学生做一个什么样的人呢？孔子教育学生要做一名具有高尚人格的"君子"。从这个意义上说，孔子的教育也是"君子"教育。这才是孔子教育事业具有极大影响力的根本原因所在。孔子对于子路的影响，就是一个生动具体的例子。

子路，卫国贵族子弟，小孔子九岁，初见孔子时，约二十一二岁，年轻气盛，性情粗鄙，穿着怪异，为了表示英武，帽子上插着公鸡毛，佩带的宝剑也装饰着雄猪皮，也没有把孔子放在眼里，还故意凌辱孔子。可以想象出，子路当时的样子颇有点"嬉皮士"的味道，既不谙世事，又想装成熟。但孔子从子路勇直的个性中，发现子路是一个坦白直爽、忠实可靠的人，是个可造之才，他对子路"犯而不校"，以雍容的态度将其折服，使其诚心诚意地做了自己的学生。子路成了孔子的学生后，"喜从游"，追随孔子四十年如一日。他"是对孔子事业最热心的支持的人之一，同时也是和孔子最没有师生距离的门徒之一"。

子路问政。孔子曰："先之劳之。"请益，曰："无倦。"

孔子曰："片言可以折狱者，其由也与！"

孔子曰："衣敝袍与衣狐貉者立而不耻者，其由也欤！"

子路为蒲大夫。辞孔子。孔子曰："蒲多壮士，又难治。然吾语汝，恭以敬，可以执勇；宽以正，可以比众；恭正以敬，可以报上。"

从以上既见于《论语》又见于《史记》的记载中，可以看出孔子对于子路的知之深，爱之切，语之殷。而子路至死也没有忘记孔子的教导，"君子死而冠不免"，在与敌人的战斗中身负重伤却"结缨而死"，以从容赴死的气度维护了一名战士的尊严，与初见孔子时的"性鄙"形成了鲜明的对比。

二、君子的特点

翻开《论语》，"君子"一词比比皆是，出现的频率很高，累计出现六十多次。前文已经说过，《论语》开篇的三句话，就是《论语》一书的宗旨所在，这个宗旨，就是何为君子以及怎样才能成为“君子”。具体说来，孔子眼里的君子是个什么样子呢？

第一，君子真诚，言而有信。

子贡问君子，子曰：“先行其言而后从之。”

子曰：“君子欲讷于言而敏于行。”

子曰：“君子耻其言而过其行。”

孔子认为，做人必须真诚，待人要言而有信。这是成就君子人格的首要条件。不能假话、大话、套话、空话连篇，视听者为玩偶。小人以言过其行为荣，觉得自己“忽悠”了别人，是一种本事；君子以言过其行为耻，先行其言而后从之，把事情做好了再说，做不到的事不乱表态。孔子还说：“言之不怍，行之也难。”胡吹海侃，说得天花乱坠的事，是很难兑现的。说谎从不脸红的人不可能成为君子。

孔子又说：“人而无信，不知其可也。”有一天，弟子子张问孔子：“怎样办事才能行得通？”孔子依然将言而有信当作做人处事的第一要务，他告诉子张：“言忠信，行笃敬，虽蛮貊之邦，行矣。言不忠信，行不笃敬，虽州里，行乎哉？立，则见其参与前也，在舆，则见其倚于衡也，夫然后行。”这和我们今天常说的“诚信走遍天下，无信寸步难行”的精神是一致的。子张认为孔子说得非常正确，将老师的话“书诸绅”，也就是恭恭敬敬地将孔子这段做人处事的箴言写在自己的衣服上，以作座右铭。子夏也受到孔子诚信思想的影响，并进一步发挥说：“君子信，而后劳其民；未信，则以为厉己也。信而后谏；未信，则以为谤己也。”

第二，君子不争，谦逊有礼。

有子曰：“君子无所争，必也射乎！揖让而升，下而饮，其争也君子。”

子曰：“君子矜而不争，群而不党。”

君子不争，就是不贪虚名，不争那些不属于自己的东西。即使在有些场合对某些事情非得分个上下高低，也要像“射箭”比赛一样，本着“友谊第一，比赛第二”的原则，“揖让而升，下而饮”，进退有据，上场、下场都不失礼节。证之以今天的事例，如同人们经常看到的运动员在国际赛事上的表现那样，无论输赢，赛前、赛后选手们都要相互握握手，或祝贺，或鼓励.这是精神文明的体现。

不争的另一面是争。如争权力、争利益、争虚名、争美色，等等之争，不一而足。只这一个"争"字，曾导出了无数的灾难惨剧。有为争而国破的，有为争而家亡的，有为争而身首异处的，有为争而身陷囹圄的。孔子的时代，就是一个争权夺利的时代。"君子无所争"，饱含了孔子对历史经验、对现实教训的深刻总结。

第三，君子怀德，抱负宏远。

子曰："君子怀德，小人怀土；君子怀刑，小人怀惠。"

子曰："君子喻于义，小人喻于利。"

子曰："君子周而不比，小人比而不周。"

子曰："君子和而不同，小人同而不和。"

子曰："君子上达，小人下达。"

子曰："君子疾没世而名不称焉。"

子曰："君子谋道不谋食。""君子忧道不忧贫。"

恩格斯曾说，为了眼前的利益而牺牲未来，永远都是机会主义者。机会主义者不可能有君子之德。君子之德"谋道不谋食""忧道不忧贫"，不以眼前的细小利益为务，也就是宋儒范仲淹所说："先天下之忧而忧，后天下之乐而乐。"孔子之道，乃天下之大道，关乎民生，关乎兴亡。孔子眼里的君子，有理想，有追求，不盲目，不自负。"和而不同"，善于吸收别人正确的意见，使自己的主张更加完善。"周而不比"，善于将别人团结在正义的旗帜下，不为自己的私利拉山头，搞团伙，结帮派。"君子上达"，能够以宏大的理想和社会正义鼓舞人，影响人，塑造人，使社会的文明水平得到不断提升。

人的生命只有一次，君子所遗憾的，是一辈子碌碌无为，虚度时光，如同行尸走肉。君子"不谋食"，不是说君子不要谋食。食，性也。不食，人无以生，又如何去谋道、去忧道？孔子认为，是君子就不会一天到晚挖空心思去想如何去博取富贵；是君子也不会整天为自己的贫困感到耻辱。孔子说："贫贱是人之所恶也，不以其道去之，不去也。"就是说，以人之性情，没有谁喜欢贫困，但是如果你通过违法的手段，获得不义之财，最终只能是竹篮打水一场空。君子爱财，取之有道，取之无道，依然脱不了贫困。现实中许多曾经大红大紫的“闻人”，因为拖着长长的“原罪”尾巴，要么锒铛入狱，成为阶下之囚；要么早入黄泉，死于非命；要么亡命海外，苟且偷生，无不以其惨淡之人生结局，明验了孔子“君子怀德”的高远意境。

第四，君子坦荡，经得起考验。

子曰：“君子泰而不骄，小人骄而不泰。”

子曰：“君子固穷，小人穷斯滥矣。”

子曰：“君子坦荡荡，小人长戚戚。”

司马牛问君子。子曰：“君子不忧不惧。”

子欲居九夷。或曰：“陋，如之何？”子曰：“君子居之，何陋之有？”

君子光明磊落，胸怀坦荡，“泰而不骄”，心情安宁，不以物喜，不以己悲，不怨天，不尤人，不迁怒，不贰过，得意如斯，失意如斯，一以贯之。在孔子看来，君子经得起各种环境的考验：得意不忘形，失意不沮丧，挫折不失志，穷困不变节。“君子固穷”，“君子无终食之间违仁，造次必于是，颠沛必于是”。每到艰难困苦，似乎看不到前途的时候，君子必立场坚定，意志不改，“不忧不惧”，一往无前。小人则“穷斯滥矣”，一遇到困难，总是抱怨不已，不能恒其德，最易变节卖身。因此，孔子十分赞赏颜回“一箪食，一瓢饮，居陋巷，人不堪其忧，回不改其乐”的精神境界。他还以自己的感受为例，告诉学生，即便是荒凉不毛之地.“君子居之，何陋之有？”孔子的思想深深地感染了他的弟子，曾子说：“士不可以不弘毅，任重而道远。仁以为己任，不亦重乎？死而后已，不亦远乎。”唐人刘禹锡深受孔子影响，作《陋室铭》说：“斯是陋室，惟吾德馨。”“孔子曰：何陋之有？”

第五，君子爱人，成人之美。

子曰：“君子易事而难说也。说之不以道，不说也；及其使人也，器之。小人难事而易说也，说之虽不以道，说也；及其使人也，求备焉。”

子曰：“君子成人之美，不成人之恶。小人反是。”

子曰:“君子不以言举人,不以人废言。”

子贡曰:“君子亦有恶乎?”子曰“有恶:恶称人之恶者,恶居下流而讪上者,恶勇而无礼者,恶果敢而窒者。”

曰:“赐也亦有恶乎?”“恶徼以为智者,恶不孙以为勇者,恶讦以为直者。”

由于君子眼光远大,抱负宏远,不会没事找事,整天拿些鸡毛蒜皮的小事整人、害人,产生狭隘的“自恋症”,看谁都不顺眼,以为所有的人都与自己过不去。君子固然对人要求很高,但善于发现别人的长处,褒扬别人的优点,君子爱人,立己立人,以成就别人为荣,善于帮助别人不断提高和完善。所以,孔子认为,君子的人事关系一点也不复杂,在君子手下做事很容易,君子用人,量才使用,既不以言举人,也不以人废言。君子反对谄媚,也不喜欢谄媚的人;小人则不然,在小人手下办事很难,但讨得小人的欢心很容易。小人喜欢溜须拍马,对大献殷勤的人格外垂青。小人用人,总是百般挑剔,求全责备。“君子尊贤而容众,嘉善而矜不能”。子夏的这句话深得孔子思想的三昧。

君子一方面成人之美,另一方面也不“称人之恶”。“称人之恶”就是到处传扬别人坏处,揭发别人的短处,而不是从善意出发,帮助别人改正错误。不“称人之恶”,是不是就要当个没有原则的好好先生呢?也不是。孔子说:“乡愿,德之贼也。”孔子把不得罪人的好好先生称为“乡愿”,是败坏道德的小人。所以,孔子告诉子贡说:君子也有厌恶的人,譬如厌恶勇敢却不懂礼节的人,厌恶固执任性、顽固不化的人,等等。而孔子一生确也以此为戒,做到了不凭空猜测,不绝对肯定,不固执己见,不唯我独尊。对于孔子“你也有讨厌的人吗”的提问,子贡回答说“我讨厌抄袭别人的东西还自以为聪明的人,讨厌毫不谦逊还自以为勇敢的人,讨厌揭发别人的短处还自认为直率的人”。总之一句话,君子成人之美,不成人之恶。

第六,君子自律,闻过则喜。

子谓子夏:“女为君子儒,无为小人儒”

子曰:“君子而不仁者有矣夫,未有小人而仁者也。”

子曰:“君子求诸己,小人求诸人。”

子曰："君子病无能焉，不病人之不己知也。"

君子自我要求很严，"君子求诸己"，总是检讨自己的不足，"躬自厚而薄责于人"。换句话说，就是"君子病无能焉，不病人之不己知也"。这确实是一种很高的精神境界，做到不易，恒常更难。曾子说："吾日三省吾身：为人谋而不忠乎？与朋友交而不信乎？传不习乎？""吾日三省吾身"业已成为"君子"自律的经典表述。孔子自己也不断地进行自我反省，他曾对弟子子贡说："君子之道者三，我无能焉：仁者不忧，知者不惑，勇者不惧。"子贡曰："夫子自道也。"在孔子的弟子中，子路是个"闻过则喜"的人，孔子对子路个性中的这一优点也很欣赏，赞扬子路"唯恐有闻"，生怕自己有缺点未能及时改正。按照孔子"过而不改，是过也"和"知耻近乎勇"的标准，子路堪为真正的君子勇士！

与这种"君子求诸己"的严格自律不同，"小人求诸人"，总以为自己做得很好，无可挑剔，是别人对自己有成见，对自己不支持，故意出难题、使手脚。因此，孔子特别强调："君子而不仁者有矣夫，未有小人而仁者也。"并不是读了书，有了知识，就会成为一个道德高尚的人，道德源于修养，儒者也有"君子""小人"之分。他叮嘱子夏一定要成"君子儒"，不要做"小人儒"。后来子夏为魏文侯师，帮助魏文侯完成富国强兵的大业，成为战国初年的一代明主，也是子夏实践孔子教诲取得的可圈可点的成就。

曾子有疾，召门弟子曰："启予足！启予手！《诗》云：'战战兢兢，如临深渊，如履薄冰。'而今以后，吾知免夫！小子！"

曾子是孔子的七十二高徒之一。曾子的弟子记下的曾子的这段故事，不仅是君子自律的生动案例，具有很强的感染力，也是孔子"人格"教育的宝贵成果之一。这个故事说的是，曾子晚年生了很重的病，躺在床上已不能动弹。曾子就把弟子们召到身边说："孩子们，帮我把手和脚抬抬看，我都没有什么知觉了。《诗经》上说：'战战兢兢，如临深渊，如履薄冰。'这可是做人的金玉良言啊。人要想不犯错误，就必须始终保持谦虚谨慎的态度，高标准要求自己，像来到深深的水潭边，行走在薄薄的冰层上，千万不能麻痹大意。我老了，生命快要结束了，只有到这时，我才知道自己不会再犯错误了。你们这些年轻人，可不能放松自我要求，任何时候都要管住自己啊。"正如曾子自己说的，人之将死，其言也善。曾子对弟子的临终遗言，是君子自律的极好教材。孔子的诸多弟子都能像曾子一样，严格要求自己，以君子相期许，终而没有辜负老师的期望，从而对中华民族自强不息精神的形成，起了重要作用。

宗圣曾子塑像

第七，君子尚义，追求真理。

子曰："君子之于天下也，无适也，无莫也，义之与比。"

子曰："君子贞而不谅。"

子曰："君子不可小知而可大受也，小人不可大受而可小知也。"

如前文所说，"义"是孔子的价值观，在孔子思想中占有重要的位置。孔子不仅以"义"指导自己的人生，也用"义"教化自己的弟子。他告诉弟子们，君子对于天下的事情，要把握大的方向，没有什么永远不变的东西，也没有什么特别的规定，对于事情的处理，要因地制宜、因时而动，这个时，这个宜，就是"义"，合于时宜的就是"义"，所以，处理事情的原则只能是"义之与比"。子路说："君子之仕也，行其义也。"子路这里说的"行其义也"，与"义之与比"是同一个意思。有了这个大前提，君子举大事可不拘小节，也就是"君子贞而不谅"。"不谅"即不计较细小的事情。君子理想坚定，信念不动摇，可以"大受"，堪当重任。不能用琐碎的"小知"要求君子，用普通人的行事风格评判君子，这样做，只能逼迫君子降低做人的标准，向低水准看齐。何谓"君子可大受"呢？子谓子产："有君子之道四焉：其行己也恭，其事上也敬，其养民也惠，其使民也义。"曾子说："可以托六尺之孤，可以寄百里之命，临大节而不可夺也。君子人与？君子人也。"子产的君子之道，曾子的君子之行，都是君子"大受"的体现。我们今天所说的"靠得住、有本事、信得过"，不过是"君子可大受"的一种新说而已。

以上就是孔子认为的君子必须具有的主要品性。孔子深有感触地说："圣人，吾不得而见之矣;得见君子哉,斯可矣。"这说明,孔子对君子人格是十分看重的,同时也反映了孔子时代君子的稀少和君子人格的格外可贵。

三、君子成长途径

孔子不仅告诉弟子们君子是个什么样的人,也提出了怎样才能成为君子,即"君子"的成长途径。

(一)君子源于学习

前面已经说过,孔子的"学"不只是读书,更包括丰富的社会实践。

子曰:"君子食无求饱,居无求安,敏于事而慎于言,就有道而正焉,可谓好学也已。"

子曰:"君子博学于文,约之以礼,亦可以弗畔矣夫。"

子曰:"文,莫吾犹人也。躬行君子,则吾未之有得。"

在这三章《论语》里,孔子表达了一个非常明确的观点,君子不仅要博学于文,通过读书掌握文化知识,更要向一切嘉言懿行学习,向道德高尚的人学习,努力改正自己的缺点,自我克制,不随心所欲、贪得无厌。他还谦虚地说:"从文化知识方面来说,我大概与别人差不多。可在身体力行君子的品德方面,我还做得不够。"这说明,孔子看待学习的眼界很开阔。正因为如此,孔子同弟子子路谈到了一个著名的"六言六蔽"的命题:

子曰:"由也,女闻六言六蔽也乎?"对曰:"未也。"

"居!吾语女。好仁学,其蔽也愚;好知不好学,其蔽也荡;好信不好学,其蔽也贼(损害);好直不好学,其蔽也绞(尖刻);好勇不好学,其蔽也乱;好刚不好学,其蔽也狂(刚愎自用)。"

这段孔子与子路的谈话,很有点促膝谈心的意味,因而话题虽然严肃,气氛却很轻松。有一天,孔子亲切地叫着子路的字说:"仲由啊,你听说过关于做人六种弊病的六句话吗?"子路回答说:"先生,我没有听说过。"

孔子和蔼地对子路说:"你坐下,听我仔细地说给你听。这六句话是:第一,只爱好仁德却不爱好学习,它的弊病是使人变得愚笨;第二,只爱好小聪明却不爱好学习,它的弊病是放纵狂荡;第三,只爱好诚实却不爱好学习,它的弊病是容易受人利用反而害了自己;第四,只爱好直率却不爱好学习,它的弊病是流于尖刻而不通情理;第五,只喜欢勇敢却不喜欢学习,它的弊病是容易闹出乱子;第六,只喜欢刚强却不喜欢学习,它的弊病是容易刚愎自用。"

孔子的六言六弊之说,充分说明了学习对于养成君子人格不可或缺的重要性。

(二)君子源于修养

学习是形成君子人格很重要的途径,但仅仅从形式上注重学习还是不够的,必须把学、思、行结合起来,不断加强人的内在修养。所以,孔子强调:"学而不思则罔,思而不学则殆。"意思是:只被动学习却不主动思考,就会不得要领,容易被表面现象所蒙蔽;只冥思苦想却不注意学习,疑惑不解的问题就不会有正确的答案。

如何思?思些什么呢?孔子说:"君子有九思:视思明,听思聪,色思温,貌思恭,言思忠,事思敬;疑思问,忿思难,见得思义。"这样,孔子就把君子要思考的问题说得很清楚明白了。"尽信书不如无书","纸上得来终觉浅,绝知此事要躬行"。这些后人之说,都是对孔子学、思、行结合思想的深化和发展。

子曰:"君子不重,则不威;学则不固。"

子曰:"质胜文则野,文胜质则史。文质彬彬,然后君子。"

子路问君子。子曰:"修己以敬。"

子曰:"论笃是与,君子者乎?色庄者乎?"

孔子曰:"君子有三戒:少之时,血气未定,戒之在色;及其壮也,血气方刚,戒之在斗;及其老也,血气既衰,戒之在得。"

孔子曰:"君子有三畏:畏天命、畏大人、畏圣人之言。小人不知天命而不畏也,狎(轻慢,不尊重)大人,侮圣人之言。"

以上这些,就是孔子提出的加强修养应该坚持的原则。"君子不重,则不威","质胜文则野,文胜质则史。文质彬彬,然后君子","修己以敬"。我想,孔子提出的这三条,可以看作修养君子品格必须坚持的原则。君子首先要自重,一个人不自重,就没有威信和影响力。人必自侮而后人辱之。再则,一个人的先天性情如果得不到后天的改造,任其自由发展,就会失于粗鄙,给人没有教养的感觉;同样,如果一个人后天过度雕饰,华而不实,就会给人以虚假的印象。只有态度诚恳,表里如一,本质和外在的修养相匹配,才能成为君子。因而,孔子提醒说:"论笃是与,君子者乎?色庄者乎?"意思是看人不能只看表面,要听其言观其行。如果仅凭一个人说话诚恳的样子,就赞赏他,你知道这个被赞赏的人是真正的君子呢,还是仅仅从容貌上装着庄重呢?这确实是生活中常常碰到的一个问题。

修己以敬,关键在态度真诚。真诚的表现在于有"戒"。孔子于是提出了著名的君子"三戒"和"三畏"之说。"三戒"即"少之时,血气未定,戒之在色;及其壮也,血气方刚,戒之在斗;及其老也,血气既衰,戒之在得"。这不仅有很强的现实针对性,也被实践证明是很有科学的养生道理。"三畏"即"君子有三畏:畏天命、畏大人、畏圣人之言"。孔子的"三畏"说,长期以来,被严重曲解了,被认为是宣扬迷信和反动落后的等级制度与封建礼教。其实不然。我宁愿将孔子的"三畏"理解为:顺应自然,尊重权威,崇尚道德。一个人行走在社会上,如能很好地做到这"三畏",对于身心健康是大有益处的,相反必然处处碰壁。所以,孔子从反面又说:"小人不知天命而不畏也,狎大人,侮圣人之言。"诚然如此,现实生活中,很多荒唐的事情都是"无所畏惧"的人做出来的。而"无畏"者流,通常是很有些"流氓"心态的,如作家王朔创造的那句名言:"我是流氓,我怕谁。"是也,是也。自甘流氓,会怕谁呢!现如今,不也有很多专权者扬言:"有本事你去告我呀,你告我一次,我官升一级!"此类"无所畏惧"者,用王朔先生的逻辑度之,不过是个"流氓"而已。看来,王朔先生也算得上孔子之徒了,其调侃"无畏"的勇气和真诚,令人钦佩。识人者,难矣乎!

(三)君子源于环境

君子品格的形成与环境之好坏也有很大的关系。在"举善而教不能"的环境里,"则民劝",人们愿意向善,互相影响,形成劝勉之风。反之,人们就会将"痈疽"当桃花,以腐朽为神奇,失去正确的追求方向。更有甚者,整个社会都有"失于道"而处于"亚腐败"状态的危险境地。因此，孔子认为，社会以什么样的态度对待君子，也是一个很重要的问题。

子曰："先进于礼乐，野人也；后进于礼乐，君子也。如用之，则吾从先进。"

孔子的时代，"君子"之称只是贵族子弟的一种表面身份而已，与道德或价值判断意义上的"君子"无关，真乃此一"君子"非彼一"君子"也。这里，孔子所说的"君子"，就是指表面上的身份称谓，但孔子所看重的是人的实质，而不是这种因血统原因而表面具有的东西。所以，孔子说："先学习礼乐后获得官职的，是没有爵位和俸禄的普通人，先有官位而后才学习礼乐的是卿大夫。假如要我选用人才，我就要选用先学习礼乐的人。"也就是说，孔子要任用的是那些真正通过努力学习而德才兼备的君子。可是，实际情形却不是孔子希望的那样，楚国的狂人接舆对孔子而歌："已而，已而！今之从政者殆而！"算了吧，算了吧，如今已没有了君子，现在从政的人多么危险啊！"滔滔者天下皆是也，而谁以易之？"这天下大乱就像滔滔泛滥的洪水一样，谁又能改变得了呢？隐士桀溺亦如是说。

四、君子不器

君子人格教育是孔子教育观的"里"，全面发展的素质教育就是孔子教育观的"表"，二者互为表里，形成了孔子教育观的完整体系。孔子全面发展的素质教育，用一句话来说，就是"君子不器"。从孔子开始，中国的教育就有了实现人的全面发展的思想。

"君子不器"，即君子不能像器具那样，仅仅只有一种用途。因为器具是为某种需要而制作的，用途单一，孔子要求君子必须具备多种才能和技艺。南怀瑾先生解释说，君子要成为通才，对自然、社会、科技、法律、人情，民俗，天文、地理等等，都要有所了解，只有这样，才能对复杂的形势应付自如，才能打开工作局面。

子贡问曰："赐也何如？"子曰："女，器也。"曰："何器也？"曰："瑚琏也。"

这是孔子和弟子子贡进行的一场颇有意思的对话。子贡问孔子："老师，你看我是个什么样的人？""你呀，不过是个器具而已。"孔子说这话的时候，脸上可能有些慈祥的笑意。子贡见孔子这样评价自己，似乎有些意外，也有些不甘心，就又问道："那我是个什么样的器具呢?”孔子说:“倒是件很贵重的器物,是宗庙里盛祭品的琏瑚。”子贡一听,心里的石头方才落了地。这个故事的有趣在于,孔子寓教于乐,似乎在不经意的玩笑中,既表达了自己的教育思想,又传递了自己对弟子“君子不器”的期望;既给人以启示,又给人以鼓舞。

为了实现人的全面发展,孔子以“礼乐射御书数”六艺教育学生。一般认为,《论语》中讲的“游于艺”的“艺”,就是指“礼、乐、射、御、书、数”。但从《论语》的记载来看,孔子教育弟子的科目远不止这“六艺”,起码还有《诗》《易》《史》的教育。下面即以《论语》为据,对孔子的部分教育内容做些分析介绍。

诗教。诗即《诗经》,是自周初流传下来并经孔子整理的诗歌总集。孔子说:“《诗》三百,一言以蔽之,曰:‘思无邪。’”孔子的意思是:“《诗经》三百篇,如果用一句话概括它的内容,就是‘内容高尚纯正’。”

《诗经》由“风”“雅”“颂”三部分组成。“风”指国风,为西周春秋时期流行于各地的民歌。“上以风化下,下以风刺上。主文而谲谏。言之者无罪,闻之者足戒,故曰风”。“雅者,正也。言王政之所由兴废也。”“颂者,美盛德之形容,以其成功告于神明者也”。

“风”的开篇就是著名的《关雎》,即“关关雎鸠,在河之洲,窈窕淑女,君子好逑”。在今天看来,这不过是一首爱情诗,但在前人看来,这首诗首先讲的是“后妃之德”,是“正始之道,王化之基”,是要“得淑女以配君子”。孔子评价《关雎》:“乐而不淫,哀而不伤。”《关雎》在孔子心目中的分量是很重的。

“风”这一部分的其他诗篇,或被认为赞美某些贤人的德行,或被认为是批评某些人的行为,或是反对淫乱,或是感伤命运。

“雅”“颂”都是赞美诗。“雅”分“小雅”“大雅”。小雅首篇《鹿鸣》:“呦呦鹿鸣,食野之苹。我有嘉宾,鼓瑟吹笙。”被认为是周王“燕群臣嘉宾”,“忠臣嘉宾得尽其心”。大雅的首篇是《文王》:“文王在上,於昭欲天。周虽旧邦,其命维新。”被认为是赞美文王“受命作周”。“雅”赞美的对象主要是文王以及周的祖先,讽刺的对象主要是周后来的几任君主,如厉王、幽王等。还有一些,或被认为是赞美某些臣子,如卫武公等;或是表达求治心切、求贤若渴的忧国忧民之心。

"颂"分"周颂""鲁颂""商颂"。周颂是周朝祭祀祖宗神灵的颂诗。鲁颂是鲁国祭祀祖宗神灵的诗歌,商颂是商代祭祀祖宗神灵的诗歌。当后人唱着歌颂祖宗功德的颂歌时,也就把祖宗作为自己的榜样,不仅自豪、自信,而且也知道该怎么做、不该怎么做。这就是诗歌的教化作用。曾子说:"慎终追远,民德归厚矣。""追远",就是祭奠祖先能够敬重、真诚。曾子认为,这样做是引导社会道德风尚归于纯厚的重要途径。

孔子认为《诗经》包含了政治上的深刻用意,与政治教化密切相关。因此,孔子非常重视《诗经》在教化和引导弟子中的作用,他经常援引《诗经》启发学生,对学生进行素质教育。

子贡曰:"贫而无谄,富而无骄,何如?"子曰:"可也。未若贫而乐,富而好礼者也。"

子贡曰:"《诗》云:'如切如磋,如琢如磨。'其斯之谓与?"子曰:"赐也,始可与言《诗》已矣,告诸往而知来者。"

子夏问曰:"'巧笑倩兮,美目盼兮,素以为绚兮,何谓也?'子曰:'绘事后素。'"

曰:"礼后乎?"子曰:"起予者商也!始可与言《诗》已矣。"

这是孔子用《诗》教育和引导学生如何修身的两件著名事例,常被引用。一次,子贡问孔子:"先生,如果一个人修养到穷时不谄媚别人,富贵时不向人炫耀的程度,您认为怎么样?"子贡本以为他的见解会得到孔子的很高评价,不料孔子有些保留地说:"好是好,但做到穷不失志、乐于道德的自我完善,富不忘本、崇尚礼节、乐于助人这两点更好。"受到孔子的启发,子贡想起了《诗经》上的两句诗:"如切如磋,如琢如磨。"他恍然大悟地对孔子说:"《诗经》上说:'加工骨器.切了还要磋;加工玉石,琢了还要磨。'君子修身大概就是这个道理吧。"孔子一听,非常高兴。夸赞子贡说:"说得好啊,现在可以同你讨论《诗》了。告诉你这一面,你会领悟到另一面,举一反三地思考问题。很好啊!"

另一次,子夏也问孔子:"老师,《诗》赞美女子美丽的容貌,说'女孩子一笑脸上两个酒窝,两个眼睛清纯透明,洁白的脂粉把她装扮得楚楚动人。'这有什么特别的含义吗?"孔子没有直接回答子夏的提问,只是打了一个比方:"这就好比绘画,先要有白色的底子,然后再着色画画。”子夏是个悟性很高的人，立即听懂了孔子的话外之音：“那就是说，礼乐只有对仁人义士才产生作用吧？”孔子听了子夏的解释，觉得十分切合自己“人而不仁，如礼何”的一贯主张，非常高兴。子夏姓卜名商，孔子称其名，不无鼓励地说：“商啊，你的话对我也很有启发，现在可以和你谈论《诗》了。”

书教。书即《尚书》。书是君主的文书。尚就是上，以前的意思。唐孔颖达说：“尚者，上也。言此上代以来之书，故曰尚书。”又说：“夫书者，人君辞诰之典。”也就是说，所谓《尚书》，就是上古君主发布的各种文告的汇编。其中有“虞夏书”“商书”“周书”三部分。“虞夏书”就是尧舜禹时代的文告，“商书”和“周书”则分别是商代和周代的文告。这些文告，都是君主们治国实践的记录，也体现他们治国的经验。《尚书》首篇《尧典》，赞美尧：

“允恭克让，光被四表，格于上下，克明俊德，以亲九族。九族既睦，平章百姓。百姓昭明，协和万邦，黎民于变时雍。”

孔子祖述尧舜，宪章文武。正是从《尚书》对尧“允恭克让，光被四表，格于上下，克明俊德，以亲九族。九族既睦，平章百姓。百姓昭明，协和万邦”的赞美中，孔子得出了“远人不服，则修文德以来之”的结论，并以此教育学生、影响学生。《论语》二十篇中的第二十篇专题为“尧曰”，是孔子以《尚书》教育学生的记录。

尧曰：“咨！尔舜！天之历数在尔躬，允执其中。四海困穷，天禄永终。”舜亦以命禹。

曰：“予小子履（商汤）敢用玄牡，敢昭告于皇皇后帝：有罪不敢赦。帝臣不蔽，简在帝心。朕躬有罪，无以万方，万方有罪，罪在朕躬。”

周有大赉（赐予），善人是富。“虽有周亲，不如仁人。百姓有过，在予一人。”

“谨权量，审法度，修废官，四方之政行焉，兴灭国，继绝世，举逸民，天下之民归心焉。”

“所重：民、食、丧、祭。”

“宽则得众，信则民任焉，敏则有功，功则说。”

前三条分别是尧、商汤和周武王发表的文告。后三条是孔子的解说和发挥。

礼教。据研究者说,孔子教授学生的礼,现在已经很难知其内容了。孔子是当时最权威的礼学专家,这是毫无疑问的。《论语》中孔子关于"礼"的言论很多。孔子说:"殷因于夏礼,所损益可知也。周因于殷礼,所损益可知也。"李申先生解释说:"所谓夏礼、殷礼、周礼,都是当时的君主治理国家的最重要的规范,其作用相当于今天的宪法和法律。"窃以为,这样认识"礼"的作用,颇为切当。但孔子又无疑是发展了"礼"的某些内涵,一定程度上冲破了"礼不下庶人"的陈规,使"礼"具有了普遍适用的社会规范意味。因为孔子讲"礼"是面对他的所有学生,而他的学生中,有不少人都是贫贱人家子弟。譬如,为孔子当"驾驶员"的樊迟想学"稼"学"圃",这就不是贵族子弟的想法。孔子曾专门与樊迟讨论过"礼":

樊迟御,子告之曰:"孟孙问孝于我,我对曰,无违。"樊迟谓:"何谓也?"子曰:"生,事之以礼;死,葬之以礼,祭之以礼。"

前面我们也说过,孔子是把"礼"作为价值观来看待的,因此,孔子谈到的"礼"几乎涉及社会生活的各个方面,涉及不同层次的人。一方面有对君臣,即领导者行为的规范要求,如:"君使臣以礼,臣事君以忠。""能以礼让为国乎,何有?不能以礼让为国,如礼何?"无论君臣,都要真诚地按照恰当的规范办事,如果做到了这一点,治理国家就没有什么困难。"何有"即"有何",有什么困难的意思。反之,如果做不到这一点,徒有虚名的礼又有什么用呢?另一方面,孔子说的礼,有作为普遍行为规范的要求,如孔子对樊迟谈的"礼"便是。正是这样,孔子反复强调:"不知礼,无以立也。"

乐教。孔子教授学生的乐,现在虽难知其详情,但从《论语》的记载来看,也还是有信息可寻,如孔子在齐国闻《韶乐》,"三月不知肉味",认为《韶乐》"尽美矣,又尽善也"。周武王虽建有武功,但孔子认为武王作的"武"乐,形式很好,"尽美矣,未尽善也"。孔子对"乐"的评判标准是"乐而不伤,哀而不淫",以是否有利于端正人的行为、有利于社会和谐为根据。孔子晚年花了很大气力整理鲁国的音乐,使"雅颂各得其所"。孔子之所以如此重视音乐,是因为他认为音乐在政治中扮演了重要的角色,是实行教化的重要工具,是培养人们中正和平性情的重要手段。

颜渊问为邦。子曰:“行夏之时,乘殷之辂,服周之冕,乐则《韶》《舞》,放郑声,远佞人。郑声淫,佞人殆。”

据《论语》记载,孔子不仅自己向鲁国的音乐大师虚心学习音乐知识,并且及时将这些知识传授给了学生,使学生在实际工作中得到了灵活运用。

子之武城,闻弦歌之声。夫子莞尔而笑,曰:“割鸡焉用牛刀?”

子游对曰:“昔者偃也闻诸夫子曰:‘君子学道则爱人,小入学道则易使也。”’

子曰:“二三子!偃之言是也。前言戏之耳。”

这个故事说的是:孔子的学生子游为鲁国的武臣宰。一天,孔子去武臣看望子游,听到普通人家都有弹琴歌唱的声音。孔子会心一笑,故意对陪随的子游说:“杀鸡何必用宰牛的刀呢?”子游回答说:“以前我听先生说过,君子学习礼乐会产生仁爱之心,老百姓学习礼乐会变得彬彬有礼。所以,我才让这些普通百姓也学习礼乐。”孔子听后,对跟前的弟子说:“同学们,我刚才说的是一句玩笑话,子游的话是对的。”这个故事说明,孔子对自己乐教的效果很是满意。

射教。射教也就是军事学教育。孔子的弟子中,子路、冉有都带兵打过仗,是军事指挥人才。卫灵公还专门向孔子询问过军队列阵的问题。冉有也向季康子说,他的军事才能受业于孔子。孔子自己也向鲁定公提出过“凡文事必有武备,凡武事必有文备”的战略思想。孔子还提出过“善人教民七年,亦可以即戎矣”“以不教民战,是谓弃之”的主张。这些都说明,孔子的军事造诣颇深。只是孔子是个反对战争的和平主义者,是个教育家,因而,他向弟子在传授军事思想时,总不忘阐说他的做人、做事道理。譬如,他以“射”为例,先后对弟子说:“君子无所争,必也射乎!揖让而升,下而饮。其争也君子。”“射不主皮,力不同科,古之道也。”这都是做人、做事的道理,前句已做解释,且不与论,后句的意思是:射艺,主要不在于射透靶子,因为每个人的力量大小是不同的,只要射中靶心就行,这是自古以来的规矩。换言之,人的能力有大小,尽心做事便无遗憾。可见,教学与做人在孔子的教育实践中始终是一致的。

御教。御教就是培训驾驶员,或许孔子是世界上最早的驾校校长。当时,驾驶车辆是“士”必备的专业技能之一，如孔子对弟子说：“吾何执？执御乎？执射乎，吾执御矣。”孔子为什么要说自己“执御”呢？或许孔子认为，“御”者是个把握方向的人。因此，当一个好的御者很重要。孔子的弟子中，子路、樊迟都是好的“御者”，专为孔子驾驭过车辆。

史教。孔子是中国历史上第一位历史学家。孔子评价自己“信而好古”。孔子信而好古，并不是出于简单的兴趣爱好，而是把历史当作现实的一面镜子，把对历史的研究当作传承文化的重要手段。孔子不仅对上古历史颇有研究，而且对现当代史也十分关注。他把自己对历史的研究心得告诉弟子，也经常同弟子们探讨历史得失。在孔子同弟子的谈话中，不仅有对尧、舜、禹、商汤和周文王、周武王、周公、伯夷、叔齐以及齐桓公、管仲、子产等著名历史人物的评价，也有对当代一些著名人士的评价，在这些人中，既有如楚国令尹子西这样执政者，也有如长沮、桀溺这样的著名隐士。特别是孔子晚年根据鲁国史料编订《春秋》，更是花费了他的极大精力，也寄予了他的政治理想。这些，都对他的弟子们产生了深远的影响。

综上所述，孔子教育学生的内容涉及当时社会生活的方方面面，既有道德建设、政治制度、经济文化和军事战阵这些“学”之大端，也有事关日常生活的实用技能。孔子博学而多才，是“君子不器”“兴与《诗》，立于礼，成于乐”的典范。《论语》说“子以四教：文、行、忠、信”。这只是孔子弟子对孔子所教内容的大体分类。文即典籍文献，行即道德实践，忠即对人忠诚，信即讲究信用。孔子的弟子学有所成者也被分为四类，即“德行”，以颜渊、闵子骞、冉伯牛、仲弓为代表；“言语”，以子贡、宰我为代表；“政事”，以冉有、季路为代表；“文学”，以子游、子夏为代表。这样的分类，只能是个大概。看孔子的教育成就，要看他对文化传承和历史发展的影响。

或许，有人会说，孔子对君子提出了这样高的要求，君子的养成也是如此不易，做一名君子不是太累了吗？这个问题提得很好。只有当人们觉得做一名君子并非高不可攀时，养成君子品行才有内在动力，君子人格才有凝聚力和影响力。孔子是“圣人”，但首先是君子。从《论语》的记载看，孔子的生活过得既轻松又精致，很有些诗情画意。《论语》赞扬“子之燕居，申申如也，夭夭如也”。这就告诉我们，常态的孔子，舒展整洁、轻松和畅，根本没有愁眉苦脸的样子。之所以如此，原因就在于孔子始终不是把养成君子品格和宽厚的仁爱之心当作一种外界强加给自己的负担，而认为是很自然的事情，“我欲仁，仁斯至也”。既不患得，也不患失，“乐而忘忧，不知老之将至”。人们常说“境由心造”，难道不是吗？世上很多的事情，如果你认为它是一件苦差事，那它就很苦，比黄连还苦；如果你认为它是一件给你带来快乐的事，那你就一定快乐。子曰：“知之者不如好之者，好之者不如乐之者。”快乐与否，全在于自己。

第八节　孔子的学习观

作为一个伟大的教育家，孔子提出了相当完整的教育思想，围绕“君子人格”的培养和“人的全面发展”这个教育核心问题，进行了十分成功的教育实践，对中华文化的传承与创新做出了前无古人的巨大贡献。

孔子全身画像

有什么样的教育观，就有什么样的学习观。学习的目的全在于运用。所以，我们不仅要研究孔子的教育观，还必须进一步研究孔子的学习观，看看孔子是如何指导弟子进行学习,并把他的教育观落到实处的。研究者也可从中得到一些有益的启发。

一、学习的含义

长期以来,《论语》的研读者,大都把《论语》中的“学”当成了“学习”,而“学习”的意味通常又仅指“读书”,从动态意义上讲也只是指读书的过程。对于“学习”的这种认识,于今尤为突出。譬如,人们赞扬某人学习很用功,指的就是读书很用功。我们经常看到某些人文章读了不少,体会也写了一堆,可是,读了文章写了体会后,人并没有什么实质的变化。何以如此呢?因为学习是由“学”和“习”两个方面的内容组成。在中国的传统文化中,“学”除了具有读书的要求外,还有学问的意思。

学问也有狭义和广义之分。狭义的学问,指的是某个专业方面的知识。譬如:政治学方面的学问、经济学方面的学问、社会学方面的学问、航天航空学方面的学问、电脑方面的学问,以及数学和生光电化等各方面的学问,等等。这些学问,严格地说,只是知识。广义的学问,不仅包括以上各种专业知识,更包括正确而妥帖的做人做事之“道”。何为“道”?“道”是途径,是方向,是目标。“四书”中的《大学》开篇说:“大学之道,在明明德,在亲民,在止于至善。”明明德、亲民和至善,如此三者,不是一个只读了多少书、有了多少知识的人就一定能做得到的。“腹有诗书气自华”,气自华也仅是一个外在的表现而已,还必须配合实际的行为才可以。故而墨子说“士虽有学,而行为本焉”。南朝时期,著名的学者颜之推更进一步说:“夫所以读书学问,本欲开心明目,利于行耳。”颜之推将读书与学问并列,颇有见地和意义。在他看来,读书与学问并不是一而二、二而一的事情,不可混同。也就是说,读书掌握知识与一个人具有学问,不是一码事。说某人有知识,并不代表某人有学问。一个人是否有学问,关键在于是否“开心明目”,是否“利于行”。

再以“习”而言,其固然有温习、复习的意思,但更有练习、演习和实践的含义。曾子“吾日三省吾身”,其中“传不习乎”就是指自我反省“老师传给我的做人做事的道理,我实践得怎么样呢”。这个“习”便是指践行。另据《史记》记载,“孔子去曹适宋,与弟子习礼大树下”。孔子周游列国奔走于途,十分辛苦,又多次经历危险,而在这样的条件下,孔子依然带着弟子"习礼大树下"，这就不仅是演习学过的礼仪了，更是孔子通过对礼仪的演习而强化弟子们对自我的一种严格要求。英国政治学家洛克说："只有出自衷心的羞耻心和不愿见恶于人的畏惧心，才是一种真正的约束。"所以，孔子"与弟子习礼大树下"，与其说是演习，毋宁说是一种内心的锻炼，因而同样具有实践的意义。颜之推说读书学问"利于行耳"，这个"行"同样指的是实践。

二、学习的内容

学习不只是读书，这是孔子学习观的一个基本原则。不明白这一点，就不能真正理解孔子的学习观。《论语》所记载的孔子的学习观，概括地说，就是学习和实践做人做事的道理。这些道理，姑且称之为"孔子之道"。

子禽问于子贡曰："夫子至于是邦也，必闻其政，求之与？抑与之与？"子贡曰："夫子温、良、恭、俭、让以得之。"

子曰："君子食无求饱，居无求安，敏于事而慎于言，就有道而正焉，可谓好学也已。"

哀公问："弟子孰为好学？"孔子对曰："有颜回者好学，不迁怒，不贰过。"

孔子"至于是邦也，必闻其道"，就是孔子善于学习的表现。"夫子温、良、恭、俭、让以得之"，既是学的方式，同时也是做人处事之道。"君子食无求饱，居无求安，敏于事而慎于言"，则是"学问"的外在体现，是"腹有诗书气自华"的由内而外之气。孔子还认为"就有道而正焉，可谓好学也已"。积极主动地向有"道"的人学习并改正自己的缺点和错误，不仅是学，更是好学的表现。这些，都不是仅仅把读书视为学习。因此，当鲁哀公问孔子，弟子里谁最好学，孔子不假思索地回答：颜回最好学。为什么呢？因为颜回对学问的理解最透彻，效果最好，能做到"不迁怒，不贰过"。"不迁怒"就是不因为自己受了委屈或挨了批评而随意将心中的怒气转嫁给别人，损害别人；"不贰过"就是同样的错误不犯第二次。这两条看似简单，实则不易，很多人都做不到，但颜回做到了，所以说，颜回是个有学问的真君子。

子夏曰："贤贤易色；事父母能竭其力；事君能致其身；与朋友交，言而有信。虽曰未学，吾必谓之学也。”

读书是学习，但不是学习的全部，更不是学习的唯一途径。子夏不愧是孔子的高足，对孔子的学习观心领神会。他补充说：“贤贤易色；事父母能竭其力；事君能致其身；与朋友交，言而有信。虽曰未学，吾必谓之学也。”南怀槿先生认为，子夏的这段话“证明了学问的目的，不是文学、不是知识，是做人做事”。诚斯然也。子夏说的第一个“学”指的是“读书”，第二个“学”便是“学问”。他从人们最关心，也是对日常生活最为重要的尊贤、亲亲、敬业和交友四个方面，解说了做人做事之道，即如何处理同社会贤达、同父母、同领导、同朋友之间的关系。这些关系处理得好，即使没有读过书，没有上过学，也是一个有学问的人。

“贤贤”是为尊贤。尊贤用今天的话来说，就是尊重知识，尊重人才；“易色”是尊贤的态度。尊重人才，尊重知识，不能口是心非、色仁而行违；须“贤贤”于内心，“易色”于外形。也就是要表里如一，诚于内而形于外。因此，“贤贤易色”合而为尊贤之道。不能像传统一贯的解释那样，将“贤贤”与“易色”断开，把“易色”理解成远离女色、不近女色。这纯粹是“道学家”之言。南怀瑾先生说得好：“我们看到一个人，学问好，修养好，本事很大，的确很行，看到他就肃然起敬，态度也自然随之而转。这是很明白，很平实的，是人的普通心理，不管一个如何坏的人，看到一个好人，总会不自觉地对这好人比较友善，这是人之常情。”从孔子自己尊贤的态度来看，其内心也是十分真诚的。他与乡亲四邻说话，“恂恂如也”，温和恭敬，语言简约，不夸夸其谈，这是他在乡亲四邻面前的谦虚；在朝堂上与下大夫说话，“侃侃如也”，从容不迫，温和快乐，这是他对下级的尊重；与上大夫说话，和颜悦色，中正诚恳，直言诤辩，这是他对同僚的友善和对国事的关心。如果孔子说话不分场合，总是拿腔拿调，别人还愿意同他说话吗，那真的要“敬鬼神而远之”了。孔子在不同的场合，对待不同的人，神态、言行不同，就是对何为“易色”的最好说明。子夏说的“贤贤易色”，不过是对老师日常生活态度的理论概括罢了。孔子尊贤的表现，是十分广泛的，即便是对与他“殊途”的隐士们的善意的批评，他也欣然作色而接受之。

楚狂接舆歌而过孔子，曰：“凤兮凤兮！何德之衰？往者不可谏，来者犹可追。已而，已而！今之从政者殆而！”孔子下，欲与之言。

楚狂接舆是孔子周游列国时遇到的一位著名隐士，他对孔子“明知不可为而为之”的执着精神，表示了不同看法，善意地劝说孔子不要那样辛苦了。孔子听了，回想几十年来的风雨人生，或许觉得这位隐者的话颇有些道理，不禁心头一热，连忙喊停了乘坐的马车，从车上下来，想同这位隐者说上几句知心话。谁能说，此时的孔子对于这位高行的隐者没有“贤贤易色”的真诚呢？

还有一次，隐者桀溺、长沮俩人正在耕地，孔子带着学生从他俩面前经过时，指派子路去询问过河的渡口。

桀溺曰：“子为谁？”曰：“为仲由。”曰：“是鲁孔丘之徒与？”对曰：“然。”曰：“滔滔者天下皆是也，而谁以易之？且而与其从辟(避)人之士也，岂若从辟世之士哉？”

桀溺对子路说的意思是，你与其这样跟着孔子没有结果地东奔西跑，不如像我们一样，干脆不管这个混乱的世道，做个隐士算了。当子路把桀溺的话告诉孔子后，孔子怃然曰：“鸟兽不可与同群，吾非斯人之徒与而谁与？”这让我想起范仲淹在《岳阳楼记》里写下的那句话：“微斯人，吾将谁与？”其意与一千多年前孔子的感慨是一致的。“哎呀，我不和这样的人在一起，还想同谁在一起呢？”有如此“怃然”感慨的孔子，其“贤贤易色”的样子也可想而知了。

孔子的“贤贤易色”对于自己的学生也不例外。

南宫适问孔子曰：“羿善射，奡荡舟，俱不得其死然。禹、稷躬稼而有天下。”夫子不答。南宫适出，子曰：“君子哉若人，尚德哉若人！”

有一天，南宫适走进孔子的房间，问孔子道：“传说古代有穷国的君主羿精于射箭，大力士奡能在陆地行舟，结果都不得好死。大禹和后稷亲自下地种庄稼，却都得到了天下。这是什么原因呢？”这的确是个有意思的问题。可是孔子没有直接回答南宫适的提问，他把问题的答案留给学生自己去思考。“夫子不答”的样子，可能是面带微笑，鼓励学生自己去思考；也可能是若有所思，没有想好如何给学生一个圆满的答案。南宫适退出孔子的房间后，孔子掩饰不住兴奋的心情，赞美说：“南宫适真是个君子啊，真是个崇尚道德的人啊。”孔子说这话的表情，必然有因为“贤贤”而发自内心的“易色”。

“事父母能尽其力”即是为人子女之道。子女对于父母首先要“事”，就是要有关爱之心，热爱之情，尊敬之诚。特别是父母年老的时候，要重视父母的精神需求，常常嘘寒问暖，关心父母身体健康，及时请医问药。其次，要“尽其力”。子女要自立自强，不能把父母当成自己的钱袋子，成为长不大的“啃老族”。要常念父母的养育之恩，多想回报，少思索取，尽自己的力量，履行好赡养父母的义务，不断改善父母的生活条件，更不能把父母当成自己的奴仆，呼来喝去。现如今，中国许多父母们的日子很不好过，子女们越来越不懂“事父母”的道理了。很多年轻人以自己从学校里学来的那些半通不通的知识为根据，把自己生命的诞生仅仅理解为一种生理现象，把自己的成长仅仅看作一种自然过程。生命孕育的神圣和父母人格的尊严，在他们那里几乎荡然无存，父母在他们心目中的地位一落千丈。古人说“当家才知柴米贵，养儿方知父母恩”。这种凝聚着许多人宝贵的人生体验的格言，在许多年轻人那里，听来也恍如隔世，像泛黄的陈米，不再能食用了。甚至有年轻的女博士把男方父母双亡，当作择偶的首要条件。这样蔑视人伦的丑行本应为人所不齿，但行之者脸不红、心不惊，自以为高贵，颇为得意。特别是在广大的农村，“娶了媳妇忘了娘，老婆进门老娘住危房”的现象普遍存在，且有日益泛滥之势。父母的含辛茹苦早被娶了媳妇的儿子抛到了九霄云外。年轻的媳妇们对年老的婆婆动辄辱骂，视为草芥仇雠，有用时使之如工具，无用时弃之如弊履。有的父母一连为三四个儿子盖了瓦房，娶了媳妇，可当他们吃尽千辛万苦，完成了自己人生重大使命后，自己也像被榨干了油汁的秕糠，被儿子媳妇扫出家门，最后连个安身之地也没有，只好四处流浪。其情也伤，其景也惨，真是不忍卒睹！每每见此，著者真是感慨万千，欷歔不已。想想孔子说的“今之孝者，是谓能养。至于犬马，皆能有养；不敬，何以别乎”？这样的子女，简直是犬马不如了。孔子之言，实乃词约而意深，历千万年而不废也。弘扬中华民族优秀文化传统，对现在的年轻人进行优秀的传统文化教育，不亦“任重而道远”乎？

“事君能致其身”即为下之道。用今天的眼光来看，为下之道即职业之道。无论是过去还是现在，如何当好下属，都是一门重要的学问，因而也是一件十分不易的事。怎样才能成为一名好的下属、优秀的被领导者呢？关键在于是否能“致其身”。什么叫“致其身”？就是对所从事的工作要全身心地投入。换言之，就是要“忠诚”。以前在教育界有句很有影响的话，叫作“忠诚党的教育事业”。如果把这句话翻译成《论语》语言，就是“对党的教育事业要致其身”。忠诚于所从事的工作，是孔子的重要主张之一。

子曰：“事君，敬其事而后其食。”

这是范仲淹“先天下之忧而忧，后天下之乐而乐”的精神出处。不管什么人，无论做什么职业。都必须具有职业操守，讲究职业道德，绝不能三心二意.投机取巧。曾子每日“三省吾身”，其中之一就是“为人谋而不忠乎？”所以，自孔子以降，“忠诚”二字，一直是中华文化十分嘉许的政治品德。诸葛亮“鞠躬尽瘁，死而后已”，备受后人推崇；文天祥写下“人生自古谁无死，留取丹心照汗青”的著名诗句，是他自己光辉政治人格的写照。近代以来，在中华民族争取解放翻身的道路上，无数仁人志士抛头颅、洒热血，无不出于对国家民族的无限忠诚。像谭嗣同，变法维新失败后，“我自横刀向天笑，去留肝胆两昆仑”，宁愿赴死，也不愿偷生。小说《红岩》描写的共产党人英雄群像，更是把中华民族“忠诚”不二的政治美德，演绎得淋漓尽致。

不唯中国如此，外国亦然。中国驻印度孟买总领事袁南生先生在他的著作《感受印度》中，就介绍了许多印度知识分子坚持操守的感人故事。袁先生说：

我在印度从没有听说过印度学者滥招高官为弟子，没有印度知识分子为大款或权贵树碑立传，没有见过读书人写《怎样拉关系》《如何取悦你的领导》之类的畅销书，没有听说读书人剽窃他人的学术成果。印度基本上没有盗版书、盗版软件和光盘。

印度一些知识分子还带头发起不买洋车、不穿洋布、不喝可口可乐的运动，以保护自己的民族工业。印度知识分子在行动上也尽其所能为贫者、弱者办实事，许多艺术家经常深入到农村演出，科学家经常免费举行科技讲座，科技馆免费开放，参观画展和公立博物馆也是免费的。

印度知识分子不急功近利，没有浮躁之风，脑子里几乎没有“跳槽”“下海”之类的念头。正因为如此，印度自独立以来先后三次分别获得诺贝尔物理学、医学和经济学奖，软件业的成就更是举世瞩目。

印度知识分子对操守的坚持，表达了他们对自己国家的忠诚，对事业的忠诚，证明了孔子倡导的“敬其事”的职业道德具有广泛而深远的社会意义。试想，古往今来，在纷繁复杂的政治生活和千头万绪的人事关系中，倘若没有“忠诚”的品质维系，人类的世界还能发展到今天吗？

定公问曰：“君使臣，臣事君，如之何？”孔子对曰：“君使臣以礼，臣事君以忠。”

“臣事君以忠”，不能把孔子所说的“忠”理解为绝对服从的“愚忠”。它首先要和“君使臣以礼”对应起来。如果君使臣不以礼，臣也就没有必要事君以忠了。这个“礼”，不是形式上作作揖、拱拱手、相互寒暄等虚情假意的礼节，而是符合仁义标准的行为规范，是心灵真诚的表现。只有“君”的行为合乎“礼”的要求，真诚待人，下属的忠诚才有所附丽，付出才有价值。

可见，在孔子的潜意识里，是有一个隐形的政治契约关系存在的。如果君使臣不以礼，臣在做到仁至义尽之后，当然有权不再“事君以忠”。所以，孔子一再说：如果“邦有道”，即国家政治清明的时候，应该出来做些事情，帮助国家实现很好的发展；如果“邦无道”，政治混乱不堪，就不能同流合污，为虎作伥，领人家的俸禄，因为那是一件可耻的事情。俗话说：“拿人家的手短，吃人家的嘴软。”捧了人家的饭碗，当然要受人家管了，此时的自己已失去了自我，也就没有人格独立可言了。在一个“无道”的政治生态里，孔子的态度是“卷而怀之”“从吾所好”，自己喜欢做什么就做什么好了，不需仰人鼻息、看人脸色。孔子如此看重人的尊严，是中国知识分子千百年来始终珍视独立人格的精神源头之所在。孔子以宁武子为例，赞美他“邦有道，则知；邦无道，则愚。其知可及也，其愚不可及也”。宁武子，姓宁，名俞，谥号“武”，卫国大夫，历史上著名的政治家。孔子称赞宁武子这个人，在国家政治清明时，显得聪明；在国家政治黑暗时，就装傻。他的聪明，别人可以学得到，可他的内敛装傻，别人就难以企及了。这不是孔子提倡政治上的滑头。只要以客观而不故作崇高的心态看宁武子“邦有道，则知；邦无道，则愚”的做法，你就得承认，他确实是一位有很高政治智慧的高人。这样做，保存的不仅仅是自己的生命，更是文明和智慧的种子，是未来的希望，非有忍辱负重的大气度和大胸襟，是无法做到的。和无谓的牺牲相比，忍辱负重更是责任和使命感的体现。常人之所不及，难就难在无法长期承受忍辱负重的痛苦与折磨。纵观历史，化解社会危局、担当拨乱反正重任的人，大都是这些外柔内刚、大智若愚的“傻子”。

孔子对宁武子的赞美，某种程度上，也是他的自况。他曾对弟子颜回说“用之则行，舍之则藏”。用我的时候，我就努力把工作做好，好好干一番事业；不用我，也没有什么大不了的，将自己的抱负收藏起来就是。孔子又对子路说：“暴虎冯河，死而无悔者，吾不与也。必也临事而惧，好谋而成者也。”空手与猛虎搏斗，不用船只就涉水过河，被猛虎吃了，溺水淹死了也不后悔，这样莽撞的人，我是不愿和他共事的。我愿意和那些处理问题小心慎重，善于谋划并争取成功的人在一起做事。这就是孔子，一个真实而智慧的孔子，一个既有原则性又有灵活性的孔子。

孔子是这样说的，也是这样做的。

子路问事君。子曰：“勿欺也，而犯之。”

齐人归女乐，季桓子受之，三日不朝，孔子行。

卫灵公问陈于孔子。孔子对曰：“俎豆之事，则尝闻之矣；军旅之事，未之学也。”明日遂行。

孔子是个真诚的君子，最反对言不由衷的阿谀奉承。溜须拍马、掩盖真相是一些政治小人常常用来欺骗领导的伎俩，而一些心术不正的领导也乐于被欺骗。上下相蒙、皆大欢喜，恶劣的社会风气也就因此而形成，不到国破家亡不止。横扫六国、席卷天下的嬴秦亡于斯；统一南北，结束四百多年分裂局面的杨隋也亡于斯。历朝历代，其于风雨飘摇的最后日子，无不是假人当道，谎话连篇。而早在赵高“指鹿为马”的四百多年前，孔子就对他的弟子们说：服务领导的最好办法，就是要对他讲真话，不要欺骗他，如果君主有错误，要直言劝谏。如果上司顽固不化，坚决不听，怎么办？孔子的办法很简单，一个字，就是“行”。三十六计，走为上。或者叫“良禽择木而栖”。或者，干脆去创自己的事业，“孔子退而修诗书”“弟子益进”是也。

为什么“子路问事君”，孔子教之以“勿欺也，可犯之”这样极有可能自讨没趣的笨方法呢？因为在孔子看来，这既是一个优秀的下属必须坚守的原则问题，也是检验一个领导胸怀大小、德才高下的标准。聪明的领导虚怀若谷，不会拒绝下属好的建议，尽管他也有暂时想不明白的时候，只要他想通了，必为下属忠于职守而感到高兴，不会因为下属认识超过自己、行为冒犯自己，就给下属“穿小鞋”。政由人兴，这样的事例，古往今来，不胜枚举。即便是现代法治国家，再好的法律，没有高素质的人来执行，也照样变味走形。所以，孔子说：“可与言而不与之言，失人。”人才难得，该说话时不说，就会错过识人的机遇。对于下属来说，不经过领导对事情的审度，就不能判断他才能品质的高下。如诸葛亮，不经过刘备的三顾茅庐，就看不出刘备的求贤若渴。但在另一方面，领导人如果昏聩不堪、刚愎自用，听不进不同意见，也不要强求而自寻烦恼。“不可与言而与之言，失言。知者不失人，亦不失言”。“不可与言”的时候，若喋喋不休，烦扰不停，结局往往不妙。孔子的学生子游也说：“事君数，斯辱矣；朋友数，斯疏矣。”话说多了，就变成了啰唆。在领导面前啰唆，会自取其辱；在朋友面前啰唆，朋友也会觉得你讨嫌碍事。聪明的智者，懂得该说的时候说，不该说的时候不说，既不失人，也不失言。以孔子的经历来说，当齐国贵族行美人计，离间孔子与鲁定公之间的关系，季桓子为了自己的私利，推波助澜，唆使鲁桓公冷落孔子，一连三天不上朝处理国事，孔子虽经耐心等待，却不见有转机，便毅然辞职，踏上了周游列国而追寻自己的理想的艰难旅程。卫灵公虽然在物质上对孔子照顾有加，但“灵公老，怠于政”，因长期在位而不思修明国政，导致家不齐、国不宁，却想着如何对外用兵，询问孔子兵阵之事。孔子对卫灵公的表现很失望，只淡淡地回答说：要是问我治理国家的礼制问题（即俎豆之事），我还听说过一些；对于行军打仗的事，我却一无所知。说完这话的第二天，孔子就离开了卫国，再次行使了他“行”的自由。这或许也可视为孔子“勿欺也，而犯之”的表现之一吧。

“与朋友交，言而有信”即为交友之道。朋友之间，讲究诚信，言出行随，为孔子十分重视。《论语》里，孔子讲诚信的场合不仅多，而且用语都很坚决，没有半点含糊。如“言而无信，不知其可”，君子“信以成之”，“久要不忘平生之言，亦可以为成人矣”，等等。一个言而无信的人，连做一个最起码的人都不够格，更遑论成为令人称道的君子呢？子夏“与朋友交，言而有信”的主张，对于今天面临“诚信危机”的国人，有着特别重要的意义，坚守它不仅有利于完善人格，纯正交友之道，更有益于国人在经济全球化的浪潮中走出国门，远离有损国格、有伤国际友人感情的鄙陋之事。而这恰恰是一些中国商人没有做好的。

据媒体报道，有些国人到非洲冒牌行医，他们在当地开设私人诊所，利用非洲缺医少药、中国医疗队口碑好的有利条件，对非洲人行骗。其中，有两个开私人诊所的冒牌医生因为私愤，互相向政府揭发对方是冒牌货。一经调查，这两个人最初的工作许可，一个是翻译，一个是兽医。这导致当地政府要求重新审核全部中国私人诊所的行医资格。有种广东产的电池在非洲销售量很大，但是一些厂家为了追求利润和降低成本，在制造时把该装满的一些化学药品减少一定比例，致使电池的寿命大大缩短。许多非洲朋友抱怨说，中国产品尽管价格非常便宜，但质量确实有待改进。他们甚至质问：“为什么中国人把质量好的商品都出口到欧洲、美国，却把一些质量差的垃圾产品出口到非洲？”在津巴布韦，一名政府官员买了一双中国皮鞋，只穿了三天就露出了大脚趾。有人买了中国制造的塑料勺子，放在咖啡里搅了两下竟然化了。这些故事，听来像天方夜谭，却是一些中国商人在非洲的真实所为。想想看，这些国人在非洲的不良行为，符合孔子做人“信以成之”的基本要求吗？真是让老祖宗丢尽了脸。它不仅损害了中国的国家形象，也败坏了中国商品的信誉，还会留下许多后遗症。这非但不是在开发非洲市场，反而会使中国商品失去非洲市场。子曰：“放于利而行，多怨。”说得实在是好哇！

对于交友，孔子还提出了著名的“益者三友，损者三友”之说。

孔子曰：“益者三友，损者三友。友直，友谅，友多闻，益矣。友便辟（装模作样，言辞闪烁，内心不真诚），友善柔（谄媚），友便佞（花言巧语），损矣。”

孔子曰：“乐道人之善，乐多贤友，益矣。”

子贡问为仁。子曰：“工欲善其事，必先利其器。居是邦也，事其大夫之贤者，友其士之仁者。”

所谓“益者三友，损者三友”，就是有益的朋友有三种，有害的朋友也有三种。孔子认为：交友对人生影响重大，要与正直的人交朋友，与诚实的人交朋友，与见闻、知识广博的人交朋友。交这样三种朋友，对人有益。相反，千万不能与虚伪做作的人、谄媚逢迎的人、花言巧语的人交朋友。交这样三种朋友，对人有很大的危害。孔子的“益者三友，损者三友”说，是千古不易的真理，含有太多的人生经验。有无数的人，其成功即得益于良师益友的指点；也有无数的人，其堕落，与朋友的腐蚀拉拢有莫大的关系。关键是，生活中益友难得，且有益的朋友容易遭人误解，不那么讨人喜欢。“路遥知马力，日久见人心”。非经生活的检验不能认识“益友”。而有害“朋友”的花言巧语，暗合了人性中爱面子、图虚荣的负面特性，能把人哄得心花怒放。故而民间形容某人精于逢迎时，常常这样说：“人家把你卖了，你还帮人家数钱。”这些年在反腐败中揭露出来的大小腐败分子，有几个不是被“朋友”卖了还帮人家数钱的主呢？孔子对学生谈交友，可谓是言之谆谆、语重心长，反复强调要多交“贤友”，要以交贤友为乐。

孔子甚至把交什么样的朋友上升到实践最高的道德“仁”的层面来认识。学生子贡问他怎样做才能符合“仁”的要求，孔子打了一个比方说：“工匠们要想制作出好的作品，必定先要有一套好的工具。为仁也是这个道理，先要通过学习别人的优点来提高自己的内心修养。你住在一个地方，就要想着与士大夫中的贤者多接触，与民间士人中有道德的人交朋友。时间久了，自然会受到他们的感染，知道怎样按照仁的要求办事了。”

孔子不主张朋友之间一团和气，有缺点也不指出来，这不是一个正直的朋友之所为。朋友之间要互相帮助，互相提高。朋友有了缺点，要及时指正，但要注意方式方法，不要伤了朋友的自尊。这个指正朋友缺点、错误的方法是什么呢？简单地说，就是四个字，即“切切偲偲”。什么叫“切切偲偲”呢？“切切”就是互相诚恳地提出善意的批评。批评朋友的目的，不是挤兑朋友，戳朋友的蹩脚，揭朋友的伤疤。“偲偲”就是和睦相处。“切切”和“偲偲”连起来的意思就是，朋友之间既能友善诚恳地进行相互批评，又能和睦相处。当子路问孔子怎样才能成为有修为的文化人时，孔子就把这种交友的思想告诉了他。

子路问曰："何如斯可谓之士矣？"子曰："切切偲偲，怡怡如也，可谓士也。朋友切切偲偲，兄弟怡怡。"

孔子告诉子路，互相批评又能和睦相处，就可以称作有修养的文化人了。朋友之间"切切偲偲"，兄弟之间"怡怡如也"。"怡怡如也"仍然是和顺的样子。"切切偲偲"和"怡怡如也"互为表里，前者是后者的外延，后者是前者的内用，两者不可或缺。可见，在孔子的眼里，一个有修为的君子，必然是内外一致，表里如一，从来不搞双重人格，当面是人，背后是鬼，或者"大圈子作秀，小圈子作孽"。党内民主生活会是中国执政党加强自身建设的重要途径。可惜，很多领导机关的党内民主生活会开展批评与自我批评的质量，离两千五百年前孔子提出的"切切偲偲"的水平相差很远。更多的时候，这种民主生活会所表现出来的水准倒是和孔子批评的"乡愿"差不多，要么是你好我好大家好，要么是你说我鼻子我说你眼睛，大哥二哥总是差不多。

说话是一门艺术。说话的艺术不在于你说什么，而是如何说。也就是说，说话的方式往往比内容更重要。俗话说："一句话人笑，一句话人跳。"说话方式的重要性由此可见一斑。孔子是如何教导学生说话的呢？

第一，要"言必有中"。言必有中，就是说话要抓住关键，把握中心，言之有物，言之成理，不可天马行空、漫无边际、不知所云。

仲弓问子桑伯子，子曰："可也，简。"

仲弓曰："居敬而行简，以临其民，不亦可乎？居简而行简，无乃大简乎？"子曰："雍之言然。"

鲁人为长府。闵子骞曰："仍旧贯，如之何？何必改作？"子曰："夫人不言，言必有中。"

仲弓（即冉雍）问孔子，子桑伯子这个人怎么样？孔子说："还行，他处理事情不烦琐。"仲弓想了想，接过老师的话说："如果内心诚敬，办事简约，用这种态度和方法管理社会，也是可以的吧？倘若态度不端正，办事又马虎，这样处理事情恐怕太简单了吧？"孔子觉得仲弓说得在理，表示同意，对仲弓说："你说得对。"

“鲁人为长府”,说的是鲁国的执政大臣季氏想要大兴土木,新盖一座仓库,储藏从老百姓那里搜刮来的财货。孔子的学生闵子骞正在季氏那里当差,当季氏征求闵子骞的意见时,平时不大说话的他胸有成竹,认为季氏的做法劳民伤财,得不偿失,明确地提出了反对意见:“就用现在的仓库,何必要新建呢?”这件事后来传到孔子那里,孔子对闵子骞的话十分赞赏,褒奖说:“闵子骞平时不爱说话,办事很低调,但他一说就说到了点子上,很管用。”

怎样才能“言必有中”,不说无用的废话呢?这就要靠平时的观察和积累,也就是要“居敬”,有诚恳的工作态度,不能心不在焉,马马虎虎。

第二,要知进退。知进退,就是时机恰当然后言,不可则止。强逞嘴巴快意,往往自取其辱。

子问公叔文子于公明贾曰:“信乎,夫子不言、不笑、不取乎?”

公明贾对曰:“以告者过也。夫子时然后言,人不厌其言;乐然后笑,人不厌其笑;义然后取,人不厌其取。”

子曰:“其然?岂其然乎?”

孔子曰:“侍于君子有三愆:言未及之而言,谓之躁;言及之而不言,谓之隐;未见颜色而言,谓之瞽。”

子贡问友。子曰:“忠告而善道之,不可则止,毋自辱焉。”

公叔文子乃卫国大夫,卫献公之孙,谥号“文”,故称公叔文子。公明贾姓公明,名贾,公叔文子派去拜访孔子的使臣。谈完正事后,孔子有些好奇地问公明贾:“听说公叔老先生有三不:不说,不笑,不取。真是这样吗?”公明贾微微一笑,回答说:“那是告诉您的人说得过分了。我们老先生是该说话时才说,所以别人不讨厌他说话;高兴了才笑,所以别人不反感他笑;该取的时候才取,这样别人也不厌恶他取。”孔子听了,点点头,若有所悟地说:“是这样吗,难道真的是这样吗?”

也许正是与别人谈话的次数多了,孔子对说话艺术的了解也就不断深刻起来。他认为说话容易出现三种过失:没有轮到自己说时,抢着说,这是急躁;该自己说话时却不说,这是胆怯、退缩;不看对方脸色,只图自己高兴地说,这更是睁眼瞎子。

即便是要好的朋友之间,说话也要知进退。不要以为我们是好朋友,说话轻一点、重一点没有关系。不是没有关系,而是关系甚大。生活中,很多人对朋友关系都有这样的误解,以致伤害了朋友还不知道是怎么回事。和陌生人的关系比起来,朋友之间的关系更微妙,说话更应注意场合,知进知退,把握分寸。特别是在大庭广众之下,陌生人说了一句错话,听者也许一笑了之,不去计较;要是很要好的朋友讲了一句伤你尊严和面子的话,也许你心里产生的芥蒂就很难去掉,甚至终生不忘,反目成仇也有可能。那种完全不分你我、融为一体的朋友,事实上是不存在的。就是像马克思、恩格斯这样举世无双、拥有伟大友情的朋友之间,马克思还抱怨过恩格斯没有及时体会到他痛苦的心情哩,更何况一般普通人了。现实中,有很多关系不和睦的人,不也正是以前好得割头换颈、关系十分密切的朋友吗?正因为大多数人都有这样的心理,孔子提倡对朋友的关心要把握好度,不要用你的脑袋完全代替朋友的思考,否则会适得其反。故而,孔子告诉弟子们,在交友的时候,朋友有不对的地方,你可以提出你的善意的忠告,这也是你作为朋友的责任,如果朋友不听,就不要勉强。强人所难,很容易把自己带入尴尬的境地。况且,你提的建议也许并不那么正确呢?我的小学老师就经常讲这样一句话:"讲在于我,听在于你。"当年,对老师常说的这句话,没有体会出什么特别的意味,现在想来,读过私塾的先生,无疑是受了孔夫子的影响才常讲那句话的。

第三,要把握分寸。把握分寸就是要把握好说话用词的准确度。不该说的话不说;即使需要自己用言语表达出来,也不能随心所欲,想到哪说到哪。

子曰:"邦有道,危(正直)言危行;邦无道,危行言孙(谦逊)。"

子曰:"巧言乱德。小不忍,则乱大谋。"

子曰:"恶利口之覆家邦者。"

我们也可以把孔子说的邦有道、邦无道理解为说话的政治人文环境。孔子是主张说话要看政治人文环境的。如果政治清明,人文环境好,说话可以少些顾忌,可以仗义执言;如果政治黑暗,人文环境不好,说话就要谨慎,要三思而后说,没有经过周密思考的话不要说。这就是说话的分寸。

说话不注意分寸的表现之一，就是花言巧语，到处骗人。孔子认为，这是十分有害的，会败坏人的美德。所以，学会说话，绝不是一件小事，其重要性关系到国家的兴衰、事业的成败。

以上是孔子在《论语》里谈到的说话艺术，下面再看孔子是如何谈为文之道的。

子曰："辞达而已矣。"

子曰："为命，裨谌草创之，世叔讨论之，行人子羽修饰之，东里子产润色之。"

孔子认为，为文之道的关键在于"辞达而已"。什么意思呢？就是把要说的话说清楚，既简洁又明了，不能是写出来的却不是自己心里想要说的，那叫词不达意。如果文章写了很长一段，还没有进入主题，使人看了不知所云，这就不符合文章"辞达而已"的要求。"辞达而已"既是孔子为文的要求，也是为文的普遍规律。古往今来，为人传诵的美文都言简意赅，而那些"老太太裹脚"似的官样文章，除了职业需要不得不看外，其他的人谁都不愿读。

但"辞达而已"的文章，却不是很容易写出来的。鲁迅说，把散文拉成小说很容易，把小说写成散文则很难。写散文尚且如此，要写出简洁晓畅的政府文件来，那就更加不易了。国家文告、政府文件关系到国家的前途命运和普通百姓的生活，理当要求更加严格，遣词造句更需谨慎，必须准确无误，没有歧义。为了增加说服的分量，孔子举出了子产"为命"的事例，说：子产治理郑国的时候，制定国家外交政策法令，十分慎重。每份文件的出台，都先由大夫裨谌起草，经过大夫世叔讨论，然后交主管外交的子羽修改，再由子产进行最后的润色把关。这样制定出来的文件才切实可行，没有什么错误。

子产为命的故事很有意义，特别是对刚刚大学毕业进入社会不久的年轻人，意义更大。大学生、研究生甚至博士生们刚进入社会参加工作，因读了不少书，写过不少文章，且年轻气盛，总以为自己写出来的文章，花了自己的许多心血，虽不敢说像《吕氏春秋》那样一字不易、一字千金，但总是觉得很有可观之处，别人对其小修小改倒是可以，要是大段删改，则如同割肉一般的心痛。这样的经历，著者几十年前刚大学毕业以及后来刚进入机关工作时都发生过,因此,读了《论语》子产"为命"的故事,感触尤深,大有相见恨晚之感。如今我指导下属作文时首先便传授圣人之言,效果颇佳。

三、学问的来源

人的学问是从哪里来的呢?是天生就有的,还是后天通过学习得来的,还是既有与生俱来的又有后天学习得来的呢?这样的问题,古今中外的哲人们已经争论了几千年,依然不能说谁家的观点就是百分之百的正确,谁家的观点就是彻头彻尾的错误。孔子主张人的学问是从哪里来的呢?弄清了孔子的主张对于今天的我们又有什么启发呢?

子曰:"我非生而知之者。"

子入大庙,每事问。

子曰:"夏礼吾能言之,杞不足征也;殷礼吾能言之,宋不足征也。文献不足故也。足,则吾能征之矣。"

子曰:"盖有不知而作之者,我无是也。"

孔子是个很谦逊的人,总是告诉自己的学生,他不是一个天生就知道一切的人,他的学问来自后天的学习和实践。虽然他是当时世界上公认的古典礼仪知识专家,但他并不摆专家的架子,认为自己说的就是真理,而只是说"夏朝的制度,我能说出一点点,现在我们看到的它的后代杞国的礼仪制度并不是夏朝的制度;殷朝的制度,我能说出来的也只是那么一点点,它的后代宋国的制度也不是殷朝当年的制度。由于年代久远,古代保存下来的文献有限,我已经很难将夏商两朝的礼仪制度原原本本地说出来了"。你看,这样的孔子是多么谦逊实在呀!从不骄矜做作、不懂装懂。在学生的眼里,孔子正是一个好学不倦的典范,他进入祭祀周公的太庙,不是像观光客那样走马观花地看看了事,而是把所有不知道的事情都要问一问。他自己总结说:"不知而作之者,我无是也。"这也是孔子拿自己做例子,要求学生在事情还没有弄懂前,不要贸贸然地去做。

孔子曰:"生而知之者,上也;学而知之者,次也;困而不学,又其次也;困而不学,民斯为下矣。"

这段话，“文革”批林批孔的时候，断章取义地口诛笔伐过，说孔子狂热地鼓吹“生而知之”，把自己打扮成天生的圣人，一心搞复辟活动。现在想来，也是“不知而作之者”的典型了。唯物主义者必须承认人在智力和悟性上的差别。这种差别，有的就是与生俱来的。不是我想当爱因斯坦，当比尔·盖茨，世界上就会真的出现爱因斯坦第二、比尔·盖茨第二，这是不可能的事。爱因斯坦也好，比尔·盖茨也罢，都是独特和唯一的，不可能有第二，任凭你怎样努力，你都只能成为你自己。承认有与生俱来的东西，可以帮你减少许多无端的空想，不去追求你根本达不到的目标，这样的人生，会更加平实。更何况承认有“生而知之者”有什么不好呢？毕竟“生而知之者，上也”，只是人群中的极少数。大部分人都是“学而知之者”。“学而知之”，才是孔子这段话的重点之所在，是孔子要强调的中心。

正因为如此，大部分人都是“学而知之者”，这就更加显示了“学”的重要性。所以古人说：“玉不琢，不成器，人不学，不知道。是故，古之王者，建国君民，教学为先。”王安石还说：“天下不可一日无政教，故学不可一日而亡于天下。”所以，“学”的立足点要放在“学而知之”上，虽然这是“知”的次层次，但最平实，符合大多数人的情况。只要你目标正确，努力向学，就一定会成功。

当然，在人群中确实存在害怕学习、拒绝学习的人，他（她）们一听到学习就头痛。这些人就是孔子说的“困而不学，又其次也”了。也有人书到用时方恨少，突然觉悟了，奋起直追，依然是学而知之者，但成了有知识、有学问的人。苏轼的父亲苏洵二十七岁才发愤读书，最终却成就卓著，还培养了两个才华横溢的儿子，唐宋八大家中.苏氏父子就占了三位。如果身处困境，却甘愿懵懂愚昧，并乐处其中.得过且过，这种人就是神仙也拿他没办法，结果只能是“困而不学，民斯为下矣”，徒令人叹息而已。但这样的人，也依然是少数。

孔子从人性人手，将“学问”与人的关系划分为三个类型，对发展教育是有启示的。我们现在的高等教育存在很多问题，原因就是没有很好地研究教育对象，结果精英教育不精，普通教育虚高，职业教育没有特色，形成了“上不着天，下不着地”的尴尬局面，各方面需要的人才都没有得到很好的培养，不能完全适应社会需要。

高等教育的着力点必须放到人文精神的塑造和各类创业人才的培养上来。人文精神和创业能力,是支撑大学教育的两个轮子。被称为西方大学的精神先驱的洪堡和席勒,为大学教育规定了明确的使命,他们认为,塑造性格,造就伦理,培养和教化能感受真善美的人,能领悟人的尊严的人,是教育的根本。其目的"就是使人们的自身的各种力量构成一个最崇高最和谐的整体"。只有当中国的大学生们也能像美国的大学生那样,普遍地勇敢地去自己创业,开公司,当老板,自己给自己打工,大学才会成为源源不断生产智力和智慧的工厂,中国的创新能力才会真正的迸发出来,中国的智力资源优势才不会是纸上的画饼!只有当中国的大学生们在走出校门前,已经经受了丰富人文精神的濡染,他们走上社会时,前进的脚步才能迈得稳健而扎实。

四、学习的方法

方法是成功之母。孔子认为正确的方法对于达到目的具有很重要的作用。他说的"工欲善其事,必先利其器",就是一个著名的方法论。孔子在学习上提出了哪些方法呢?

一要主动学习。主动学习就是自觉学习,学习的积极性来于自身的内在需求才能长期、持久而稳固。

子曰:"好古,敏以求之者也。"

子曰:"学如不及,犹恐失之。"

子曰:"古之学者为己,今之学者为人。"

卫公孙朝问于子贡曰:"仲尼焉学?"子贡曰:"文武之道,未坠于地,在人。贤者识其大者,不贤者识其小者。莫不有文武之道焉。夫子焉不学?而亦何常师之有?"

子夏曰:"日知其所亡,月无忘其所能,可谓好学也已矣。"

以上材料都说明了孔子在学习上的主动性。对于历史知识,他敏以求之;对于文武之道,他更是学无常师,随时随地向一切人学习。孔子也总结自己学习体会,说"学如不及,犹恐失之"。意思是:"学习就像追赶什么似的,唯恐赶不上,学到知识还怕丢掉了。"我们常说,要增强学习的责任感和紧迫感,听起来总有些空洞。听听孔子说的,这才叫真

正的责任感和紧迫感。子夏则把老师在学习上的责任感和紧迫感，换成了另一种表述，也很生动。子夏的意思是，每天能学到一些自己没有的知识，每月不忘记自己已经掌握的知识，只有这样的人，才能称之为好学。

孔子还批评了一种很不好的学风，说“古之学者为己，今之学者为人”。这种学风美其名曰“为别人学习”。学习真是为了别人吗？真正的学习只能是源于内在的动力，是为了提高自身的素质。现实生活中，有许多人的学习，确实不是为了自己，而是做给别人看的，或者说，是为了获得某种外在的利益而装模作样地学。用孔子的话来形容，就是“悾悾而不信”。悾悾，很诚恳的样子。“悾悾而不信”就是外表看上去很诚恳，内心却不真诚。譬如，许多领导干部上党校，他们的学习论文都是请了一帮秘书代笔而成，虽然论文被校方评了最佳论文奖，但是这样的论文所论述的道理再好再美，没有经过自己的心灵过滤，这些领导干部能身体力行吗？如果能，党校的优秀学员马向东还会坐飞机到澳门豪赌，还会沦为贪污腐败的罪犯吗？孔子“古之学者为己，今之学者为人”，对认识领导干部一度学风不正、假学历漫天飞的现象大有裨益。真正的学习，怎能是表演给别人看的花拳绣腿呢？这些表演者固然有哗众取宠之嫌，看客的喝彩才是他们生存的土壤啊！要是没有了看客的喝彩，他们还那么起劲地表演吗？

二要快乐学习。有人把学习当作一件苦差事，有人以学习为乐，把学习当作生存的方式。孔子积极倡导快乐学习法。

子曰：“十室之邑，必有忠信如丘者焉，不如丘之好学也。”

子曰：“知之者不如好之者，好之者不如乐之者。”

孔子自己就是一个以学习为快乐的人。他说，在十户人家居住的地方，一定会有像我这样忠信的人，但未必有像我这样好学的人。这样的自评，说明孔子颇以自己好学而感到自豪。故而，他又说出了那句传诵很广的名言：知之者不如好之者，好之者不如乐之者。只有乐于学习的人，才能在学习上取得令人赞叹的成就。也正如马克思所说，只有在崎岖的山路上攀登而不畏劳苦的人，才能达到光辉的顶点。

三要虚心学习。孔子是个非常虚心谦逊的人，他的这种优秀品德也同样体现在他对学习的要求上。

子曰:“三人行,必有我师焉。择其善者而从之,其不善者而改之。”

子与人歌而善,必使反之,而后知之。

子曰:“由!诲女知之乎!知之为知之,不知为不知,是知也。”

子曰:“吾有知乎哉?无知也。有鄙夫问于我,空空如也。我叩其两端而竭焉。”

启蒙思想家卢梭说:“在敢于担当培养一个人的任务之前,自己就必须要造就成一个人,自己就必须是一个值得推崇的模范。”孔子是个标准的言行一致的人。他虚心向学,既体现在言语上,更体现在行动上。他说过的很多学习上的名言,都深入人心,成了家喻户晓、妇孺皆知的格言。譬如他说的这句“三人行,必有我师焉。择其善者而从之,其不善者而改之”,就非常有名,两千多年来,广为流传,使学者受益终生。“三人同行,其中必定有可以做我的老师的人。我学习他们的优点,用他们身上的缺点去观照检查自己并加以改正”。孔子的言行多好啊.他真是虚心学习、不知疲倦的模范。就是和别人一起唱歌,如果别人唱得好,他也一定请人家再唱一遍,自己跟着学习。他还把虚心学习的体会传授给自己的弟子。他曾很亲切地把子路叫到身边,对他说:“由呀,我告诉你得到知识的诀窍吧,知道就是知道,不知道就是不知道,这样才能有真正的知识。”孔子的这句话也被人们传了两千多年,他告诉人们一个十分朴素的道理,就是对待学习要有老实的态度,千万不要不懂装懂。而不懂装懂,恰是不少人都有的痼疾。孔子对于不懂的问题,总是虚心地向别人求教,和别人进行仔细的探讨,他对弟子们说:“我也没有多少知识。有一个庄稼人问我一些问题,我就什么都不知道。但是我能根据他所提出的问题的始末和正反两个方面,一步步地和他探讨,直到最后找到答案。”读《论语》至此,我真的感到这是一个调查研究的好办法。有很多人到基层搞调研,那叫什么调查研究啊,不过是把基层的同志找来,听自己发一通议论,这能有什么收获呢?真正的调研,就要像孔子这样“空空如也”,“扣其两端而竭”。只有“空空如也”,才能放下架子,做个虚心的小学生;只有做了虚心的小学生,才能不耻下问地“扣其两端”,最后达到认识和解决问题的目的。说到底,这还是个学风问题,是个学习态度问题。“谁要是自己还没有发展、培养和教育好,他就不能发展、培养和教育别人”。

文明薪火传承,需要学而不厌的精神,此种精神的培养,需要教育者的榜样和示范作用。

曾子曰:“以能问于不能,以多问于寡;有若无,实若虚,犯而不校。昔者吾友尝从事于斯也。”

曾子对他的弟子说的这番话,说明了孔子虚心学习的态度在弟子门人中已形成了传统。悉心体会曾子的这番话,对于今天的我们,也很有启发。难道不是吗?一个人虽然才气很大,学富五车,但谦和平实,不居高临下指手画脚,走到哪里都虚心请教,“以能问于不能,以多问于寡;有若无,实若虚”,即使受到冒犯和伤害,也不计较,这样的人,身上没有刺,忠厚圆润,给人以安全感,为人所欢迎。要做到这些,非有博大胸怀而不能!所以,“虚心使人进步,骄傲使人落后”这样的话,任何时候都要切记。

四要终生学习。终生学习是我们现在提出的一句学习口号。其实,类似于这种意思的话,孔子不仅早就提过了,而且还进行了认真的实践。

子曰:“学而时习之,不亦说乎!”

子曰:“见贤思齐焉,见不贤而内自省也。”

《论语》开篇的第一句话,就是终生学习的意思。“学而时习之”的“时”即随时、随地之意。“学而时习之”就是要随时、随地学习做人做事的道理,谈吐举止恰当合礼。孔子认为,这样做是一件令人愉悦的事。孔子不仅提出了终生学习的原则要求,还提出了具体的实现途径。这就是一方面要见贤思齐,向别人的优点学习。另一方面要以别人的缺点为戒,见不贤而内自省。学习别人的优点,是人们常常能做到的,但见不贤而内自省,从别人的缺点和错误中得到有益的启发,并及时纠正自己身上存在的类似问题,却是人们不易做到的,因而,也常常被人们所忽略。

五要学思结合。古人说,尽信书不如无书。东施效颦就是不看自身实际,照抄照搬别人的经验,结果适得其反,这说明了学而不思的害处。孔子十分注重学思结合,为后人提供了宝贵的经验。

子曰："学而不思则罔，思而不学则殆。"

子曰："吾尝终日不食，终夜不寝，以思，无益，不如学也。"

这是《论语》里影响很广泛的两章，常常被人引用。前面一章是孔子的理性思考所得，是原则；后面一章是孔子自身的体会。从原则上说，学与思必须结合。如果只是机械地学习，或是闭门读书，两耳不闻窗外事，或是照葫芦画瓢，不与实际相结合，不开动脑筋思考，就会被书本上的知识，被别人的经验所蒙蔽。罔，即蒙蔽、欺骗的意思。历史上的王明路线，就是只会背书本的学而不思的典型。现实生活中，这种生吞活剥式的学习所带来的恶果也不少见。另一方面，思而不学则殆，殆即疑惑的意思。如果只是闷在屋子里苦思冥想，不去认真地读些书，不善于从书本上借鉴别人的经验，或者不走出去看看，不到现实生活中作认真的调查研究，不去感受外面的世界所发生的巨大变化，不结合这些变化去分析社会变革的原因，苦思冥想的结果只能是更加的疑惑而没有所得。这样的教训，生活中也不乏其例，小至个人，大至执政党，都犯过"思而不学"的错误。中国上世纪五十年代的"大跃进"和六十年代开始的十年"文革"都与"思而不学"有着密切的关系。就在我们坐在国门之内思考"赶英超美"的办法，视西方资本主义世界为洪水猛兽，思考如何"反修防修"，防止资本主义复辟的时候，西方发达国家既思且学，继承和发扬了人类所创造的优秀文明成果，包括马克思主义学说和社会主义运动成果中对他们有用的部分，从而及时地抓住了发展的机遇，远远地走到了社会主义国家的前面。这样的教训，实在是很深刻的。

可见，无论是"学而不思"还是"思而不学"，所产生的结果都是主观与客观的脱离，只有把学思结合起来，获得的认识才是真实的，实事求是的，与时俱进的。孔子在这方面，也有很深的体会。他说："我曾经整天不吃，整夜不睡，全都用来思考，却没有什么结果，还不如认认真真地去学。"

六要学以致道。学习的目的在于运用，在于用学到的知识指导生活实践。如果学而不用，把知识当作摆设，学问再多也没有什么实际意义。清初学者颜元说："读得书来口会说，笔会作，都不济事，须是身上行出方是学问。"颜元说的学问要从身上行出，就是我们今天所说的运用。宋人陆九渊说:“所贵于学者,在致其知,改其过。”日本教育家福泽谕吉说:“学问的要诀,在于活用,不能活用的学问,等于无学。”他们的表述尽管不同,但意思都是一致的,就是要学有所用,能解决实际问题,也就是孔子的弟子子夏所说的“百工居肆以成其事,君子学以致其道”。前者是后者的一个形象的比喻。君子学以致其道,就像百工居肆以成其事一样,关键要把事情办好。

孔子之道,是做人处世之道,对于任何人都是平实管用之道。当然,这个“用”,既有大用,也有小用。小用就是用于各项具体的事情,把眼前的事情做好。大用则不局限于为眼前的利益服务,要有理想,要有远大的目标。君子所学,就是要为这个远大的目标服务,就是要“志于道”。这样的道,也可以称之为“大道”。

子曰:“三年学,不至于谷,不易得也。”

牢曰:“子云:‘吾不试,故艺。’”

子夏曰:“仕而优则学,学而优则仕。”

孔子对弟子们说:“求了三年的学问,还没有想做官的想法,这样的人难得啊!”孔子说这句话的时候,或许是有感而发的,或许是对自己的某一个弟子努力求学的赞赏,因为他的弟子中,就有自我感觉学问不够而不愿出来做官的人。“子使漆雕开仕。对曰:‘吾斯之未能信。’子悦”。孔子推荐他的弟子漆雕开(姓漆雕,名开,字子若)去做官,漆雕开却谢绝了老师的推荐,谦虚地说:“我对做官还没有自信。”孔子对弟子的表现不但不责怪,相反还非常满意。为什么?原因就在于孔子并不把“读书做官”当作学习的目的,学习是为了“闻道”,“朝闻道,夕死可也”,不“闻道”就不能“志于道”,理想之苗就长不成参天大树。漆雕开深得老师思想的精髓,不愿做急功近利的事,孔子听了当然很高兴。孔子曾对弟子牢(姓琴,字子开)介绍自己的心得说:“我学习的目的不是为了求得别人的任用,所以我才掌握了各种各样的知识。”孔子学习没有功利心,没有外力的强迫,完全是担当道义的使命感,驱使着孔子孜孜不倦地学习。子夏所说的“仕而优则学,学而优则仕”,不过是对孔子文化自觉思想的具体发挥,要成为一名优秀的官员就必须努力学习,掌握各种各样的知识。学到的知识是否有用,只能在具体的运用中得到验证。子夏的这句话，本意是说读书与做事的关系：既不能不学无术，也不能成为只会读书的书虫。这与后人强调的学以致用是一个意思，只是表达方式不同而已。但自汉朝独尊儒术以来，特别是宋以来，子夏的话被严重地曲解成“读书做官论”，对中国的知识分子和整个文化生态产生了极其恶劣的影响。从历史上看，读书做官是科举制度的产物，读书做官的发明权不是子夏，更不是孔子，而是宋朝的皇帝宋真宗赵恒，是他发布《劝学诗》，对读书人说：“富家不用买良田，书中自有千钟粟；安居不用架高堂，书中自有黄金屋；出门莫恨无人随，书中车马多如簇；娶妻莫恨无良媒，书中自有颜如玉；男儿若遂平生志，六经勤向窗前读。”意思是：读书考取功名才是人生的一条绝佳出路，考取功名后，就能得到财富和美女。这才是“读书做官论”的最早版本。后人让孔子对“读书做官”的影响负责，孔子的在天之灵如果有知，他一定会温文尔雅地说：“诲女知之乎！知之为知之，不知为不知，是知也。”不知你听了，是否也会像子路一样“闻过则喜”呢？

第九节　孔子的执政观

孔子虽然没有像后儒那样说过治国平天下的话，但国治天下平，始终是孔子的政治理想，他也为实现这样的伟大目标，贡献了自己的毕生精力。孔子不仅有过成功而短暂的政治实践，更有深刻的理性思考。孔子思考的成果，《论语》里有丰富的体现。因此，本节重点谈谈孔子的执政观问题。

孔子在自己的政治实践和教学中，提出过怎样的执政观呢？他的那些执政理念对于今天的人们，还具有怎样的参考价值？对于这些问题，我们在学习《论语》时，都应予以认真的思考而不可一眼带过。笔者将从八个方面对孔子的执政观做些初步的分析和探讨。

一、富民为先，和谐社会

邓小平说过一句异常简洁却又无比深刻的话：“发展是硬道理。”并且说，解决中国的一切问题，都要靠中国的发展。江泽民进一步提出："发展是执政兴国的第一要务。"十六大以后，以胡锦涛为总书记的党中央，进一步提出了科学发展观与建设和谐社会理论，并以此指导实践，取得了举世瞩目的成就。然而，追根求源，无论是邓小平、江泽民的发展理论，还是胡锦涛建设和谐社会的科学发展思想，都深深扎根于中国的文化传统。上溯其渊源，必然追溯到孔子。

第一，孔子认为，执政问题首先是发展问题，发展应以富民为先。

孔子标准铜像

尧曰："咨！尔舜！天之历数在尔躬，允执其中。四海困穷，天禄永终。"舜亦以命禹。

"所重：民、食、丧、祭。"

子贡问政。子曰："足食，足兵，民政之矣。"子贡曰："必不得已而去，于斯三者何先？"曰："去兵。"

子贡曰："必不得已而去，于斯二者何先？"曰："去食，自古皆有死，民无信不立。"

哀公问于有若曰："年饥，用不足，如之何？"有若对曰："盍彻乎？"

曰："二，吾犹不足，如之何其彻也？"

对曰："百姓足，君孰与不足？百姓不足，君孰与足？"

《论语》以上各章所表达的政治思想，言简意赅，博大精深。

"咨！尔舜！天之历数在尔躬，允执其中。四海困穷，天禄永终。"这是尧将政权禅让给舜时发布的文告。如果将这段具有无穷魅力的古文翻译成现代文字，就是尧在文告中既是对舜，也是对天下人说："虞舜同志啊，历史将治理国家的重担放在了你的肩上，你务必要保持社会正义，做到公平公正，没有偏私；务必要发展经济，不断改善人民生活，如果天下的百姓都陷入穷困之中，你的政权就失去了存在的理由了。"这在那个古老的时代，是多么精辟的政治宣言啊！像"允执其中""四海困穷，天禄永终"这样古老的公正公平思想，即使在今天，也闪耀着真理的光辉。后来舜在实践中忠实地履行了自己的使命，历史记载舜"善于人同"，虚心接受别人的意见，"执其两端，用其中于民"，得到了人民的衷心爱戴，被称为"大舜"。当舜年老的时候，也将当年尧对自己说的这番话，告诉了经过实践检验的接班人禹。孔子将这样的思想传授给自己的学生，说明孔子完全赞同尧的主张。同时这也说明，要求发展、主张社会公平正义是中华民族最古老、最值得珍视的文化传统和政治价值观。

所以，孔子在教学中告诉他的弟子们，执政者必须以人为本，把民生和文化建设问题放在突出的位置，也就是"所重：民、食、丧、祭"。民即百姓，食即民生，丧即丧礼，祭即祭礼。也可以把这句话理解成必须高度重视人民群众的物质文明和精神文明建设。在那个时代，丧、祭二礼，是精神文明的重要体现，不能像"文革"时期那样把它理解成迷信思想。曾子说得很清楚："慎终追远，民德归厚矣。"慎终追远，分别是举办丧祭二礼时应该具有的心情和态度。曾子认为，慎重地对待父母的丧礼，虔诚祭奠缅怀先人，事关社会道德建设，这两件事做得好，有利于培养淳厚的民风。为什么中国人很难割舍清明节呢？一个很重要的原因，就在于它有利于维系亲情，有利于增加和强化民族认同感。近年来，由于党中央对中国传统文化的重视，一些传统节日，包括清明节，在民间恢复了生机和活力。传统节日放假的规定受到了人民群众的热烈欢迎，因此也增强了党和政府在人民群众中的威望。2006 年，我回乡下扫墓，亲耳听到了一位老人对胡锦涛和温家宝的真诚颂扬，说国家领导想到了人民群众的需要，现在的清明节更像清明节的样子了。

当然，孔子强调的精神文明建设是有条件的，这就是必须首先把民生问题解决好，也就是精神文明必须建立在发展的基础上，用孔子的话说，就是要"足食"，并且要把它摆在优先发展的位置，这样的思想，我以为就是"富民第一"思想。当善于增殖财富的子贡问孔子怎样才能处理好政事时，孔子回答说：必须做好三件事，第一要富民，使人民有足够的粮食；第二要强国，使国家有足够强大的国防；第三，要端正政府的行为，使人民对政府有足够的信任。这三件事，每一条都关系到国计民生，关系到国家的兴衰成败，是放之四海而皆准的真理。

由于孔子对民生的重视，他根据自己对现实生活的观察得出了一个著名的政治结论："苛政猛于虎！"当孔子向自己的学生传授政治思想时，必然将人文关怀的精神一同传给了自己的弟子们。鲁哀公与孔子弟子有若的一段对话清楚地反映了孔子的影响。

有一天，鲁哀公问有若："年成不好，国家财政困难，开销不足，怎么办才好呢？"有若回答说："为什么不实行十成抽一的税制呢？"鲁哀公叹着气说："十成抽二，我都不够用，怎么能实行十抽一呢？"于是，有若对鲁哀公说出了一句十分智慧的政治名言："百姓足，君孰与不足？百姓不足，君孰与足？"意思是"假如百姓的用度都够了，你怎么会不够呢？如果百姓的生活发生了困难，你的用度又到哪里去取呢？"后来的中国历史，一次次证明了有若的见识高远不凡。唐太宗曾对大臣们说：如果你们尽心尽力地为国家服务，严格要求自己，把国家治理好，我们可以永远享受富贵。否则，像隋炀帝那样，腐化堕落，敲剥百姓，我们的好日子也会很快到头的。可是，唐太宗的后人们，并没有像唐太宗要求的那样做，他的那些大臣们的子孙也没有像唐太宗要求的那样做，使唐王朝终于出现了白居易描述的《卖炭翁》的惨境，逼出了"搅得周天寒彻"的唐末农民大起义。同样的悲剧，后来被明王朝的统治者们又惟妙惟肖地重演了一遍。据历史学家考证，明季的帝王们，一个个爱财如命，是典型的守财奴，最后终于在"百姓不足"的怒涛般的呐喊声中，陷入四面楚歌的绝境，崇祯皇帝走投无路，只好吊死在宫廷里的一棵歪脖子老槐树上。

当年，领导人民闹革命的毛泽东曾说，农民问题是中国革命的根本问题。2006 年，我出差到合肥，坐在出租车里听开出租车的师傅说："中国农民交了几千年的皇粮国税，现在胡锦涛、温家宝领导的党中央、国务院把农业税全免了，真是一件了不起的功劳！写历史的人不会忘记，我也不会忘记。因为，我也是个农民。"这位师傅还说："虽然，我一个人免的钱不多，但全国加在一起，就多了去了。"最后，这位师傅说："只要为老百姓做过好事的人，老百姓是不会忘记的。"回味着这位出租车司机的话，我想起了前不久在安徽泾县陈村镇看到的一户农民家的对联："感谢胡主席关心，不忘共产党恩情。"民心所向尽在这一对联中了。

第二，孔子认为，执政的终极目标是实现社会和谐。不能促进人的自由与幸福的政绩，是无用的政绩。

子路、曾皙、冉有、公西华侍坐。

子曰："以吾一日长乎尔，毋吾以也。居则曰：'不吾知也！'如或知尔，则何以哉？"

子路率尔对曰："千乘之国，摄乎大国之间，加之以师旅，因之以饥馑；由也为之，比及三年，可使有勇，且知方也。"

夫子哂之。

"求，尔何如？"

对曰："方六七十，如五六十，求也为之，比及三年，可使足民。如其礼乐，以俟君子。"

"赤，尔何如？"

对曰："非曰能之，愿学焉。宗庙之事，如会同，端章甫，愿为小相焉。"

"点，尔何如？"

鼓瑟希，铿尔，舍瑟而作，对曰："异乎三子者之撰。"

子曰："何伤乎？亦各言其志也。"

曰："莫春者，春服既成，冠者五六人，童子六七人，浴乎沂，风乎舞雩，咏而归。"

夫子喟然叹曰："吾与点也！"

三子者出，曾皙后，曾皙曰："夫三子者之言何如？"

子曰："亦各言其志也已矣。"

曰："夫子何哂由也？"

曰："为国以礼，其言不让，是故哂之。"

"唯求则非邦也与？"

"安见方六七十如五六十而非邦也者？"

"唯赤则非邦也与？"

"宗庙会同，非诸侯而何？赤亦为之小，孰能为之大？"

这章《论语》在历史上一直受到学人的关注，如今也是中学语文课本的必选名篇。可是，蕴涵于这章《论语》里的人文精神和社会政治学上的重要意义，在南怀瑾先生写出《论语别裁》之前，却始终没有得到很好的挖掘，选编者看重它，只是因为它的文学价值。若仅仅以文学的眼光读《论语》，必然舍本逐末，永远不能发现孔子思想的真谛，也无法濡染其醇厚的人文精神，其在学习者心里所留下的印痕，只能如蜻蜓点水一般，稍现即逝。

孔子在这里和弟子们所探讨的，不是如何写文章，而是如何治理国家的大道理。文中所反映的理想状况，实际上就是孔子的全部社会理想，也就是政治的终极目的。

某一天，子路、曾皙、冉有、公西华四人坐在孔子的身边。乘着这个机会，孔子启发他们说："不要因为我比你们的年龄都大，心里有什么顾虑，不敢开口讲真话。你们平常总爱说：'没有人了解我呀！'现在我想问你们，如果有人理解你们，打算任用你们，你们会怎样做呢？"

子路是个性情急躁的人，急忙答道："如果有一个千乘之国，夹在几个大国之间，外面有军队侵犯它，国内又连年闹饥荒。要是让我去治理，只要三年，就可以使人人有勇气，个个讲道义，知道如何去办理事情。"

子路的话反映了他的率真和崇尚勇武的个性。孔子听了子路的话，只是微微一笑，没有发表任何评论。转而问冉有："冉求，你会怎么办呢？"

冉有说："要是有一个方圆六七十里或五六十里的小国，让我去治理，我会用三年的时间，使老百姓丰衣足食。至于这个国家的制度、文化和精神文明建设，那就要靠贤明的君子来实行了。"从《论语》记载的冉有后来帮助季康子聚敛财富的经历来看，冉有在经济工作上是很有一套办法的，但仁爱之心有些不足，用今天的话来说，就是人文精神不够。用邓小平的话来说，就是不能两手抓。所以，孔子对冉有的治国方针也没有表态。接着，他又问公西华，点着他的名："公西赤，你说说看。"

公西华谦虚地说："我不敢说自己有什么本事，只是有些好学罢了。所以，我能做的也只是些礼仪上的事。譬如在宗庙祭祀和诸侯相会时，穿上礼服，戴着礼帽，做个小主持人什么的。"

孔子和弟子们的这场谈话，可能是世界上最早的一档"实话实说"节目，其场景和崔永元主持的央视"实话实说"简直如出一辙。不知崔永元开播"实话实说"栏目时，是否受了孔夫子的启发。你看,也是这边孔子在主持着几个弟子说话,那边正有人在摆弄着乐器,以轻松说话的气氛哩。这个摆弄乐器的人,就是曾子的父亲曾皙。不过,他摆弄的乐器不是央视演播室的琴、鼓,而是瑟。公西华的话音一落,曾皙弹瑟也接近尾声。孔子又点着名说:"点啊,你谈谈吧。"

曾皙"铿"的一声将瑟放下,站起来回答说:"我的志向和他们有所不同。"

孔子鼓励他说:"没关系,说出来听听,只不过是各人讲讲自己的志向罢了。"

曾皙说:"我向往这样一种生活:暮春三月,万象更新,春天的衣服穿在身上,没有了冬天的寒冷,约上五六个成人,带上六七个小孩子,到沂水旁边洗洗脸洗洗手,到祭坛高耸、树木森森、祭天求雨的舞雩台上吹吹和煦的春风,祈祷一年的风调雨顺,五谷丰登,然后一路歌声,高高兴兴地回家。"

听了曾皙的描述,孔子像找到了知音似的,止不住地感慨道:"说得好啊,点的理想就是我的理想啊!"

曾皙的理想好在哪里呢?好就好在他说出了政治的终极目的——为人类营造一个和谐、幸福的生存环境。这样的政绩才是真正的政绩,既不是杀戮流血的军功,也不是短期的"面子工程",非有大阅历、大理想、大爱心者不能为也。南怀瑾先生评价说:只有经历过离乱人生,经历过大的变乱的人,才能了解国家社会安定,天下太平,才有个人的真正享受。不安定的社会,不安定的国家,个人是谈不上享受的。战乱一来,家破人亡、妻离子散的悲剧遍地皆是。所以古人说"宁为太平犬,莫作乱世人"。而曾皙所讲的这个境界,就是社会安定、国家自主、经济稳定、天下太平,每个人都享受了真善美的人生,这也是真正的自由民主,但不是西方的,不是美国的,而是我们大同世界的那个理想。每个人都能做到真正享受生命,正如清人的诗:"天增岁月人增寿,春满乾坤福满门。"因此,把握了孔子思想精髓的南怀瑾先生发挥说,政治的目的在于富强康乐,孔子师生之间的谈话说出了孔子完美的人生憧憬。这个憧憬用今天的话说,就是实现社会和谐,保障人的自由幸福。如果用马克思的话来表述,就是每个人的自由发展是一切人的自由发展的条件。

显然，当我们理解了孔子“吾与点也”的思想内涵，我们就不难理解经历了无数动荡的邓小平为什么会断然地说：“没有稳定，中国什么事也办不成！”这是太多太多历史教训的总结啊。易中天先生说三国，将那个风云际会的年代说得让人神往不已，不迭地赞叹那是一个人才辈出的英雄年代。可是，为许多文人墨客所称颂的建安时代，对于普通的百姓却是怎样的人间地狱啊：“出门无所见，白骨蔽平原。”只要我们走进曹操的诗歌里看看，我们就一定能听到无数人民群众那无比凄惨的哭声，这样一个“一将功成万骨枯”的年代，对人民有何幸福可言呢？如若不信，你去问问深陷苦难的伊拉克人民，他们觉得自己现在的生活幸福吗？不！作为普通的伊拉克人民，一定与孔子有同样的感觉：“吾与点也。”

第三，孔子认为，社会和谐必须有好的制度作保障。

“谨权量，审法度，修废官，四方之政行焉，兴灭国，继绝世，举逸民，天下之民归心焉。”

孔子曰：“天下有道，则礼乐征伐自天子出；天下无道，则礼乐征伐自诸侯出。自诸侯出，盖十世希不失也；自大夫出，五世希不失也；陪臣执国命，三世希不失矣。天下有道，则政不在大夫。天下有道，则庶人不议。”

什么样的制度是孔子心目中的好制度呢？孔子虽没有进行具体的内容设计和程序规定，但他对制度建设提出了明确的原则要求，即“谨权量，审法度，修废官”。

“谨权量”就是要把经济规则制定好。经济规则和百姓的生产生活息息相关，审查制定好“权量”制度，使之满足经济运行和百姓生活的需要，是国家管理经济的头等大事，是执政者必须优先考虑的问题。

“审法度”就是要把法律规章审查、制定好，努力做到公平合理。这从孔子的学生有子的话中也能体现出来。有子说：“礼之用，和为贵，先王之道，斯为美，小大由之。”从某种意义上说，“和”是孔子执政观的核心内容。

“修废官”就是把动乱中瘫痪的职能部门恢复起来。也许，这是孔子针对“四方之政不行”的特定形势而提出来的。我们不能把孔子提出的“修废官”说成是要恢复过时的旧制度。

制度建设不在多，关键要管用。制度多而无用，反而失信于民，同样是制度的贫乏。所以，孔子非常重视制度执行的效果，好的制度必须有“四方之政行焉”“天下之民归心焉”的功效。所谓“四方之政行焉”，就是中央政府要有权威，政令畅通；“天下之民归心焉”就是政府受到人民的拥护。如果一项制度的实行，达不到这样的效果，不能使“天下之民归心”，却招致天下人的反对，甚至弄得“民怨沸腾”，就不是一项好制度，必须改弦更张。

历史一再证明，政令不畅、特权者为所欲为，是为政之大害。孔子特别反对只为少数特权者的利益而危害国家和百姓的利益。“天下有道，则礼乐征伐自天子出；天下无道，则礼乐征伐自诸侯出”。这不仅是孔子对时代治乱的根源做出的政治总结，也为孔子之后反复出现的社会兴衰成败现象所证明，对任何时代的政权建设都有重要的参考价值。“礼乐征伐自天子出”，就是中央政府“强力有为”，政令、军令统一。这样的历史时期，每每都是政治清明、经济发展、社会繁荣、人民安居乐业的“天下有道”时期，如唐朝前期的“贞观之治”和“开元盛世”；反之，“礼乐征伐自诸侯出”，就是中央政府软弱无能，诸侯尾大不掉，不听中央号令，拥兵自重，霸占一方。这样的历史时期，总是战乱不止、社会残破、经济凋敝、民不聊生的“天下无道”时期，如春秋时期的诸侯混战、东汉末年的豪强争雄、唐朝中后期的藩镇割据。

孔子强调说：“天下有道，则政不在大夫。天下有道，则庶人不议。”这原本是体现了深刻历史思想的治国真理，却长期被一些人曲解，特别是在“文革”时期，它完全成了孔子蔑视人民的罪证。其实，只要用点头脑好好想想，一个国家，不论是古代还是当代，如果每一个有权力的“大夫”都把自己的话当成法律政令，要别人无条件地服从，这样的社会也可能“英雄”辈出，但对于普通百姓，有什么幸福可言呢？他们除了被迫卷入战争，充当炮灰，充当“人肉”炸弹外，还能有什么出路呢？百姓的声音，那可是社会的晴雨表啊！在一个公平正义和安定有序的社会里，有多少“庶人”喜欢三五成群地聚在一起大发无聊的牢骚议论呢？

孔子反对“政在大夫”，以今天的眼光观之，“政在大夫”即政在特殊的既得利益集团。孔子时代的鲁国“三桓”政治，就是那个时代的一种利益共同体。三家贵族同进同退，操纵国家的政治、经济，甚至军事、外交，使鲁国的政局长期处于混乱状态，综合国力不断受到削弱。这样的现实，必然给孔子留下深刻的印象，也促使孔子思考怎样才能把国家治理得和平安定、百姓康乐。

由于古今距离的遥远和两种语言的差异，我们对孔子当年说过的话，不能只作字对字的转译，必须把重点放在对孔子思想精神实质的理解和把握上。理解得越深，把握得越准，我们同孔子的距离就越近，同历史的真实就越近。俗话说：人心都是肉长的。有些问题，不论是古人还是今人，所持的态度可能是相同的，同就同在人心的相通，恰如汉唐的明月依然朗照今人的夜空。所以，要想知道古人的感受，不妨想想今天的我们自己对某些问题的普遍看法，这是一种很好地理解方法，能帮助我们跨越时空距离，克服语言障碍，实现精神互通。为什么我们要把孔子反对的“政在大夫”与今天的特殊既得利益集团相联系？这是因为，特殊的既得利益集团不是凌驾于法律之上，就是置身于法律约束之外，依靠权力资本的扶持，与权力资本形成盘根错节的利益共同体，贪婪地吞噬着国家的利益，损害着人民的福祉，与“政在大夫”有某种程度的相似性。

二、稳步发展，欲速不达

国泰民安，生活幸福，是中国人自古以来从未丢失过的追求。老百姓把这种理想简化成非常朴实的语言：好好过日子。所以，从根本上说，中华民族是个不愿好高骛远的民族，一贯主张脚踏实地，从现在做起。

子夏为莒父宰，问政。子曰：“无欲速，无见小利。欲速，则不达；见小利，则大事不成。”

子曰：“苟有用我者，期月而已可也，三年有成。”

子曰：“如有王者，必世而后仁。”

子曰：“善人为邦百年，亦可以胜残去杀矣。诚哉斯言也。”

从《论语》以上记载看，孔子不仅是中国历史上最早研究如何发展的人之一，还见解颇深。就凭他明确提出欲速不达，发展不能超越阶段这一条，就足以成为一位伟大的政治理论家。孔子以后的很多政治人物，甚至是伟大的人物，之所以没有把国家治理出理想的状态，都是犯了违背规律、急于求成的错误。他们总想三步并着一步走，结果欲速不达，适得其反，弄得民生凋敝，人民颇有怨言，只好退回到起点，从头再来。这样的教训，中国有，外国也有。

子夏问政，不是书生议论、空谈政治，而是他做了鲁国的一个城市的市长后，要到实践中从事具体的政事工作，临行前特意请教老师，自己应该怎么做。孔子告诉子夏的这段名言，话虽不多，但很管用，是通透的政治辩证法，他要子夏千万不要急躁，千万不要急功近利："不要片面追求速度，不要只追求眼前的利益。只求速度，反而达不到目的；贪图眼前的利益，就成不了大事。"今天读孔子这样的话，言犹在耳，依然有很强的针对性。

"苟有用我者，期月而已可也，三年有成"。这句话反映了孔子怎样的发展思想呢？"期月"即一年。孔子说了一个假设："如果我来治理国家，一年时间差不多会有起色，经过三年的发展便会很有成效了。"

发展总是要有规划、有目标的。在孔子的发展思想中，就有三十年的目标和一百年的远景。这三十年的目标是"必世而后仁"。古人以十年为一代，三十年为一世。"必世而后仁"就是必须经过三十年的发展才能实现"仁政"。到那时，政治清明，经济繁荣，人民安居乐业，精神高尚，互相帮助。这百年的远景是"胜残去杀"，就是战胜残暴，免除杀戮。孔子为何要把"胜残去杀"当作"善人为邦"百年的远景？其比"世而后仁"还难吗？答案是：难！我们在前面介绍过孔子生存的时代背景，春秋三百年的历史，就是一部你争我夺的战争史，是天下大乱的动荡史，向戌、华元们的"弭兵运动"，一个也没有解决诸侯间的争霸问题。孔子这样说，说明孔子对于他那个时代的发展趋势有着非常清醒的认识，既看到了天下必须统一的潮流，又看到了完成这一历史使命的艰难。或许，这就是他晚年之所以倾心培养人才的动力之源吧！

中国人以止戈为武，把创造天下太平视为最大的政治智慧。孔子的思想是这一智慧的继承。实现这样的理想，首先必须是“善人为邦”，政权要掌握在有道德的“爱人”者手里，切不能落入嗜好战争杀戮的狂人手里。其次要“为”，要向着这个目标努力。虽然，人民希望和平安宁，但要战胜残暴、免除杀戮、实现永久和平，不是一个轻而易举地事业。

三、道之以德，辅之以刑

历来以为，儒家尚德，法家尚刑。如果对孟子以后的儒家做这样的评定，大体可以，但也不能说绝对的准确。至于孔子，他并没有像后来的研究者认为的那样，把德刑对立起来，从《论语》所记的孔子言论中，我们不能得出孔子反对法制的结论。

子曰：“道之以政，齐之以刑，民免而无耻；道之以德，齐之以礼，有耻且格。”

研究者大多以此章《论语》为例，说明孔子反对法制。其实，这是个误解。孔子主张“政、刑、德、礼”四者不能或缺，少了哪一个都会出问题。孔子说：“单纯地用政令来管理百姓，并用刑法来约束他们，百姓只是暂时地免于犯罪，却不能培养他们的是非观念，不知什么是该做的，什么是可耻的、不能做的；如果用道德教化百姓，用礼仪规范他们的行为，百姓们就会知道社会赞成什么，反对什么，就会有羞耻之心，犯了错误，也能知道自己错在哪里，并予以纠正。”悉心揣摩孔子的这番话，我们发现孔子并没有叫人在“道之以政，齐之以刑”和“道之以德，齐之以礼”之间，做个二者必居其一的选择，只是对两者的效果作了客观的陈述。孔子说这番话的目的，应是希望人们在“免于刑”的基础上更能做到“明于礼”，终以思想境界的升华达到尽量不触犯刑律的效果。实际上，这也是个“两手抓”的问题，即一手抓制度建设，一手抓道德建设。但孔子同样认为，对于事实上的犯罪，还必须采取法律上的强制措施，否则，就会出现“民无所措手足”的局面。这样的思想，孔子在同弟子子路的谈话中表达得非常清楚，孔子对子路说：

君子于其所不知，盖阙如也。名不正，则言不顺；言不顺，则事不成；事不成，则礼乐不兴；礼乐不兴，则刑罚不中；刑罚不中，则民无所措手足。

孔子这段话具有很丰富的内涵，其所论及的就是“政、刑、德、礼”四者的关系：

“君子于其所不知，盖阙如也”，不要不懂装懂，这是君子之德的表现。

“名不正，则言不顺；言不顺，则事不成”，指的是处理好政事应该具备“名正言顺”的条件，也就是要营造氛围，鼓舞士气，凝聚人心。名正言顺，事理可通。名不正，言不顺，则逆理而动，丢失民心，怎么能办成事情呢？

“事不成，则礼乐不兴”，指的是政通人和与礼乐制度以及精神文明建设的关系。只有空头政治，于政事无所建树，制定再多的制度，喊再多的口号，有什么用呢？

“礼乐不兴，则刑罚不中；刑罚不中，则民无所措手足”，这句话集中反映了孔子“道之以德，齐之以刑”的执政思想。一个轻视道德、不讲精神文明的人，比如说制毒贩毒分子和贪官污吏，他们何曾真正惧怕过刑罚呢？这是问题的一个方面；另一方面，如果法律的权威普遍地遭到践踏，人民则真的要无所措手足了，再好的教化都不会有任何意义。电视剧《大汉天子》中，汉武帝讲的一句话就很深刻，这句台词是：“皇帝开个口，天下开条河。”其在本质上，就是孔子的那句名言：“君子之德风，小人之德草。草上之风，必偃。”

对于为政以德的重要性，除了前文有所涉及外，孔子还有一句话，说得既形象又生动。

子曰：“为政以德，譬如北辰居其所而众星共之。”

这句话道出了“威信”的来源。我们常说，威信是上面给不来的，自己吹不来，下级捧不来的。一个领导者的威信来自他自身的道德力量和人格魅力，来自最广大民众的认可。有道是“民不畏吾严，而畏吾廉”。只有既严格要求自己，又为民众办实事、办好事的政府，人民才会投以最高的信任，这样的政府才能“譬如北辰居其所而众星共之”。

孔子不仅讲到了为政以德的重要性，而且还指出了为政以德需要注意的问题。如：

季康子问政于孔子。孔子对曰：“政者，正也。子帅以正，孰敢不正？”

子张问政。子曰：“居之无倦。行之以忠。”

季康子患盗，问于孔子。孔子对曰：“苟子之不欲，虽赏之不窃。”

子曰：“道千乘之国，敬事而信，节用而爱人，使民以时。”

子曰：“禹，吾无间然矣。菲饮食而致孝乎鬼神，恶衣服而致美乎黼冕，卑宫室而尽力乎沟洫。禹，吾无间然矣。”

孔子讲为政以德需要注意的问题，还不止这些。读者自可到《论语》中去体会。但以上这些，也足可说明问题。归结起来，就是“一个重点、五个方面。”

一个重点，就是领导者自身修养要好。这集中体现在孔子同季康子的谈话中：“政者，正也。子帅以正，孰敢不正?”自己不正，焉能正人？说话自然没人听。现实生活中，人们经常议论：“台上他说，台下说他。”这就是自己屁股底下不干净、说话没有感召力的典型表现。所以，这样的人，台上不说也罢。

对不同层次的人，孔子有不同的修养要求，这也是值得今天的选人用人者学习的。譬如，学生子张问孔子怎样从政，孔子只说了八个字，做到“居之无倦，行之以忠”就可以了。“无倦”是孔子对于“政德”的基本要求，子路问政时，孔子也说过类似的话。不管是谁，只要当了“公务员”，都必须做到这一条，也就是要有敬业精神。

子路问政。子曰：“先之劳之。”请益。曰：“无倦。”

对于季康子这样的执政者，孔子的要求就一个“正”字，做到“不欲”、不贪。古往今来，社会上贪渎之风盛行，都是一样的道理，与领导者的表现大有关系。

对于国家领袖，孔子的要求是全方位的，他不仅要对自己的行为负责，还要对社会风气负责。以大禹为例，赞美他“菲饮食而致孝乎鬼神，恶衣服而致美乎黼冕，卑宫室而尽力乎沟洫”，说禹为了天下的老百姓，吃苦在前，享受在后，吃的是粗茶淡饭，穿的是破旧衣服，住的是简陋房子，却一心一意地发展水利事业，实在是挑不出什么毛病了。

“五个方面”就是要注意做好五个方面的事情。“道千乘之国，敬事而信，节用而爱人，使民以时”。一要敬事，办事要有严肃认真的态度；二要诚信，不能朝令夕改；三要勤俭节用，珍惜民力；四要爱人，关心百姓疾苦；五要使民以时，不要随意役使百姓，影响生产。能做到这些，才能叫德政，也就是后来孟子讲的“仁政”。

在孔子的“德政”思想里，需要特别注意他强调的“尊五美，屏四恶”。孔子在这里提出了一条关于“德政”的重要原则：“惠而不费”。孔子的这一思想。具有非常重要的现实意义，尤其对处于社会转型期的人们有很好的参考价值。

子张问于孔子曰：“何如斯可以从政矣?”子曰：“尊五美，屏(排除)四恶，斯可以从政焉。”

子张曰：“何谓五美？”子曰：“君子惠而不费，劳而不怨，欲而不贪，泰而不骄，威而不猛。”

子张曰：“何谓惠而不费？”子曰：“因民之所利而利之，斯不亦惠而不费乎？择可劳而劳之，又谁怨？欲仁而得仁，又焉贪？君子无众寡，无小大，无敢慢，斯不亦泰而不骄乎？君子正其衣冠，尊其瞻视，俨然人望而畏之，斯不亦威而不猛乎？”

子张曰：“何谓四恶？”子曰：“不教而杀谓之虐，不戒视成谓之暴，慢令致期谓之贼，犹之与人也，出纳之吝谓之有司。”

《尧曰》是《论语》的最后一篇，编纂《论语》的孔子弟子门人们，将孔子“尊五美，屏四恶”思想放在此篇，明显具有结论性的意味，这也体现出他的弟子门人对他的这一思想的重视。

这一次依然是孔子回答弟子子张“如何从政”的提问，但孔子告诉子张的侧重点，与“居之无倦，行之以忠”这八个字明显不同。这次说的，不是对从政者个体的要求，而是着重谈如何从执政的指导思想上保障“德政”的施行。孔子师徒是如何讨论这个问题的呢？

子张向孔子请教，问道：“治理国家应该怎么做呢？”孔子说：“只有尊崇五种美德，去掉四种恶政，才有可能管理好国家。”

子张又问：“什么叫五种美德呢？”孔子就逐条告诉子张说：“惠而不费，劳而不怨，欲而不贪，泰而不骄，威而不猛。”意思分别是：第一，给老百姓带来好处时不加重老百姓的负担。第二，让老百姓出力办事时，不会招致老百姓的怨恨。第三，有自己的欲望，但能控制在合理的限度内。第四，心情舒泰安宁，不骄横跋扈。第五，态度庄重威严，不凶恶狠毒。在这五种美德里，给老百姓带来好处却不加重百姓负担的“惠而不费”是最重要的一条。在下面的议论里，孔子自己也是把它当作一个“红线”来看的。而今，国家正在大力推进新农村建设，这可是一项惠及亿万农民的良法美政，如何把它落到实处，孔子“惠而不费”的思想很给人以启迪。

也许是孔子的“惠而不费”思想过于深刻，子张一时没有明白过来，就接着问孔子：

“惠而不费是什么意思呢？”孔子说：“让老百姓做对他们有好处、有益的事，这不就是惠而不费吗？让老百姓做他们可以做的事情，百姓还会有谁会怨恨呢？想成为一名仁德的君子，结果如愿以偿，那还贪图什么呢？无论在什么场合，不管人多人少，也不论对什么人，君子都行为一贯，不敢怠慢，这不就是心情舒泰安宁而不骄横吗？衣冠整齐，态度庄重，目清气正，这样让人心生敬重的君子，不就是威严庄重而不凶猛吗？”

听了孔子的解释，子张恍然大悟，就问起了另外一个问题：“四种恶政又是什么呢？”孔子说：“第一，对百姓不进行经常性的教育，出了问题就把责任推到百姓身上而加以杀戮，这叫‘虐政’；第二，不事先告诫，也不提出什么要求，却苛求尽善尽美，这叫‘暴政’；第三，开始松松垮垮，却突然提出限期完成，让人措手不及，这叫‘贼政’；第四，本来该给老百姓的好处，在出手时却又舍不得，这叫‘吝政’。”

孔子“尊五美，屏四恶”思想的核心内容，是对人的尊重，对人的爱护，是孔子“仁”的思想在政治上的应用，而“惠而不费”，就是一条贯通其中的重要原则。仔细体会，这一原则所体现的内涵也颇有些为民执政的意思。

四、事由人兴，政在选人

华夏历史，漫漫五千年，江山社稷的兴衰转换给了人们太多的历史启示。事业成败，唯在得人，这是往哲先贤对于历史现象经过深刻反思得出的重要结论。南宋著名词人刘克庄在《贺新郎·送陈子华赴真州》中曾感慨颇深地说过：“多少新亭挥泪客，谁梦中原块土？算事业须由人做。”是啊，算事业须由人做，真是包含了太多的历史辛酸。只要我们打开《论语》，就会发现孔子选人、识人、用人的思想十分丰富，无论何时，他的这些论述都是人类的宝贵财富。

（一）得人而天下治。选拔什么样的人，历来是重大的政治问题，关乎政事得失，关乎社会风气，关乎民心向背，最终，关乎天下兴亡。孔子通过对历史经验的总结，得出了两个重要结论：一是“才难”；一是“举直错诸枉，则民服；举枉错诸直，则民不服”。

舜有臣五人而天下治。武王曰：“予有乱臣十人。”孔子曰：“才难，不其然乎？唐虞之

际,于斯为盛。为妇人焉,九人而已。三分天下有其二,以服事殷。周之德,其可谓至德也已矣。"

樊迟问仁。子曰:"爱人。"问知。子曰:"知人。"

樊迟未达。子曰:"举直错诸枉,能使枉者直。"

樊迟退。见子夏曰:"乡也吾见于夫子而问知,子曰'举直错诸枉,能使枉者直',何谓也?"

子夏曰:"富哉言乎!舜有天下,选于众,举皋陶,不仁者远矣。汤有天下,选于众,举伊尹,不仁者远矣。"

哀公问曰:"何为则民服?"孔子对曰:"举直错诸枉,则民服;举枉错诸直,则民不服。"

孔子讲"才难",不仅有"人才难得"的意思,更有治国理政之难的意思。治国理政之难,难就难在选人用人上。只有把人选准用好,使人才各居其位,国家才能兴旺发达。孔子以舜和周武王的故事为例,对弟子们说:舜之所以能够把天下治理得井然有序,使人民安居乐业,是因为他任用了禹、稷、契、皋陶、伯益这五位德才兼备的人。如果没有这五人的辅佐,舜也不能建功立业。周武王"有乱臣十人"。这里的"乱臣"不是指作乱的大臣,恰好相反,是指能够团结一致治理国家的大臣。《论语》记载了孔子一次听乐的感受:"师挚之始,《关雎》之乱,洋洋乎盈耳哉!"什么意思呢?就是"从大师挚开始演奏,一直到结尾合奏《关雎》,美妙动听的乐声,充满了我的耳朵!"乐曲的开端是始,结束叫"乱",即尾声,与始相对,一般是合奏。周武王说"予有乱臣十人",是用音乐做比喻,周能灭商不是单纯地依靠武力,而是得益于周公旦和姜子牙等十位能治理国家的大臣的帮助。孔子把教书和育人结合起来,引用周武王这句话,说明什么样的人才称得上"治国之臣"。这样他就有了接下来的感慨:"人才难得,难道不是这样吗?尧和虞舜的时代以及周武王的时候,人才昌盛。武王的十位治国大臣中,还有一位是妇人(即周武王的母亲太姒),朝廷里的治国大臣只有九位而已。特别是周文王不以力胜,得了天下的三分之二后,仍然向商纣王称臣,韬光养晦。周文王的道德,真是达到了最高境界。"孔子的言下之意,周之代商乃是历史发展的必然。天下为有德者居之,一个失掉民心、不知悔改的政府,人民还会选择它吗?

由历史再联想到混乱的现实,孔子深感治国人才匮乏,当学生子贡问他:“今之从政者何如?”孔子不禁伤感地说:“斗筲之人(筲:古代的饭筐,能容五升。斗筲:比喻见识和肚量狭小),何足算也!”都是些只顾眼前利益的器量狭小的人,不值一提啊!但孔子还是寄希望于人才的培养,希望执政者能培养出高素质的人才。因此,孔子在多种场合下讲到用人的一个重要原则问题,即“举直错诸枉”。他和弟子樊迟说过,同鲁哀公也谈过。

同弟子们谈的时候,他的着力点是“知人”。樊迟问孔子什么是智慧,孔子说:“智慧就是善于识人。”樊迟没有马上领悟老师的话,可能有些迟疑,孔子进一步解释说:“举直错诸枉,能使枉者直。”把正派的人提拔起来,使他们的地位在心术不正的人之上,就会使不正派的人也改邪归正,向好人看齐。樊迟后来把孔子的话告诉了同学子夏,子夏一下子便领悟了孔子的意思,觉得老师的话说得太有内涵、太深刻了。因为历史知识告诉他:“舜有天下,选于众,举皋陶,不仁者远矣。汤有天下,选于众,举伊尹,不仁者远矣。”用人具有重要的导向性。亲贤臣,贤人益进;亲小人。小人益进。历史上的兴衰治乱莫不与此大有关系。

所以,孔子同鲁哀公谈的时候,更加看重选人用人对世道人心的影响。鲁哀公问孔子:“何为则民服?”孔子回答说:“举直错诸枉,则民服;举枉错诸直,则民不服。”举直代表了正气,把人选准用好.人们才会心服口服,社会风气才不会受到污染。相反,举枉则代表了邪恶,好人受欺负,人们当然不服,结果是社会不和谐,国家不太平。

(二)知贤才而举之。通常人们将领导者的职责说成两条,一条是出主意,一条是用干部。孔子对这个问题是怎样看的呢?有一个故事可以说明孔子的态度。

仲弓为季氏宰,问政,子曰:“先有司,赦小过,举贤才。”

曰:“焉知贤才而举之?”曰:“举尔所知,尔所不知,人其舍诸?”

孔子的学生仲弓(即冉雍)给“三桓”之一的季氏做家臣,问孔子怎样处理政事。孔子说,务必要做到三点:第一,教导手下办事的人;第二,宽容人家的小过错;第三,提拔优秀人才。

那么,怎样才能知道谁是优秀人才,从而提拔任用他们呢?仲弓又向孔子提出了这样的疑问。孔子认为,一个领导者认识人才,首先要善于发现身边的人才。他说的"举尔所知,尔所不知,人其舍诸"的意思是:如果大家都来关心人才的成长,就会做到不埋没人才,人才的成长就有好的环境。后人讲"举贤不避亲"也是这样的意思。不能因为讲回避,就对身边的人才视而不见,如果是这样,也是对人才的不公。要做到选好人,关键是要有一套好的办法,保证选人者真正把优秀人才选拔出来。英雄不问出处,只要是真正的人才,谁来推荐都一样,还是孔子的那句话:"莫适也,莫必也,义之与比。"

子曰:"视其所以,观其所由,察其所安。人焉廋者?

人焉廋者?"

这是孔子为识人者把人看准开的一剂良方。孔子认为,看人不能脱离实践,不能脱离他对问题的处理方法和态度,必须把握三个关键的环节:首先是"视其所以",就是要看一个人做事的动机。这一条被现在的选人者严重忽略了。现在的人只看到问题的表象,某人大刀阔斧地搞"改革",就认为他一定是"英雄",殊不知有无数的"阴谋"借"改革"的旗号而行,直到阴谋者东窗事发,媒体才发扬痛打落水狗的精神,将他先前隐匿于"改革"中的私货公之于众。这样的例子,如今实在太多。其次是"观其所由",就是看他是怎样去做的。怎样做即处理问题的方法。这一点确实很重要,一个人无论是情商还是智商,从他处理问题的方法上都能有比较精确的反映。譬如,在城市改造中,野蛮拆迁者就不可能对人民有感情,要他们建设和谐社会,也是对牛弹琴。第三是"察其所安",就是看他做这件事时是怎样的心情。态度是心情的反映。一个人办事态度恶劣,说明他没有爱心;一个人处理问题总是花言巧语.说明他没有诚心。孔子说"巧言令色,鲜矣仁"。如果从这三个方面看一个人,一个人还有什么缺点不能被发现呢?

除此以外,识人还有一个如何正确地对待"群众测评"的问题。孔子和弟子子贡曾专门讨论过这样的话题。

子贡问曰:"乡人皆好之,何如?"子曰:"未可也。"

"乡人皆恶之,何如?"曰:"未可也。不如乡人之善者好之,其不善者恶之。"

可见，孔子不赞成简单地“以票取人”。事实也往往如此，大家都说好的不一定好，大家都说坏的也不一定坏。如果“善者”赞扬他，“不善者”反对他，这样的人才真正是有本事、靠得住、群众信得过的优秀人才。因为好人说他好，说明他为百姓办实事；坏人说他坏，说明他办事坚持原则，不拿原则做交易。

（三）用人所长不求全。对于人才，不仅要善知，更要善任。只有善任，才是对人才的真正爱护，对事业的真正关心。但是，知人是善任的前提，也是智慧的象征。孔子自己就是识人的专家，他对于人才从不求全责备。

季康子问：“仲由可使从政也与？”子曰：“由也果，于从政乎何有？”

曰：“赐也可使从政也与？”“赐也达，于从政乎何有？”

曰：“求也可使从政也与？”“求也艺，于从政乎何有？”

政治的核心任务是服务和管理社会，要达成这样的使命，就需要各种各样的管理人才。孔子和季康子谈论的正是这层意思。季康子首先问孔子，能不能让子路（仲由）从事社会管理工作。孔子说，子路办事果断，从事社会管理工作有什么困难呢？接着，季康子问孔子，能否让子贡（赐）从事社会管理工作？孔子说，子贡办事通达，精通人情事理，从事社会管理工作有什么困难呢？最后，季康子又问能否让冉有从事社会管理工作，孔子还是很自信地说，冉有多才多艺，从事社会管理工作也没有什么困难。从以上孔子答季康子问可以看出，孔子对于人才的要求是十分切近实际的，有什么样的能力就干什么样的事情，就像我们今天所说的强化领导班子的整体功能一样，你不可能要求领导班子成员什么都很精通，只要各有所长，互相配合，就能形成一个强有力的战斗集体，就能发挥很好的整体功能。如果每个人的兴趣爱好、性情特征都一样，即使本领再高，也没有办法形成一个强有力的工作系统。孔子认为，办事果断、通达情理的人以及多才多艺的人，都是做好社会管理工作必须具备的人才。既然人才具有如此的重要性，对于人才就要有正确的态度，既不能求全责备，更不能将自己的主观标准强加给那些具有特殊才能的人才。

子曰：“君子不可小知而可大受也，小人不可大受而可小知也。”

孔子这段话，具有十分重要的意义。现实生活中，有很多领导干部，就像开烧饼店的矮个子"武大郎",自己没有本事,却尽拿些鸡毛蒜皮的小事去裁度人才的能力,逼迫人才不得不"削峰填谷","兴高采烈"地去做那些无聊事,唯其如此,才能获得一个虚心的美名,否则,就被视为"狂妄之徒"。在这样的环境里,人才又怎么能去创新呢?

美国人西蒙·圣约翰在五十多年前提出了"第五种自由"的思想,什么叫"第五种自由"?就是人人都有追求卓越的自由。西蒙认为,这"第五种自由"实际上是美国人"四大自由"即免于匮乏的自由、免于恐惧的自由、言论自由以及信仰自由的基础,没有这"第五种自由",就没有其他的"四大自由"。半个多世纪以来,美国人正是按照这第五种自由的要求,将美国建成了世界上的超级大国。

五、作风建设,从上做起

俗话说:基础不牢,地动山摇。历史和现实的经验教训都证明:好的作风是做好一切事情的基础;反之,华而不实,弄虚作假,好大喜功,必然祸国殃民。孔子的执政观不仅强调作风建设的重要性,更指出了作风建设的关键之所在,其中意思集中到一点,就是作风建设必须从上做起,从领导者做起,从领导机关做起。

子曰:"大哉,尧之为君也!巍巍乎!唯天为大,唯尧则之。荡荡乎!民无能名焉。巍巍乎其有成功也,焕乎其有文章!"

子曰:"巍巍乎,舜禹之有天下也,而不与焉。"

(商汤)曰:"予小子履敢用玄牡,敢昭告于皇皇后帝:有罪不敢赦。帝臣不蔽,简在帝心。朕躬有罪,无以万方,万方有罪,罪在朕躬。"

周有大赉(武王),善人是富。"虽有周亲,不如仁人。百姓有过,在予一人。"

孔子为什么如此推崇尧、舜、禹、汤和周武王?难道真的像很多人所说的那样,是因为他在现实中找不到出路、到处碰壁,眼光逆转,一心复古,希望社会退回到尧、舜、禹、汤和周武王的时代吗?不是!

马克思有一句经典名言,为了活着的人而唤醒死人的灵魂。我以为,孔子赞赏和推崇先贤,其主旨恰如马克思所言,也是希图正本清源,矫正是非不分、美丑不辨、物欲横流、不择手段之社会现实，目的在于让活着的人能够更好地活着。只要我们细致地体会以上几章《论语》，就不难理解孔子具有怎样的济世安民的苦心！他之所以选择“巍巍乎”这样崇高的字眼赞美尧、舜、禹、汤和周武王，就是因为尧、舜、禹、汤和周武王具有朴实的作风，严于律己，造福于民，为推动社会发展进步做出了巨大贡献。如“尧之为君”，顺天应人，广施恩德，政绩显著，深受人民爱戴。同样，“舜禹之有天下也，而不与焉”。他们虽大权在握，但光明磊落，胸怀宽广，一点也不为自己谋取私利。而这样的精神正是孔子时代的执政者们所普遍缺少的。故而孔子称赞尧、舜、禹如同巍峨的高山一样崇高伟大，堪为后人学习的楷模。不难发现，孔子思古之幽情实为现实而发，为民生而发，后人岂可视而不见哉？

回望历史，不少执政者都有揽功诿过、嫉贤妒能的毛病，这种毛病发展到极致便是唯我独尊，听不得半点不同意见，最终必然导致众叛亲离，民怨沸腾，毁江山社稷于一旦。商纣王是这样的人，隋炀帝也是这样的人。对于后人，他们的所作所为都是很好的反面教材，是一面资治的宝鉴。孔子所赞赏的商汤、周武王，恰恰与此类孤家寡人相反，他们睿智卓识，具有深远的眼光和博大的胸怀；他们勇于进取，敢于担当，知错能改。如商汤祈祷上苍、昭告天下：“朕躬有罪，无以万方，万方有罪，罪在朕躬。”周武王也积极“向我开炮”，对天下人说：“百姓有过，在予一人。”这样的胸襟气度，这样的战略眼光，这样的人格风范，能不让人荡气回肠吗？

“苟正其身也，于从政乎何有？不能正其身，如正人何？”

“其身正，不令而行；其身不正，虽令不从。”

这两章《论语》，通俗易懂，脍炙人口，影响深远，很多人耳熟能详，它对于执政者的作风建设具有结论性的意义。可以想象得出，孔子说这番话时的语气十分坚决，态度也十分严肃。孔子认为，一名领导者，如果自我要求严格，品行端正，在履行社会职责时，就会得心应手，不会有什么困难，即使不下命令。百姓也会自觉执行；反之，如果自身品行不端，连自己都管不好，又怎么能严格要求别人呢？即使你采取命令的方式，别人也不会心悦诚服。人们常说：打铁需要自身硬。火车跑得快，全靠车头带。如此等等，都形象地说明了领导干部和上级机关作风建设的重要性。换言之，有什么样的领导就有什么样的下属；有什么样的政府机关，就有什么样的社会风气。

季康子问："使民敬、忠以劝，如之何？"子曰："临之以庄，则敬；孝慈，则忠；举善而教不能，则劝。"

季康子问孔子怎样才能实现"敬、忠以劝"，实际上就是问怎样才能实现这样一种社会风气：百姓敬业明礼、忠诚于国家、互相劝勉行善。孔子直言不讳地说，能不能造成这样的社会风气，关键看领导人自身做得怎么样。如果你自我要求严格，对百姓的态度诚恳，百姓必有敬重之心；如果你孝顺父母，热爱人民，百姓必有忠诚之心；如果你厚待品德高尚的人，关怀能力差的人，百姓必有勤勉向善之心。对于社会风气的形成，孔子有句十分形象贴切的比喻："君子德风。"君子之德就是社会风气的源头！

事实也是如此，民众对于领导者和领导机关的认识，归根结底不是看你说了什么，而是看你做了什么。领导者的形象和威望既不是自己说出来的，也不是上级机关封出来的，而是看你是否获得了民心，是否具有公信力。孔子说："上好礼，则民易使也。"意思

"孔子与四大配享"扇面

是：领导干部、上级机关一定要按规矩办事，如果不按规矩办事，任意破坏规则，唯利是图，其在人民群众中就没有威信，没有凝聚力，说的话也就没有人听。

按照孔子的说法，要形成良好的社会风气，领导者和领导机关必须做到两条，一条是

"修己以敬""修己以安人";一条是"宽则得众,信则民任焉,敏则有功,功则说"。这两条对于社会风气的影响可谓大矣。前者叫"认真做人",也可以叫"严于律己","从我做起"。率先才能垂范,只有严格要求自己、修身养性、恭敬谦逊,才能起到"安人"的表率作用。后者叫"认真做事"。认真做事必须是认真做好正确的事,对社会进步有益的事。孔子提出了"四个字"的评判标准,即"宽、信、敏、功"。宽则得众,就是要珍惜民力,宁俭勿奢,爱惜民智,尊重人才。只有这样,才能得到民众的拥护,造成勤俭节约、宽政爱人的社会风气;信则民任,就是要说话算话,诚信待人,不能朝令夕改,言不由衷。只有这样,才能获得人民的信任,造成说真话、办实事的社会风气;敏则有功,就是要勤敏努力,奋发有为,不贪图安逸、拖沓懈怠。只有这样,才能增加百姓福利,提高生活水平,促进身心健康,形成和谐向上的社会风气。

学风是作风的重要表现之一。关于学风问题,孔子提出了一个著名的论断,即:

人能弘道,非道弘人。

孔子所说的"道",也可以理解为理论和思想。此章《论语》深刻地体现了人与道的关系。毫无疑问,人的行为需要理论即"道"的指引,理论成熟是政治成熟的基础,理论建设对于任何一个执政党都具有重大意义,没有成熟的理论指导就没有明确的奋斗目标。但再好的理论,如果不落实到行动上,不与人的实践相结合,也只能是空头理论,是死的理论。归根结底,"道"来自人的实践,来自人的创造,也就是"人能弘道"。孔子提出"人能弘道,非道弘人",主张"知行结合",对于形成"学以致用"的学风,具有重要的促进作用。这说明孔子反对空头政治。在他看来,行动比语言重要,没有实践的先进性,理论的先进等于零,"巧言令色,鲜矣仁"。当空头政治家,是"不仁"的表现。

六、礼让为国,富而后教

春秋时期,社会竞争空前激烈,国民素质的高低和人才的多寡决定着国家的兴衰。孔子不仅是伟大的教育家,深知教育对于提高国民素质的重要性,同时也是伟大的思想家,对社会的前进方向有着敏锐的洞察力。他也许是世界上最早把人的发展和人的教育问题列入执政目的的政治理论家。

子适卫，冉有仆。子曰："庶矣哉！"

冉有曰："既庶矣，又何加焉？"曰："富之。"

曰："既富矣，又何加焉？"曰："教之。"

这是《论语》记载的一个重要故事，深刻地反映了孔子的执政观念和政治理想，对于我们准确地认识孔子有着重要的意义。故事发生在孔子去卫国的路上。"庶矣哉"是孔子看到卫国的第一印象，即人来人往、热闹繁荣的样子。这引起了时刻关注民生问题的孔子的注意，他不禁向为他驾车的冉有说："卫国的人真多呵。"冉有听到孔子的感慨，问道："人多了以后，该怎么办呢？"孔子说："使他们富裕起来。"冉有又问道："富裕之后，又做些什么呢？"孔子说："对他们进行教育。"孔子所说的教育，并不是我们今天说的升学考试，拿个好分数，上个好大学，然后找个好工作。孔子所说的教育，最符合教育的本质，即提高人的境界，文明人的精神。孔子说过："能以礼让为国乎，何有？不能以礼让为国，如礼何？"在这里，我们可以把孔子的"礼让"理解为精神文明，孔子的意思是：如果在国家建设中重视精神文明，不断提高国民的人文素质，治理国家就不会有多少困难；反之，如果不重视精神文明建设，不注意提高国民的人文素质，漠视国民的内心感受，只知"放利而行"，甚至不择手段，那么制定再多的制度又有什么用呢？

从孔子和冉有的这段对话中，我们看到，孔子主张的发展，是实实在在的发展，是"富民式"的发展，不是只有 GDP 的增长而生活质量反而下降的虚假繁荣；是全面的发展，是"和谐式"的发展，不是只有物质的增长而精神反而荒芜、灵魂反而丑陋的畸形发展。一句话，孔子主张的发展是多数人的发展，不是少数人的发展，不能只要物质不要精神的发展。也就是他说的："礼云礼云，玉帛云乎哉？乐云乐云，钟鼓云乎哉？"

如同正人先正己一样，领导者要教育好别人，首先要教育好自己。孔子主张，领导者管好自己，是他们对社会、对国家必须切实负起的责任。孔子甚至认为领导者有"一言兴邦""一言丧邦"的重要作用。

定公问："一言可以兴邦，有诸？"

孔子对曰："言不可以若是其几也。人之言曰：'为君难，为臣不易。'如知为君之难也，不几乎一言而兴邦乎？"

曰："一言而丧邦，有诸？"

孔子对曰："言不可以若是其几也。人之言曰'予无乐乎为君，唯其言而莫予违也。'如其善而莫之违也，不亦善乎？如不善而莫之违也，不几乎一言而丧邦乎？"

一言兴邦，一言丧邦，是孔子答鲁定公问时提出来的重要政治见解。鲁定公问孔子："是否有一句话可以使国家兴旺这样的事？"孔子的回答是肯定的。鲁定公又问孔子："是否有一句话使国家灭亡这样的事？"孔子的回答依然是肯定的。孔子做出两个肯定回答，并举出事例为证.说明领导不易，治国不易，领导者必须时时刻刻做到曾子说的"战战兢兢，如履薄冰"，这样才会善始善终，不留遗憾。

七、发展软实力，近悦远来

无论过去、现在或将来，创设概念都是一种重要的创新能力。概念即是理念。先进的理念往往会产生强大的现实力量，能化解认识障碍，提升认识境界。譬如，邓小平提出"市场经济不等于资本主义，计划经济不等于社会主义，市场和计划都是手段"这一概念，此概念一出，长期困扰人们的市场经济"姓资""姓社"的问题便迎刃而解。又譬如，为打破中美关系出现的僵局，美国前国务卿佐利克提出了中美互为"利益攸关方"的概念，此概念一出，中美关系也迅即走出"山重水复"的迷宫，使美国人得以从全新的视角审视中美关系的战略意义。

二十世纪九十年代初，美国哈佛大学教授约瑟夫·奈创设了一个全新的政治学概念"软实力"。他将"软实力"定义为："一种靠着吸引而非强制与收买达到目标的能力。"毋庸置疑，约瑟夫·奈教授的"软实力"概念已对当今世界各国的内政外交产生了巨大影响，甚至在某种程度上改变着世界格局。

不过，对于中国人，特别是对于熟读《论语》的中国人来说，约瑟夫·奈教授定义的"软实力"，既新颖又耳熟，甚至可以表述得更加简洁生动，这就是"近者悦，远者来"或

"远人不服,则修文德以来之"。修文德来远人,不就是发展软实力吗?可惜在很长的时间内,很多中国人,甚至是一些以知识精英自居的中国人,遗忘了孔夫子的"近悦远来",对孔夫子提出的很多精彩思想都没有进行认真的整理和发掘,任其蒙尘落垢,光辉隐藏。不仅如此,某些精英还振振有词地认为,中国明清以降的落伍完全是孔子学说的过错,实是不懂装懂,误己误人!

叶公问政。子曰:"近者悦,远者来。"

深邃的思想并非一定来自长篇大论。孔子答叶公问政,虽只有短短的六个字"近者悦,远者来",却有气吞山河的力量,饱含政治智慧。用今天的话说,"近者悦,远者来"就是"要吸引外国人来,一定要以自己人民的喜悦为基础,对近对远,都要用同样的仁道王道来对待",换言之,己不悦又如何能悦人?用约瑟夫·奈教授的逻辑就是:不能给自己的国民带来幸福的政府又如何具有吸引别人的能力?

季氏将伐颛臾。冉有、季路见于孔子曰:"季氏将有事于颛臾。"孔子曰:"求!无乃尔是过与!夫颛臾,昔者先王以为东盟主,且在邦域之中矣。是社稷之臣也,何以伐为?"

冉有曰:"夫子欲之,吾二臣者皆不欲也。"孔子曰:"求!周任有言曰:'陈力就列,不能者止。'危而不持,颠而不扶,则将焉用彼相矣?且尔言过矣,虎兕出于柙,龟玉毁于椟中,是谁之过与?"

冉有曰:"今夫颛臾,固而近于费,今不取,后世必为子孙忧。"孔子曰:"求!君子疾夫舍曰'欲之',而必为之辞。丘也闻有国有家者,不患寡而患不均,不患贫而患不安。盖均无贫,和无寡,安无倾。夫如是,故远人不服,则修文德以来之;既来之,则安之。今由与求也,相夫子,远人不服而不能来也,邦分崩离析而不能守也,而谋动干戈于邦内,吾恐季孙之忧,不在颛臾,而在萧墙之内也。"

被选进中学语文教科书的这段孔子师徒间的对话,具有极其丰富和非常深刻的治国理政思想,既是"中国文化精神的重点",也是孔子"软实力"思想最充分的体现。它所反映的历史事实是:孔子晚年回到鲁国,学生冉有、子路都在季康子那里当家臣。当时的鲁国,由于长期政治动荡,国力很衰弱,为了转移国内矛盾,季氏准备攻打鲁国的附庸小国颛臾。冉有、子路就去拜见孔子，向老师做了汇报，于是师徒之间发生了一场深深影响中国历史走向和文化精神的对话。

冉有、子路见了孔子说："老师，向您报告一件事，季氏将要对颛臾采取军事行动。"孔子听后，认为这是个错误的想法，他喊着冉有的名字说："冉求啊，这件事怕和你有关吧！那个颛臾，周王封他主祭蒙山，也是国家的一分子，而且又在鲁国境内，是鲁国的臣属，为什么要攻打它呢？"

冉有回答说："这不是我和子路的主意，是我们主公要这样做。"孔子觉得弟子在推脱责任，有些批评意味地说："从前一个叫周任的史官说过：'你在那个职位上就要负起责任，如果尽不到责任，就不要占据那个位置。'一个当宰相辅助诸侯的人，应当有扶危济困的胸怀。人在真正困难的时候，是需要人帮助的。你们在季氏那里当家臣，不但要帮助自己的国家，同时也要帮助别人。现在颛臾这个小国，处境危险，你们该伸出同情的手，阻止这场战争。如果你们见危不救，见颠不扶，那用你们作辅相干什么呢？"一颗伟大的爱心让人怦然心动！

接着，孔子又用了两个很形象的比喻，批评冉有的失职，他说："且尔言过矣，虎兕出于柙，龟玉毁于椟中，是谁之过与？"显然，这句设问是孔子针对冉有"夫子欲之，吾二臣者皆不欲也"提出的批评。他认为，冉有说的季氏要攻打颛臾，他和子路没有这种想法的话，大错特错。孔子的意思很清楚，是自己的弟子没有尽到应尽的责任。"兕"是独角犀牛，"柙"是关闭猛兽的笼子，"椟"是放龟玉的匣子。虎兕都是猛兽，应该关在笼子里；龟玉是经济财富的象征，应该得到妥善的珍藏。如果虎兕从笼子里跑出来吃人，龟玉在匣子里被人毁坏了，肯定是看管者的失职。南怀瑾先生在《论语别裁》中解释说：孔子的这两句话，比方当时的时代毛病。那个时代，到处充满了战争，经济崩溃，民不聊生，老百姓生活成问题。对外扩充武备想侵略人家，内部自己的国民经济却崩溃了，这是谁的过错呢？南怀瑾先生的见解很是独到，对人也很有启发。看看今日的伊拉克，从这个国家前领导人的所作所为把人民带入如此深重灾难的惨痛教训中，人们就会明白孔子当年的警示具有怎样的远见！南怀瑾先生三十年前对《论语》的阐释是何等的精准！

受到孔子批评的冉有终于说出了他自己的真实想法："今夫颛臾，固而近于费，今不取，后世必为子孙忧。"意思是：颛臾城郭坚固，离季氏的城堡费的距离又很近，如果现在不夺取它，将来一定会成为后代子孙的隐忧。孔子听了冉有的这通辩解，对他提出了更严厉的批评，也说出了他对如何治理国家的深刻思考。孔子说："冉求啊，一个有道德的君子，最痛恨言不由衷的虚伪，明明心里想要这个东西，却装模作样地说：'不要！不要！'然后又编了很多理由，千方百计地把它拿过去。我听说，一个治理国家的领导者，不怕财富少，怕的是分配不均，两极分化；不怕暂时的贫穷，怕的是人的心气不顺，做事不安心。如果财富分配均匀，就无所谓贫穷；上下心和气顺，就无所谓财富不足；国家安定团结，就没有倾覆的危险。正因为这样，关键是要把自己的事情办好。如果国外的人不信任我们，那就要加强文化和道德建设，实行仁义之政，提高国家的吸引力和感召力，而不是靠强制的手段压迫人家屈服；一旦国家对别人有了吸引力，对愿意归顺的人，就要想方设法使他们生活安定，不能歧视和欺骗他们。现在你们两个人，做季氏的辅相，既不能感化吸引国外的人，使他们归顺；又不能统一和保全分崩离析的国家，却谋动干戈，想在国内使用武力，难道不是严重的失职吗？我担心季氏的忧虑不在颛臾这样的小国，而恰恰在自己的内部啊！"

从孔子以上的谈话中，我们看到，孔子十分重视道德建设。不同的价值理念，代表着不同的生活方式和不同的生存哲学。孔子告诉人们，要治理好一个国家，首先必须集中精力做好自己的事，使人民过上幸福的生活，通过文化道德建设增强国家的感召力和吸引力；处理对外关系，必须坚持与邻为善，与邻为伴，睦邻友好，近悦才能远来，互惠才能久远。

总而言之，尽管孔子没有明确提出过"软实力"这样的政治概念，但他的"近悦远来"思想，与"软实力"异曲同工，本质上完全一致。可以断言，孔子是世界上最早具有"软实力"思想的伟大战略思想家。2006 年 1 月，美国《纽约时报》曾发表文章指出："作为大教育家的孔子也代表着和平、和谐。"毫无疑问，孔子所倡导的"和平、和谐"不仅是中国和平崛起、中华民族实现伟大复兴的精神动力，而且也是以胡锦涛总书记为核心的党中央对内建设“和谐社会”，对外推动形成“和谐世界”，建设新的国际政治经济秩序的理论渊源，具有鲜明的中国风格和中国特色，顺应世界潮流，符合世界人民的根本利益。二十一世纪，孔子不仅属于中国，更属于世界。

八、文事武备，重视国防

如前所述，孔子反对侵略，主张和平，希望普天下的人民都过上安宁幸福的生活，但我们并不能因此就断言：孔子轻视国防建设。恰恰相反，从《论语》不多的记载中，我们清楚地看出，孔子十分重视对人民进行军事教育，为了保障国家安全，军队必须积极做好斗争的准备。在著名的齐鲁“夹谷之会”中，孔子就曾以“有文事者必有武备，有武事者必有文备”的战略思想，赢得了主动，保卫了鲁国的国家利益，书写了中国古代外交斗争史上可圈可点的篇章。这两句话用今天的语言表述，就是：努力做好两手准备，军队必须为和平事业保驾护航！

子曰：“善人教民七年，亦可以即戎矣。”

子曰：“以不教民战，是谓弃之。”

与当时许多执政者因贪财逐利动辄发动侵略战争不同，孔子的国防观立足于维护和平。只有预防战争，才能赢得和平。“夹谷之会”便是极好的例证。所以，孔子提出“善人教民七年，亦可以即戎矣”“以不教民战，是谓弃之”这样充满了军事斗争辩证法的宝贵思想，值得今天的人们仔细玩味！孔子的意思是：爱护人民的人，必须用足够的时间对民众进行军事教育，才可以让他们当兵打仗。否则，以没有受过军事训练的民众去作战，简直就是让他们去送死。从孔子的这两句话里，我们是否发现孔子具有深刻的国防动员的思想呢？

第三章　孔门弟子

孔子从三十岁左右就开始招收弟子了。《左传·昭公二十年》云：卫灵公之兄孟絷轻侮齐豹，齐豹与人作乱，杀孟絷，孔子的弟子卫人琴张有一个好朋友叫宗鲁，是孟絷的骖乘，与孟絷一起遇难：

琴张闻宗鲁死，将往吊之。仲尼曰："齐豹之盗而孟絷之贼，女何吊焉？"

琴张这时候可能已经拜孔子为师了。这一年，孔子三十一岁。

孔子的弟子非常多，《史记·孔子世家》说："弟子盖三千焉，身通六艺者七十有二人。"这就是通常所说的"弟子三千，七十二贤"。如果从三十一岁这一年算起，到七十三岁去世，孔子有四十年的教学生涯，平均每年要收七十五位弟子，加上还要做官和周游列国，够他累的。在当时的教学和住宿条件下，孔子有这么多的学生吗？这一直是一个疑问。

吕思勉曾经根据汉代的情况做过推测。汉代的弟子可以分为三类，一种是亲授，所谓"受业""及门""入室"弟子，升堂入室，可以跟老师直接对话交流，《论语》中所记载的，大部分是这样的弟子；一种是由入室弟子辗转传授的，他们只是"编牒""著录""在籍"的弟子，例如郑玄学于马融，就是由马融的弟子卢植等传授的；还有一类，只是"仰慕虚名，借资声气"，平常见不到老师，在"大会都讲"时远远观望而已，所谓"观听"。西汉时有些大师，其帐下弟子入室者就有千人，而编牒者有上万人之多，以此知孔子弟子三千，孟子后车数十乘、从者数百人之风，自古已然。

不过，孔子的时候，私家教育刚刚开始兴起，有没有这样的规模还很可疑。最可能的是，"三千"的计数方法，跟后世有所不同。在当时，有很多人向孔子请教，这些人未必是正式的弟子，但是因为曾向孔子问学，只要他自己愿意，也可以算是孔子的弟子。例如

《论语》中有一个互乡的童子：

互乡难与言。童子见，门人惑。子曰："与其进也，不与其退也，唯何甚？人洁己以进，与其洁也，不保其往也。"（《述而》）

孔子自己说："自行束脩以上，吾未尝无诲焉。"（《述而》）又说："有教无类。"（《卫灵公》）他曾经教诲过的人，恐怕不只是那些"入室"弟子。有三千之数，也不稀奇。

《孔子世家》说"身通六艺者七十有二人"，司马贞《索隐》云汉景帝时，蜀郡太守文翁的《文翁孔庙图》也是七十二人。但《仲尼弟子列传》又说"受业身通者七十有七人"，《孔子家语·七十二弟子解》也记载了七十七人，除了数量稍有差异之外，具体的人名也稍有出入。大致来说，也就是七十之数，所以孔子的弟子常常被称作"七十子之徒"。

第一节　宰予：敢于挑战孔子

孔子一生授徒三千，有贤名者七十二位。这些高徒，各有各的个性，各有各的才干，也各有各的活法。不过，最让人掩卷难忘、最有个性、最另类、最敢于和孔子叫板或者说最具有挑战精神的就是宰予。宰予，姓宰名予，字子我，又称"宰我"。宰我，这个名字带着十足的刚气，可能古今中外，也没有第二人敢用它为名了，大概叫这个名字的人绝不会有重名之虞，而且，弄出点卓荦之事也似乎在情理之中了。他，就是那个被孔子严厉批评过的"朽木不可雕"的人。就凭着这句话，他成了人们颇为熟悉的一个《论语》人物。

一、朽木不可雕也

宰予，春秋末期鲁国人，和孔子是老乡，也是孔子早年的学生。《论语》中有五处涉及他，除了一处是对"孔门十哲"的总体评价，其余四处都是对他的专论。虽然没有其他同学的出镜率高，可是场场出彩，场场令人击掌叫绝，场场敢与老师唱反调，场场也就免不掉被老师或轻或重地批评了。

宰予首次露面就不同凡响，他被作为一国之君的鲁哀公叫去咨询有关社稷的大事。他一点也不怯场，从古至今、从从容容、有述有评地答道：夏朝建国立社，在社稷坛栽种松树，殷朝栽的是柏树，周朝栽的则是栗树。但是他认为周朝的栗树栽得不好，因为"栗"者，"战栗"也。言下之意是栗树会使老百姓看了以后害怕，无法体现政府对百姓的亲民仁德。（哀公问社于宰我。宰我对曰："夏后氏以松，殷人以柏，周人以栗，曰，使民战栗。"《八佾》）在宰予的眼里，栽种在社稷坛的树是国家的象征，是民族精神的象征，应该非常讲究。他毫不讳言地指出他眼里的周王室之误。不知道孔子是听了宰我事后的汇报，还是在教室里当众提问，总之，当他听完宰我回答哀公的话后，说了十二个字："成事不说，遂事不谏，既往不咎。"也就是说，已经做了的事不用再说了，已经完成的事不必再劝谏了，已经过去的事不必再去责备追究了。这三句话看起来很简单，可是至今学界还没有定论，有人认为是孔子在批评宰我，也有人觉得是讽劝哀公。比如两位老先生，徐志刚与钱穆，在各自的《〈论语〉通译》和《〈论语〉新解》中就各执一说。不过，我们这儿暂存不论。无论怎样，宰我的首次出场还是给读者留下了一个比较深刻的印象，他的历史批判精神确实是勇气可嘉。

宰予塑像

第二回，他根本没有出场就把大名远播了两千五百多年。直到今天，我们都还记得这个被老师骂作"朽木不可雕，粪土之墙不可杇（粉刷）"的人。因为他大白天旷课睡大觉，又因为他平常好说大话，志大行疏，致使一向比较温和的孔子对他严词厉责，甚至毫不掩饰自己的怒气说，我再也不会只听信一个人的言辞而不去观察他的行为了！言下之意，宰我是个言行不一的人。（宰予昼寝。子曰："朽木不可雕也，粪土之墙不可杇也。于予与何诛?”子曰:“始吾于人也,听其言而信其行;今吾于人也,听其言而观其行。于予与改是。”《公冶长》)好在宰我睡在梦里,这些难听的话他没有亲耳所闻,要不然,依他的性格和智商,肯定要和老师论辩一番。

二、三年之丧

接下来他与老师的两次交锋似乎可以说明为什么孔子对这位弟子的态度不同于他人。他先是设计了一个刁钻的问题,跑去为难老师。后来径直走到老师跟前,向老师的学说发起挑战。这两件事一个关乎“仁”、一个关乎“礼”,都是孔子学说的最紧要之处。让我们细细看来。

在《雍也》篇中,宰我想出了一个两难的问题,他问老师:“仁者,虽告之曰:‘井有仁焉。’其从之也?”意思是,一个有仁德的人,如果听说有人掉人井里,这个仁人应该不应该跟着跳进井里救人?他是想让老师左右为难,因为孔子学说的全部核心就是推行仁,一个仁人或者说君子,绝对不可以见死不救,见人人井,自不该袖手旁观。可是,入井救人,岂是易事?没有特别的本事,肯定是有去无回。他得意地抛出这个难题,等着看老师的难堪。可是,圣人究竟是圣人,孔圣人反驳说:“何为其然也?君子可逝也,不可陷也;可欺也,不可罔也。”各家注本关于“君子可逝也,不可陷也”的注释多有不同,此处从朱熹《四书章句集注》,将“逝”解为“使之往救”,将“陷”释为“陷之于井”,并参徐志刚先生《〈论语〉通译》,这段话的意思就是:为什么要这么做呢?为什么要不问三七二十一就往井里跳呢?君子是有智慧的人,他应该前往井边,在井上设法救人,而不是不顾后果地纵身一跳。孔子还很不客气地警告眼前的宰予,君子可以被欺骗,不可以被愚弄。这话里藏着话:宰我啊,你想愚弄我,是吗?我们不知道宰我对孔子的回答是否满意,可是,我们可以想象出这个学生当时的那种狡黠的表情,那一脸的坏笑任谁也可以想见。

看来,侧面的迂回战术难不倒自己的老师。没隔几天,宰我又想出一招。这招更有杀伤力,而且是正面开战。这次宣战的主题是关于“三年之丧”的问题。他甚至没有像上次那样用提问的方式引师入彀,而是劈头就对老师说,你讲的为父母守孝三年的期限太长了！我看一年就够久的了！并且不容老师接话，就陈述了自己的理由，而理由的选择采用了“以其之矛，攻其之盾”的办法。他说，如果君子在家守孝三年，社会必然是礼崩乐坏。而且一年内旧谷吃完，新谷已收，连钻燧取火的木头一年里都换了四次，所以守孝一年已经足够了！（宰我问：“三年之丧，期已久也。君子三年不为礼，礼必坏；三年不为乐，乐必崩。旧谷既没，新谷既升，钻燧改火，期可已矣。”《阳货》）这次孔子听完他的话，没有发脾气，而是轻声问道：那你丧亲一年就开始吃起昂贵的稻米，穿起图案艳丽的华贵衣服，你于心可安呢？（子曰：“食夫稻，衣夫锦，于女安乎？”）也不知道宰我是成心要气气老师，还是他说出了思考很久的真实想法，他只答了一个字：“安。”对宰我的这个回答，孔子失望至极，他联想起宰我的一贯行为，决定改变诲人不倦的教学方法，不想与他纠缠，于是说道，你既然可以心安，你就按自己的意思去做吧。君子之所以守孝三年，是因为他们时时食不甘味，闻乐不乐。现在你既然可以安享这一切，就照自己的意思行事吧！（“女安，则为之！夫君子之居丧，食旨不甘，闻乐不乐，居处不安，故不为也。今女安，则为之！”）宰我这次也毫不含糊，表达完自己的意思后，就洋洋得意地离开了课堂。留在课堂里的学生面面相觑，孔子可能也颇感意外。他对着眼前的学生感叹了一番：宰予真是不仁啊！人生来世上，有谁不是三年才能脱离父母的怀抱呢？所以守孝三年，是对父母爱的回报，是天下所有人都应该做到的事，难道宰予就没有得到过这样的三年之爱吗？（宰我出。子曰：“予之不仁也！子生三年，然后免于父母之怀。夫三年之丧，天下之通丧也，予也有三年之爱于其父母乎？”）看到这里，令人常常想到做老师的无奈，也常常想此时此刻若有曾参在场就好了，因为他是孔子高徒中对孝行最有研究的一个人，据司马迁说，是他撰写了《孝经》。他若在场，肯定会有很多心得可以和这位同窗分享。孝是《论语》中的一个重要话题，多次被提及。孝其实也是中国政治哲学的一个大原则，孝敬父母仅属小孝，大孝者当孝于天下，视天下百姓如同父母。从政之人，应有大孝天下之心。当然，我们也不能仅凭此言就断定宰我是不孝、不仁之人，他的见解也有一定道理。如果用今天市场经济的眼光来看，就更有道理了。实际上，后来的墨子就在《节葬》一文中提出了相似的看法，认为厚葬与久丧都不可取，既浪费资源，又有失人性。

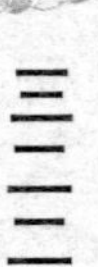

三、榜上有名

从以上四回记述中，我们已经可以清晰地看出宰我的特立独行。可是，我们千万不要认为孔子对这位敢于和他叫板的学生嗤之以鼻。那样的话，至圣先师的称号就有些名不副实了。虽然圣人也是人，也免不了有人性的弱点，可是他毕竟不会这么小气。而那些批评和责骂的话，很有可能是孔子的一种因材施教法。做老师的都知道，对一些另类的学生，确实需要使用一些特别的方法。这样说的依据，是因为在《先进》篇中那张被称为"孔门十哲"的光荣榜上，我们还是看见了宰我的大名，他被列为善于言辞的人才一栏，并且被排在孔子很喜欢的一个学生——子贡的前面。为了让大家看清他的排名，我们把《论语》里的那张光荣榜揭下来贴在这里：德行：颜渊，闵子骞，冉伯牛，仲弓。言语：宰我，子贡。政事：冉有，季路。文学：子游，子夏。

至于宰予的其他细节，由于资料阙如，且真假莫辨，也因阅史窄狭，故不敢妄自揣测。也许，他从孔子的大讲堂中走出去以后，一路走上了仕途，按照司马迁《史记·仲尼弟子列传》中的记载，他在齐国为临菑大夫，齐简公时与田常作乱，被灭族处置，司马迁还特别记写一笔："孔子耻之。"这件事发生在鲁哀公十四年（公元前481年），奇怪的是《左传·哀公十四年》中并没有记载宰予与田常作乱，倒是有一个叫阚止（字子我）的人因为争宠而作乱。是不是此子我与彼子我混淆，也未可知。历史的烟尘遮蔽了很多真实，我们还是用孔子"多闻阙疑，慎言其余"的态度对待历史，暂不把作乱的账记在宰予的头上。或许有一天，我们可以有确凿的证据为他盖棺定论，毕竟，作乱不是一件小事，它关乎一个人的品节，这和其他细节的失真给人带来的影响不同。当然，以宰予的个性，他也决不会在乎身后人怎样点评他。

不管怎样，《论语》里的宰予还是蛮可爱的。毕竟，一个敢于挑战权威、爱动脑筋、爱思考的学生，还是应该肯定的，尽管他论辩的动机不纯，尽管他的所言所行离仁很远。俗话说，仁者见仁，智者见智，他的话语权还是应该得到保障的，且不论他说的是对还是错，发出的声音是悦耳动听还是刺耳闹心。实际上，孔子也给了他这个权利，在关于"三年之丧”的问题上,他就告诉这个学生,如果你觉得心安,你觉得对,你就去做好了。至于在同学们面前批评宰予不仁,那也是孔子的权利。

第二节　颜回:最受孔子赏识

颜回是孔子最赏识的学生。颜回,字子渊,亦称“颜渊”。春秋末年鲁国人。大约比孔子小三十岁,他的父亲颜路也曾是孔子早年的弟子。颜渊在“孔门十哲”中排名第一,他的德行修养不仅折服了自己的老师,也折服了自己的同窗,更是令后人刮目相看。在汉代“罢黜百家,独尊儒术”的思想氛围中,独有他可以配享祭孔时的礼遇。宋代以前,他的名字往往和孔子并称一处,是谓“孔颜”。历代的统治者都不断地为他追封谥号,先后有“先师”“兖公”“兖国公”“兖国复圣公”“复圣”等美誉。我们完全可以说,他在后世所得到的政治待遇是孔门弟子中最高的。孔子本人也不吝赞辞,多次在人前人后对他大加夸奖。《论语》中共有二十一处涉及颜渊,孔子的直接赞扬就有十处之多。下面让我们看看在老师和同学的眼里,颜渊究竟是怎样一个人?他究竟有何德何能,竟然可以打动圣人那颗伟大的心?他又究竟怀有怎样高超的技艺,居然令那诸位贤人都自叹弗如呢?

一、不迁怒,不贰过

颜渊首次引起老师的注意,是他那看起来笨笨的模样。孔子是位很细心的老师,他发现颜渊在课堂上从不像别的同学那样提出不同的意见,即使连续听老师说上一整天,也没有什么反应,既不点头也不摇头,似乎是个很迟钝的人。可是,通过课下仔细观察他的言行,孔子却发现这个学生不仅不笨,反而可以充分领悟并发挥课堂上所学的内容,具有超过常人的好思天性。所以孔子认为:“语之而不惰者,其回也与?”也就是说,在他的学生中,恐怕只有颜渊可以做到不懈怠所听之言,可以做到深思熟虑、触类旁通。这样的学生,自然不会是死读书、读死书、读书死的笨人,而一定有自己的鉴别和判断力,有十足的学习内驱力，有自己的人生乐趣，也一定会有自己的理想和人格。

《子罕》篇中引用了颜渊的一段喟叹：“仰之弥高，钻之弥坚。瞻之在前，忽焉在后。夫子循循然善诱人，博我以文，约我以礼，欲罢不能。既竭吾才，如有所立卓尔。虽欲从之，末由也已。”意思是，夫子之道，越仰视越觉得它高远，越钻研越觉得它精深。看起来像是在前面，忽然又像到了后面。虽然它高深而难以捉摸，可是老师循循善诱，用文献丰富我的知识，用礼节约束我的行为，使我无法停下学习的步伐。我竭尽所能地学习，可是它好像高高地矗立在前方，我想再往前迈一步，却感到无路可走了。这段话寓意丰厚，既是对夫子之道的深刻领悟，又是对孔子教学方法、教学目的的总结；既是对老师人品、师德和学识的由衷赞叹，又在无形中透露出颜渊好学多思的品性。实际上，颜渊的好学，曾得到孔子多次的表扬。当鲁哀公、季康子分别向孔子询问，他的学生谁最好学时，他两次都十分肯定地回答，学生颜渊最好学！而且孔子感叹道，自颜渊以后，再也没有可以称为好学的人了。不过，这里的好学，与我们今天所理解的好学并不完全是一个概念，就好像《论语》中的学问与我们今天所言的学问也并不相同一样。所以，孔子在列举颜渊的好学时说了两个理由：“不迁怒，不贰过。”孔子认为，颜渊从不迁怒于他人，从不犯同样的错误。这里可以看出孔门之学绝对不是要人死读书，更不鼓励学生像后来的苏秦那样头悬梁、锥刺股地苦读，而是要求学生注重内修以达外用。

再把话说回到“不迁怒，不贰过”。要达到这样的境界谈何容易？常人扪心自问，有谁没有“迁怒”和“贰过”的切身体会呢？做家长的可曾迁怒于自己的孩子？做老师的可曾迁怒于自己的学生？做领导的可曾经迁怒于自己的下属？做服务行业的可曾迁怒于自己的顾客？至于“贰过”，谁又可以完全避免？虽然所谓“穿新鞋走老路”、所谓“不思悔改”，说的都是比较大的“贰过”，似与常人沾不上边，可是那些总不吸取教训的生活中的小过，谁又能够保证没有呢？好比有些朋友，为着健康的缘故，一次次戒烟、戒酒、戒茶、减肥，可是来来回回，反反复复，最终还是复归旧途。正是因为大多数人难以做到“不迁怒，不贰过”，所以孔子才向鲁哀公特别说明颜渊的优秀品质。对比之下，我们会知道这“不迁怒，不贰过”是何等的难能可贵吧！

二、勤学好问

我们常说"勤学好问",好学者的确多是好问之人。所谓学问学问,又学又问。颜渊好学,自然也好问。他的问题都是些经过深思后的重大问题。比如在第十二篇《颜渊》的第一章中,就记录了"颜渊问仁"的具体场景。这里的"问仁"并不是他问孔子仁为何物,他的问题是如何求得仁,孔子告诉他:"克己复礼为仁。一日克己复礼,天下归仁焉。为仁由己,而由人乎哉?"显然,颜渊在自己课下的思考中已经懂得为仁之要在于克己复礼的道理,他只是找不到求仁的路径,所以他继续追问:"请问其目?"他想进一步了解克己复礼的条目细则,或者说他想知道如何做到克己复礼。孔子的答案是:"非礼勿视,非礼勿听,非礼勿言,非礼勿动。"颜渊听后果断地对老师说:"回虽不敏,请事斯语矣!"那么颜渊是否践行了他对孔子的承诺呢?《雍也》篇中早已作了交代,孔子早就说过:"回也,其心三月不违仁,其余则日月至焉而已矣。"孔子这番话明确地告诉我们,学生中只有颜渊可以长久地心不违仁。换句话讲,颜渊修己,已经达到了其他孔门弟子所不能达到的高度。

孔门学说在于学以致用,作为孔子的高徒,颜渊当然不会只满足于读书认字,或者只停留在修身养性的阶段。他也和其他同窗一样,关心着政治,关心着天下大事。《卫灵公》中就记载了他专门问过孔子如何安邦治国的问题。不过,孔子的回答显得有点支离破碎,他说为邦之道在于:"行夏之时,乘殷之辂,服周之冕,乐则《韶》《舞》,放郑声,远佞人。"字面的意思是说,推行夏朝的历法,乘坐殷朝的大车,佩戴周朝的礼帽,演奏舜和周武王时代的音乐,禁止郑国的靡靡之音,远离花言巧语善于狡辩的小人。孔子的大多数学生要是听了这段话肯定都会觉得一头雾水,为何治国的大道要和这些鸡毛蒜皮的小事连在一起呢?可是孔子太了解颜渊,他知道以颜渊超凡的悟性,丝毫不必担心这个学生悟不出自己所要表述的重民生、兴礼乐的思想。

把"颜渊问仁"和"颜渊问邦"与《公冶长》一篇里所展示的颜渊的人生志向结合起来,我们会发现他是个非常严谨的学生,也是一个深得孔子真传的学生。他的人生理想看上去很简单，只有六个字："无伐善，无施劳"，可是却紧紧围绕着孔门学说修己安人的核心。这里的"伐"，不是砍伐，而是夸张。不夸张己善，也不施劳于他人。前句的重点是修己，后句的重点是安人。无论仕与不仕，都以仁为本。面对具有这样高超的领悟力和这般高尚的德行的学生，孔子引其为同道，感慨万千："用之则行，舍之则藏，惟我与尔有是夫！"

三、安贫乐道

当老师和学生可以跨越这样的界限谈论理想、谈论学问时，彼此的情感就更近了一步，此中的真情也就更能够打动人心了。所以，我们在《雍也》篇中听到了孔子对颜渊安贫乐道的由衷赞叹："贤哉，回也！一箪食，一瓢饮，在陋巷，人不堪其忧，回也不改其乐。贤哉，回也！"所以，我们也就不奇怪在《先进》篇中，他们周游列国路过匡地遇乱时的那么一段对话，孔子对逃出来的颜渊说："吾以女为死矣！"而颜渊则说："子在，回何敢死！"这里话中有话，话中有情。孔子的话里透出担心、挂念和对爱徒失而复得的欣喜，颜渊的话里显出对孔子学说明道传道的担承，视师如父的亲情，以及临危不惧的乐观。所以，我们也就可以理解《子罕》篇里孔子对颜渊孜孜求仁、不倦其学的高度肯定："吾见其进也，未见其止也！"

从这样的师生关系中，我们就明白了颜渊之死带给了孔子怎样的震撼和怎样的伤感。大约在鲁哀公十四年（公元前481年），颜渊四十一岁时英年早逝，孔子伤心欲绝，悲痛万分。他大声地反问那些劝他节哀的从者："这个世界上我不为这个人伤心，我又为谁伤心？"（"有恸乎？非夫人之为恸而谁为？"《先进》）他一遍又一遍老泪纵横地哭叹："噫！天丧予！天丧予！"就在这样的悲伤中，孔子一点也没有忘记他和颜渊共同追寻的仁礼理想。在料理颜渊后事的过程中所发生的两件事，又从另一个侧面说明了孔子对这位爱徒的深厚情感。

第一件事是颜渊的父亲请求老师把车卖掉来替颜渊做一个棺外之椁。孔子泪眼蒙眬地劝说比他小六岁的弟子颜路：你的儿子颜渊和我的儿子孔鲤，虽然一个有才，一个无才，可他们都是我们各自最爱的孩子。孔鲤死时，也是有棺无椁。因为我不能够卖掉自己的车，而不从大夫出门必须乘车的礼节。所以，现如今，我也不能为颜渊卖车买椁。看起来孔子太过迂拙，实际上，这与他的一些节葬思想，与他对颜渊的高度理解，以及他对礼的一贯坚守，有着密切的关系。我们可以想象颜路的失望，可是我们也都知道，有些时候情理的确难以一致。

第二件事是当颜路的请求失败后，颜渊的好友们又想出了别的办法，他们筹集到了足够的经费，预备厚葬这位仁德聪慧的同窗，当他们把想法告诉老师时，也没能够得到先生的允许。在孔子看来，丧礼应该与丧者的身份相符，家贫葬厚亦为非礼。不过，这回学生们并不肯听从老师的话，还是执意厚葬了颜渊。孔子理解这些学生们的心情，可是他更了解长眠在地下的颜渊的想法。他怀着无法阻止门人厚葬颜渊的内疚而喃喃自语：颜渊呀，你视我如父，我却不得视你如子。你的礼葬想法我无法实现，这不是我的错，这是他们那些人的主张呀！（子曰："回也视予犹父也，予不得视犹子也。非我也，夫二三子也。"《先进》）

这两个故事让我们看见了大爱与小爱的差异。回想颜渊短暂而仁慧的一生，孔子的心里常常隐隐作痛。他感叹颜渊为人处世几近完美，却一生处于贫寒之中。（"回也其庶乎，屡空。"《先进》）天不假年，呜呼哀哉！

四、闻一知十

以上文字共运用了《论语》中十九条有关颜渊的记录。另有两条单独在此列出，以示其特别的意义。一是《公冶长》中所记录的一段最宝贵的文字，它集中反映了师生们对颜渊的高度评价："子谓子贡曰：'女与回也孰愈？'对曰：'赐也何敢望回？回也闻一以知十，赐也闻一以知二。'子曰：'弗如也；吾与女弗如也。'"这子贡是孔门弟子中最有才干的人，既可为政，又能经商，可是他却不敢和颜渊一比，他觉得颜渊可以做到闻一知十，而自己充其量也只能是闻一知二。不仅他比不上颜渊，就连孔子也连连摆手，面对悟性过人的颜渊，孔子也坦言：我也不如颜渊哦，我和你子贡都不如颜渊哦！这一条是对颜渊的最高褒奖，它宣告了一个重要的事实，那就是无论老师还是学生，都对颜渊的才学心悦诚服。另一条则与此相反，它看起来是《论语》中独有的一处对颜渊的批评，出自《先进》篇，说话人是孔子："回也，非助我者也！于吾言，无所不说。"在这里，孔子毫不客气地说颜渊对自己的学说没有任何帮助，原因是他没有自己的思考，总是对孔子所说的话无所不悦，从来不提出疑问和反驳。理解这一条需要特别小心，应当与前文中许多条目前后勾连着看，用钱穆在《〈论语〉新解》中的注释来说，这一句"其辞若有憾，实乃深喜之"。这种正话反说的修辞法，又从另一个层面表达了孔子对颜渊的喜爱，也从另一个侧面丰富了颜渊的个性，使他的沉默多思、敏行讷言给我们留下了深刻的印象。

在今天山东省曲阜市的陋巷街，也就是当年颜回箪食瓢饮不改其乐之处，我们仍然可以看到元人修建的颇具规模的颜子庙。颜庙亦称"复圣庙"，东西布局，庭院纵深五进。正殿内供奉着颜子的塑像；两边的侧殿礼奉着颜氏后人中的名人颜之推、颜师古、颜真卿等；西面的主殿则礼奉着其父颜路。庙内存有元、明、清建筑以及历代碑刻多座。这些都传达了后人对这位深得孔子青睐的邻家小辈的礼赞。这位最得孔子赏识的学生，也是最敬爱孔子的人。他执着地站在孔庙旁边，紧紧地追随着自己的精神导师，生生世世，矢志不渝。这对师徒，是邻里，是父子，是同道，是圣贤。他们一个诲人不倦，一个学而不厌，共同绘制了中国教育史上最古老的一幅师生图。

第三节　陈亢：孔子怀疑论者

孔子的三千弟子各式各样，这儿介绍一位疑心最重、最爱怀疑孔子的学生。他姓陈，名亢，字子禽，春秋末期陈国人。这陈国就在今天的河南中东部及安徽西北部地区。当年陈国建都宛丘，也即今天的河南淮阳，可以推想，子禽所在之处，离孔子的曲阜老家还有很远的一段路程。究竟是孔子大名远播吸引子禽千里迢迢地投师门下，还是他周游列国路过陈国时捎带上了子禽，已经很难考证。不过，这两种可能性都很有可能导致子禽对孔子的言行始终怀着一种质疑态度。前者就好像某一类人，当他们历经千难万险来到朝思暮想的伟人或者圣地面前时，面对活生生的现实中的人或物，却产生了从没有过的怀疑和失望。后者又像那些一拍脑袋就抬腿、想一出是一出的人，当他们风风火火赶到目的地时，总是发现事与愿违，剩下的就只有怀疑和埋怨了。大多数人都是如此，不是想得太多就是想得太少，所以在现实面前，也就免不了生出种种怀疑之心。不论这子禽是坐着木轱辘的牛车一路颠簸、一路风尘地赶到了曲阜，还是站在自家的门前被远道而来的孔子和他那支周游列国的演讲队伍所感召，总之，他确确实实地来到了孔子身边，实实在在地存身于《论语》之中。他总共在书中现身三次，每一次都毫不例外地显示了自己对孔子的怀疑。让我们看看他究竟怀疑孔子哪些方面的问题？

一、一疑

在《论语》的开篇之作《学而》中，子禽就向学长子贡提出了自己的疑惑："夫子至于是邦也，必闻其政，求之与？抑与之与？"意思是说，我们的老师每到一个诸侯国，必定会关心那个国家的政事，这是他自己的所求呢，还是别人主动请他关心的呢？这个问题的提出，很可能是在孔子周游列国期间。鲁定公十三年（公元前497年）孔子五十五岁时，因为对沉湎女乐的鲁国君臣大失所望，他离开了自己的祖国，开始了历时十四年的周游列国之行。这次出行的足迹遍布卫、曹、宋、陈、蔡、楚等国，为实现自己的政治理想真正可谓殚精竭虑。子禽看着老师对政事的超乎寻常的热衷，心生疑窦：为什么老师要在这样大的年纪，这样糟的处境，这样久的漂泊中，依然葆有着这样高的热情，不厌其烦地"必闻其政"呢？究竟是出于一己之私欲，还是缘于天下之公心呢？这个问题提得很好，也许现代人也会有同样的疑问。因为在某些人的眼里，"闻政"是"参政"的前提，而一旦从政，也就走在了仕途之上，仕途就是官道，官道就是财运，富贵相生，由此就可以步入人生的达境。所以，在子禽看来，老师这样孜孜以求政事也难免夹杂着争权逐物的私念。他一定要弄个明白，老师这么做，是"求之与"还是"与之与"？如果是前者，那就脱不了谋求功名富贵的嫌疑；如果是后者，那就说明老师怀揣一颗赤子之心。回答子禽问题的是才思敏捷又能言善语的子贡。他的回答很有技巧，他不去正面应答，而是说："夫子温、良、恭、俭、让以得之。夫子之求之也，其诸异乎人之求之与?”意思是我们老师之所以得到闻政的机会，靠的是温和、良善、恭敬、节制、谦逊。如果说这是老师之求，那么这种求法也和别人都不相同吧？这个回答跳出了子禽非此即彼的设定，他明白地告诉子禽，我们的老师可不是一般人，他以德闻政，志向高远，他的政治动机是纯洁的。我们不知道子禽是否满意子贡的回答，可是猜想起来，他既然投师在孔子门下，自然应该希望自己的导师有个好德行才合乎常理。这“温、良、恭、俭、让”不仅是子贡对孔子风度和修养的赞辞，也成了称量后世读书人品行涵养的重要指标。

二、二疑

子禽的第二个怀疑，应该是在孔子结束了风雨十四年的上下求索之路重回故里广收门徒之后。《季氏》篇记录了他与伯鱼的一段对话。伯鱼是孔子的儿子，也师从孔子，所以子禽非常怀疑这位同窗在家里有父亲特别开设的小灶吃。他忍不住向伯鱼问道:“子亦有异闻乎?”这里的“异闻”意指不同于课堂上的教学内容。此语的大意为:您在您父亲那里是否听到过不同的教诲？生性憨实的伯鱼如实相告:没有，从没有过。不过，他想起父亲与他之间的两次关于《诗》与《礼》的对话，就原原本本地述说了发生在家中的那两件事:“尝独立，鲤趋而过庭。曰:‘学《诗》乎?’对曰:‘未也。’‘不学《诗》，无以言!’鲤退而学《诗》。他日，又独立，鲤趋而过庭。曰:‘学《礼》乎?’对曰:‘未也。’‘不学《礼》，无以立!’鲤退而学《礼》。”这段话描述了两个庭训的场景。第一个场景是说有一天孔子独自在自家的庭院里站着考虑问题，儿子孔鲤恭敬快步地走过他的跟前。孔子关心地问儿子最近的学习情况，你有没有学习《诗经》呀？儿子老老实实地回答:没有。没有？那可不行！孔子告诫儿子:不学《诗经》就说不好话！又过了一些日子，在同样的地方，又发生了第二个类似的场景。孔子用同样的语气告诫儿子要学习《礼》的学问，因为在他看来，不习礼就无法立足于社会。伯鱼是个好儿子，也是个好学生，所以他始终谨遵父亲的教诲，两次都认认真真的领命而去。孔子教导伯鱼学《诗》、学《礼》，这正是后人所谓的“诗礼传家”。伯鱼也是个很严谨的人，在他答完了子禽的提问后，不忘做了一个总结:“闻斯二者。”意思是，如果说有“异闻”，那就是这两件事了。这次子禽很满意伯鱼的回答，《论语》细致地记录了他的欣喜之情：陈亢退而喜曰：“问一得三，闻诗，闻礼，又闻君子之远其子也。”他的喜悦不仅来自“问一得三”，做了赚钱的买卖，更重要的是他得知了自己的老师是个真君子，可以做到对学生对儿子一视同仁，这实在是难能可贵。

三、三疑

子禽的第三次提问是在孔子过世之后。因为孔子一生未得大用，他的才学、修养、政治理念以及整个学说并不被世人广泛地认同，在他生前和死后都曾有人对他大加诋毁，那些毁誉之声始终在孔门弟子的耳边回荡。知师者、懂师者自然是心明眼亮，而那些一知半解的弟子就免不了生出满腹的疑虑，甚至对老师的声名也产生了怀疑。在《子张》篇里，子禽就对子贡说了这样的话：“子为恭也，仲尼岂贤于子乎？”他说子贡学长您太过谦恭了，仲尼老师难道真的比您贤能吗？因为子贡晚年见用于鲁国，事功卓著，所以子禽以成败论英雄，对老师产生了这样的怀疑，这怀疑又让他生出不甚恭敬之心。可是子贡在赞扬声中非常冷静，他先是含蓄地批评了子禽：“君子一言以为知，一言以为不知，言不可不慎也！”婉转地告诫子禽应当出语谨慎。接着，子贡开始全方位地评价老师的才德。首先他说：“夫子之不可及也，犹天之不可阶而升也”，他用“天不可阶”这个极其形象的比喻来盛赞孔子高不可攀，无可比拟。然后，他作了一个设想，他说：“夫子之得邦家者，所谓立之斯立，道之斯行，绥之斯来，动之斯和。”意思是如果我们老师能够获得治理国家的权位，那他一定具有非凡的号召力，可以使百姓安居乐业，可以使国家秩序井然。言下之意，不要因为老师没有治国平天下的事功来否定他的一切。再次，他又用“其生也荣，其死也哀”表达了弟子对老师的一片深情，这深情的话里也带着刺，告诫子禽不应该在夫子身后做如是说。最后，在“如之何其可及也”中，他大声地反问子禽以及那些曾经诋毁过夫子的人，谁可以比及我们的老师？！这个反问与前面的比喻互相扣合，显出了夫子的伟大，也预言了夫子地位的不可动摇。面对这位长于言说又忠于夫子的老学兄的一顿批评，子禽一定是欲言无辞。

不管怎样,怀疑的精神还是值得肯定的。一个失去了怀疑精神的人,很难具有独立的思想和人格,也很难有创新意识和创造力。但是怀疑的精神应该建立在纯洁的动机上,并且需要理性做指导,否则就会陷自己于不义,或者走进疑神疑鬼的精神状态,那就聪明反被聪明误了。细察子禽的三次疑问,他从没有当面锣对面鼓地对着自己的老师开过一回腔,总是在私底下叽叽咕咕,从这一点讲,他缺少了宰我的勇气和爽快。

第四节　仲由:孔子的先行官

在孔子的弟子中,子路是最特殊的一位,他与孔子的关系最为特别,在《论语》中的出镜率也最高,有四十处之多。他姓仲名由,字子路,又字季路。老家在鲁国卞邑,即今天的山东省平邑县东北。比孔子小九岁,是孔子早年的弟子。他好勇尚武,性格刚直。如果我们采用经史合参的办法,可以在《史记·仲尼弟子列传》中发现,这个学生投师孔门的方式非常具有戏剧性。他不仅不按常规带着拜师礼恭恭敬敬地去见老师,反而"冠雄鸡,佩豭豚,凌暴孔子",意思是头戴雄鸡式的帽子,腰挎公猪皮装饰的宝剑,雄赳赳、气昂昂地跑到孔子的讲坛去欺凌孔子,向孔子施暴。这种见面礼实在独特,可是孔子临危不乱,他"设礼稍诱子路",也就是以礼慢慢地诱导子路,最终使子路心服口服地穿着儒服,带着拜师礼,通过门人的引荐,真心实意地请求做孔子的学生。这个转变过程绝对不在一朝一夕,这"设礼稍诱子路"的"稍",不是"稍微"之意,而是"慢慢地、渐渐地"的意思。对一个身佩刀剑、上门滋事的人做说服教育工作,本来就不是一件容易的事,何况要化干戈为玉帛,甚至要让其洗心革面,更是难上加难。现在,我们已无法考证究竟这子路所为何事,要去掀孔子的教书摊子;我们也难以确定究竟是在哪一年,孔子收下了这个桀骜不驯的弟子。但是,根据《论语》的记载,我们可以肯定地说,自从子路正式成为孔子的学生以后,他终生无悔地追随着孔子,成为孔氏教育集团中最重要的人物之一。以这种特别的方式投师在孔子门下,也许从一开始就注定了子路与孔子之间的关系非同一般。那不打不相识的开端,不仅使孔子的忠恕之道多了一个理论联系实际的机会,更使孔子学说的传播多了一个保驾护航的使者。自此，子路凭着他的一身武艺和满腔热忱，俨然成了孔子的侍卫官，而且，绝对是忠于职守的侍卫官。连孔子自己也认为，如果有一天吾道不行，落得个乘木筏漂流海外的境地，追随自己的也只有子路而已。（“道不行，乘桴浮于海。从我者，其由与？”《公冶长》）

仲由塑像

一、先行官

在孔子历时十四年的周游旅程中，一直有子路相随。参阅《史记·孔子世家》，我们可以得知，孔子周游列国的第一站就是卫国，而且可以推想一定是子路打的前站，因为孔子当时就寄居在子路的大舅子颜浊邹家中。《宪问》篇中曾经记录过这样一个小故事，说有一天子路夜宿于石门之下，因为头天晚上子路赶到城门口时，看门的人已经落锁下班了，他只好在城门洞里将就一夜。第二天一大早，那值班的人打开城门发现了子路，就问他：“奚自？”意思是你从哪儿来？子路答曰：“自孔氏。”那看门人接着说了一句很调侃的话：“是知其不可而为之者与？”是明知道做不成却非要坚持做的那个人吗？从这个故事中我们可以推知两点：一是子路风餐露宿的先行官身份，一是孔子的学说并不被众人接受。所以，我们可以得出一个结论：为一个不大受欢迎的人做先行官和侍卫官，是一件很不容易的事，也是一件非常具有挑战性的事，这需要特别的勇气和忍耐力。

《微子》篇中有两处关于子路问路的记载。问路本是旅行中的平常事，可是轮到孔子一行人时就变得困难了。一次，在离开楚国到蔡国的途中，他们迷了路，找不到去渡口的方向。正巧，当时就有两个老农正在不远处耕地，孔子亲自驾车，让子路前去打探。那高个子的老农先发话，他问子路：拉着马缰绳的那个赶车人是谁呀？子路答曰：“孔丘。”他又问，是鲁国的孔丘吗？子路又答：“是也。”接下来，那老农却说了一句令人很意外的话：

"是知津矣!"意思是,既然是孔丘,自然就该知道渡口在哪儿了!他孔丘四处传道,还用得着向别人打听路怎么走吗?!这样回答问路的人实在是有点太过分。可是子路忍着不悦,又转向旁边的那位看起来很壮实的农夫:请问渡口在哪儿?那人也很不友好,他不接子路的话茬,却反问子路:你是谁?子路老老实实地回答:我是仲由。老农又问:你是鲁国孔丘的弟子吗?子路又如实作答。可是,子路这次的运气也一样不好,那老农还是不说渡口在哪儿,反而把孔子一行数落一番。结果是子路饱受奚落,空手而归。我们可以想象,像子路这样性格刚猛的人,要如何忍耐,才能够咽得下当时的那口气!这一段不肯"指点迷津"的记载,让我们知道了孔子当年是在怎样的境遇下做着明知不可为而为之的大事。

没过多久,子路又遇到一件事。这次是他掉了队,他和孔子走散了。所以他又必须问路。他客客气气地问路边一位挑着竹制农具的老人:您看见我的老师了吗?那老人曰:"四体不勤,五谷不分,孰为夫子!"这次,这位老人虽不肯搭理子路,却被"子路拱而立"的恭敬所打动,带着他回到了自己的家,杀鸡烧饭好好地款待了他一番,还让两个儿子出来相见,并热情留宿了一夜。这顿饭、这一次留宿一定使子路终生难忘,因为在陪伴孔子周游列国的过程中,他们遇到了太多的艰险、太多的挖苦和奚落。第二天,子路赶上了大部队,见到了老师,据实相告所遇之事。孔子断言,那老人一定是位隐士,是个高人,所以让子路原路返回寻找他,可是那老人似乎早就料定子路会回来,早已离开了那里。这一次子路觉得有些伤心,也有些无奈,他喃喃自语:"不士无义。长幼之节,不可废也。君臣之义,如之何其废之?欲洁其身而乱大伦。君子之仕也,行其义也。道之不行,已知之矣!"意思是,一个人不出仕是不义的呀!你让孩子出来见我,是不废弃长幼之间的礼节。可是为什么你又废弃君臣之义呢?你这样做只是为了洁身自好,却乱了君臣之间的大伦。君子之所以要出仕做官,为的就是尽他的义务。至于道之不能行,他早就知道了。我们看到这里,就应该明白子路鞍前马后地追随孔子,绝不是盲从,他对孔子的为政理想有着很准确的把握。

二、独立话语权

虽然孔子十四年的传道历程充满了艰难险阻，但也有比较顺坦的时候，也有国君对他的学说颇有兴趣。总体来看，卫国的国君对待孔子就不错。所以当时引起不少人的猜测，大家以为孔子很可能会在卫国施政。子路也有同样的想法。在《子路》篇里，他就问孔子，如果在卫国为政会先干些什么事。老师的回答是：我肯定先做正名分的事！（“必也正名乎！”）子路一听，不以为然，他觉得完全没有这个必要，所以他口不择言地批评老师说：你太迂了！孔子一听子路说自己迂腐，也就笑骂道：你小子也真够粗野的！不懂的事千万不要轻易地下结论！（“野哉，由也！君子于其所不知，盖阙如也！”）他们一个说对方迂，一个骂对方野，足见这对师徒共同的率直性情，也可见他们之间亦师（生）亦友的关系。当时卫国正处于父子争位的混乱时期，所以孔子认为当务之急是要做好正其名的工作。接下来孔子解释为什么自己要从正其名开始的一席话就是我们熟知的了：“名不正，则言不顺；言不顺，则事不成；事不成，则礼乐不兴；礼乐不兴，则刑罚不中；刑罚不中，则民无所措手足。故君子名之必可言也，言之必可行也。”

孔子传道的路上虽然有子路相伴始终，为他劳心尽力，可是子路对孔子的忠诚并没有使他丧失自己独立的判断力和话语权。前面说孔子太迂腐的话还算是客气的。在《雍也》《卫灵公》篇里我们还可以看到子路是怎样不客气地表达他对孔子的不满。《雍也》篇中记录了一个很好笑的故事，说的是孔子前去会见一位名叫南子的美女而惹得子路大为光火。故事还是发生在卫国，女主人公南子是卫灵公的夫人，她行为不怎么检点，名声也不大好。丈夫年老昏庸，实际上就是她在操纵、左右着卫国的政权。她派人召见孔子，孔子起初并不想去，可是考虑到礼节的缘故，还是不得已地应约前往。这就惹恼了刚直不阿的子路，他非常不高兴地逼问孔子为什么要去蹚那蹚浑水。面对这个较真的学生，孔子百口莫辩，无计可施，只得指天发誓：假如我做了不正当的事，上天会厌弃我！上天会厌弃我哟！这里的这对师徒，完全超越了师生的界限，而成为一对事业的搭档了。在《卫灵公》里，写到了当年孔子一行在陈国绝粮的困境。当时跟随孔子的人，由于饥饿和劳顿，几乎都病得起不来了。看看躺倒在四周的那些情同手足的同学，子路满脸恼怒地跑去对孔子发了一通火：你天天教导我们做君子，难道君子就要遭受这样的困厄吗？这次孔子很冷静，他明确无误地告诉子路："君子固穷，小人斯滥矣。"意思是说只有君子才能守穷，小人遇到这样的情况，早就胡作非为了。这里的"穷"意为穷于道，与通常所说的"贫穷"并不是一个概念。我们不知道子路是否同意孔子的说法，但是，根据《史记》的记载，他们最终还是得到了楚昭王的救援而化险为夷。

还有两件事情也可以反映子路与孔子的特殊关系。这两件事都被记录在《阳货》篇里。第一件事，发生在他们周游列国之前，是说鲁国大贵族季孙氏的家臣中有个叫公山弗扰的人，他占据了费邑搞叛乱，并且派人来请孔子前去共商大事。孔子觉得有可作为之处，所以打算前往。但是子路坚决反对，并且十分生气地抢白孔子说：你就无处可去了！你为什么要去公山弗扰那个乱臣贼子那里呢?！孔子此时也不痛快，他对子路辩白说："如有用我者，吾其为东周乎?"就是说倘若真有用我的人.我或者可以在东方复兴周公之道也未可知！言下之意是，这也许是一个实现理想的机会呢！无论孔子怎样辩白，结果反正是没有去成。第二件事是个类似的故事，发生在孔子周游列国中期。根据《左传》的记载，可以推知是公元前 490 年。这一年晋国大夫范中行的家臣佛肸也闹起了叛乱，他也请孔子前去，孔子也和上回一样，想赴召前去而意欲有所作为。子路这回使出了以子之矛刺子之盾的招数，他振振有词地责问孔子：你从前不是说过君子是不会到做坏事的人那里去的吗？你现在却要去佛肸那里，是怎么回事?！孔子答道：你说得对，我是说过这样的话。可是你就没有听说过"坚硬的东西是磨不薄的，洁白的东西是染不黑的"（"不曰坚乎，磨而不磷？不曰白乎，涅而不缁"）这样的话吗？孔子还气呼呼地反问子路："吾岂匏瓜也哉？焉能系而不食?"他是说，我孔丘难道只是个大葫芦吗？我怎么能只挂在那里而不被采食呢？把孔子的这段话连起来看，可以清楚地看出孔子对自己定力的自信，和他那种仁爱天下的胸怀。但是子路坚持己见，硬是阻拦孔子，不让老师前行。从这两件事里似乎可以看出来，子路是孔子教育集团中唯一能够管住孔子的人。不少解读之作都认为孔子在这两件事上均有"助叛"之嫌，或者说子路的阻拦是坚持正义的做法。

可我更同意钱穆先生的观点，这两件事都是为了彰显孔子仁爱天下的大志，而子路等人的思想境界还远不可与圣人相提并论。

三、升堂未入室

以上我们侧重展现了子路与孔子之间的特殊关系，所用事例也多发生在孔子周游列国之际。下面让我们来看看作为一对普通的师生，在正常的教学活动和生活环境中，他们之间的关系如何。首先，我们来看看孔子眼里的子路是什么形象。子路当年提着宝剑冲进孔子的讲堂，他的出场方式是他性格的最好证明。而孔子的学说却是要以仁为本，从涵养个人的德性出发，学以致用，进而实现王道的政治理想。所以教诲这个学生，孔子要费很大的心力。《论语》里就多处记录了孔子当年的良苦用心。比如多次批评子路的好勇、莽撞和疏于谋略，他说子路是个“暴虎冯河，死而不悔者”，也就是赤手空拳敢打虎，无船无筏敢过河，死了也不追悔的人。这里的“暴虎”指徒手搏虎；“冯河”指徒足涉河。孔子是在告诉子路，这样的人不可共事，也干不了大事。并针对这些问题进行深入细致的说服教育，如《为政》篇中的“知之为知之，不知为不知，是知也”；再如《阳货》篇里“好仁不好学，其蔽也愚；好知不好学，其蔽也荡；好信不好学，其蔽也贼；好直不好学，其蔽也绞；好勇不好学，其蔽也乱；好刚不好学，其蔽也狂”的“六言六蔽”，都是孔子专为好勇斗狠的子路开设的小灶。

其次，我们再看看子路作为一个学生，有没有勤奋好学。答案是肯定的。千万别以为子路是一个好勇无谋的武夫，实际上，他是一个很好问的学生，提及的问题涉及社会生活的方方面面。比如《论语》中就有他关于“问事鬼神”“问政”“问士”“问成人”“问仁”“问事君”“问君子”的多次提问，这些均可见他对于非常重要的问题都有过自己的初步思考。对于他的这些问题，孔子也都给予了认真的解答，那些答案不仅解决了子路的疑惑，而且对我们今天也仍然有启迪意义。比如孔子所说的“未能事人，焉能事鬼”“未知生，焉知死”，比如“见利思义，见危授命，久要不忘平生之言，亦可以为成人矣”，又如“修己以敬”“修己以安人”“修己以安百姓”，再如“君子义以为上。君子有勇而无义为乱，小人有勇而无义为盗”等，这些答案经过几千年的验证，已经成为世人为人处世的座右铭。

子路弹琴

说子路是个勤奋好学的学生，还可以通过一个细节来说明。在《先进》篇里，记载了子路学习鼓瑟也就是弹琴的一个片段，孔子听到子路弹出的音调过于激越而心生感慨：仲由啊，你为什么要投到我的门下学鼓瑟呢？潜台词是，你的性情太过刚猛，你弹奏的音乐缺少了中和之气而透出杀伐之声，这实在是令我担忧啊！那些一起学琴的同学还以为孔子对子路的弹琴技术不满，所以都有点瞧不起他。孔子见状立马告诉他们说，仲由的琴艺已经达到“升堂”的境界，只是“未入于室”而已，你们不要对他不敬。（子曰：“由之，奚为于丘之门？”门人不敬子路。子曰：“由也升堂矣，未入于室也。”）这里且不论子路的音乐修养如何，就凭孔子对他琴艺的这份肯定，我们也可以推知子路的勤奋好学。因为要想用他那双舞剑弄棒的大手，弹拨出可以让老师认为已经达到“升堂”境界的音乐，绝对不是一件容易的事。孔子之所以对子路弹琴提出很高的要求，是希望他能够通过练琴，好好地磨一磨急躁的性子。在孔子看来，一个人的性格就决定了一个人的命运，像子路那样的刚猛，结局一定是“不得其死”。这个不得善终的担忧是有道理的，子路最终就死于卫国的暴乱，被孔子不幸而言中。可以想象，当这个噩耗传来，孔子会如何的感叹，又如何的悲伤！

孔子虽然经常批评子路，但还是给了他很高的评价。在“孔门十哲”中，子路被列于政事一栏，被认为是非常有政治才干的人。在孔子与鲁国一些达官贵人的交谈中，也多次称赞子路的政治才能，夸他果断勇敢，具备了为官从政的条件；（“赐也达，于从政乎何有?”《雍也》)夸他知晓军政事务,可以管理一个面积纵横百里的千乘之国。(“由也,千乘之国,可使治其赋也。”《公冶长》)的确,子路是个有人生理想和政治才干的人。他曾经用“愿车马轻裘,与朋友共,蔽之而无憾”这样纯朴的话语来对老师和同学表达自己的人生追求;用“千乘之国,摄乎大国之间,加之以师旅,因之以饥馑,由也为之,比及三年,可使有勇,且知方也”这样的难题来显现自己为政的勇气和方略。实际上,他也是个实战派,在鲁国和卫国都曾有过数次从政的经验。

四、亦师亦友

如果我们再用细笔描画一下这个与孔子关系最特殊的学生,就得把注意力转移到子路的那种率真性格和他与老师的那种亲密关系上。在《论语》中,凡是有子路在场,只要老师提问,他回回都要做那第一个抢答的人,不管答得对不对,老师满意不满意,反正,他就要争做那第一个!而孔子解答完学生的提问刚想喘口气,他又每每站在旁边给老师下个指令:“请益。”即要求老师再继续讲,多讲一点。孔子深知这个弟子与众不同的脾性,所以对他施教很动了一番脑筋,常常采用“顺毛捋”的方式,先扬后抑地点他的穴道。比如先赞扬他不慕虚荣,不齿于穿着破旧的丝棉袍子站立在那些穿着华贵的裘皮大衣的人中间,甚至引用《诗经》中“不忮不求,何用不臧”(不嫉妒不贪财的人,有什么事做不好呢)来夸奖他,等到子路正得意地背诵这两句诗时,老师把住火候开始拿捏他:“是道也,何足以臧?”意思是能做到这样固然很好,可是又怎么算得上十足的好呢?又比如,先夸赞子路的忠诚,说如果有一天自己不得不去海外传道,恐怕只有子路相伴。子路一听,自然是“闻之喜”,老师这样信任自己很是难得。可是孔子接着又抛出一句:“由也好勇过我,无所取材。”这一句宛如冰水浇头,冰镇了子路的发热脑壳:你仲由除了勇敢胜过我,别无所用了!就在这些一推一拉的玩笑中,孔子实施着他的教书育人计划,师徒之间由此也增进了感情。

我们不要以为孔子只会板脸说教,不食人间烟火,实际上他是一个很会逗乐的人,尤其对子路这个小不了他几岁的弟子,孔子更是友爱有加。他打趣着子路,也在子路面前打趣着自己。他说，子路呀，刚才有人问你的老师究竟是个什么样的人，你怎么答不出话呢？你为什么不告诉他，你的老师是一个用起功来就忘了吃饭，快乐起来就忘了忧伤，根本不知道老之将至的老头儿呢？（子曰："女奚不曰，其为人也，发愤忘食，乐以忘忧，不知老之将至云尔。"《述而》）当然，孔子和子路之间也有不开心的时候。一次，孔子病危，子路带着一帮同学给老师准备后事，并让他们充当家臣以显示排场。孔子转危为安后得知了子路的欺诈行为，他责问子路，你要我去骗谁，难道要骗天吗？我与其在假家臣手里死去，还不如在弟子们的料理下死去。我纵然不能以大礼下葬，难道我会死于大路之上吗？（子疾病，子路使门人为臣。病间，曰："久矣哉，由之行诈也！无臣而为有臣。吾谁欺？欺天乎？且予与其死于臣之手也，毋宁死于二三子之手乎！且予纵不得大葬，予死于道路乎？"《子罕》）可以想象，克己复礼是孔子毕生的追求，他如何同意以违礼的葬仪来给自己的一生画上句号呢？不论孔子如何批评，子路那敢想敢为的勇气，和对老师的那份真情，还是生动地留在了我们的心里。

很遗憾，子路再也没有机会按照老师的意愿为他送行，因为子路先孔子而逝了。噩耗传来，孔子无限感伤，《史记·仲尼弟子列传》中记录了他闻听此事后所说的一句话："自吾得由，恶言不闻于耳。"回想几十年的亦师亦友甚至亦同事的风雨路，孔子知道，正是那个风风火火的子路，那个点火就炸的急脾气的子路，那个总是被自己毫不留情地批评的子路，为自己挡住了世人的恶言恶语，为自己一生的追求立下了汗马功劳。

第五节　冉雍：备受孔子鼓励

我们在孔子对宰我和子路的批评中，看到了孔子的严厉。他骂宰我"朽木不可雕"，是不仁之人；骂子路"暴虎冯河，死而不悔"，是个尚勇少谋的冒失鬼。可是，千万别以为孔子总爱板着面孔训人，实际上，他是一位很慈祥的长辈，是一位极富有责任心的老师，也是一位医术高超的心理医生。之所以这么说，是源于他对弟子仲弓的教诲。仲弓姓冉，名雍，鲁国人。据《史记·仲尼弟子列传》和《孔子家语·七十二弟子解》的记载，仲弓出身低贱，其父为“贱人”“不肖之人”。前者是指仲弓父亲从事低贱的职业，没有什么社会地位；后者则是指这位老爸品行不端，德性不好。究竟属于哪种情况已难确认，但是对照孔子本人“少多鄙事”的经历和他的学生大多出生于贫贱家庭的实际状况，估计很可能是后者，因为在孔门师徒的眼里，安贫乐道是一种境界，贫穷并不至于使他们背上沉重的精神枷锁。而且仲弓投师在孔子的门下，就是为了学习仁义礼智信这些伦理道德，从而经由修身达成齐家治国平天下的人生目标。可是现在却摊上了这样一个为老不尊的父亲，这样的家庭背景，自然会使仲弓产生很大的心理压力。想想的确如此，一个一心想求仁求道的好学生，现如今却要顶着世人的闲言碎语，忍受着人们在背后的指指点点，那是一件怎样的烦心事？他又怎么能静下心来听老师在课堂上的讲解？又如何去面对那一次次令他尴尬的课堂讨论？同学们怎么看自己，老师又怎么看自己？仲弓的压力实在太大了！面对这样一个心事重重的学生，孔子作为授课老师，又作为班主任，自然是看在眼里，急在心中。他要采取一切可行的办法来帮助这个品学兼优的学生克服心理障碍。在他的班上，决不能搞“唯出身论”，也决不能让任何一个可造之才掉队。

一、仁而不佞

孔子采取的第一个措施就是平息舆论，为仲弓做好外围工作。孔子知道舆论的力量是巨大的，它可以誉人于一夕，也可以毁人于一瞬。所以他要先给那些在仲弓背后指指点点的人上一课。《论语·公冶长》中生动地记录了这堂课的场景。有学生不无鄙夷地对孔子说：冉雍这个人虽然可谓仁人，可是却没有能言善辩的口才，有点笨嘴拙舌的。（或曰：“雍也仁而不佞。”）孔子听后立马反驳道：“焉用佞？御人以口给，屡憎于人。不知其仁，焉用佞？”这里的“御”为对付之意，“口给”意为应对敏捷，口快话多。这句话的意思是，何必非要能言善辩呢？如果只会快嘴多舌，反而常常惹人讨厌。我不知道仲弓是不是做到了有仁德，可是为人处世哪里就一定要能言善辩的口才呢?！短短的几句话里，孔子共用了两个反问句“焉用佞”，说明了他对“佞”的强烈不满。“佞”是指犟嘴利舌，花言巧语。孔子一向不喜欢巧言乱德的人，在他看来，一个人如果不懂得以仁义为根本，而一味地逞弄口才，咄咄逼人或者出语伤人，那就陷入了不义，甚至滑入了小人的泥沼。《论语》中就多处记录了孔子对这种人的批评。在现实生活中，确实不乏此类人，他们仗着自己的伶牙俐齿，不把周围人顶撞到南墙决不收口。孔子在这里所说的这段话，虽然也带着个人的情感，表达了自己对嘴快话多的人的不满，但是，更重要的意义在于，他是作为一个德高望重的老师在说话，他毫不留情地把批评的矛头对准了那些在仲弓背后说闲话的人，他力图传达出一个明确的信息：仲弓沉默寡语不是无能的表现，而那些巧舌快嘴的人才最令人厌恶。孔子对仲弓的肯定，一定可以为他扫清外围的障碍，使他获得一个较为宽松的人际环境，也使他得以缓解心理的压力。

冉雍

二、可使南面

接下来，孔子在大庭广众之下，进一步树立仲弓的形象，不吝赞辞地夸奖仲弓前途无量。他说："雍也可使南面。"意思是仲弓有君临天下之才，将来一定可以大有作为。"南面"即"面南"，是脸朝南的意思。在中国传统文化的观念中，坐北朝南才是尊位、正位，君王、诸侯、将相听政都要坐在这个位置上以显示其尊严和地位。这种观念在几千年的封建社会中根深蒂固。据南怀瑾先生考证，这个正向南方的位置不可侵犯，比如老百姓盖房子不准建造南北正向的。清朝更是严厉，触犯者就要被诛灭九族。再有钱的富人，修再大的房子，也不允许正向南方，你得往旁边偏一偏。在地方上，只有衙门和神庙可以例外。今天看来，这礼制太过专制，但是它最初或许也有过一定的积极意义，我们这里不做展开。需要说明的是，虽然学界对"雍也，可使南面"的认识并不完全统一，分歧是不能确定仲弓之才的大小，究竟是帝王之才（如南怀瑾先生所言）还是诸侯之才（如钱穆先生所言），或者别的什么才能，但是有一点可以明确，那就是孔子眼里的仲弓是个人才，而且是干大事的人才。孔子一向出语谨慎，这里如此褒扬仲弓，不能不让我们感叹他作为老师的良苦用心。做过学生的人，谁也忘不了那些曾经给予过自己夸赞、鼓励甚或为自己解围的老师，他们的几句暖心话，永远会烙印在学生的生命中，甚至完全改变了学生的人生。这仲弓在孔子的鼓励下，慢慢地找到了感觉，他开始敢于在课上提问，他问老师子桑伯子这个人怎么样。这子桑伯子是个谜，后人已无法知晓他究竟是何许人也。估计是个不错的人，因为孔子的回答是："可也，简。"也就是说这个人不错的原因，是因为他"简"，即办事简要不烦。接着，仲弓又问了两个问题，这两个问题显示了弓的思考力，他似乎已经有了答案，只是要在孔子那里验证一下。他说："居敬而行简，以临其民，不亦可乎？居简而行简，无乃大(太)简乎？"意思是为人心存敬意，办事简要不烦，由那样的人来领导人民，不是可以的吗？如果心存草率，又办事粗疏，那不就太简单化了吗？仲弓紧扣老师答案里的"简"字生发开去，可以让我们体会到这个学生有着很高的领悟能力，也让我们不奇怪为什么孔子要说这个学生"可使南面"了。再接下来，孔子又说了一句话："雍之言然。"这话是对仲弓说的，更是对仲弓的同学说的，因为孔子要帮助仲弓在同学们中间树立起一个良好的形象。

三、犁牛之子

孔子在平息了对仲弓的不利舆论和逐步树立起仲弓在同学中的良好形象之后，并没有停止他的努力，而是更换了另一种方式，用课下谈心的方式做起了更细致的心理工作。他向仲弓打了一个比方："犁牛之子骍且角，虽欲勿用，山川其舍诸？""犁牛"指杂色的耕牛，"子"指小牛犊，"骍"指赤色，"角"则为牛角周正。周代人崇尚赤色，祭祀用的牛，一定要长着红毛和端正的长角.不能够用普通的耕牛来做祭牲。这里用"犁牛之子"来比喻仲弓。这一段话的意思是说，一头普通的耕牛，生了一个不普通的小牛，虽然人们不想用它当祭牛，但山川之神怎么会舍弃它呢？这话里透着很明白的潜台词：你仲弓就是那不一般的牛犊，你千万不要因为世人的浅见而看轻了自己，虽然你出身不好，可是你的德行才学都很棒，你一定会受到上天的眷顾而得以重用。我们不知道当时这位仲弓同学做何反应,可是想象得出,他肯定感受到了从亲爱的孔子那里淌来的那股暖流,那暖流也肯定融化了他心上的坚冰。这里,我们不仅看到了孔子身为人师的慈爱,也看到了他任人以材的先进的人才观,这是对世袭职位的重要突破。这种人才观念对后世选拔人才产生了积极的作用。也许,翻开厚厚的历史,哪个时代都不乏凭借显贵的家庭出身进入仕途的例子,可是,举贤任能,始终是一条不过时的用人准则。

很可能是孔子这一次的思想工作做到了位,仲弓开始下定决心钻研起仁学来。他问老师:怎样才能够为仁?老师回答:"出门如见大宾,使民如承大祭。己所不欲,勿施于人。在邦无怨,在家无怨。"意思是,平常出门如同见贵宾一般恭敬,身居高位、差遣百姓时如同承当重大的祭祀一样认真。自己不想要的,决不强加给别人。为国家办事没有怨恨,处理家事也没有怨恨。孔子这段教诲学生如何行仁的话,一点也没有假、大、空之嫌,句句落在实处,平易、好懂又便于操作。他用最质朴的语言把"推己及人"这个重要的仁学道理说得明明白白。从仲弓对这段话的反应来看,这些话一定是说到了他的心坎里,因为他立马向老师表态:"雍虽不敏,请事斯语矣。"他领会了孔子的用心,所谓"在邦无怨,在家无怨",那是很有针对性的话,老师是在勉励他用一颗仁心去处理国政与家政。他干干脆脆地回答老师:我冉雍虽然不聪敏,可是请让我按照您刚才说的话去努力吧!仲弓以这样真诚的态度想践行孔子的教诲,让我们完全有理由相信,孔子的思想教育工作已经奏效了。

在孔子一次又一次的鼓励和关怀下,仲弓终于走出了困境,也获得了重用的机会。《子路》篇里就记录了"仲弓为季氏宰"后与孔子的一段对话。仲弓当上了鲁国重臣季氏的总管,他非常想从老师那里得到为政的指导,于是就专程前去请教孔子。老师给他支招:"先有司,赦小过,举贤才。"即做事要起表率作用,要懂得宽恕别人的小过,还要懂得推举贤良的人才。仲弓追问:"焉知贤才而举之?"我怎么知道谁是贤才而选拔他呢?孔子答道:"举尔所知;尔所不知,人其舍诸?"你可以推举你所了解的人呀,那些你不了解的,难道别人不会推举吗?言下之意是,你不了解的,别人了解。若是人才,别人可以推选他,你担什么心呢?的确,知人善任是为政的高招。当代选拔人才的方式已经改进了许多，花样也增添了不少，人事科也变成了人力资源部，可是变来变去，还是万变不离其宗，知人善任的人才管理之道还是一样。不知人，不善任，依然是搭不起架子唱不好戏。所以孔子的这几句话，看起来很简单，做起来却很不容易。也许仲弓讨得了真经，念起来也没那么容易。不过，即使仲弓没有在政途上唱成一出大戏，他的德行修养还是有案可稽，在《论语》中，他最终被列为"孔门十哲"之一，德行榜上写着他的大名。

今天，如果我们想发一发对这位先贤的思古幽情，可以去山东菏泽。在菏泽市东的不远处，有一个叫作张什店的小村镇，它的古名叫茶固坡，也叫"冉贤镇"，那儿就是仲弓的故里，冉子仲弓祠就建在那里。也许，我们站在那古朴典雅、气象庄严的先贤祠堂前，会倍感亲切，会隐隐地感受到仲弓当年备受孔子鼓励的那份温暖。

第六节　子贡：播扬孔子声名

《史记·货殖列传》中有这么一句话："夫使孔子名布扬天下者，子贡先后之也。"这里的"先后"是辅助、相助之意。这句话的大意是：孔子得以名扬天下的原因，是由于子贡的辅助。这子贡究竟何许人也？他何德何能，竟然有如此的能耐，为孔子做出了这样的贡献？而大名鼎鼎的孔子，又如何用得着一个比自己小上一大截的晚辈，来播扬自己的声名呢？让我们采用经史合参的办法，细细说来。

一、外交英才

子贡，复姓端木，单名赐。子贡是他的字，又字子赣。春秋末年卫国人，也是"孔门十哲"之一，排在言语门中，比孔子小三十一岁。他是孔子最得意的弟子之一，在《论语》中的出镜率很高，有三十八次，与仲由不相上下。但是他比仲由有修养，有谋略，也更有事功。孔子认为他是一个非常通达事理的人。鲁哀公时，大权在握的正卿（宰相）季康子曾经问孔子：可以让你的学生端木赐从政吗？（"赐也可使从政也与？"《雍也》）孔子十分肯定地回答:端木赐通达事理,他去为政,何难之有?("赐也达,于从政乎何有?"《雍也》)后来的结果的确如孔子所言,子贡在政途上作为很大,甚至改写了春秋末年的那一段历史。

子贡

据《史记·仲尼弟子列传》所载,田常在齐国作乱,为转移国内军事势力和掩国人耳目,就派兵前去攻打鲁国。孔子知道后,立即召集弟子训话:鲁国是我们的祖国,我们的祖宗都埋葬在这里。现在国危如此,你们为什么不挺身而出?子路一马当先,立即要求领命前往。可是,孔子深知这个"暴虎冯河,死而不悔"的冒失鬼缺少谋略,所以坚决不允。其他弟子纷纷请行,孔子也不松口,一个都不肯答应。唯独子贡站出来,孔子才满意了。这子贡虽不是鲁人,可是鲁、卫两国一脉相承,属于兄弟之邦。所以此次出行,也是情在理中。子贡首先赶到齐国说服肇事者田常,然后由齐至吴,见了吴王夫差。下一站又赶到越国,与越王勾践面谈。接着又马不停蹄折回头再去吴国,最后一站到了晋国。每到一处,他都能够从当政者的利益出发,晓之以理,动之以情,使他们心悦诚服地改变了计划。最终,他不辱师命,缓解了鲁国的危机,也改变了各国的局势。司马迁对此做了高度评价:"子贡一出,存鲁,乱齐,破吴,强晋而霸越。子贡一使,使势相破。十年之中,五国各有变。"子贡的这场外交大战,颇有纵横家的风范,比之于后世的张仪和苏秦,简直一点也不逊色。看到这儿,也许我们就不奇怪为什么孔子非要派他出马,为什么他又能够为孔子扬名了。这样一个出自孔门的优秀学生,自然会被孔子知人善任,也自然因为他的出色事功而播扬了老师的大名。

子贡在外交上的成就还远不止这些。鲁哀公六年(公元前 489 年),孔子和一帮学生被围困在陈、蔡之间,绝粮七日,是他领命而去,搬来了楚国的救兵,使师生得以化险为夷。鲁哀公七年(公元前 488 年),吴国向鲁国提出非礼要求,征祭祀所用的牛、羊、猪一百头，吴国放话让鲁国重臣季康子前往，可是季康子不敢亲为，也是子贡，代替季氏上了唇枪舌剑的外交战场。鲁哀公十二年（公元前483年）的夏天，吴王想与鲁国重修旧盟，鲁哀公不肯，他点兵点将地又派子贡前去回绝。同年秋，因为鲁哀公与宋、卫两国结盟而惹恼了吴国，致使吴人扣留了卫侯。这次，还是子贡前去斡旋，成功地说服了吴国放人，解除了鲁国的尴尬，也救回了自己的父母官。鲁哀公十五年（公元前480年），齐、鲁会盟，依然是子贡，说服齐国归还了原属鲁国的一片国土。这些可圈可点的外交成就都被载入了《左传》，也让后人在感叹他的外交才华时，一遍又一遍地想起他的老师——孔子。

二、善思善问

千万别以为子贡仅仅是凭着他的三寸不烂之舌，成功地驰骋在各种外交场合。实际上，他之所以可以担当大任，是缘于他深得老师学说的精髓。在孔子的所有学生中，他最善于思考，最善于提问，也最能够领会老师的意图。他的提问方式往往很特别，不是用假设疑问句，就是用反义疑问句，即使是正常的提问，他也要穷根究底，问个水落石出。

比如，在《雍也》篇中，子贡假设了一种情况："如有博施于民而能济众，何如？可谓仁乎？"意思是，假如一个人可以做到广泛地给予人民好处，又能够周济大众，这个人怎么样？可不可以说他是个仁人呢？孔子一听，觉得这个学生把行仁问题看得太简单了，就回答他说："何事于仁，必也圣乎！尧、舜其犹病诸！"孔子就着子贡的话，告诉他做一个仁人可不容易。他说一个人如果能够做到博施于民、广济大众，那就不只是仁人，简直就是圣人了，连尧、舜尚且还做不到呢！但是孔子又鼓励学生说："夫仁者，己欲立而立人，己欲达而达人。能近取譬，可谓仁之方也已。"这里是告诉子贡，行仁也没有那么难，并且开了一个简单的方子：行仁就是要将心比心，推己及人。在《子路》中，子贡又做了一个假设，他问老师："乡人皆好之，何如？"如果一个人被全乡人都赞扬，这人怎么样？孔子回答：未必就好。子贡又问，那"乡人皆恶之，何如"？孔子又答：未必就坏。子贡茫然，那究竟好人的标准是什么呢？孔子很智慧地回答了他："乡人之善者好之，其不善者恶之。"意思是，好人应该是乡里的好人都赞扬他、坏人都讨厌他的人。

在《宪问》里，子贡采用了反问的方式说出了一个一直埋在心里的困惑：管仲不能够算作仁人吧？他的主人公子纠被齐桓公所杀，他不自杀殉节，反而跑去辅佐杀主的仇人齐桓公。（“管仲非仁者与？桓公杀公子纠，不能死，又相之。”《宪问》）孔子知道这个问题很令学生困扰，子路当年也曾经问过同样的问题。所以他仔细地阐释了这个问题的答案：“管仲相桓公，霸诸侯，一匡天下，民到于今受其赐。微管仲，吾其被发左衽矣。岂若匹夫匹妇之为谅也，自经于沟渎而莫之知也？”意思是：管仲辅佐齐桓公，使齐国在诸侯中称霸，得以匡正天下，人民至今还受着他的恩惠。如果没有管仲，我们恐怕早已变成披头散发、衣襟开在左边的野蛮民族了！难道要管仲像那些平庸的男女那样，为了所谓的守节在山沟里自杀，而不被后人所知吗？这个答案分析得非常透彻。我们不仅从这里可以看出孔子的通达，或许也可以猜想出子贡后来以通达而被老师称道，最终在政途上大显身手，很可能与这段话有着密切的关系。很显然，子贡在问这个问题的时候，他还远远地站在通达的门外，而他最终却具有了通达的精神，获得了独特地看问题的视角，以至于可以灵活变通地处理国际事务。这两者之间有着一段很长的距离，很可能就是这次谈话促使子贡去不断反思，一个胸有大志的人，何必拘泥于那些细枝末节？没有一种通达的品质，又如何能够干成一番大事业？孔子在解惑的同时，教育子贡一定要有一种从大局出发的眼光，有一个服务天下的胸怀。

子贡的善思和善问，还表现在他与老师之间很多重要的对话中。比如“子贡问政”即是一例。他问老师，如何才能够治理一个国家呢？孔子的回答很简要：“足食，足兵，民信之矣。”子贡又问：如果迫不得已必须在粮食、军备和老百姓的信任中去掉一项，这三项里先去谁？（“必不得已而去，于斯三者何先？”《颜渊》）老师回答：“去兵。”子贡又追问：“必不得已而去，于斯二者何先？”孔子又答：“去食。”原因在于：“自古皆有死，民无信不立。”意思是：虽然人无粮食必死无疑，可是自古以来，谁人不死呢？然而，如果百姓对政府没有信任感，那问题就严重了。从这段对话中，我们可以清楚地看见子贡问问题的深度和孔子解答问题的精辟。他们师徒二人在步步深入的探讨中，把为政的关键一层层地呈现了出来。我们不能不佩服孔子的目光敏锐，直到今天，民信也仍然是执政的根本。民信则国强，民信则政权稳固。

“子贡问士”也是他善思和善问的显例。他问孔子：怎样才可以叫作士？（“何如斯可谓之士矣？”《子路》）老师回答说：一个对自己的行为能够保持羞耻之心的人，一个出使四方能够不辱没君命的人，就可以称其为士了。（“行己有耻，使于四方，不辱君命，可谓士矣。”）可是子贡并不满足，他对老师说：我冒昧地再问一下，那次一等的士是什么样的呢？（“敢问其次？”）老师说次一等的士，应该是指那些宗族里的人称赞他孝顺父母，乡里的人称赞他敬爱兄长的人。（“宗族称孝焉，乡党称弟焉。”）子贡听后依然不满足，他又接问一句：那再次一等的呢？（“敢问其次？”）孔子说：那再次一等的士，应该就是被称为“言必信，行必果”的人。他们是“硁硁然小人哉”。硁，通“铿”，指坚硬的小石头。因为言而必信，行而必果，势必会造成不问黑白地固执己见，就像小石头一样坚硬。孔子认为这样的小人大概就算是次一等的士了。（“小人抑亦可以为次矣。”）我们今天在夸赞别人和褒奖自己的时候，常常也会使用“言必信，行必果”的赞词，但是实际上，在孔子的眼里，具有这样秉性的人，并不值得肯定，充其量也不过是个第三等的士而已。子贡懂得了士分三等的道理以后，马上理论联系实际，他追问老师：“今之从政者何如？”孔子不屑一顾地回答道：“噫！斗筲之人，何足算也！”意思是现在的当政者气量太小，根本不足挂齿。

在《阳货》篇里，子贡又换了一种提问方式。他不像别的同学那样直接地问老师，什么人才能够叫君子？他挑了一个很特别的侧面发问，他问老师：君子有没有憎恶的事？（“君子亦有恶乎？”）孔子说：“有恶：恶称人之恶者，恶居下流而讪上者，恶勇而无礼者，恶果敢而窒者。”意思是，君子也有憎恶的事。他们憎恶专门散播别人缺点的人，憎恶在下位而毁谤上级的人，憎恶勇敢而不懂礼节的人，憎恶果决固执、不通事理的人。子贡听完老师的回答，联系自己的实际，他觉得自己也有憎恶之事，他自我总结了三点：“恶徼以为知者，恶不孙以为勇者，恶讦以为直者。”就是说，他憎恶那些窃取别人的成果却自以为很聪明的人，憎恶那些不懂得谦逊退让而自以为勇敢的人，憎恶那些好攻击别人的短处却自以为正直的人。这段对话，前后排列了七个方面，它们合成一体，基本描画出了君子和小人的不同形象。今天，我们用此来对照一下我们周围，谁是君子谁是小人，似乎也一目了然。所以，我们应该感谢子贡，他代替我们向孔子问了一个很好的问题，以至于几千年后，还可以让我们如此受益。

子贡就是通过以上这些方法各异的提问方式，在和孔子的一拉一拽中，搞清楚了老师学说的关键所在。何为仁？何为仁人？何为君子？何为小人？何为士？又如何为政？解决了这些大是大非的问题以后，子贡身心轻松，他和老师的交谈也变得更加随意和自在。

三、瑚琏之器

孔子在传道、授业、解惑的工作中与子贡拉近了距离，甚至似乎是得着了一个可以交心的对象，每每喜欢找这个学生聊天。在《公冶长》篇中，他问子贡：你和颜回，哪个更优秀呀？子贡很谦虚地回答：我哪敢和颜回比呢？他闻一知十，我只能闻一知二。孔子最赏识的学生就是颜回，所以他接过子贡的话，说了一句比子贡还谦虚的话：我也不如他哦，我和你都不如他哦！这里已经没有什么师生的界限，他们在共同赞叹着身边的那一位"勤学好问""安贫乐道"的仁人。又一日，孔子对着子贡感叹：没有人了解我哟！（"莫我知也夫！"《宪问》）子贡连忙问：为什么会没有人了解您呢？（"何为其莫知子也？"）孔子答道：我上不埋怨天，下不责怪人，下学人事而上达天命。了解我的恐怕只有上天了吧！（"不怨天，不尤人，下学而上达。知我者其天乎！"）这里我们可见孔子的寂寞，也可见孔子有着和我们常人一样的喜和忧。

另一日，孔子又找子贡聊天，他说：子贡呀，你以为我是大量地学习然后一一记住它们的吗？（"赐也，女以予为多学而识之者与？"《卫灵公》）子贡说：对呀，我就是这样认为的。难道不是吗？（"然，非与？"）孔子大声回答他说：你搞错啰！我才不是那样学习的呢，我只不过是用一个基本的思想观念来贯穿它们罢了。（"非也！予一以贯之。"）孔子的思想是一个一以贯之的体系，他的博学多识也是建立在这个基础之上的。所以，作为一个伟大的教育家，他深知学习方法的重要性，自然也就在聊天中毫无保留地告诉了自己的学生。在《阳货》里，还记载了另一个孔子与子贡聊天的场景，孔子说：我想不说话了。（“予欲无言。”）子贡赶紧答道：您如果不说话，您让我们这些弟子咋办呢？我们还传述些啥呀？（“子如不言，则小子何述焉？”）孔子解释说：你可曾看见天说过话呢？可是四季照样运行不息，各种生物照样生长发育。天何曾说过话呢？（“天何言哉？四时行焉，百物生焉。天何言哉？”）这里我们可以看出两点：一是孔子对子贡的暗示，他希望子贡懂得从无言处学习，而不仅仅是从老师的口头传授中得到学问。二是孔子认为言语的力量是有限的。道，很难用言语来实现，不如默而存之，以厚德去敦化它。

子贡也非常喜欢和自己的老师聊天。他问老师：您觉得我端木赐这个人怎么样呀？（“赐也何如？”《公冶长》）孔子很爱开玩笑，所以他说：你呀，我看你是一种器皿。（“女，器也。”）那我是什么样的器皿呢？（“何器也？”）子贡又问。孔子答曰：“瑚琏也。”即：你是祭祀时盛粮食用的贵重器皿。理解这段对话，必须参照孔子在《为政》中的一句名言：“君子不器。”意思是，君子不能够像器皿那样只能派某种特定的用途。君子不能够只懂得一种知识、只具有一种才能，君子要有高远的理想，而绝对不能够沦为一种工具。所以这里孔子对子贡的评价有两层意思：一是从严格意义上讲，孔子认为子贡仍须努力，因为他还处在“器皿”阶段；二是从实际情况看，孔子认为子贡还是很不错的，他可以派上大用场，给予了子贡充分的肯定和鼓励。

同样在《公冶长》篇里，子贡对老师说：我不想别人强加给我什么事，我也不想强加给别人什么事。（“我不欲人之加诸我也，吾亦欲无加诸人。”）这话说起来容易做起来难，所以孔子立即告诉他：“赐也，非尔所及也。”也就是说，你根本做不到哦。还是在这一篇，子贡转移了一个话题，他对老师说：“夫子之文章，可得而闻也；夫子之言性与天道，不可得而闻也。”意思是，老师关于诗、书、礼、乐等各种文献方面的学问，我们可以听得到；可是老师关于天性和天道的论述，我们就听不到了。这里实际上透露了孔子学问的重要特点：他的学问是建立在实实在在的人生体验之上，他对那些玄妙而无实凭的东西，常持存而不论的态度。正因为这个原因，子贡才婉转地对自己的老师提出建议，他的潜台词是，老师您可否多讲一点天性和天道方面的知识呢？凭孔子治学的严谨和他倡导的敏行讷言的做人原则,我们可以猜测子贡很难改变老师的一贯做法。看看这个建议难被采纳,子贡又掉转话头问道:老师可否告诉我您学问的一字真言,让我终身都可以按照它去行事呢?("有一言而可以终身行之者乎?"《卫灵公》)这次,老师回答得很干脆:那就是"恕"字吧!自己不想要的东西,别强加给他人。("其恕乎!己所不欲,勿施于人。")这"己所不欲,勿施于人"的教诲,是孔子对一字真言"恕"的解释。它不仅成了子贡终身严守的人生格言,也成了几千年来中国人追求的做人准则之一。

子贡和老师的聊天范围很广,有时候他们聊及交友,有时候他们聊及同道,有时候他们又聊起人生的态度。聊到交友时,孔子的建议是,可以给朋友忠诚的劝告和委婉的批评,可是,如果他们不能接受,就适可而止,千万不要自取其辱。("忠告而善道之,不可则止,毋自辱焉。"《颜渊》)聊到同道时,子贡问孔子:您觉得我们班颛孙师和卜商两位同学,谁更好些呀?("师与商也孰贤?"《先进》)孔子的回答很有意思:"师也过,商也不及。"子贡又问,那是不是"过"的颛孙师更好一些呢?("然则师愈与?")孔子答了一句已经成为成语的话:"过犹不及。"也就是说,这两人一样,都有点问题,谁也不比谁好。孔子在这里实际上是告诉子贡,把握事物的度非常重要,也即行中庸之道才是上策。子贡爱打比方,孔子爱开玩笑,在《子罕》里,就记载了这样的一段对话。有一天,子贡跑去问老师:现在有一块美玉,是把它藏在柜子里呢,还是找个识货的商人把它卖了呢?("有美玉于斯,韫椟而藏诸?求善贾而沽诸?")这里的"韫"为收藏之意,"椟"为柜子的意思,"沽"在此则是卖的意思。还需要解释一下的是"贾",古代有所谓"行商坐贾"之说,即运货贩卖而没有自己店铺的为"商",囤积营利有固定店铺的叫"贾"。所以一般而言,"贾"比"商"的地位要高。故这里言"善贾"而不说"善商"。孔子听了子贡的问话,立马作答:卖卖卖!卖掉卖掉!我也正在等识货的人呢!("沽之哉!沽之哉!我待贾者也!")这对师徒,虽然句句言商,实际上,却是在心照不宣地谈论着一种积极的人生态度,那就是:等待机会,为国效力。这两位相差三十一岁的忘年交,就这样神游在他们的共同理想中。那份天真,那份执着,好不令人感动!我们可以毫不夸张地说,子贡实在是孔子的一个知己!正是因为他对孔子学说的独到认识,使他义不容辞地承担了播扬老师声名的使命。

四、仲尼不可毁也

在一年又一年的近距离的学习、探讨和交流中，子贡一点一滴地读懂了孔子，并对孔子产生了极其崇敬的情感。而这情感一旦生成，就再也不受任何干扰，自始至终，都推动着他成为孔子最坚定的拥护者，也推动着他成为播扬孔子声名最积极的人。无论谁在他的跟前对孔子说三道四，他都会一一还击。《论语》中，有关子贡赞师的言论有八处之多。我们稍做勾描，就可以清晰地看到这位忠实的弟子是怎样地在人前人后维护着老师的形象。《子张》篇记载，有一天，一个鲁国的大夫对子贡说，有个叫叔孙武叔的鲁大夫在上朝时对满朝的人说了一句话："子贡贤于仲尼。"一般人听到别人夸奖自己比老师强，恐怕都免不了沾沾自喜。但是，子贡却毫不犹疑地说了这样一段话："譬之宫墙，赐之墙也及肩，窥见室家之好。夫子之墙数仞，不得其门而入，不见宗庙之美，百官之富。得其门者或寡矣。夫子之云，不亦宜乎！"意思是：如果我们拿房舍的围墙来做比方，那我的围墙就刚到肩膀，因为不高，所以人们都能窥见房屋的美好。而我老师的围墙有好几仞高，找不到门，无法进入，人们在外面自然也就看不见宗庙的富丽堂皇和各个房间的丰富多彩。能够找到门走进去的人或许很少吧。所以叔孙武叔的误解，也就很自然了！没过一段时间，还是那个叔孙武叔又出损言，想要毁谤孔子的形象。这次子贡就对他不客气了，子贡说："无以为也！仲尼不可毁也。他人之贤者，丘陵也，犹可逾也；仲尼，日月也，无得而逾焉。人虽欲自绝，其何伤于日月乎？多见其不知量也。"在这里，子贡毫不留情地批评了那些想要毁损孔子的人：别这么损人了吧！孔子是诋毁不了的。他人的贤德，如同山丘，是可以跨越的；孔子的贤德，就如同太阳和月亮，是无法攀越的。即使有人想自行断绝与太阳、月亮的关系，他们对那高在天上的日月又有何损伤呢？只能让人看出他们不自量力而已！子贡不仅努力地还击着来自外界的对老师的毁谤，也纠正着来自孔氏教育集团内部的对老师的误解。同学陈子禽对子贡说：我看您太谦虚了，老师难道真的比您好吗？（"子为恭也，仲尼岂贤于子乎？"《子张》）子贡立刻告诫他："君子一言以为知，一言以为不知，言不可不慎也！夫子之不可及也，犹天之不可阶而升也。夫子之得邦家者，所谓立

之斯立，道之斯行，绥之斯来，动之斯和。”这一段话我们不会陌生，在陈亢一文中已经出现过。大意是彰显孔子高不可及，说孔子德高如天，对常人而言，就好比没有天梯可以攀登到他那样的高度。并且说孔子如果有机会获得权位去处理朝政，凭着他的人格魅力和管理才干，一定可以达到做什么成什么的境界。最后子贡又动情地说：我们的老师生得光荣，死得哀荣，有谁可以与他相比呢？！（“其生也荣，其死也哀，如之何其可及也？”）这里，我们可以非常清楚地看出，无论在孔子的生前还是死后，子贡始终不曾改变他对孔子的那份忠诚和敬爱。也正是因为这份情感，使他不遗余力地播扬着孔子的声名。

五、商界巨子

我们知道，《史记·货殖列传》记载的都是经商名人，子贡名列于此，自然也是因为他的经商才华。所以，我们可以看到，子贡在深谙儒道之外还具有非比寻常的另一面。他的商业头脑经常在他学习儒道的过程中表现出来。如《论语·八佾》篇就首次记载了与他的经济思想有关的一件事：“子贡欲去告朔之饩羊。”这里是说子贡想改掉每月初一用活羊祭祀的礼节。他认为行事应该节俭，不必每次都走那样的形式。可是，这个想法没有得到孔子的认可，老师认为，在这礼崩乐坏的时代，虽然用活羊祭祀已经只剩下空壳一般的形式，但它依然是一种约束，是一种提醒，也是一种无言的力量。所以孔子和他开玩笑说：赐啊，你舍不得羊，我舍不得礼哦！（“赐也！尔爱其羊，我爱其礼。”）这件小事，从一个侧面反映了子贡的经济头脑。他的这种经商才能，曾使孔子十分感叹，在《先进》篇中孔子把自己的两个爱徒做了一个对比：“回也奇庶乎，屡空。赐不受命，而货殖焉，亿则屡中。”孔子说，颜回的学问和修养很不错了，可是却常常穷困潦倒。而端木赐不安本分，囤积投机，却每每可以猜中行情。这里，不论孔子是表扬还是批评，“亿则屡中”的话还是可以作为子贡具有经商才华的有力佐证。

子贡很可能是一边跟老师学习，一边做着买卖。因为他常常言不离商，即使和老师谈为仁的理想、谈处世的态度也都离不开这个商字。如《论语》开篇《学而》中就记录了子贡的一句很有名的问话：“贫而无谄，富而无骄，何如？”也就是说，如果一个人可以做到贫穷而不谄媚，富有而不骄横，这种人怎么样？这里。实际上是子贡对自己人生的一种描述。孔子首先肯定了这一点，他说，如果达到这个境界，也算是可以了。但是，他又更进一步地指出，那还“未若贫而乐，富而好礼者也”。意思是说，那这种人还是远不如贫穷仍然能够快乐，富有而能爱好礼仪的人更有境界。子贡一听，立即明白了老师的意思，老师是要他用《诗经·卫风·淇奥》中所言的“如切如磋，如琢如磨”那种打磨玉石的方法，去磨炼他的修养，成就他的人生理想。这里我们不要忽略“富而好礼”这句话，即使仅凭这一点信息，我们也可以捕捉到孔子对财富的态度。他绝没有仇富之心，他也肯定财富，但是他认为财富应当和仁礼联结，也就是他对财富持有着儒家传统的义利观。在《子罕》中，子贡与孔子关于“沽美玉”还是“藏美玉”的那段对话，以及《雍也》里的“子贡问仁”（“如有博施于民而能济众，何如？可谓仁乎？”）都是以财富在说事，也都体现了子贡所具有的正确的财富观念。所以，子贡取用财富一定是符合儒家义利观的。而实际上，子贡后来弃政从商，成为孔子弟子中最富有的人以后，就具备了在更大范围内传播老师学说的经济基础。他可以做到“结驷连骑，束帛之币以聘享诸侯；所至，国君无不分庭与之抗礼”，即乘坐四马并行的豪华车子，携带贵重的礼品拜访诸侯，所到之处，国君与他行宾主之礼。子贡获得的国宾礼遇，也就给了他四处传扬孔子之道的机会。也许，我们必须承认，子贡的经济实力确实从客观上播扬了孔子的声名。

子贡是孔子教导下的子贡，他出于对老师学说的精到理解，出于对老师德行的由衷景仰，出于对老师传道授业解惑的感念，出于超越师生之间的知己般的深情，成为孔子生命中极其重要的一个人物。孔子重病在身时，最想念的人是他，当子贡赶来时，孔子叹曰：赐啊，你为什么现在才来啊？（“赐，汝来何其晚也？”《史记·孔子世家》）这里，师徒之情溢于言表。七日后，孔子走完了他艰辛坎坷的一生。我们可以猜想，在孔子的丧仪中，一定是子贡尽了最大的心力。因为孔子去世时，血脉相承的儿子伯鱼不在了，忠心耿耿的子路不在了，深得孔子赏识的颜回也不在了，所以，护送孔子最后一程的任务就自然地落在了子贡的身上。当然，他的经济条件也使得他可以为自己心爱的老师再奉献一份真情。《左传·哀公十六年》记录了孔子去世、鲁哀公前来致哀时，子贡批评他的一段话：

"生不能用,死而诔之,非礼也!"这段话里,不仅透出了子贡对鲁哀公不任用孔子的不满,还隐约传递出子贡的丧仪主事人身份。正是子贡对孔子的这份深厚感情,使他在别的同学为老师守丧三年相继而别后又一个人继续守墓三年,这份感天动地的师生之情,随着孔子的声名,传播了几千年。

第七节　曾参:最解夫子之道

上文我们说到端木赐如何凭着他对孔子学说的独到认识,凭着他对孔子的由衷敬爱,凭着他的过人才干,也凭着他的经济实力,大力播扬着老师的声名。现在,我们要说一说另外一个人。这个人,用一种最平实的方式,使孔子的学说得以延传,也使自己成为孔孟之道这个儒学道统中承上启下的链环。他,就是被人尊称为"曾子"的曾参。曾参,字子舆,比孔子小四十六岁,家住鲁国南武城,大约在今天山东省枣庄市附近。他得尊孔子为孔爷爷,因为他爸爸也是孔子的学生,叫曾点,字子皙,《先进》篇中曾生动地再现了他那位老爸沐浴春风的潇洒不羁。孔子的弟子中,父子同一师门的情况并不少见,如前文提及的颜路、颜回父子,都是儿子比老子强,后生可畏。不过,这些可畏的后生,靠的都是自己的勤奋和执着,赢得了比老子大得多的声名。

一、忠恕之道

曾参的天资并不怎么聪明,甚至有点笨。孔子在《先进》篇中对他的评价是"参也鲁","鲁"意为"迟钝",也就是说曾参反应不快,对老师的很多教诲都需要细嚼慢咽。他十六岁投师孔门,那时孔子还在周游列国。他从老家南武城出发,风雨兼程地追赶着孔子的足迹,终于得偿所愿地给孔子行了拜师礼。自此,他紧紧追随着孔子,直至孔子离世,前后大约有十年的时间。孔子去世时,他还不到三十岁。可是,经过老师十年的熏陶,以及自己诚恳扎实的努力,他已经学有所成,逐渐获得了老师的赏识和同学们的信赖。那时候，曾被孔子视为衣钵传人的颜渊已经过世了好几年，而被孔子看好的子贡又去经商了，和曾参同时的那批后期才俊中唯有他最能恪守夫子之道，所以，传承孔子学说的历史重担自然就转移到了他的肩上。孔子真正是慧眼识英才，他不仅给自己的孙子，即孔鲤之子子思找到了一位极好的老师，也使自己的学说得以发扬光大。按照韩愈在《送王秀才序》中“孟轲师子思，子思之学盖出于曾子”的说法和宋儒肯定的道统，先秦儒学经由曾参形成了一个链条：孔子→曾子→子思→孟子。“思孟学派”更是把孔子、曾子身后的儒学往前掘进了一大步，最终为使孔孟之学成为中国整个封建社会的统治支柱和传统文化最重要的内容奠定了基础。

曾参

曾参之所以能够担当起如此重任，首先是基于他对夫子之道的深刻领悟。《里仁》篇中记录了一段他和孔子之间的近于玄妙的对话。有一天，孔子当着全班同学的面，对曾参说了一句前后不靠的话。他说：曾参呀，我平日里所说的“道”是由一个根本的宗旨贯穿起来的。（“参乎！吾道一以贯之。”）这话没头没脑，使所有的学生都如坠云雾之中。唯有曾参立刻答道：“唯。”这“唯”是一个应答词，意为“是的”。看起来，这师徒二人已经心领神会。等到孔子下了课，其他同学纷纷围着曾参问他：刚才老师所说的“吾道一以贯之”究竟是什么意思呀？曾参说：老师的意思是，他所说的“道”，只不过是“忠”和“恕”两个字罢了。（“夫子之道，忠恕而已矣。”）这里，我们看见了曾参不仅可以和老师轻松应对，还做起了孔子的助教，深入浅出地代老师给同窗答疑。那么，究竟曾参眼里的忠恕之道指的是什么呢？按照钱穆先生的解释，忠恕之道，也就是仁道。仁是至高之德，较为抽象，也难以在实践的层面上操作。而“忠恕”二字则是对仁的浅要分解，“忠”是指忠诚、诚恳地待人；“恕”是指将心比心、推己及人，用一份宽容之心待人。这样，抽象的仁就变得具象化了，从而使仁可以被人人理解，也可以被人人操练。曾参用浅显的语言解释了老师的深奥学说，使那些悟性不高的同窗明白了孔子的话中话。

二、君子人格

曾参对夫子之道的深刻领悟，在《论语》一书中，还具体地表现在他对君子人格的充分张扬上。在《泰伯》篇里，曾参给君子下了个定义，他认为“可以托六尺之孤，可以寄百里之命，临大节而不可夺也”的这类人，是真正的君子。按照吴承洛先生在《中国古代度量衡史》中关于周代一尺约合现代十九点九一厘米的换算标准，六尺只有一百一十九厘米。正常情况下，这样的身高，自然是指未成年人。不过，这里“六尺之孤”另有所指，特指那些没有成年的幼主。所以，在曾参的眼里，可以将幼主托付给他，可以把国家的命运托付给他，可以在国家的安危和个人的生死面前不改其志的人，才是君子。这里，我们看见了一种积极人世的情怀，一种对社会责任和正义的担承，这与孔子“明知不可为而为之”的入世态度一脉相承，也开启了孟子大丈夫的浩然之气。

在《泰伯》篇里，曾参又特别解释如何在上位做一个君子。在曾参重病期间，鲁大夫孟敬子前来探望，曾参见到他时这样说：“鸟之将死，其鸣也哀。人之将死，其言也善。君子所贵乎道者三：动容貌，斯远暴慢矣。正颜色，斯近信矣。出辞气，斯远鄙倍矣。笾豆之事，则有司存。”这段话的前半部分是说，我已经是个将死的人了，请您务必相信我所说的话。后半部分意思是，君子应该在三个方面下功夫：第一，要使自己的容貌谦和而严肃，这样可以远离粗暴和懈怠。第二，要使自己的脸色正派庄重，这样可以靠近诚实守信。第三，要使自己的出语言辞得体、语气合宜，这样可以避免粗野和悖理。至于其他的祭祀和礼节方面的仪式，自有主管的官吏去办理，不用事必躬亲。仔细分析这段话，很可能是曾参对鲁国当政者的有针对性的建言。因为在《子张》里曾经记录过这样一件事，曾参有一个学生叫阳肤，当上了鲁国司法部的领导，他想听听老师对他施政有什么建议。曾子当时是这么说的：“上失其道，民散久矣！”意思是，当政的人迷失正道，老百姓对他们离心离德，这样的状况已经太久了！然后他给了学生一个建议，建议他做司法工作时千万要记住一句话:"如得其情,则哀矜而勿喜。"这是说,如果了解了百姓的犯罪实情,应当同情怜悯他们,不要因为判了他们的刑而沾沾自喜。的确,判刑本身只是一种管理的手段,绝不是管理的目的。如果只停留在判了刑、结了案、缴了罚款甚至披枷戴锁下了大狱这些形式上,仍然还是解决不了问题。所以曾子建议学生一定要以一颗仁德之心去处理司法问题。这里曾子提到的"上失其道,民散久矣",是他对鲁国国政状况的一个评价,也是他实在放不下心的一件大事。所以,当鲁大夫孟敬子来到病榻前嘘寒问暖时,曾子不顾自己已经病入膏肓的病情,说了上面那一番如何做君子的话。他是希望为政的人个个是君子;希望他们懂得工作的重心,不要本末颠倒;希望自己的国家尽快走上理想中的正道。

在《论语》中,曾参有关君子的言论还有两处。一处出自《颜渊》篇:"君子以文会友,以友辅仁。"另一处出自《宪问》篇,是对孔子的一个应答。孔子说:"不在其位,不谋其政。"曾参接着说:"君子思不出其位。"他们的意思是,君子从政,应该各当其位,各司其职,否则就会造成越位而滋生纷乱。应当说,这也是现代管理理论的一个法则。

三、慎终追远

孔子的仁学体系博大精深,孝是其中的一个重要内容。曾参对此颇有研究,《孝经》应该算是一个明证。虽然它的作者至今还无定论,可是把学界的观点归整一下,我们可以发现比较可信的几种观点都与曾参有关。关于《孝经》的作者,学界共有八种说法:孔子说,曾子说,孔子门人说,曾子门人说,子思说,齐鲁儒者说,孟子门人说,汉儒说。后三种说法的可信度明显不高,应不予采信。而前两种说法则在《孝经》一开篇就得到了反证,《孝经》开宗明义第一章就是:仲尼居,曾子持。子曰:"先王有至德要道,以训天下,民用和睦,上下无怨,汝知之乎?"曾子避席曰:"参不敏,何足以知之?"子曰:"夫孝,德之本也,教之所由生也。复坐,吾语汝。""身体发肤,受之父母,不敢毁伤,孝至始也。立身行道,扬名于后世,以显父母,孝之终也。""夫孝,始于事亲,中于事君,终于立身。"大雅曰:"无念尔祖,聿修厥德。"这段话的第一句提及孔子时用了"仲尼",提及曾参时用了"曾子”,这样的指称方式,就否定了“孔子说”与“曾子说”。因为这师徒二人都是讲仁守礼之人,他们绝不可能自己去尊称自己。剩下的那三种说法就都离不开曾参了。从《孝经》的内容看,全文都是记载孔子向曾参讲述孝道的言论,所以,我们可以推断出《孝经》的创作情况:《孝经》的主要思想来自孔子,主要内容依凭曾参的回顾和归纳,主要的整理加工者是曾参的门人。这个问题还可以进一步参考《大戴礼记》继续考证。但是无论著作权归谁,曾参系统地学习过孝道,并且对于孝道问题有自己的独特见解,《孝经》本身就可以证明。这一点,我们也可以用《论语》来确证。

在《论语》的开篇之作《学而》中,曾子有言:“慎终,追远,民德归厚矣。”意思是谨慎地对待父母的丧葬之仪,虔诚地追祭祖先,这样百姓的德行就会归于敦厚淳朴。在这里,曾参把葬祭之礼,不仅看成是对父母一生行孝的最后表现,而且把这个环节上升到一个特别的高度,他认为这对社会的稳定及和谐具有重要的意义。在《泰伯》篇里,曾子给我们展现了一个孝子形象。在重病之际,他知道自己去日无多,所以召集弟子上最后一课,他先让弟子们仔细看看他的脚和手,然后引用了《诗经·小雅·小旻》里的话,“战战兢兢,如临深渊,如履薄冰”,最后说:“而今而后,吾知免夫!小子!”这里的意思很明显,曾子是想告诉他的学生:我一生就像《诗经》所说的那样小心翼翼,那样做的目的就是为了谨奉孝道。因为我们的身体发肤受之于父母,所以不可有半点毁伤,现在你们看到我四肢健全,我已经走到了人生的尽头,所以从今往后,我再也不用担惊受怕了!在人生的最后时刻,曾子对自己学生的交代竟然是这件事,可以想象,孝道在他的心里占有何等重要的地位,《孔子家语·七十二弟子解》评价他“志存孝道”的确恰如其分。对照上文所引《孝经》开宗明义第一章的内容,我们可知人生孝道的全过程:幼年侍奉父母,爱护己身,是行孝之始;中年移孝为忠,服务社稷,是行孝之中;老来顶天立地,扬名后世,是行孝之终。拓展开去,人一生的行为都是在躬行着至高至善的孝道,所以深得夫子之道的有子才会说“孝弟(同‘悌’)也者,其为仁之本与”,也才有曾子临终前对弟子的这般教诲。

曾子不仅推行孝道,也在自己的一生中身体力行。他的孝行在历史上有很多记载。《战国策·燕策》中记载曾参“义不离亲一夕宿于外”;《新语·慎微》记载“曾子孝于父母，昏定晨省，调寒温，适轻重，勉之于糜粥之间，行之于衽席之上”；《孔子家语·七十二弟子解》记载虽然后母“遇之无恩”，而曾参“仍供养不衰”；《礼记·内则》记载曾参遭遇父丧时“泪如滴泉，水浆不入口者七日”；《韩诗外传·卷一》记载曾参在父母死后曾在楚国官居高位，有“九仞高堂，百辆大车，犹北向而泣”，因为无父母可养。这类记载不胜枚举，所以曾参被元代郭居敬选录在《二十四孝》中自然是当之无愧。

四、任重而道远

曾参之所以能够担当孔子传人这个历史重任，还有一个重要的原因，那就是他具有强烈的使命感。在《泰伯》中，有一段我们耳熟能详的话：“士不可以不弘毅，任重而道远。仁以为己任，不亦重乎？死而后已，不亦远乎？”“弘”指广大、开阔，“毅”为坚强、刚毅。这段话的意思是，读书人不可以心胸不开阔、意志不坚强，因为他责任重大，道路遥远。以实现仁的目标为自己的责任，这责任难道不重大吗？要为这个目标奋斗终生，这个目标难道不遥远吗？从这里我们可以清楚地看到，曾参是在自觉地担当历史重任。他对这项工作有着清醒的认识：任重道远；他也明确地表达了自己的态度：死而后已。这种明知山有虎偏向虎山行的勇气，这种鞠躬尽瘁、死而后已的决绝精神，简直就是孔子第二！孔子那种明知不可为而为之，为推行仁道理想宁可赶着那辆木轱辘破车周游列国十四年的献身精神，实在是令人感佩！他折服了曾参，他也赢得了曾参，曾参终于在他身后勇敢地担负起了推行仁德的重任！

曾参十分注重自身道德品质的修养，《学而》篇中记录了他关于修身的三句名言：“吾日三省吾身，为人谋而不忠乎？与朋友交而不信乎？传不习乎？”这三句话常常被人误以为是孔子的话。这种误解本身似乎也说明了这位孔子的弟子有着很高的道德修养。在这里，曾参不仅要求人们要谨慎行事，而且大力提倡每天多做自我检查。“三省”是指多次反省。这种不从他人找原因，只从自己找差距的做法，后来被朱熹总结为“反求诸己”的精神。这种“反求诸己”的内省意识，正是曾参的难能可贵之处，也正是令人汗颜的地方。曾参还谨记着孔子“见贤思齐”的话，《泰伯》里记录了他努力向颜回学习的体会：有才能愿意向没有才能的人询问，知识多的愿意向知识少的人询问；有学问好像没学问，满腹经纶却又似空无一物；纵然被冒犯、被欺负也决不计较（“以能问于不能，以多问于寡；有若无，实若虚；犯而不校”）。曾参就是这样对自己高标准严要求，自觉地锻打着自己，一刻也不曾停息。

曾参之所以可以成为孔子学说的薪火传人，还有一个不可忽视的原因，即聚众授徒，大力发展教育事业。由于他教育得法，他的教育成果相当显著，弟子中有成就者不在少数，最著名的是子思、乐正子春、公明仪、吴起等人。曾参晚年还组织学生在他的指导下编写大量的书籍，这也为传播孔子思想提供了一条行之有效的途径。多数人认为，《论语》《大学》《孝经》《曾子》的成书，都与他们的努力有关。以上种种因素扭结在一起，使得曾参这个并不聪明的孔子的弟子，最终成为中国文化史上一个非常重要的承上启下的人物。

第八节　樊须：使孔子被误解

樊须，字子迟，亦称“樊迟”，是春秋末年鲁国人。他与曾参一样，也比孔子小四十六岁，是孔子晚年的学生。不同的是，曾参当年求师心切，打着背包，怀揣着老爸的引荐竹简，一路风尘地追赶着孔子的足迹，终于得偿所愿地投在了出国讲学已经多年的孔子门下。那一年，曾参十六岁。樊迟没有出国，他先参加了工作。在鲁国大夫季孙氏门下任职，顶头上司是冉求。这冉求也是孔子的学生，是个比较有政治才干的人。他很赏识樊迟，认为樊迟具有勇武精神，又能服从命令，是个好兵。所以在鲁哀公十一年（公元前484）鲁国军队抗击齐军入侵的战斗中，冉求力排众议，以“樊迟为右”，自己亲率“左师”御敌，终于大获全胜。那一年，樊迟年仅二十一岁。也就是在那一年，孔子结束了他十四年的出国讲学生涯回到鲁国。不知道是不是冉求的推荐，也不知道具体是在哪一年，反正最终樊迟弃戎从学，成了孔子的学生。不过，他没有曾参那么幸运，曾参前后在孔子那里受教近十年，如果再加上从老爸那里间接受到的孔子影响，曾参被孔子熏陶的日子就更多了。而樊迟即便是在孔子回国的当年拜师，满打满算也只有五年的时间。因为孔子回国五年后就走完了他的人生路。也许正是因为这一点，樊迟和曾参之间才产生了那么大的差距：一个带累了老师被后人误解，一个却成了老师的衣钵传人。

樊须塑像

一、小人樊须

《论语》中有关樊迟的记载共有六处，都是他和孔子之间的问答。由于《论语》的编录顺序并不按照时间的先后，所以这六处问答孰先孰后就不得而知了。但是，根据这六处问答所展现的樊迟形象来看，他应该是一个很努力又很尊敬老师的学生。每次和先生见面，他都会恭恭敬敬地提问，有时候甚至会一连问好几个问题。既然是个尊师好学的后生，又经历过冲锋陷阵的生死考验，他的学问应该是越来越好，从情感上来讲，也是越来越靠近孔子才对。所以，基于这样的判断，我们认为《子路》篇中记录的樊迟想学种庄稼一事，应该是他和孔子之间留在《论语》中的最早一次对话。可是，就是这次对话，产生了他们谁也不曾料到的严重后果，它不仅使孔子被后人误解了几千年，也成为“文化大革命”中孔子贬低和仇视贫下中农而被打倒批臭的重要证据。让我们来看看事情的原委：

樊迟请学稼。子曰：“吾不如老农。”请学为圃。曰：“吾不如老圃。”樊迟出。子曰：“小人哉，樊须也！上好礼，则民莫敢不敬；上好义，则民莫敢不服；上好信，则民莫敢不用情。夫如是，则四方之民襁负其子而至矣，焉用稼？”

这段话的前半部分说的是樊迟想跟孔子学种庄稼。一日，樊迟请教孔子如何种田。孔子一听，那可不是自己的强项，就据实相告：我不如老农。樊迟又说，那就请您教我如何种菜。孔子只好又说：我也不如老菜农。两个问题都没找到答案，樊迟怏怏而出。如果事情只记录到这里，那就决不会造成后来那么大的负面效应，反而彰显了孔子“知之为知之,不知为不知"的实事求是态度。可是,孔子实在不满意樊迟那种心智不明的懵懂状态,他大声叹息一句:"小人哉,樊须也!"

这里有两点值得注意,一是直呼樊须的大名,一是送了樊须一个"小人"的称号。这两点都很明显地表达了孔子的不悦。我们都知道,古人一般忌讳直呼别人姓名,认为这是不礼貌的表现。在《论语》里,当孔子说到弟子时,无论当面还是背后,都喜欢直接叫他们的名字,而不叫姓名,让人觉得很亲切,即便是对跟他叫板的宰予和总被他批评的仲由,他也没有直呼其名。可是对这个老实巴交的樊须,孔子却一反常态,连名加姓一起叫了出来,可见孔子当时的确不怎么高兴。

至于"小人",更是表现了孔子对樊须的不满。不过,特别需要说明的是,这"小人"并不与"君子"对举,也就是说它不是一个道德概念,不是说樊须的品行有问题。这里的"小人"实际上是与"大人"对举,指的是在下位的人,是眼界有限、志向不大的人。在孔子看来,樊须应该从大处着眼,应该有远大的志向和抱负,应该学习为政方略,做一番大事业,真正能使人民安居乐业。所以面对樊须的不悟,面对他执着于种粮、种菜的不谋道只谋食的浅见。孔子简直是恨铁不成钢,由不得长叹一句:"小人哉,樊须也!"接下来,孔子仔细地解释了原因:身居上位者,如果能够做到"好礼""好义""好信",那就必然会赢得百姓的尊敬、服从,也一定会吸引四方的百姓前来定居,到时候,人心归向,百姓各有所能,哪里还用得着在上位的人去亲自耕种呢?换句话讲,即使你是个耕田能手,你的地里出产很高,你又能解决几个人的温饱呢?所以,心里装着天下,凡事从大处着眼,做到"好礼""好义""好信",这才是学习的着力点。为什么要与种田、种菜较劲呢?也许,孔子也知道樊须在保家卫国的战斗中立有战功,所以对他更有一层期待,当樊须一个劲儿地要学种田、学种菜时,也就怪不得孔子对他大失所望了,"小人哉,樊须也"也就脱口而出了。不过,樊须脱下战袍想学种粮种菜,倒是解甲归田的绝好注脚。

正是孔子这脱口而出的一句话,给自己惹来了巨大的麻烦。抓着这个把柄,有人认为他鄙视农业,有人认为他鄙视农业科技,有人认为他有违师道,还有人认为他瞧不起广大劳动人民。所以后来很多《论语》注疏的本子,都要在这里费一番口舌。如曹魏时期何晏的《〈论语〉集解》,北宋邢昺的《〈论语〉注疏》,南宋朱熹的《四书章句集注》,元代陈天祥的《四书辨疑》,都为孔子反对樊迟学稼做开脱,可见这句话是怎样的困扰了后儒。到了20世纪70年代,这句话又被拿出来说事,不过这回没有人能够为孔子做辩护律师,因为这句话被上纲上线地摆在了政治的高度,它是孔子仇视贫下中农的有力证据,这个证据和他克己复礼妄想变天的思想一起,成了他被彻底打倒批臭的充分理由,在车间、在地头、在营房、在课堂,在所有可以说话的地方,在所有可以张贴大字报的地方,他的名字成了批判的对象,他的至圣先师形象终于被孔老二所替代。孔子做梦也不会想到这句话居然被派上了这样的用场。

可是,历史还是还了孔子的清白。我们不得不承认他的高明,他在差不多两千五百年以前,在反对樊迟学稼中就透露了自己的社会分工思想,从某种意义上讲,社会分工是社会发展的重要标尺。今天我们看近代英国学者亚当·斯密《国富论》和当代一些经济学家有关社会分工的理论,也许会惊诧他们的睿智,实际上,如果我们仔细看一看这段樊迟学稼的故事,仔细想一想它在历史上引起的不断的争讼,就可以推知这种社会分工思想的发展脉络。孟子在《孟子·滕文公上》中明确指出社会分工的必要性,他总结的"有大人之事,有小人之事"是对孔子社会分工思想的明晰,并且进一步指出了社会分工的两大类别和特点:"故曰,或劳心,或劳力;劳心者治人,劳力者治于人;治于人者食人,治人者食于人,天下之通义也。"跳出阶级分析论的框架,把新时期关于生产力的新思想放进去,再用西方社会分工理论来观照,孟子这段两千多年前的老话就显出了智慧,而孔子反对樊迟学稼就不能不说更有一种超前的智慧了。

二、樊迟问仁

历史在孔子的身后绕了一个很大的弯子,可是他并不知道这些天翻地覆的变化。他在反对完樊迟学稼以后,又继续做起了诲人不倦的工作。很可能樊迟的同学把孔子那天的话及时传给了他,樊迟终于弄明白了老师对自己的期待,所以从那以后,樊迟所问的所有问题都紧紧围绕着修德这个大纲,而且很下苦功夫,光是问仁就问了三回。

樊迟第一回问仁先从问知开始，这里的“知”同“智”。孔子回答他：“务民之义，敬鬼神而远之，可谓知矣。”意思是，专心致力于引导百姓走向仁义道德，对鬼神敬而远之可以说是智慧了。“敬而远之”意指尊敬而不迷信。这句话从“务民”说起，也就是说孔子对樊迟的教诲始终紧抓着他的弱点，提醒他考虑问题要从大处着眼。樊迟会意，所以他紧接着又问，那什么是仁呢？孔子回答很简要，他说：“仁者先难而后获，可谓仁矣。”就是说有仁德的人，应该难事冲在人前，获利退居人后。这“先难后获”四个字看起来很简单，可蕴涵的境界却很不简单。

第二回樊迟问仁得到了孔子一个更简单的回答，而且这个回答非常有名。他问老师：什么是仁呀？老师只说了两个字：“爱人。”后世对孔子学说的最简要的概述就是樊迟得到的这两个字，所谓“仁者爱人”。樊迟继续发问，那什么是智呢？孔子又只答了两个字：“知人。”这次樊迟没有听明白。孔子看他一脸茫然，就补充说，推荐选拔正直的人，并把他们的位置安排在邪恶的人之上，那就可以使邪恶之人转化成正直之人了。可是樊迟还是转不过这个弯。下了课，他急忙找到同学子夏并对他说：“乡（通‘向’，意为刚才）也，吾见于孔子而问知，子曰：‘举直错诸枉，能使枉者直’，何谓也？”这子夏，名卜商，是个极聪明的学生，孔子去世后，他在西河一带讲学，很有盛名。听了樊迟的话，他大声赞叹老师的话意蕴丰厚，然后举了两个例子分析给樊迟听：“舜有天下，选于众，举皋陶，不仁者远矣。汤有天下，选于众，举伊尹，不仁者远矣。”意思是舜和汤拥有天下，懂得在众人中选拔人才，分别推举贤人皋陶和伊尹担当重任，那些不仁之人也就自然被疏远了。这些都是知人的结果，也都是智慧的做法。这就绕回来回答了樊迟的“何以为智”的问题。经过子夏的一番解释，樊迟应该明白老师的意思了。的确，“智者知人”，知人善任，齐家治国平天下，哪一样少得了它呢？即便从个人的修身养性着眼，知人也是必修课。反过来讲，哪有知人的人不是智慧之人呢？需要区别的是，智慧与聪明并不是一回事。聪明更强调天生的资质，所谓耳聪目明，说的都是感官的特性。智慧强调的则是后天的修炼，它是一种在学习、在思考、在感悟、在经验的累积中获得的辨析判断和处理事物的能力。智慧包含着仁德之心，看起来朴实无华，甚至是大智若愚。聪明是天赐的礼物，如果持有者不懂得正确地养护它，就会陷入聪明反被聪明误的怪圈，那些搬起石头砸自己脚的人，多半都是聪明过人的人。

第三回樊迟问仁在《子路》篇里。这次的答案与前两回又有不同。第一回的“先难后获”讲的是一种姿态，第二回的“爱人”讲的是一种胸怀，层层递进，到了第三回就落在了实处。这一次，孔子开始告诉樊迟具体的为仁方法：“居处恭，执事敬，与人忠。”“居处”，一人独居，“恭”，不惰，不放肆；“执事”，行事，“敬”，不懈怠，不怠慢；“与人忠”，待人忠诚。并且孔子还特别强调：“虽之夷狄，不可弃也。”就是说这些为仁的方法，即便在偏远的夷狄之邦，也不可弃之不行。的确，孔子开出的这个为仁的方子，不仅可以跨越地域，在夷狄之邦生效，而且还可以穿越几千年的时光，在今天依然发挥效用。如果一个人能够做到慎独、敬事、忠诚，那他不是仁人又是什么人呢？所以，孔子的这个答案可以说是放之四海而皆准了。

三、从游舞雩

孔子对樊迟的教诲在点点滴滴之中，他不愿放过任何一个施教机会。有一次，孟懿子询问孔子什么是孝。孔子回答他说：“无违。”这孟懿子是鲁国的大夫，姓仲孙，也即孟孙，名何忌。他的父亲孟僖子临终时曾嘱咐他要向孔子学礼。所以孔子这次为他答疑，也许就是在上门教学的过程中。结束了给孟懿子的课后，孔子坐上了自己的木轱辘专车。这专车尽管破旧，可它仍然是士大夫出行时的礼仪需要。连孔子最赏识的颜回去世，他也没有卖掉它替颜回买椁。在孔子的眼里，礼是至高无上的，不可僭越。这专车从没有专职司机，有时是学生，有时就是孔子自己。这次当班的人是樊迟。樊迟一心一意地驾着车，孔子却不肯放弃这次同行的机会，他对樊迟说：“孟孙问孝于我，我对曰，无违。”樊迟转头问道：“何谓也？”这位樊迟老兄平时就对老师的话犯迷糊，这次又做着司机，更不能分神，所以根本搞不懂“无违”的意思。好在他有不耻下问的好习惯，所以老师就给了他一个具体的解释，告诉他“无违”就是：“生，事之以礼；死，葬之以礼，祭之以礼。”

问过了仁，也问过了礼，樊迟的学问大有长进。孔子也越来越喜欢和他聊天，不仅请他驾车,也带他一起出游。一日,樊迟陪老师在舞雩台下游览。("樊迟从游于舞雩之下。"《颜渊》)他心情放松,头脑也变得很灵活,一口气问了老师三个问题:"敢问崇德,修慝,辨惑。"意思是我怎样才能够提高品德,消除错误,辨别迷惑呢?孔子在回答问题之前首先夸赞了樊迟的这些问题问得很好:"善哉问!"通过这些问题,孔子已经知道了这个学生的进步,所以他要肯定学生的努力,并且真心地为他高兴。接下来,孔子告诉他:"先事后得,非崇德与?攻其恶,无攻人之恶,非修慝与?一朝之忿,忘其身,以及其亲,非惑与?"意思是,如果你做到了先做事,后计得,那不就是做到了崇德吗?如果你改掉自己的错误,不攻击别人的缺点,那不就是做到了修慝吗?如果你逞一时之气,忘了自己的生命安危,甚至忘了父母家人,那不就是陷入了迷惑吗?这段回答句句用了反问,可句句都显出老师的平易近人,显出了老师对樊迟的关爱。尤其是最后一点,说不可以逞气斗勇犯迷惑,很可能就是有的放矢,因为樊迟是军人出身,又值年少气盛之时,恐怕做一时逞气斗勇的事,也在所难免。所以孔子适时地敲打敲打他。

我们看完这六段关于樊迟的记载,可以清晰地勾描出这对师徒情感发展的脉络。从"小人哉,樊须也"中,我们看出了孔子对这位不着调、不入门的学生的深深叹息,也看出了樊迟的木讷、愚拙以及忠厚和执着。第一次交谈,结束在双方的不悦中。可是樊迟凭着他的勤学好问,孔子凭着他的诲人不倦,使他们在学仁为仁的修德之路上越走越近。最终,樊迟赢得了老师的夸奖和关爱,孔子也得到了一位和当年的仲由一样有着英武之气的侍卫官。当然,最重要的是孔子又多了一位同道。也许,能够让樊迟站在自己的队伍里,孔子即使被打倒批臭也心甘情愿吧。

第九节　子夏:异化孔子学说

卜商,姓卜名商,字子夏,比孔子年少四十四岁,卫国人。这卫国,是孔子周游列国时往返次数最多的国家,前后一共去了五次。据学界考证,孔子就是在第四次回卫时收下了子夏这个徒弟,那一年是鲁哀公三年(公元前 492 年),孔子六十岁,子夏十六岁。没过两年，曾参也风尘仆仆地赶来，和子夏做起了同窗。他们一起追随着孔子推行王道的足迹，一起经历着被困于陈、蔡边境的九死一生，一起聆听着孔子说仁讲礼的教诲，一起观摩着师兄颜渊、子路、子贡的榜样，可以说，他们是在最艰难的情况下一起成长起来的后期才俊。当他们陪护孔子回到鲁国时，又一起坐在了孔子的大讲堂里。不过，有了那一段风雨同行的经历，他们对老师的学说都有了各自的切身体会，所以他们一边做着学生，一边做着助教，既帮助樊迟那样的后学者答疑解难，又帮助孔子整理编辑六经。孔子过世后，他们一起给老师守孝三年。因为对老师学说的理解各有不同，所以各奔前程，最终各立门户，一个居鲁，一个居魏，分别创立了洙泗学派和西河学派，用各自不同的方式，为承继和弘扬儒学各尽所能。曾参走的是一条恪守孔子之道的正统道路，而子夏却对儒学进行了某些质的改造，使儒中有法，在一定程度上异化了儒学。

子夏

一、绘事后素

子夏是孔门弟子中一位非常具有独创性的学生，他有着自己的独立思考和判断力，因而也颇具有异端倾向。《八佾》篇中曾记录了他与孔子之间的一段对话，足以让我们看出他的创新思维。他问老师，《诗经·卫风·硕人》里“巧笑倩兮，美目盼兮，素以为绚兮”这三句诗说的是什么意思？孔子只答了四个字：“绘事后素。”意思是先有白色的底子才能够绘画。一般的学生听了这样的回答肯定摸不着头脑，但子夏立刻听懂了绚烂归于平淡的道理，而且马上联系到仁与礼的关系，他接口问道：“礼后乎？”那是说礼仪在仁德之后吗？孔子很满意这个创新的联想，并且认为眼前的这个学生很不简单，他不仅一点就通，还启发了自己的老师。所以孔子毫不吝惜赞辞，连连表扬他：“起予者商也！始可与言《诗》已矣。”虽然孔子为人谦逊，总是客气地说“三人行，必有我师焉”，但是他的学识太渊博，真正可以给他启发的人实在不多，一部《论语》也找不到几处这样的记录。同时，孔子又说从今往后可以与子夏谈论《诗经》了，这句话看似平常，实际上也包含了很深的寓意。因为在孔子眼里，《诗经》是一部大百科全书，它的功用巨大，尤其是“迩之事父，远之事君”的社会功用更是意义重大。所以，可以与之谈诗的学生，可以启发老师的学生，自然使孔子欣喜，也使孔子充满了期待。

樊迟问仁时，子夏对于“举直错诸枉，能使枉者直”的出色阐发，也显示出他对孔子学说的深刻理解。可是这份理解和孔子对他的那份期许，始终无法完全对接。孔子在生前就看到了这一点，《论语》中关于子夏的多处描述大致可见端倪。在《先进》篇中，子贡和孔子聊天，他问颛孙师和卜商谁更好一些，对学生一向要求很高的孔子说，两个都不理想：“师也过，商也不及。”这里就明显表达了孔子对子夏当时的状况不太满意。细究其“不及”之处，可能《雍也》中孔子告诫子夏“女（通‘汝’）为君子儒！无为小人儒”的两句话是理解的关键。对照孔子在《礼记·儒行》中所言：“温良者，仁之本也；敬慎者，仁之地也；宽裕者，仁之作也；逊接者，仁之能也；礼节者，仁之貌也；言谈者，仁之文也；歌乐者，仁之和也；分散者，仁之施也；儒皆兼此而有之，犹且不敢言‘仁’也？其尊让有如此者。”我们大体可以知道“君子儒”应该兼具以上条件，反之则是“小人儒”了。同时孔子还指出，即使具备所有以上条件也还未必可以称仁。可见，孔子对子夏的要求是相当高的。

二、欲速则不达

子夏从卫返鲁后，曾做过莒父之地的长官。有一天，他问政于老师，得到的回答是：“无欲速，无见小利。欲速则不达，见小利则大事不成。”在这里，孔子告诫子夏一定要眼光远大，切不可只顾眼前。孔子这样告诫子夏是有针对性的，因为子夏比较讲求实际，他主张“虽小道，必有可观者焉”，也就是说，他认为农、圃、医、卜、乐、百工之类的小道均有可取之处。这与孔子反对樊迟学稼，视稼圃为君子所不为的小道大相径庭。在子夏看来，君子之所以不为小道，是担心它们妨碍远大的事业（“致远恐泥”），但是反过来，如果能够做到不拘泥于这些技艺，那君子就可以利用它们有所作为。这就将孔子的“君子不器”演变成了“道不离器”，使儒学思想趋于政治化和功利化。孔子自然要纠正这种看起来有点急功近利的做法。

但是孔子的矫正并没有达到应有的效果。子夏看重当下、注重实效的主导思想使他在许多问题上都有着一己之见。比如在孝道问题上，他就与孔子站在两个层面上说事。他认为“事父母，能竭其力”就是孝，也就是说要做到“有事，弟子服其劳；有酒食，先生馔”，即有事的时候，晚辈去做；有了酒饭，让长辈去用。但是孔子认为满足物质需要并不是尽孝最难的地方，最难的是对父母始终和颜悦色。这个境界的确远远高过子夏，可是在物质非常不充分的条件下，应该说子夏的提法也是有其道理的。在教育弟子的问题上，他与子游针锋相对，子游笑话他教育学生本末倒置，尽教些洒水扫地、迎来送往的细枝末节，不以仁为根本。（“子夏之门人小子，当洒扫，应对，进退，则可矣。抑末也；本之则无，如之何?”《子张》）他则义正词严地反驳道：“噫！言游过矣！君子之道，孰先传焉?孰后倦焉？譬诸草木，区以别矣。君子之道，焉可诬也？有始有卒者，其惟圣人乎！”意思是君子之道，哪些先讲，哪些后说，就像草木一样，是有区别的。君子之道，怎么可以歪曲呢？能不分先后把始和终同时说清楚的，恐怕只有圣人吧？实际上，道也好，仁也好，无不寄托在“洒扫应对”这些琐事上，所以从这里入门，应该说是循序渐进的好办法。在交友问题上，他与子张又意见相左，他认为可交则交，不可交者就拒之门外。（“可者与之，其不可者拒之。”《子张》）子张强调说这与孔子的教诲完全背离，孔子认为君子应该尊敬贤人，包容众人，赞美好人，同情能力差的人。（“君子尊贤而容众，嘉善而矜不能。”）相形之下，子夏的境界确实不能和圣人相提并论，可是他择善从之、其不善者远之的交友之道也不失为一种切实可行的方法。在做学问的方法上，子夏也有自己的特色，他认为广泛地学习，坚定志向，对社会现实提出疑问，对当下问题做出思考，仁道就在其中了。（“博学而笃志，切问而近思，仁在其中矣。”《子张》）

这里可见子夏注重内外兼修，已经和曾参“吾日三省吾身”的内省式学习方法有了很大的区别。谈到好学的标准，他自有一套：“日知其所亡（无），月无忘其所能，可谓好学也已矣！”谈到道德修养，他认为不必太拘泥：“大德不逾闲，小德出入可也。”讲到学与仕的关系，他说得更是明确：“仕而优则学，学而优则仕。”这里他把颜回和孔子他们那种学而忘忧的自得其乐推进到社会的层面，把学与用紧密地联成一体，从理论上强化了孔子的经世致用思想。

三、偏离与传承

子夏关注的问题，是与时俱进的当世之政。以他为中心的西河学派以治国平天下为己任。以积极的事功服务于时代，注重社会功用，谋求富国强兵之策，这种强调功利的做法，已经渗透着法家的精神，逐步偏离了儒学的本位。它与以曾参为代表的恪守儒学正途的洙泗学派截然不同。后者从孝道人手，构建了以孝为中心的人生观、伦理观、政治观，全力维护日趋松弛的宗法关系，它侧重的是伦理情感，追求的是一种长效机制。但是子夏关注当下、贴近社会实际的思路更适应社会发展的需要，也更容易被高层管理者接纳。所以，“孔子卒后，（子夏）教于西河之上，魏文侯师之，而咨国政焉”。为帝王师本身就是直接服务于政治、服务于社会的体现。一时间，投师其门的弟子数不胜数，据《史记·儒林传》记：“如田子方、段干木、吴起、禽滑厘之属，皆受业于子夏之伦。”驰骋于战国时期的著名政治家、军事家如李悝、商鞅等也出于其门下。而荀子、李斯、韩非则是其再传弟子。其门风之盛，致使当时许多人甚至误以为他就是孔子。他在西河讲学五十多年，对战国时期的政治、思想、军事等方面都产生了深远影响。他本人也成为春秋战国之际孔门中由儒学礼治思想过渡到法家政术思想的一位关键人物，在中国思想史上留下了清晰的印记。

不过子夏的异端倾向并没有使他和孔子的学说完全背道而驰，在他所提倡的一个人应该具有尊贤轻色、孝于父母、忠于君王、信于朋友的品德中，（“贤贤易色；事父母，能竭其力；事君，能致其身；与朋友交，言而有信”《学而》）在对小人文过饰非的劣根性的指责中；（“小人之过也必文”《子张》）在强调取信于民的重要性中，（“君子信而后劳其民；未信，则以为厉己也。信而后谏；未信，则以为谤己也”《子张》）在对君子胸怀的评价中，

（“君子敬而无失，与人恭而有礼，四海之内，皆兄弟也。君子何患乎无兄弟也”《颜渊》）即便是在已经流露出法家察势和用权精神的“君子有三变：望之俨然，即之也温，听其言也厉”（《子张》）中，我们依然可以看出，无论离开孔子多远，他始终都还根植在孔子学说的土壤里。

正是因为这一点，他才有可能为传播孔子的学说立下汗马功劳。当年孔子自卫返鲁，以六十八岁的高龄，开始了整理文化典籍和编写《春秋》的繁重工作。这项艰巨的任务自然离不开孔门弟子的鼎力相助。可以想象，包括曾参、子夏在内的那批后期才俊，一定都是一边从师学习，一边做着助教、当着编辑，帮助老师建设着人类文化史上的巨大工程。而子夏在“孔门十哲”中，以文学见长，所以，在协助老师整理文献的过程中，子夏肯定派上了大用场。可以用《史记·孔子世家》中的一句话做注脚：“至于为《春秋》，笔则笔，削则削，子夏之徒不能赞一辞。”这意思是说，《春秋》的写作非常严谨，该加的地方加，该删的地方删，连子夏这样擅长文字的人，也不能够让他润改一个字。反过来讲，除《春秋》之外，在《诗》《书》《礼》《乐》《易》这五经的整理工作中，子夏等人一定付出了很大的心血。

子夏不仅参与了五经的整理工作，还是这些儒学经典的主要传授者。《后汉书·卷四十四·徐防传》中记载：“《诗》《书》《礼》《乐》定自孔子。发明章句，始于子夏。”意思是《诗》《书》《礼》《乐》的校注工作始于子夏。另外，《诗经》一书自孔子之后至汉代有两派传人。一是毛派即“毛诗”，一是韩派即“韩诗”。而汉儒认为这两派的始传者都是子夏，并考证出清晰地传承路线。

最值得一说的是，子夏对《春秋》之学十分精通，他在孔子去世后，居西河向弟子广授六经时，对《春秋》的讲授最为注重，他把历史学导入政治，用经世致用的观点把理论与实践密切结合起来。后来，其弟子公羊高与谷梁赤进一步传述《春秋》，分别写成《公羊春秋》和《谷梁春秋》，它们和《左氏春秋》一起，成为汉代讲授《春秋》经义的三种主要传本。时至今日，我们讲《春秋》，也绕不开这三传。

总之，子夏是孔门弟子中的一个重要人物。他的儒学思想来自孔子，又异于孔子。

第十节　公西赤：孔子眼里的外交官

公西赤，复姓公西，单名赤，字子华，春秋末期鲁国人。他是孔子的学生确无疑义，可是他的年纪究竟有多大，学界尚有不同意见。据《史记·仲尼弟子列传》记载，他比孔子小四十二岁，是孔子晚年的弟子。各家注本也多持此说。可是从《论语·雍也》篇中所记录的“子华使于齐”的信息看，他应该是在老师周游列国之前出使的齐国，而孔子当年因为不满鲁国君臣沉湎于女乐，在五十五岁那年愤然离鲁去卫，开始了为时十四年的出国讲学。这样对应起来，子华则是在十二岁之前就有了做大使的经历，这显然与逻辑不吻。很可能是因为注意到了这个疑点，所以钱穆先生在《〈论语〉新解》中另辟新说，他认为这个学生是孔子早年的徒弟。由于史料不足，已经难以确知这对师徒之间的年龄差异，但是这并不妨碍我们来勾描一下孔子眼里的这位外交官形象。

一、相貌堂堂

孔子一向爱学生如子，骂归骂，说归说，本意都是为了他们好。适当的时候，还会大力举荐，希望他们能够为国家有所作为。一日，适逢鲁大夫孟武伯前来选拔人才，这孟武伯的爷爷孟僖子贤而好礼，可算是孔子的朋友。他非常钦佩孔子的学识和修养，临死时还特别嘱咐儿子孟懿子也就是孟武伯的老爸要向孔子学礼，孔子也收了他为徒，但是这个徒弟不是一个好学生，孔子在《为政》中就曾经点过他的穴道，告诉他孝顺父母的第一件事就是“无违”，提醒他要谨从父命、卒成父志。后来，孔子在鲁国担任司寇，为改变鲁国政坛大夫越位的非礼行为，他提出“抑三桓”“强公室”的政治主张，希望迫使鲁国三家大夫尤其是当权者季氏恪守臣道，使鲁定公握有实权，并从“堕三都”入手，决定拆除三家大夫的封邑城墙。就是这个徒弟带头抗命。他对父不孝对师不尊，以至于后人把他从孔子的徒弟中除了名。现在，孟武伯也来到了爷爷的朋友、老爸的师傅这里，他想在孔子的人才库中发掘自己需要的贤人。也就是他们的这一次会晤，使公西赤在《论语》中首次亮了相。

公西赤塑像

孟武伯先从孔子的大弟子开始问起："子路仁乎？"孔子是个幽默的人，笑着摇着头说："不知也。"实际上，孔子对自己的学生可谓了如指掌，对子路更是看得入木三分，他甚至断言子路"不得其死"，如何不知道子路尚未达到仁呢？但在这里，他对孟武伯的问题避而不答，他不想在外人面前直接说自己的学生还没有达到仁境。在孔子的眼里，能够达到这个境界的人少之又少，只有颜回上了这个台阶，可也只是"三月不违仁"而已，仍然不能够用仁人相称。孟武伯接着又问，那子路究竟是什么样的人呢？这回，孔子说得很清楚了："由也，千乘之国，可使治其赋也。"意思是，可以让子路在一个具有千辆兵车的大国掌握军政大权。"赋"，古代以田赋地税出兵役，所以称兵为赋，"治其赋"也就是管理军政方面的工作。子路虽然多次被孔子批评，可是他的优点和才干老师也是一本清账，所以这里孔子明确地告诉用人单位，子路是个可用之才，而且是派大用场的高级人才。不过，夸奖归夸奖，孔子还是坚持用高标准要求自己的学生，他不点破子路尚未达仁，只是说了一句："不知其仁也。"

接下来，孟武伯又问："求也何如？""求"是指冉求，也是孔子的高才生，后文我们将详细介绍他。在老师的眼里，冉求也是一个很有管理才能的人，所以他说，如果让冉求在一个有千户人家的诸侯领地或者有百辆兵车的卿、大夫领地担任行政主管，也绝对没有问题。（"求也，千室之邑，百乘之家，可使为之宰也。"）赞扬了冉求以后，孔子同样说了那句"不知其仁也"，意思是这个学生也还没有达到仁境。

上面两位一个具有军事才干，一个具有政治才干，都是响当当的人物，可是孟武伯还不满足，他还需要更多的人才。他进一步问孔子："赤也何如？"提到公西赤，孔子似乎满心欢喜，他生动地描绘了这个学生的外交才华："赤也，束带立于朝，可使与宾客言也。"也就是说，可以让公西赤穿上礼服，系上袍带，立于朝廷之上，应对四方宾客。古代的“宾”指国君上卿一级的贵宾，“客”为小客，指上卿以下的客人。在孔子看来，公西赤做个外交大臣没有任何问题。孔子在告知了公西赤的特长后，也没忘记说那句“不知其仁也”。大概我们可以从这几句话里猜测到，公西赤是个善于言辞又相貌堂堂的人。

不知道最终孟武伯是否从孔子的人才库里拿走了这几位高才生的档案，也不知道这几位同学后来到底去没去孟武伯那里短暂地工作过，不过，孔子对这三位高徒的评价日后都得到了验证，他们确实都发挥了自己的特长，各有一番作为。《雍也》就记录了“子华使于齐”的故事。当年的公西赤代表鲁国出使齐国，真可谓风光无限：“赤之适齐也，乘肥马，衣轻裘。”齐国紧邻鲁国，两国之间打打和和，关系时好时坏，外交事务自然不少。从冉求在公西赤出使齐国后，不断地要求孔子增加给公西赤母亲的口粮来看，我们可以初步判断他的出使时间较长，估计任务也比较艰巨。

二、愿为小相

在《先进》篇里，有一场很具有戏剧性的对话，可以让我们对公西赤的为人和外交才干有一个直观的印象。某一日，子路、曾皙、冉有、公西华四位同学陪孔子闲坐，师生之间就有了一场闲聊。老师先打开话匣子：“以吾一日长乎尔，毋吾以也。居则曰：‘不吾知也！’如或知尔，则何以哉？”这里的意思是，不要因为我比你们年长而受拘束不说话。你们平时总是说没有人了解你们，现在假如有人了解你们并要任用你们，你们打算怎么做呢？

子路力拔头筹，第一个抢答说（“率尔而对”），假如一个拥有千辆兵车的国家，国际处境是夹在大国之间，受到别国军队的侵犯，国内状况是遭遇凶年饥荒，如果让我仲由去治理，只要三年，就可使百姓勇敢，而且知道遵守礼仪。这子路是那样自信，他给自己设计了一个治理内忧外患的大难题。（“千乘之国，摄乎大国之间，加之以师旅，因之以饥馑；由也为之，比及三年，可使有勇，且知方也。”）孔子听后微微一笑（“夫子哂之”），不置可否。

接下来老师点名让冉求发言，这个学生比较谦虚，他说如果让我去管理一个方圆六七十里或者五六十里的小国，三年可以使百姓富足。但是礼乐教化方面的问题，就只能够等候君子去处理了。（“方六七十，如五六十，求也为之，比及三年，可使足民。如其礼乐，以俟君子。”）

孔子又点名问公西赤：“赤！尔何如？”公西赤对曰：“非曰能之，愿学焉。宗庙之事，如会同，端章甫，愿为小相焉。”这里，“端”指礼服，“章甫”指礼帽，“端章甫”意为穿着礼服。“相”指祭祀、会盟时行赞礼的人，有大相、小相之分。我们可以在这些对答中看出公西赤不自觉地运用了外交辞令，不张扬地表达了自己想做外交官的志向。这段话翻译过来的意思是：不敢说我能够做到什么，我只是很愿意去学着做。我愿意在宗庙祭祀的事务上，或者在诸侯会盟时，穿着礼服，戴着礼帽，做个小小的傧相。这段话中所透出的那份谦逊、那份认真、那份扎实、那份严谨及内含在深处的那份自信，实在是让人觉得公西赤确实具有外交官的风范。宗庙之事听起来是小事，实际上可是大事。因为在过去的宗法社会里，国家的社稷都以宗庙来象征，宗庙就代表着国家，宗庙之事也就成了国家大事。所以公西赤所言，看起来虽没有子路、冉求直接，也没有他们三年就可以干成一番大业的前景规划，实际上，他是以一种谦虚的话语表达了远大的志向。他成竹在胸，他知道治理一个国家的纲要在于维持内外的秩序，只有宗庙之事和诸侯会盟的秩序井然，才能够谈得上富国强民。

最后，孔子问正在弹瑟的曾皙：“点！尔何如？”这曾皙就是曾参的老爸，他喜好音乐，为人洒脱。听到提问，他并没有直接回话，而是不慌不忙地弹完一曲，然后对老师说：“异乎三子者之撰。”也就是说我的想法与他们三位都不一样。孔子鼓励他也谈谈自己的理想：“何伤乎？亦各言其志也。”这一谈就把这次闲谈推向了高潮。曾点说，我想在暮春时节，在春天的服装已经做成时，和五六个大人、六七个少年结伴，在沂水附近的温泉洗个澡，在祭祀求雨的舞雩台上吹吹风，然后再一路放歌地尽兴而归。（“莫春者，春服既成，冠者五六人，童子六七人，浴乎沂，风乎舞雩，咏而归。”）在这里，曾点描绘了一幅政通人和的效果图，这里的人们享受着恬淡安适的和谐生活，人与自然、人与人、人与社会以及

孔子授教图

官民之间都呈现出一派和谐的气氛，正是“天增岁月人增寿，春满乾坤福满门”的真实写照。不知道其他三位同学是否明白了曾点的为政理想，反正孔子是闻听此言立明其意，他马上表态：“吾与点也！”在这赞同声中，这场师生座谈会也就画上了句号。

可能是老师的表扬让曾点颇有点得意，所以他在大家都散去之后又磨磨蹭蹭地跟在老师身后，想与老师做进一步的交谈。他问孔子：“夫三子者之言何如？”那三位说的究竟怎么样呢？因为老师没有点评那三位同学的发言，而他很想知道老师的具体看法。可能孔子也觉察到了这个学生有点儿得意，于是他轻描淡写地说了一句：“亦各言其志也已矣。”不过是各自谈谈自己的理想罢了。曾点正在兴头上，他继续追问：“夫子何哂由也？”那您为什么笑子路呀？孔子拗他不过，说出了原因：“为国以礼，其言不让，是故哂之。”曾点又问，冉求所说的不是邦国之事吗？孔子答道：怎么见得方圆六七十里或者五六十里的地方不是国家呢？（“安见方六七十，如五六十，而非邦也者？”）

曾点穷追不舍地又问，那公西赤所说的不是邦国之事吗？（“唯赤则非邦也与？”）孔子反问道：“宗庙会同，非诸侯而何？赤也为之小，孰能为之大？”意思是，有宗庙之事，有与别国会盟之事，那不是诸侯国又是什么呢？如果公西赤只能够做个小相，那谁又可以去做大相呢？这里，我们不仅感觉到孔子对曾点的得意有点儿不满，也可以充分看出孔子对公西赤政治才干和外交才华的肯定。在这几位高徒的应答中,应该说孔子是很满意公西赤的说话策略的,而且他的为政抓手也符合实际。抓宗庙大事,抓诸侯会盟,正是那个特定的历史时代引人关注的重大问题。因为礼崩乐坏的时代背景带来了诸侯纷争的政治局面,这些问题得不到解决,国泰民安就落不到实处,殷实富足的小康生活也就无从谈起。曾点虽然描绘了一幅人间美景,可是毕竟忽略了为政的过程,他的超然世外的性格,肯定不足以使他具有实施他的大同世界的能力。而子路虽然具备政治才干,却少了一份礼让,多了一份个人英雄主义的躁急。至于冉求,虽然出语谦恭,懂得教化的重要,却一味强调经济,少了孔子以天下为己任、明知不可为而为之的勇气。所以相形之下,应该说公西赤的为人和才干都可以达到一个不错的分数,可以算得上是个优等生。

三、善于辞令

作为外交官,善于辞令是非常重要的。除了在上面这则记事中我们可以领略到公西赤出语严谨、内涵丰厚外,还可以在《述而》中进一步认识到他应对的机警和灵活。可能有人在他面前夸赞过老师的厚德,也可能是他在别处听到人们的议论,或者是他自己要表达对老师仁德的景仰,反正不是转达就是表达,有一天他把"圣与仁"的美誉说给老师听。孔子是何等品德之人,他立刻谦虚地对弟子说道:"若圣与仁,则吾岂敢?抑为之不厌,诲人不倦,则可谓云尔已矣。"意思是,如果说到圣智与仁德,那我怎么敢当?或许说我是个朝着"圣与仁"的路上不断努力而从不满足的人,或者说我是个教书育人从不感疲倦的人,那还尚且可以说得过去。实际上,"为之不厌,诲人不倦"正是对应了圣智与仁德,只不过孔子的谦逊使他不肯接受别人或者是弟子的赞誉。老师的话说到这个份上,公西赤自然也不便强求老师接下这个美誉,他没有选择像颜回那样夸赞老师的品德是高山仰止,也没有像子贡那样说老师的人格如天阶高不可攀,而是话锋一转,退一步说话,他说,这正是弟子无法学到的呀!("正唯弟子不能学也。")这话里包含了公西赤对孔子人格魅力的无限赞赏,也表现出公西赤对孔子教诲的活学活用,等于换了一种让听话者可以接受的方式达到了自己的言说目的。这里,我们看到了公西赤的智慧。

公西赤也是一个勤学好问的人。善于观察、勤于思考、勇于提问,这不仅是为学的需要,也更是从事外交工作的必备素质。《先进》篇中记载的一件小事就可以看出公西赤的好学。他发现老师在解答子路和冉求两位同窗同样一个问题时给出的答案完全相反,所以他心存疑惑,百思不得其解后跑去找老师问个究竟。他说:"由也问闻斯行诸,子曰'有父兄在';求也问闻斯行诸,子曰'闻斯行之'。赤也惑,敢问。"公西赤的意思是,仲由问"听到了就要马上去做吗"这个问题时,老师说有父兄在,怎么能够不请示就去行动呢?而冉求问这个问题时,老师却说应该听到了就要马上去做。一样的问题两样的回答,所以公西赤忍不住要弄明白其中的道理。孔子的答案很简单,他说冉求做事犹豫不决,所以我给他上上劲,鼓励他果断往前;仲由做事莽撞,一个顶两个,所以我给他松松劲,让他凡事谨慎,小心行事。("求也退,故进之;由也兼人,故退之。")这种因人施教的教育方法实在让公西赤看花了眼,不过,经老师一解释,肯定会使他茅塞顿开。《论语》惜墨如金,没有记录公西赤对老师的回答做出了怎样的反应,但是我们可以想象,像公西赤那样处处留心、处处学习的人,一定能够将老师的因人而异发挥成他在外交场合中的因事而异,也一定可以灵活变通地处理好很多外交事宜。俗话说,外交无小事,公西赤就是在这点点滴滴之中,扎扎实实地为他的外交大使理想累积着经验。

第十一节　子游:割鸡焉用牛刀

言偃,姓言名偃,字子游,比孔子小四十五岁,是孔子晚年的学生。他家住吴国,是孔门贤弟子中唯一的南方人,即今天江苏常熟人。因为他在南方阐扬和传播孔子学说,所以有"南方夫子"的美誉。在"孔门十哲"中,他以文学见长。这里的文学主要是指历史文献,也就是说言偃是一位饱读诗书、遍览典籍、长于文字的好学生。可能我们还记得另外那位以文学见长的弟子卜商,即子夏者也。他曾在孔子晚年整编古代文化典籍的浩繁工作中做出过很大的贡献。就是这位成绩卓著的同窗,这位比言偃还大上一岁的学兄,在"孔门十哲"那张光荣榜上的排名也在子游之后。虽然今天我们总是说排名不分先后,贡献不论大小，职位不分高低，可是按姓氏笔画排名、凭功绩得奖金、论职务拿工资的做法还是充分显示了排名先后的重要和必要。所以，子游位于子夏之前，应该说至少可以传达出一个信息，那就是这位同学不会比子夏逊色，尽管《论语》中关于他的记述只有八处，比子夏的二十处少了一倍还多，但从后世统治者对他的尊崇情况来看，他的确声名显赫。唐玄宗时，他被追封为“吴侯”；北宋时被追封为“丹阳公”；南宋时被追封为“吴公”；元代大德年间（1297—1307）被追封为“吴国公”；明嘉靖时改称“先贤言子”；清朝康熙年间（1662—1722），朝廷批准在其后裔中设五经博士一员，由他的后裔世代承袭，并且好几位清帝南巡，都派大臣到常熟的言偃墓致祭，还赠送御笔匾额。

一、弦歌治武城

对于今天的大多数人来说，有关言偃的尘封往事都成了过眼烟云，让人们记住这位先贤的，倒是因为孔子的那句“割鸡焉用牛刀”的玩笑话。今天我们说到这句话，常常透着嬉戏与鄙夷，仿佛受话者一定是个迂拙可笑之人。实际上，孔子当年开这个玩笑，是用一种轻松幽默的方式，肯定了高徒子游的政治才干。就让我们从孔子的这句玩笑话人手，看看子游究竟手持着什么样的“牛刀”，又宰杀了何等规格的“鸡”。这个玩笑出自《论语》的《阳货》篇。原文如下：

子之武城，闻弦歌之声。夫子莞尔而笑，曰：“割鸡焉用牛刀？”子游对曰：“昔者偃也闻诸夫子曰：‘君子学道则爱人，小人学道则易使也。’”子曰：“二三子！偃之言是也。前言戏之耳！”

要准确地理解这段话的意思，我们至少应该知道三件事。第一，孔子为什么带着一批弟子到武城来？第二，子游为什么要让武城处处飘荡着弦歌之声？第三，这场对话大体发生在什么样的一种背景之下？回答第一个问题，可以参考《雍也》篇第十四章“子游为武城宰”句。子游当时正担任武城的最高行政长官。这武城是鲁国的一个城邑，有人说在今天山东省嘉祥县境内；也有人说武城是指南武城，在今天山东省费县西南；还有人说这武城就是城武县，因为在今天山东省菏泽市西北七十里处还有一个名叫“弦歌里”的地方。武城具体在哪儿并不重要,重要的是这个小县城提供了一个政治舞台,让子游获得了一个实施自己或者说是孔子的政治纲领的试验田。这是孔子之所以携徒前来的原因。他要考察一下已经从自己那里毕业的学生,究竟在政治的试验田里耕种了什么;他也想现场办公、现场教学,让那些还在他门下求学或者还没有机会从政的同学们也能够到实地见识一下。当然,无论是孔子突击检查还是子游真心相邀,对老师和同学们的到来,子游大概都要用他那吴侬软语诚心实意地说一句:欢迎各位莅临指导!

回答第二个问题,就要借助《礼记·礼运》篇里的一段记载。在这里,孔子曾为子游描绘了一幅大同社会的理想美景。有一回,子游陪同老师参加鲁国的腊祭,也就是年终祭祀。仪式结束后,师徒两人走出庙堂来到外面的楼台上。孔子仰天长叹,感叹鲁国的现状与自己的理想相差太远。子游不明就里,他问老师:先生为什么要这样长叹呀?孔子看着眼前这个黄毛小子说了一番非常动情的话:我孔丘没有赶上大道实行的时代,也没有赶上夏、商、周三代英明的君王当政,可是我非常向往那样的时代啊!大道实行的时代,是天下人共有天下的时代,是选贤任能的时代,是人人讲信用、处处倡和睦的时代。所以,人们不止拿自己的亲人当亲人,不止拿自己的儿女当儿女。在那样的时代里,老年人都能够安享天年,青壮年人都能够各尽其才,年幼的人都能得到良好的成长环境,年老丧偶者、年幼丧父者、老来丧子者以及肢体残疾者都能得到社会的供养。男子各尽其职,女子各有所嫁。人们不愿看到财物掉在地上,可是捡起来也不必收藏在自己家里。人们担心有力使不上,可是并不是为了自己。因此,阴谋诡计无法兴起,偷抢扒拿、杀人越货不会出现,家家大门可以不关,那样的社会就是大同世界。("昔者仲尼与于腊宾,事毕,出游于观之上。喟然而叹。仲尼之叹,盖叹鲁也。言偃在侧,曰:君子何叹?孔子曰:大道之行也,与三代之英,丘未之逮也,而有志焉。大道之行也,天下为公,选贤与能,讲信修睦。故人不独亲其亲,不独子其子,使老有所终,壮有所用,幼有所长,鳏、寡、孤、独、废、疾者有所养,男有分,女有归。货恶其弃于地也,不必藏于己;力恶其不出于身也,不必为己。是故谋闭而不兴,盗窃乱贼而不作,故外户而不闭,是谓大同。")

孔子一生都在讲述修齐治平的道理,这里的大同世界,正是他的终极政治理想,是他一生追求的最高境界。孔子描绘的这个大同社会给子游留下了深刻的印象,他也非常聪慧地捕捉到了礼是实现这个美妙理想的重要手段,所以他连续不断地询问了有关礼的问题。在这章的最后,礼被提到了一个极其重要的高度——“治国不以礼,犹无耜(农具)而耕也”,并将礼与义、学、仁、乐相贯通,由礼出发最终达于顺,从而实现身心的和谐和社会的和谐。就是这一次谈话,使子游永生铭记着老师的教诲,也使子游念念不忘要将老师描绘的蓝图付诸实践。所以在武城做宰的日子里,他以礼乐教化人民,那处处飘荡的弦歌之声,正是他一步一步扎扎实实地走向理想的体现。

回答第三个问题,也就是“割鸡焉用牛刀”的这场对话大体发生在什么样的背景之下,需要我们对时代背景做个简要的描述。礼崩乐坏使孔子一再感叹,这种文化的堕落伴随着政治、经济、军事等一切秩序的混乱,在孔子眼里,国与国、人与人之间都陷入了前所未有的无序状态,因此,国际舞台上不是上演谋权篡位的宫廷阴谋剧,就是上演硝烟弥漫、剑拔弩张的战争剧;大大小小的国内舞台则时时上演着钩心斗角、抢名夺利的闹剧。所以,践礼行仁,实现大同,是孔子梦寐以求的理想。而这个理想随着孔子的日渐衰老而显得日趋遥远,正因为日趋遥远又更促使他日日难以忘情。虽然我们无从考证孔子是在哪一年哪一日带着他的考察团来到了子游的治下,但是稍微推算一下,大体可知他是在七十高龄以上,坐着颠簸不止的牛车前往武城。因为有资料显示子游在二十三至二十八岁期间担任着武城的县宰。子游小老师四十五岁,他二十三岁,老师就是六十八岁。可是在老师带着考察团来到武城时,这里已经是歌舞升平,换句话说,已经得到了较好的治理。而治理不是一朝一夕之事,它需要足够的时间,即使按照子路当年的速度,恐怕也要个两三年的时间。这样算下来,孔子也是七十岁往上的年纪了。以这样的年纪出访武城,不是因为内心那股始终不息的理想之火的感召,如何可以迈得开蹒跚的脚步?又如何可以不顾旅途的劳顿,和学生开着那样轻松愉悦的玩笑?

解答了以上三个问题,我们终于可以回到“割鸡焉用牛刀”的现场。那一日,孔子带着他的考察团前往武城,进城就听到了弦歌之声。这弦歌不是锣鼓喧天的表面文章,也不是子游日常生活中饭前餐后的娱乐节目,而是融入在武城人生活中的礼乐,是一种教化，也是一种管理手段。孔子周游列国后回到鲁国，开始了整编文化典籍的浩大工程，其中一件大事就是修正音乐，他想教给弟子们纯正的音乐和庄重的礼仪，再由他们以礼乐去教化人民。尊君主敬父母爱人民，没有哪一样离得开礼乐的教化。子游来到武城，一心要把他从老师那里学来的礼乐治国理论运用到他的为政实践中。孔子按捺着心底的喜悦，成心要和子游开个玩笑。于是这位山东先生就对那位来自常熟的县长说：哎，言县长，你杀鸡哪里用得着这样的牛刀啊？这里的"牛刀"是指礼乐大道。子游可能因为接待这个高水平的考察团心里多少有点紧张，所以他没有听出老师话里的玩笑意味，他一本正经地反驳道，学生之所以这样做，是因为以前老师讲过"君子学道则爱人，小人学道则易使"这句话。言下之意是，既然君子和小人都需要学道，又何必区分一个小邑还是一个大国呢？难道小邑就不需要用礼乐之道来治理吗？看着子游的较真劲，也担心随行的弟子不明真意，所以孔子立马明言：诸位！言偃所言完全正确。我刚才只是开个玩笑，你们可不要信以为真啊！这里的玩笑，源于孔子的幽默，更源于孔子对子游的赏识和喜爱。这个比自己小了两辈的后生，以二十来岁的年纪，在喧嚣混乱的时代氛围里，可以这样执着地为理想行事，实在是难能可贵。

接下来，孔子作为考察团的团长，继续询问子游："女得人焉尔乎？"意思是你在这里得到什么人才没有？子游说：有个叫澹台灭明的人，他走路从不抄近道，不为公事，也从不会到我的居室来。（"有澹台灭明者，行不由径，非公事，未尝至于偃之室也。"《雍也》）这意思是说澹台灭明行为端正，不对上司逢迎拍马，是一个可以重用的人才。这里可见子游不仅有礼乐为政的才干，还有慧眼识人才的本领，而且为人正直，做事有原则，不喜欢听恭维话。不知道这次考察，孔子待了多长时间，也不知道子游还向老师汇报了哪些情况，但是考察的结果我们可以推想，孔子一定比较满意。在"夫子莞尔而笑"的喜悦里，在处处弦歌的礼乐中，在子游对答如流、成竹在胸的从容里，孔子自有评价。这里提到的澹台灭明，字子羽，比孔子小三十九岁。后来也成了孔子的学生，且学有所成，也成为一位名师，在吴国讲学时门徒高达三百人。他"设取予去就"，"设"，完备、完善，此句的意思也就是说在获取、给予、离异、趋就四个方面，子羽表现得完美无缺。可是他体貌丑陋，当他投师孔门时，孔子觉得他资质低下，并不怎么欣赏他。等到子羽的声誉传遍了四方时，孔子对自己的失误进行了深刻的反思："吾以言取人，失之宰予；以貌取人，失之子羽。"他认为自己没能在听其言的基础上去察其行，所以对宰予的判断就错了；认为自己识人浅陋，只看重外表不看重内在而对子羽的判断也失误了。

二、分寸与原则

《里仁》里子游说过一句话："事君数，斯辱矣；朋友数，斯疏矣。"这实际上表现出了他是一个非常注意工作方法、善于处理人际关系的管理者。他认为侍奉君主，如果频繁地提意见，就会招致羞辱；对待朋友，如果频繁地提意见，就会造成疏远。这的确是处事为人的经验之谈。现实生活中，我们常常在对待同事、朋友、家人的过错中犯了这样的忌讳，致使事与愿违，甚至是众叛亲离。凡事都应该把握住分寸，无论是对他人的关心，还是劝谏，都应该适可而止。事无巨细的关怀备至和喋喋不休的批评劝说，都只会招人厌烦，被人疏远。那些常常埋怨自己的好心被别人当成了驴肝肺的人，那些总是与周围的环境格格不入的人，应该好好对照子游的这句名言，看看是否因为自己的过于繁琐而自取其辱或者被人疏远。大到治国，小到治家，哪里都离不开运用管理的方法，而管理就是要正确有效地处理人和人之间的关系。仅从能够理性地处理上上下下的人际关系来看，子游也算得上是个很有领导水平的治国之才了。

不过，我们千万不要像有些人那样，以为要想处理好人际关系，就必须为人圆滑，处事没有原则。实际上，子游是个很有原则和分寸的人。他对同学和朋友的批评并不少见，仅在《论语》八处有关他的记载里，就有两处是他对别人的批评。其中对子夏的批评较为猛烈。他认为与他同列于文学之门的子夏教学内容设置不当，只教学生们洒扫、应对、进退那些细枝末节的小事，而忽略了教他们树雄心、立壮志、干大事、成大器的根本。并且对这种在他看来是舍本求末的做法十分担忧："本之则无，如之何？"子夏听说此言后不以为然，他反驳说："噫，子游你说得过分了吧？君子之道，谁先传，谁后学呢？用草木来加以区别，怎么可以这样诬蔑呢？能够做到有始有终的，恐怕只有圣人吧！"这里子游对子夏的批评是严厉的,可是各人有各人的教学主张,子夏的方法未必不可行,而实际上子夏的弟子中就多有叱咤风云的人物,自己也是帝王之师,享誉天下。倒是子游的弟子中鲜有功成名就者。不过,从现有的资料中,我们已经看不出子游跟子夏后来的关系究竟有没有疏远。推想起来,应该不会太疏远,因为批评与反复无度地批评原本就不是一个概念。一个从不批评别人的人和一个从不能够接受别人批评的人一样,很难成为一代名师。子夏设教西河,名震遐迩;子游执教江南,从学者数以千计。这两位各得圣人一体的先贤,应该不会彼此疏远,传夫子之道是他们的共同责任,也是他们追求的共同目标。

子游还委婉地批评过他的另一位同窗,也是他的好友,后来还成了他的儿女亲家,这就是子张。子游的女儿嫁给了子张的儿子,可见他们有着怎样的同窗之谊。可是桥归桥,路归路,优点是优点,瑕疵是瑕疵。他在《子张》篇里这样说道:"吾友张也,为难能也。然而未仁。"按理说"未仁"不算是瑕疵,可是这里要和《先进》篇中孔子对他"过犹不及""师也辟(偏激)"的评价以及曾子对他的评价"堂堂乎张也,难与并为仁矣"比较起来,就知道子张的确有应该改进之处。所以我们也就知道子游绝不是一个没有原则的人。即使是好友,是亲家,也不例外,只是拿捏的分寸各有不同而已。

三、丧致乎哀而止

一个优秀的为政者还应该具有独立的思考和判断能力。在《为政》篇中曾记录了子游与孔子之间的一次对话。他问老师怎样做才可以称之为孝?这个问题看起来很简单,但是,就当时人们通行的做法来看,很多人并不明白究竟怎样做才是真正表达了孝心。子游肯定思考了这个问题,并且肯定不赞成大多数人的那些做法,所以他要和老师做个交流。孔子的回答很简洁:"今之孝者,是谓能养。至于犬马,皆能有养。不敬,何以别乎?"也就是说,今天的人们认为能够供养父母就是孝了。但是,这离孝还太远,因为即使是犬马,也都能够得到供养。如果对父母没有恭敬之心,只做到供养这一步,那供养父母和饲养犬马有什么分别呢?孔子的态度很明确,他否定了当时人们普遍认为能够供养父母就是做到了孝的错误看法,并且毫不客气地指出,如果对父母只做到供养而没有敬意,那就等于视父母如犬马，那就实在是大不敬了！今天，我们还有很多人对孝的理解仍然停留在供养的层面，似乎能够供父母吃好穿暖就是孝子一个了。殊不知，这种做法在几千年前就受到了孔子的严厉批评。孔子的时代，物质极其匮乏，吃饱穿暖是大多数人的人生追求，可是即便如此，孝也要体现出他人伦的尊严，体现出它源自敬爱的感恩之情，体现出一种由内而外自然流淌的仁德之心。孝顺父母自然离不开物质条件，可是只有物质是远远不够的。虽然我们无法知道子游当时的具体想法，可是就他对时人行孝向孔子提出质疑的行为本身来看，他应该是一个不流于俗的人，他有自己的思考和判断。

这个特点更清楚地显现在《子张》中那句"丧致乎哀而止"的话里。他极力主张居丧只要表达悲哀之情就可以了，用不着太注重繁礼缛节。在这一点上，当年的宰予和他是英雄所见略同。三年之丧是当时的风俗，这个规矩要求儿子必须在父母离世时守孝三年，三年之内潜心致哀，不得出外做其他的事情。孔子很坚持这一点，他认为人生来世上，每个人都是三年才能脱离父母的怀抱，所以守孝三年，是对父母爱的回报，是天经地义的事。所以他质问宰予：你丧亲一年就开始吃起昂贵的稻米，穿起图案艳丽的华贵衣服，你于心可安？当宰予不以为然时，孔子失望地感叹：宰予真是不仁啊！现在，子游也和宰予有着同样的看法，他也认为没有必要固守成规，只要尽到心力、付出真情就足够了。不过，他提出这个观点时比较委婉，不像宰予那么直截了当，把孔子气得无可奈何。子游的这个观念实在难能可贵，因为在中国漫长的封建社会里，人们一直坚守着这个三年之丧，即使国家危急之时也不例外，像明朝的张居正、清朝的曾国藩都曾如此。太多的人、太多的事，都因为这个三年之丧而受到永远不可挽回的影响。如果把"丧致乎哀而止"与孝父母当尽心诚意合起来看，我们不得不佩服子游深邃的思想，这种合乎人情、易于操作的养生送死方式，即使在今天也非常具有现实意义。仅就"丧致乎哀而止"这几个字，也就足见这位南方夫子的见解高明。

由于子游对孔子仁礼之学的深刻理解和准确把握，荀子在《荀子·非十二子》中曾将他与孔子并列而述，把他视为孔门弟子中杰出的儒学传人。当代学者也有人认为，他才是子思的老师，是思孟学派的重要链环，在先秦儒学的发展过程中，形成了孔子儒学→子游氏之学→子思之学→孟子之学的流传过程。

这位被孔夫子戏之为用牛刀杀鸡的高徒，确实有牛刀在手，可以在传承孔子儒学的过程中游刃有余。

第十二节　冉求：最让孔子失望

冉求这个名字我们并不陌生，前文中我们已经多次和他打过照面：他和备受孔子鼓励的冉雍同宗；他曾力荐樊须担当重任，在抗击齐军侵鲁的战斗中大获全胜；他曾和仲由、公西赤、曾点一起，在孔子面前谈论治国安邦的理想：当公西赤出使齐国时，他多次为大使的母亲申请粮食补贴；当鲁大夫孟武伯造访孔子的人才库时，他和仲由、公西赤一起得到了孔子的极力举荐。现在，就让我们正式认识一下这位在"孔门十哲"中排名第七，位列大名鼎鼎的子路之前的重量级人物。

一、长于政事

冉求，字子有，亦称"冉有"。鲁国人，和孔子同乡，比孔子小二十九岁。他在《论语》中出镜十六次，是个戏份较足的角色。在学生时代，他很受老师的器重，是老师眼里的长于政事且多才多艺的优等生。《论语》中曾四次记录了孔子对他政治才干的肯定。

第一次是在《公冶长》篇中。当时鲁大夫孟武伯造访孔子学院，想招募德才兼备的贤人。可能来访之前已经做过一些初步调研，所以他点名要了解仲由、冉求、公西赤三位同学的思想品德和政治才干。孔子对冉有的推荐词是"求也，千室之邑，百乘之家，可使为之宰也，不知其仁也"。这里，老师明确地指出冉有完全可以为国家管理一个拥有一千户人家的地方，或者去做一个拥有百辆兵车的卿大夫封地的总管。至于"不知其仁也"，并不是老师不看好他的品德，而是在老师的眼里，仁德不是轻易可以达到的境界，所以孔子很委婉地对孟武伯说，至于冉有是否仁德我就不得而知了。

第二回出现在《雍也》篇里。这次来的是季康子,他是鲁国政坛一个非常重要的人物,后来在鲁哀公时官居正卿,也就是宰相。和孟武伯一样,他也事先掌握了一些表现突出的学生的基本信息,所以见到孔子后,他直截了当地连发三问,仲由这个人,能不能够让他管理政事?("仲由可使从政也与?")端木赐这个人,能不能够让他管理政事?("赐也可使政也与?")冉求这个人,能不能够让他管理政事?("求也可使从政也与?")与孟武伯的用人强调德才兼备的标准不同,季康子根本不问所用之人的思想品德,他关注的只是他们的管理才干。对学生了如指掌的孔子,非常自信地回答季康子:"由也果,于从政乎何有?""赐也达,于从政乎何有?""求也艺,于从政乎何有?"意思是这几个学生各有所长,他们从政何难之有?仔细揣摩孔子连续选用三个反问句式来回答季康子的问题,似乎可以看出孔子性情中人的那一面:对学生政治才干不加掩饰的喜悦,对季康子不讲仁德之政的隐隐不满。这隐隐的不满后来发展成严厉的批评,这实际上是他们政治理想大相径庭的必然结果,这是后话。回到这次谈话本身,我们可以清楚地看到孔子对冉求的赏识表现在两个方面,一是他的多才多艺,一是他的政治才干。在孔子看来,让多才多艺的冉求去从政会有什么困难呢?那不是小菜一碟吗?

第三次是在冉求自我评价的基础上,孔子间接地肯定了他的政治才干。这一段记载在《先进》篇"子路、曾皙、冉有、公西华侍坐"一节,我们已在公西赤一文中引述过。冉求认为,如果自己去管理一个方圆六七十里或者五六十里的地方,可以在三年之内使那里的百姓富足。但是对于礼乐教化的问题,自己就不擅长了,必须有待君子相助。孔子的点评是,哪里见得方圆六七十里或者五六十里的地方就不是国家呢?这话意思是冉求说话太过谨慎,他所言之事不正是治国的大事吗?这里,孔子不仅肯定了冉求的出语谦虚,也肯定了他可以治国安邦的政治才能。不过,细细琢磨冉求的话,我们还可以得出另一个信息,那就是这位同学好实务超过了好礼乐。

孔子对冉求的这三次肯定,从内容上判断很可能都发生在冉求求学孔门的学生时代,而下面这一次则是在他担任季氏总管以后。这一次来访者是一个叫作季子然的人,他是季氏的子弟,他已经知道仲由和冉求在季氏手下任职,所以他有目的地问道:仲由和冉求可以说是大臣吗？（“仲由、冉求，可谓大臣与？”《先进》）孔子答曰：我还以为你问别的人呢，原来你是问仲由和冉求啊。所谓大臣，是指那些懂得以正道侍奉君主，如果不行就宁可辞职不干的人。现在仲由和冉求，可以说是已经有了做大臣的才能了。（“吾以子为异之问，曾由与求之问。所谓大臣者，以道事君，不可则止。今由与求也，可谓具臣矣？”）季子然又穷追不舍：那他们会不会事事顺从季氏呢？（“然则从之者与？”）孔子毫不迟疑地答道：像弑父弑君、以下犯上那样大逆不道的事，他们是决不会顺从的。（“弑父与君，亦不从也。”）这里说话的双方都心照不宣，他们都知道季康子不是个安分守己的人，现在仲由和冉求在那里任职，不能不说要面临很大的考验。可是孔子对他们有坚定的信心，他不仅认为这两位弟子已经具备了足够的政治才能，也相信他们一定能够在从政的道路上坚守住道德的底线。

冉求

二、完人之艺

除了赞赏冉求的政治才干，孔子也对他的多才多艺给予了高度的评价。在《宪问》篇中，记录了“子路问成人”的故事。子路问老师，怎样做才可以成为一个德才兼备的完人呢？孔子说，一个人如果像臧武仲那样明智，像孟公绰那样不贪心，像卞庄子那样勇敢，像冉求那样有才艺，再用礼乐去装点修饰，那这个人就完美无缺了。（“若臧武仲之知，公绰之不欲，卞庄子之勇，冉求之艺，文之以礼乐，亦可以为成人矣？”）这里孔子把冉求与其他三位鲁国名人相提并论，足可见冉求在老师心里的地位。臧武仲是鲁国大夫，善于预见又懂得取舍，是一个非常有智慧的人。《左传·襄公二十三年》所记载的一件事可以佐证。那一年（公元前 550 年）他因不容于鲁国权臣而出逃到齐国，齐庄公很器重他想送他田邑，他却设法拒绝了，原因是他预料到庄公之位不可长久。所以孔子对这位先贤的明智之举十分赞赏。孟公绰也是鲁国大夫，虽然才能平平，但是廉洁自律，孔子很敬重他的德行。卞庄子则是一个有虎虎生机的鲁大夫，他勇武过人，可以独力缚虎。这三人的智、廉、勇合成一体已经可以打造出一个相当优秀的人了，可是孔子还觉得不够，还得加上冉求的才艺，并且还要和礼乐融为一体，这样才能够全方位地打造成一个德智体美劳全面发展的完人。这个标准太高，也许孔子也觉察到了对问话的子路来说，要实现这个标准难度太大，可行性太小，所以他话锋一转，安慰着眼前这个看上去有点失望的学生说，现在我们要成为一个德才兼备的人倒也不用如此费劲，只要做到见到财利能够想到道义，做到国家有难甘愿献身，做到久居贫困而不忘平日的诺言，也就可以说是一个完美的人了。（“今之成人者何必然？见利思义，见危授命，久要不忘平生之言，亦可以为成人矣？”《宪问》）实际上，孔子这个降格以求的标准也不低，他是针对当时的世风日下有感而发，在他眼里，见利忘义者、临危苟生者、无诚无信者比比皆是，在当时来看，能够超越世风之人就已经可以归为完人之列了。在我们今天建设社会主义市场经济的新的历史时期，这个标准仍然适用，讲合法经营，讲廉洁奉公，讲爱国，讲责任，讲诚信，讲公开，讲透明，正是对孔子这个标准的新的诠释。回到冉求这个语境之中，这一段话至少提供了三个信息，一是冉求已经具备了成为完人的才艺，一是没有哪个同窗能够与他的才艺媲美，再就是冉求在孔子心中占有着一个很重要的地位。如果把“求也艺，于从政乎何有”也并在一处，我们就可以明白艺在孔子眼里的重要性，它不仅是成为完人的一项指标，也是可以从政的一个依据。

可是引得孔子如此赞赏的冉求之艺究竟所指为何，实在难以确定，孔子从来没有明言。对照《周礼·保氏》所言：“养国子以道，乃教之六艺：一曰五礼，二曰六乐，三曰五射，四曰五驭，五曰六书，六曰九数”，所谓六艺者，乃礼、乐、射、御、书、数也。可是《论语》中除了反映冉求善于言辞，善于交友，可以率兵，可以为政之外，与这六艺可以连得上的就只有冉求的驾车技术了。《论语》里曾记载过他给孔子当司机，送老师去卫国的事，我们可以据此推测他的驾驶技术不错，因为他可以在轻松驾车的同时，和老师自如地交谈，并且谈的还是比较重要的话题。（子适卫，冉有仆。子曰：“庶矣哉！”冉有曰：“既庶矣，又何加焉？”曰：“富之。”曰：“既富矣，又何加焉？”曰：“教之。”《子路》）这里，孔子所感叹的

"庶矣哉"是指卫国人口众多。冉求是个很善于思考并对为政之道很有兴趣的学生，听到孔子的这声感叹，他接口就问，人多了下一步怎么办？孔子说，要使他们富足起来。那富足之后又怎么办呢？冉求边驾着车边请教治国之道。孔子自然也不会放过任何一个教书育人的机会，他很有耐心地回答，那就要办教育，施行礼乐教化的工作了。当然，仅凭一种驾驶技术肯定得不到孔子那么高的赞许，冉求一定还有很多过人的才艺，只是没有被记录下来罢了。

三、画地自限

孔子是一个很讲原则的人，他在对冉求大加夸赞的同时，也一分为二地指出了冉求身上存在的缺点。他觉得冉求个性谨慎，做事畏缩，所以要求他"闻斯行诸"，也就是凡事听到了就要采取行动，不要犹豫不决。（"冉有问：'闻斯行诸？'子曰：'闻斯行之！'"《先进》）孔子说："知者不惑，仁者不忧，勇者不惧。"（《子罕》）智仁勇三结合是完美人格的体现，而智、廉、勇、艺、礼乐相融合则可以达到完人的境界。这理想的人格和人生境界都离不开勇这个要素，所以冉求个性中缺乏果决和刚毅不能不说是一个遗憾。因此，孔子告诫他遇事要果断，大胆向前。（"求也退，故进之。"《先进》）

在《雍也》篇中，孔子批评了冉求学道的畏难情绪。夫子之道高远精妙，对大多数学生来说都有一种"仰之弥高，钻之弥坚，瞻之在前，忽焉在后"的崇敬与迷茫，也都容易生出一种想学却摸不着门路的感叹。（"虽欲从之，末由也已。"《子罕》）颜回和子贡都曾有过同感，在他们看来，老师的学说和老师的人格一样高不可攀。自然，对于重实务甚于重礼乐的冉求来说，学习夫子之道更是一件难上加难的事。他可能是对自己没有信心，也可能是对治国方略更有兴趣，所以有一天他对老师说：我不是不喜欢您的道，而是我的力量有限，实在学不了。（"非不说子之道，力不足也。"《子罕》）孔子火眼金睛，他最不喜欢学生偷奸耍滑，所以，立刻甩给冉求两句话："力不足者，中道而废。今女画。"意思是，你根本没动步，怎么知道你的力量不够呢？你现在的行为是画地自限、画地为牢。如果拿冉求与颜回相比，那可就真是比不上了哦！孔子曾经夸颜回好学："吾见其进也，未见其止也。”现在冉求如此画地自限，受到孔子的批评也就不足为奇了。

同样在《雍也》篇中，孔子还批评了冉求的处事无度。事情发生在孔子担任鲁国大司寇期间，因为这个时候他主管司法，并代理宰相，兼管外交事务，所以公西赤可能受孔子派遣出使齐国。原文如下：

子华使于齐，冉子为其母请粟。子曰：“与之釜。”请益。曰：“与之庾。”冉子与之粟五秉。子曰：“赤之适齐也，乘肥马，衣轻裘。吾闻之也：君子周急不继富。”

公西赤为国效力，冉求为同学的母亲求得国家的粮食补贴，是情在理中。所以孔子听了冉求的请求后，没有任何犹豫就对他说：给她一釜。釜是古代容量单位，一釜合当时的六斗四升，大约是一个人一个月的口粮。冉求觉得太少，要求再加一点，孔子说，那就再加一庾吧。一庾约合一釜的三分之一。冉求还是觉得不足，最后自作主张给了公西赤母亲五秉米，也就是八百斗米！这实在有点不靠谱，所以孔子适时地敲打他，告诉他公西赤此次出访国家已经给他提供了很好的条件，他有能力照顾家里。君子应该雪中送炭，不必锦上添花。这一次，冉求不知何故，一改往昔的谨小慎微，宁肯为这位比自己小了十多岁的公西赤老弟去挨先生的训。

四、鸣鼓而攻之

以上叙述所涉及的内容基本发生在冉求的学生时代，包括在鲁求学和追随孔子周游列国两个阶段，孔子对他的态度也基本上可以归纳为赏识二字，尽管也有批评，但并不影响对他的总体评价。可是后来发生的事却彻底改变了孔子的看法，以至于要和他断绝师生关系。导致这个结果的直接原因是冉求不能“事君以道”，实际上的原因是师徒二人政治理想的差距越来越大。要说清楚这个问题，必须从季康子任用冉求说起。

鲁哀公三年（公元前 492 年），宰相季桓子病逝，临终前他告诉嗣子季康子说，我死以后你一定会接掌鲁国的政权辅佐国君；辅君之后，务必要召回孔子。（“我即死，若必相鲁；相鲁，必召仲尼。”《史记·孔子世家》）。他说这话事出有因，当年正是因为他接受了别有用心的齐国送来的女子乐团，才使鲁国君臣沉湎于其中，疏于朝政，他自己也完全听不进孔子的劝谏，使孔子在无法实现自己政治主张的情况下愤然离鲁。现在人之将死，其言也善，他怀着深深的忏悔希望儿子能够弥补自己的过失。几天后，心事重重的季桓子离去了，儿子继承了他的职位。办完了父亲的丧事，季康子着手实现父亲的遗言。可是有一个叫公之鱼的大夫出来阻拦，他认为当年鲁定公任用孔子没能善终而被天下耻笑，如果这一次任用孔子再不得善终，那将又会使鲁国蒙羞。所以他建议召回冉求。这季康子也知道孔子与自己的政见多有不同，且德高望重，如果按父亲的意思召回他来，自然难以领导。而以自己对冉求的了解，指挥起他来应该顺手得多，况且冉求的政治才干也是有目共睹，所以他决定采纳公之鱼的建议起用冉求。一个人的命运、一个国家的命运就这样在一瞬间，在这样的偶然中被改变了！此时的冉求正和孔子一行周游于陈国，当特使来到时，孔子明白这个学生将要在鲁国受到重用了。（“鲁人召求，非小用之，将大用之也。”《史记·孔子世家》）子贡深知孔子对故乡的思念，所以在和冉求依依惜别时一再叮咛，如果在鲁国受到重用，一定要把老师迎请回去。（“即用，以孔子为招。”《史记·孔子世家》）这一年，孔子六十岁，周游列国已经多年。而冉求三十岁刚出头，他开始了自己的人生新里程。

回到国内，冉求开始了他在执掌鲁国政权的正卿季康子手下的仕途生涯。可是我们缺乏详细的资料来勾描他的这段经历。只有到了公元前 484 年，也就是回国七年以后，《左传·哀公十一年》才清晰地记载了他已经官至季氏家宰。并且在这一年，他荐樊迟率鲁军，为抗击入侵的齐军立下了赫赫战功。也就是这一次大捷为迎回老师奠定了基础。因为大获全胜，季康子心情大悦，他问冉求：您的指挥才能，是学的呢？还是天生的呢？（“子之于军旅，学之乎？性之乎？”《史记·孔子世家》）忠实于老师的冉求回答说，我是从我的老师孔子那里学来的。并且告诉季康子：如果任用我的老师，一定要符合名分或者说礼制；他的学说不论是传播到百姓中，还是对质于鬼神前，都是不会有遗憾的。我虽然立军功、得犒赏，封地有千社之多，可是我的老师决不会对此动心。（“用之有名，播之百姓，质诸鬼神而无憾。求之至于此道，虽累千社，夫子不利也。”《史记·孔子世家》）冉求很好地把握住了这个机会，劝说季康子不受小人的干扰迎回孔子。冉求的努力,使季康子最终下定决心,派特使带着礼品赶到了卫国。其时,孔子正在为卫国的内乱发出“鸟能择木,木岂能择鸟乎”的感叹,所以,离卫返鲁就是水到渠成的事了。自此,孔子终于结束了十四年的漂泊生涯,以六十八岁高龄回到了阔别多年的故土。

可是,师徒的团聚并没有加深彼此的感情,相反却产生了越来越大的政治分歧,孔子对冉求的态度也慢慢发生了变化。《八佾》篇里已经可以看出孔子对冉求的不满:季氏旅于泰山。子谓冉有曰:“女弗能救与?”对曰:“不能。”子曰:“呜呼!曾谓泰山不如林放乎?”这里的“旅”是指祭祀山川。周礼规定,只有天子才有资格祭祀天下的名山大川。季康子祭祀泰山,是一种越礼的行为。他感叹说:哎呀,难道泰山之神还不如鲁国人林放懂得礼吗?他居然还接受季氏的祭祀呢!此时冉求为季氏的家臣而未能阻拦此事,孔子心有不悦,他说林放懂礼,也就是委婉地批评冉求不懂礼,或者说不坚守礼。

礼治和德政是孔子政治理想的核心,当这些最圣洁的理想都被现实践踏的时候,孔子的血就涌动起来了。据《左传·哀公十二年》记载,在鲁哀公十二年(公元前 483 年)。季康子欲“以田赋”,即实行田赋制度。鲁国原本是按丘来征收军赋,现在季康子改为按每户的田亩数来征收后,就大大地增加了赋税收入,这与孔子主张的“敛从其薄”背道而驰,他认为这是一种搜括百姓的聚敛行为,是一种暴政的表现。而弟子冉求不仅不加制止,反而参与其中,为已经富比周公的季氏增加财富,这实在使孔子无法忍受,所以他先是要和冉求断绝师生关系,次而鼓动门人敲着鼓去挞伐这个不义之徒。(季氏富于周公,而求也为之聚敛而附益之。子曰:“非吾徒也,小子鸣鼓而攻之可也!”《先进》)这一次,孔子真的动了怒,也许是爱之深,责之切,在他眼里,昔日那个多才多艺、政治才干突出,曾经多次被他赞赏的年轻后生,现如今为了维护当权者的利益,为了保住自己的既有地位,已经在政治上妥协,已经与自己的政治理想大相径庭。这一句“非吾徒也”,表达了孔子对冉求的极度失望。

老师的愤怒使冉求变得小心翼翼,甚至不敢和老师说真话。一日退朝,他又去看望孔子。老师说为什么今天下班这么晚呐?冉求答,有政务要处理。孔子根本不信他的话，说道：我看你只是有事务要处理罢了！如果有政务，虽不用我，我也会知道的。（冉子退朝，子曰："何晏也？"对曰："有政。"子曰："其事也！如有政，虽不吾以，吾其与闻之！"《子路》）这里，我们可以清楚地看出这对师徒关系已经比较紧张，虽然表面上还履行着师生之间的礼节，实际上，彼此的内心已经开始生分，那份昔日的真情再也看不到了。

在《季氏》篇中有一段关于"季氏将伐颛臾"的记载。这段文字非常精彩，是《论语》的名篇，被选入了中学语文课本。它也是孔子对冉求的最严厉的批评，不过这次还有个陪斩者，这也许能让冉求的感觉稍微好一点儿。为评析方便，引全文如下：

季氏将伐颛臾。冉有、季路见于孔子曰："季氏将有事于颛臾。"孔子曰："求！无乃尔是过与？夫颛臾，昔者先王以为东蒙主，且在邦域之中矣，是社稷之臣也，何以伐为？"冉有曰："夫子欲之，吾二臣者皆不欲也。"孔子曰："求！周任有言曰：'陈力就列，不能者止。'危而不持，颠而不扶，则将焉用彼相矣？且尔言过矣，虎兕出于柙，龟玉毁于椟中，是谁之过与？"冉有曰："今夫颛臾，固而于费。今不取，后世必为子孙忧。"孔子曰："求！君子疾夫舍曰'欲之'而必为之辞。丘也闻有国有家者，不患寡而患不均，不患贫而患不安。盖均无贫，和无寡，安无倾。夫如是，故远人不服，则修文德以来之。既来之，则安之。今由与求也，相夫子，远人不服而不能来也；邦分崩离析，而不能守也；而谋动干戈于邦内，吾恐季孙之忧，不在颛臾，而在萧墙之内也。"

这里所言的颛臾是附属于鲁国的一个小国，季康子为了扩张自己的势力想去讨伐它。征讨之前，冉有和子路作为季氏的家臣将消息告诉他们的老师。老师一听，马上批评冉求，他说，这难道不是你的过错吗？孔子知道冉求是总管，他在季氏的权力集团中有着相当重要的地位，所以他要点名批评这个不称职的官员。批评完毕，孔子阐明了三点不应该讨伐颛臾的理由：第一，它是先王所封，不可伐；第二，它在邦域之中，不必伐；第三，它是社稷之臣，不当伐。三点理由环环相扣，掷地有声。面对老师的严词，冉求无话可说，他只好辩解，这是我们主家的想法，我俩都不主张这么做。孔子立即反驳道：冉求！此话差也！周任说能施展其才的就担任其位，做不到的就该辞职。（"陈力就列，不能者止。"）你在其位不谋其政，该当何罪？这就好比盲人遇险你不去扶他，跌倒了你不去搀他，那还要你何用？如果那些老虎、犀牛从笼中逃出，那些珍贵的玉器在木匣子里被损坏了，不是管理者的过错又是谁之过呢？老师的批评火力太猛，句句击中要害，所以学生难辞其咎，只得实话实说，冉求把自己的观点亮了出来：如今的颛臾日渐强大，又靠近季氏的采邑费城，对季氏的领地构成威胁，如果现在不消灭它，今后必将成为大患！接着，孔子毫不留情地指责冉求，君子最讨厌那些嘴上不说想得到而实际上总想找借口得到的人。孔子的这些话里都透出锋利，句句都令两个学生汗颜，尤其令冉求紧张。

不过老师毕竟是老师，批评的目的不是逞弄口才，不是把学生批倒批臭，而是为了帮助他们明辨是非。所以接下来孔子就复归教书育人的师道，开始循循善诱起眼前这两个被骂得晕头转向的学生了。他说，我听说对于诸侯和大夫来讲，他们担心的不是财富不足，而是分配不均；担心的不是人少，而是社会不安定。财富平均，就无所谓贫穷；境内和平团结，就不会觉得人少；境内平安，统治就没有倾覆的危险。如果做到了这一点，远方的人还无意归附，那就提倡仁义礼乐的教化来吸引他们。远方的人已经来了，就要使他们安心地住下来。现在你们二人辅佐季氏，远方之人不来归服，你们也不能吸引他们来；国家四分五裂而不能够保全它，反而打算在国境之内使用武力，我就怕季氏的忧患不在颛臾，而在我们国君的门屏之内哦！意思是你们的主子这么瞎折腾，早晚要被鲁君收拾。因为鲁哀公名义上在位，实际上国家的政权被季康子把持着，这样的越位行为早晚会引起内乱而颠覆季氏现有的权位。到头来，季氏想讨伐颛臾扩大地盘，以削弱鲁君的实力，最终篡夺鲁国的政权的做法就成了搬起石头砸自己脚的好戏了。孔子这种高度的政治敏感和高超的政治见地，一定给那两个学生上了生动而又深刻的一课。冉求一定大梦初醒，他肯定没有孔子这样的洞察力，可以看清季康子讨伐颛臾背后的深层用意。对于孔子来说，冉求即使走得再远，也决不会做出弑父弑君那样大逆不道的事。所以上半段的批评是严厉的，但是这后半段就散尽了硝烟，还原了师徒的角色。

尽管我们知道在孔子与冉求之间，因为政治理想的差异已经使他们无法回到从前那种情感状态，可是凭着他们之间曾经的那份真情，无论是谁，也不愿看到对方处于人生的窘境。在他们心灵的深处，一定还留存着他们自己才能够体会到的温暖。

第十三节　子张：过犹不及

“过犹不及”是人尽皆知的成语，它出自《论语·先进》篇中子贡与孔子之间的一段对话：子贡问：“师与商也孰贤？”子曰：“师也过，商也不及。”曰：“然则师愈与？”子曰：“过犹不及。”在孔子眼里，中道平和才是至境，凡事做过了头和做不充分的结果都是一样，都达不到中和之美。从这里开始，这位被批评为“过犹不及”的学生，就以一种独特的存身方式活在了我们的记忆中。不过我们要知道，孔子一向对学生要求严格，被他批评并不意味着被他否定。实际上这位学生不仅是孔门才俊，还为孔学的传播做出了重要的贡献。现在，我们来认识一下这位“过犹不及”的学生。

一、学干禄

颛孙师，复姓颛孙，单名师，字子张，比孔子小四十八岁，是孔子晚年的弟子。他的国籍至今尚有争论。历史文献中就有两种不同的说法：如《史记·仲尼弟子列传》和《孔子家语·七十二弟子解》均持“颛孙师，陈人”之说；《吕氏春秋·尊师》篇却云“子张，鲁之鄙家也”，即子张为鲁人，且出身较为低贱。也就是说，子张有河南人和山东人两说。今人钱穆在《先秦诸子系年考辨》中持“鲁人说”，而杨伯峻等大多数注家则持“陈人说”。因缺乏足够的史料，本文采用蒋伯潜《诸子通考》一书中“子张有鲁人、陈人两说也”的客观陈述，对子张的国籍暂存不论。至于子张投师孔门的时间，参照《史记·仲尼弟子列传》所记，他是孔子周游列国被困陈、蔡之间的当事人之一，所以可以推断他不迟于十五岁就已经加入孔氏教育集团之中。若是鲁人，他可能就和当年的曾参一样，也有风尘仆仆地追赶孔子木轱辘牛车的经历；若是陈人，他就可能是站在自家的门口被孔子那支说仁讲礼的浩浩荡荡的队伍所吸引而加入的。无论属于哪一种情况，都使他得以受业孔子近十年的时间。这为他最终成长为子张之儒一派的创始人奠定了基础。《论语》中关于他的记载有二十处,十三处是他向孔子提问,可见他是一个好学深思的好学生。

仔细梳理子张的十三次提问,我们可以清楚地看出他逐渐成长的轨迹。可能和樊迟当年想学稼圃的心情一样,子张第一次见孔子就提出了很务实的想法。他在行完拜师礼后直截了当地告诉孔子,我到您这儿来是为了学习如何做官求财的。("子张学干禄。"《为政》)可能孔子觉得眼前的这个学生还不过是个孩子,不必泼他的冷水,也不必急功近利,来日方长,可以慢慢调理。所以顺着他的话头,耐心地给这位进门就想学做官的学生上了第一堂课:"多闻阙疑,慎言其余,则寡尤;多见阙殆,慎行其余,则寡悔。言寡尤,行寡悔,禄在其中矣。"意思是,要多听别人说话,把你觉得可疑的地方放在一旁,谨慎地说出其余有把握的内容,这样就可以少犯错误。要多看别人行事,把你觉得危险的地方放在一旁,谨慎地去做其余的事,这样就能减少后悔。说话少出错,做事少后悔,求官发财之道就在其中了。这里我们可以发现孔子的确是个因材施教的好老师,这样的回答很巧妙,做学生的可以接受,做老师的也贯彻了自己的教学目标。就这样,子张就跨进了孔门。如果孔子当年在听完子张想做官发财的学习目的之后是一顿劈头盖脸的羞辱,那恐怕日后的子张之儒就无从谈起了。

同样在《为政》篇里,子张又问了另外一个也有点孩子气的问题,而孔子照样采用了上面这种轻轻一挽的方法,把这个懵懵懂懂的少年又朝自己拉近了一步。子张问:"十世可知也?"子曰:"殷因于夏礼,所损益,可知也;周因于殷礼,所损益,可知也。其或继周者,虽百世,可知也。"好奇心促使子张向老师问道:可不可以有一种先知的本领,现在就可以预见十世以后的事情?古代称三十年为一世,但是此处"世"为"代"义,父子相继为一代。孔子听了子张的提问,知道点拨这个学生的机会又来了,所以他说,可以预知未来。商朝继承了夏朝的礼仪制度,所减少和增加的地方,是可以知道的;周朝又继承了商朝的礼仪制度,所减少和增加的地方,也可以知道;将来有继周而起的朝代,即使有百世之久,我们也是可以预知的。的确,时代的变迁,并不是凭空而来的事,它总是与前代有着千丝万缕的关联,无论是增益还是减损,是继承还是反拨,都可以根据前面的历史迹象做出判断，历史有着自身的发展轨迹。但是孔子在这里强调的不是历史规律，他把子张的注意力引领到了礼制这个孔学的重要领域里，在轻松自然之中，一颗少年的好奇之心被置放了一粒非常有意义的儒学种子。

子张

这粒种子推动着子张去读历史，去了解过去。可是由于年轻，他还是没有办法弄懂很多礼制的问题，他问老师："书云：'高宗谅阴，三年不言。'何谓也？"意思是，《尚书》上说殷高宗守孝住在居丧之庐，三年不问政事，这句话到底讲什么呀？孔子说，不仅高宗如此，古人都这样哦。君主死了，文武百官必须各司其职听命于宰相三年之久。"何必高宗？古之人皆然。君薨，百官总己以听于冢宰三年。"这段引文出自《尚书·无逸》篇，高宗指殷王武丁，为商代王朝第十一世贤王。他在位时是殷王朝最繁荣的时期。"谅阴"指居丧时所住之处，类似草庵，非常简陋，没有门窗。"薨"，指诸侯之死。"冢宰"，商代的官名，相当于后世的宰相。这段话又谈到了三年之丧的问题，儒家认为三年之丧事关人道，自天子至平民都应该遵行，但是西周之初康王葬毕即继位，三年之丧之礼已开始动摇。在孔子眼里，坚守此礼是为人的根本，一个连父母的养育之恩都不愿回报的人，他的人品和行事一定令人怀疑，所以他为此事严厉地批评过宰我，现在他又不失时机地给子张上了一课。

二、善人之道

慢慢地，子张被老师带进了学仁讲礼的大课堂，他的兴趣也从"学干禄"逐渐转移到修养德性的层面。他开始关注怎样才能使自己成为一个善人，孔子的回答是，如果不踩着先贤的足迹走，就不可能登堂入室，达到善人的标准。（子张问善人之道。子曰："不践迹，亦不入于室。"《先进》）他开始留心观察周围人们的言行，希望在点滴之中汲取营养。《卫灵

公》中就记录了一个子张好学的典型例子:师冕见,及阶,子曰:“阶也。”及席,子曰:“席也。”皆坐,子告之曰:“某在斯。某在斯。”师冕出,子张问曰:“与师言之道与?”子曰:“然;固相师之道也。”这里说的是,有一天,一位叫冕的盲人乐师来见孔子,走到台阶边上,孔子告诉他,这是台阶。走到座席边上,孔子又说,这是座席。等到大家都坐下来,孔子又一一告知谁在这儿,谁在那儿。乐师离开后,子张问老师,这就是与盲人乐师打交道的方式方法吗?孔子看着这个求知欲旺盛的学生肯定地说:对,你说得对,这就是帮助盲人乐师的方式方法。这里,我们已经看到了一个勤学好问的新人,他与那个开口就要“学干禄”的少年已经不可同日而语了。

他的问题越来越多,他也越来越接近孔子学说的核心了。他请教老师怎样才能使自己心明眼亮,老师给了他一个形象的说法:如果像水浸润一般的谗言,像皮肤受痛一般的诬告,在你面前根本行不通,那你就可以看得明白,可以看得远了。(子张问明。子曰:“浸润之谮,肤受之愬,不行焉,可谓明也已矣。浸润之谮,肤受之想,不行焉,可谓远也已矣。”《颜渊》)接着,他又想找到提升品德、辨别迷惑的办法,老师的回答是:“主忠信,徙义,崇德也。爱之欲其生,恶之欲其死。既欲其生,又欲其死,是惑也。”以忠实诚信为主,努力朝义迈进,这就可以提升你的品德。喜爱一个人巴不得他永远活着,厌恶他时又恨不得他立刻死掉。既要他活又要他死,这就是迷惑。这种“爱之欲其生,恶之欲其死”的说法看起来很荒唐,实际上,在我们现实生活中并不少见,恋人之间、父母与儿女之间、朋友之间都常常出现这样的情况。失去理性就陷入迷惑,而一旦走入迷惑就很难和他谈论德性修养了。

三、恭宽信敏惠

终于,被孔子置放在子张心里的那颗种子经过内因与外因的联动长出了喜人的叶芽。子张开始直接问仁,他想知道如何才能够达到仁人的标准:子张问仁于孔子。孔子曰:“能行五者于天下,为仁矣。”“请问之。”曰:“恭、宽、信、敏、惠。恭则不侮,宽则得众,信则人任焉,敏则有功,惠则足以使人。”这里孔子给出了一个五字纲要——恭、宽、信、敏、惠,并且逐一分析了原因：恭敬就不致遭受侮辱，宽厚就会获得众人拥护，诚信就会得到别人任用，勤敏就能取得成功，慈惠就可以役使别人。一个人如果能做到这五点，那就可以称为仁人了。这个五字真经即使在今天也很有现实意义，如果能够做到这五个字，对建设我们的社会主义和谐社会一定大有裨益。

接下来，子张想检验一下自己崇拜的两个名人是否已达到了仁人的标准。一个是子文，他是楚国的令尹，即宰相。据《左传》所记，他在二十八年中三起三落，三次为相不见其喜，三次被罢免也不见其怨。而且每一次都能够做好交接班工作，毫无保留地把自己的一切经验都告诉来接替他的人。子张想在孔子那儿得到一份对心中偶像的赞许，所以他问，像子文这样的人怎么样？孔子的标准很高，他说，子文可以说是忠，但还不可以称为仁。子张又提到另一个偶像，一个叫陈文子的人。他是齐国的大夫，在齐大夫崔杼犯上作乱杀掉齐庄公时，他舍弃了十乘，也就是四十匹马而离开了齐国。到了另外的国家，发现那里的执政者和齐国的崔子差不多，他又离开，如此三番。孔子还是高标准严要求，他认为这个陈大夫只能说是清白之人，也算不上是个仁人。（子张问曰："令尹子文三仕为令尹，无喜色；三已之，无愠色。旧令尹之政，必以告新令尹。何如？"子曰："忠矣。"曰："仁矣乎？"曰："未知，一焉得仁？""崔子弑齐君，陈文子有马十乘，弃而违之。至于他邦，则曰：'犹吾大夫崔子也。'违之。之一邦，则又曰：'犹吾大夫崔子也。'违之。何如？"子曰："清矣。"曰："仁矣乎？"子曰："未之，焉得仁？"《公冶长》）

经过这番从理论到实践的探讨，子张心里的那棵小树越长越大，他对于老师仁学体系的理解也有了很大的长进，学问和道德修养都有了一个质的飞跃。这个内质的变化，使他从"学干禄"即以追求个人利益为出发点，一步一步地走向了以服务社会、心系天下的从政之路。表面上同样是为了步入官场，实际上的境界却大相径庭，一个为官禄，一个为理想；一个为己，一个为民；一个唯官是从，一个则以推行德政为目标。正是由于子张的认识达到了一定的高度，所以孔子可以和他在一个更高的层面上对话，谈话的内容也变得越来越实际、越来越丰富。在《颜渊》篇里子张问政，孔子的回答是"居之无倦，行之以忠"，意思为身居政位，就应该不松懈倦怠，以忠信去执行政令。孔子是希望这个年轻气盛的弟子能够踏踏实

孔子著书图

实地从小公务员做起,“无倦”和“忠行”都是为政的基本修养。

四、子张问政

在《尧曰》一篇中,孔子更进一步地解答了子张如何为政的问题,他提出为政要“尊五美,屏四恶”。要尊重的五种美德是:“君子惠而不费,劳而不怨,欲而不贪,泰而不骄,威而不猛。”并且逐一解释其中的含义:顺着百姓想得到的利益而让他们去获利,这不就是“惠而不费”吗?选择那些百姓力所能及的劳役让他们去干,谁又会怨声载道呢?希望实现仁义又得到了仁义,还贪求什么财利呢?无论对方人多人少,势大势小,君子都不敢轻慢,这不就是庄重恭敬不骄傲吗?君子穿戴齐整,目光神色郑重严肃,使人望而敬畏,这不就是庄重威严而不凶猛吗?(“因民之所利而利之,斯不亦惠而不费乎?择可劳而劳之,又谁怨?欲仁而得仁,又焉贪?君子无众寡,无小大,无敢慢,斯不亦泰而不骄乎?君子正其衣冠,尊其瞻视,俨然人望而畏之,斯不亦威而不猛乎?”)应该屏弃的四项恶政是:“不教而杀谓之虐;不戒视成谓之暴;慢令致期谓之贼;犹之与人也,出纳之吝谓之有司。”事先不教育,犯了错就杀,这叫“虐”;事先不告诫、不打招呼就要人做出成绩,这叫“暴”;

很晚才下达命令，却要求人限期完成，这叫“贼”；就像是给人东西，出手吝啬显得小家子气，从政的人如果这样，就和职务卑微的有司一般刻薄而小气了。对照这五美四恶的条款，我们不得不承认，即使在今天，也照样能烛照出阳光下的阴影。

再往下走，子张的问题就更加具体，他要知道如何才能够实现自己的政治理想。所以在《颜渊》篇中他问孔子：对于一个士来说，究竟怎么做才可以称之为达呢？（子张问士：“何如斯可谓之达矣？”）老师知道这个学生虽然取得了长足的进步，可还是有缺点，所以故意反问，你所说的达是指什么呀？（“何哉，尔所谓达者？”）子张冲口而出：就是无论在朝廷做官，还是在士大夫的封邑做官，都一定要有名声。（“在邦必闻，在家必闻。”）孔子不慌不忙地点拨他：这只是名声，而不是达。所谓达，是指品质正直，遇事讲理，善于察言观色，又能存有退让之心。这样的人，无论在朝廷还是在士大夫之家，处处都能通达、显达。而那些只是具有名声的人，表面上是在主张仁德，行动上却恰恰相反，他们以仁人自居，从不怀疑自己的实际用心。这种人无论在朝廷还是在士大夫之家，一定都只会有名声，而不会有通达、显达。（子曰：“是闻也，非达也。夫达也者，质直而好义，察言而观色，虑以下人。在邦必达，在家必达。夫闻也者：色取仁而行违，居之不疑。在邦必闻，在家必闻。”）

子张又问孔子，如何可以找到一种切实可行的办法，让自己的主张处处都能行得通呢？老师的回答是，如果说话忠信，行为恭敬，即使在南蛮北狄都可以畅行无阻。反之，即使在本乡本土也寸步难行。站立时仿佛可见“忠信笃敬”四个大字直立眼前，乘车时又仿佛可见它刻在车辕的横木上，如果时刻可以记着这几个字，那就一定能够处处时时畅行无阻了。（子张问行。子曰：“言忠信，行笃敬，虽蛮貊之邦，行矣。言不忠信，行不笃敬，虽州里，行乎哉？立则见其参于前也，在舆则见其倚于衡也，夫然后行。”《卫灵公》）子张对孔子的这席话深信不疑，认真地把它记在自己的腰带上，时时提醒和激励着自己。正是他始终铭记着老师的教诲，不断地勉励和鞭策着自己，才使他逐步成长为一代播扬孔子学说的名师，在曾参、卜商之外自成一家。

五、子张之儒

孔子去世时，子张二十四岁，差不多跟随老师将近十年。服丧三年之后，他和那批后期才俊一样也自立门户，开始了从学生到老师的身份转变。只不过孔子身后的时代已经发生了巨大的历史变化，在公元前475年，也就是孔子去世后的第四年，中国社会进入了战国时代，从此，以礼制为核心的贵族统治被逐步废弃，儒学也在新时代中面临着极大的挑战。子张就是在这样的时代背景下和几位同窗一起，各自担当了自己传承儒学的历史重任。子张的贡献在于全面发扬了孔子仁学体系中的信、义内涵，强化了信、义在整个仁学体系中的地位，并且通过信、义这些明确的实践标准，使仁更具有可操作性，更具有生命力，也更接近社会现实。也许正是这种贴近生活的做法吸引了无数的年轻学子投师在他的门下，最终使“子张之儒”在他去世以后的两百年内一直经久不衰。《韩非子·显学》指出：“自孔子之死也，有子张之儒，有子思之儒，有颜氏之儒，有孟氏之儒，有漆雕氏之儒，有仲良氏之儒，有孙氏之儒，有乐正氏之儒。”亦即在孔子之后儒分为八，子张之儒占据了首位。相传《大戴礼记》中的《千乘》等七篇均为子张氏之儒的著作，其中的不少观点与后来的墨家相近，所以也有人认为子张之儒与墨家有相通之处。

在《子张》篇里，我们可以清晰地看到子张对“信”的强调：“执德不弘，信道不笃，焉能为有？焉能为亡？”也就是说执守仁德不能发扬光大，信仰道义不能专一诚实，这样的人怎么能说他有？又怎么能说他无？这样的人实在是可有可无。信道是弘道的前提和基础，没有信，一切都无从谈起。这里我们不仅看到了子张对仁道的坚信不疑，也看到了他作为仁道传承者的高度自觉。这就好像曾子所言：士不可以不弘毅，任重而道远。他们都有一种强烈的使命感和责任心，这种强大的内驱力推动着他们为仁学的发展做出了重要的贡献。同出于《子张》篇中的另一段名言，也可以反映出子张对孔子仁学的深刻体悟和创新认识：“士见危致命，见得思义，祭思敬，丧思哀，其可已矣。”士在国家危难时能够献出自己的生命。见到有利可图能够考虑是否合乎义礼，祭祀之时想到恭敬严肃。遇丧之际想到悲伤哀痛，做到这些就可以了。这些标准已经使孔子的圣人之学变得更贴近生活,更易于把握了。至此,在孔子悉心教导之下的子张,在自己勤奋不息的努力之下,已经成为儒学林地里的一棵参天大树。

子张谨记着老师"忠信笃敬"的教诲,并以此来矫正自己的性格弱点。孔子曾经批评他"过犹不及",批评他"师也辟(偏激)",为人宽厚、以孝著称的曾参批评他"堂堂乎张也,难与并为仁也",连儿女亲家子游也批评他"吾友张也,为难能也,然而未仁",这些都说明对于才高志广的子张来说,涵养德行仍然需要持之以恒。好在他对这一点有清醒的认识,即使在老师去世以后,他也时刻谨遵先师的遗训,努力按照"君子尊贤而容众,嘉善而矜不能"的标准要求自己。这使我们相信,至少在主观上,子张对自己的德行修养有着很高的期许并努力地付诸实践,当然,要彻底修正一个人的秉性并不是一件容易的事。

第十四节 子有:长得最像孔子

司马迁《史记·仲尼弟子列传》中曾记录了孔子去世后他的那批不到而立之年的弟子们所面临的心理断乳困境,他们无法适应失去老师的现实,所以在服完三年丧礼后,就把满腔的思念都化转成了对另外一个人的尊敬,他们把这个人当作夫子的化身,像对待夫子一样地去礼奉他。而这个人之所以被大家选中,则是因为他长相特别,他太像夫子,以至于同学们不约而同地把视线聚焦在他的身上。

这个寄托着弟子们无限希望的人,就是有若。他姓有,名若,字子有,又名"冉求"亦被尊称为有子。采用司马迁之说,他比孔子小四十三岁,鲁国人。可是,有谁可以替代孔子在人们心中的地位,又有谁能够有那样的影响力可以引领那批智慧过人的年轻才俊继续行走在推仁行礼的儒学之路上呢?结果可想而知,无论子有如何努力,他也必然要被那些拥他为师的同窗们请下师座。在《史记·仲尼弟子列传》的记载中,他因为不能回答同学们的问题,而被大家不客气地赶下了台。(弟子起曰:"有子避之,此非子之座也。")时间是疗伤最好的药,随着岁月的流逝,那批弟子慢慢地抚平了失去先师的心理创伤,开始各立门户,以各自不同的方式传承夫子的学说。有若也招徒为师,丰富和发展了夫子

子有塑像

之道。

一、孝悌仁本

虽然《论语》中记录有子的言谈只有四处，可是处处出语不凡，处处显示了他对老师学说的独到见解。以此来反观当年的同窗之所以要尊他为师，除了他长相酷似孔子之外，他上乘的学识和德行也是一个很重要的原因。否则，我们无法想象包括子夏、子张在内的那批孔门高徒，竟然拥戴这个和他们年龄相仿的同窗来做自己的老师。在《论语》的编排上，似乎也透露出有子的特殊地位。全书由孔子首先登场，他在吟诵着“学而时习之，不亦说乎？有朋自远方来，不亦乐乎？人不知，而不愠，不亦君子乎”的三句名言中徐徐拉开了《论语》的大幕。在孔子眼里，那学习的快乐，那交友的快乐，那涵养身心又诲人不倦的快乐，是对每一位为学之人的奖赏。这里洋溢着一种学而得之的喜悦，一种学以

致用的欢心。在这段欢快的开场白之后，有子作为优秀学生代表被第一个请上了台，他的体会是，学习一定要抓住要点，而且明确指出孝悌就是学习孔子仁学的根本所在。他的发言不仅使孔子也把话题落在了仁学之上，还带动了曾子、子夏等同学各抒己见。更重要的是，他在《论语》这部大戏的第一幕《学而》中登台三次，享受了仅次于孔子的殊荣。

有子的第一回发言很精彩。他说："其为人也孝弟，而好犯上者，鲜矣；不好犯上，而好作乱者，未之有也。君子务本，本立而道生。孝弟也者，其为仁之本与！"他认为一个人如果在家孝顺父母，敬爱兄长，而在外面却冒犯长辈和上司，这种情况很少见。并且进一步推论，如果一个人不喜好冒犯长辈和上司，却喜好造反作乱，这种情况是不可能的。所以他得出的结论是，君子应该专力于事情的根本，根本问题解决了，为学之道、为仁之道都自然而然地得以建立。而根本所在，即是"孝悌"二字。我们知道仁是孔子理想中的最高道德境界，而实现这个最高标准却必须有一个最基本的切入点，然后从这儿拾阶而上，最终达到理想之巅。有子在这里明确地指出了学仁的路径和根本。善事父母、善事兄长是一个人最基本的道德修养，也是仁心之初，仁道之初。尽管有子说话的立场有维护统治者利益的嫌疑，可是"孝悌"二字的重要性还是不容置疑。它在长达两千多年的封建时代里，为社会的稳定发挥了重要的作用。当然，当统治者为了自身的利益，故意扭曲它的本义而导致它走向反面时，由它派生出的绝对服从和等级观念就阻碍了社会的进步。当它远离了仁心的本义，就与仁道背道而驰，就成了棍棒和枷锁。但是只要回归它仁爱的本义，就一定会产生积极的社会效应。当我们可以上孝父母、下爱弟兄时，一个和谐的家庭就诞生了；如果我们再往前一步，像孟子所说的那样，"老吾老以及人之老，幼吾幼以及人之幼"，那一个和谐的社会也应该为之不远了。有子的这段话，表明他已经吃透了孔子仁学的基本内容，并且找到了一条行之有效的为仁之路。他把孔子高深的仁学体系中"孝悌"的概念单独抽取出来，通过阐释和生发，赋予了它更清晰的意义和更鲜活的生命。

二、和为贵

第二次发言，有子又抓住了问题的关键，他对礼的使用提出了建设性的意见："礼之用，和为贵。先王之道，斯为美；小大由之。有所不行，知和而和，不以礼节之，亦不可行也。”他主张以礼为准绳，以和为处事原则。首先，他认为在礼的使用过程中，只有达到双方的和谐才算是收到了最佳的用礼效果。这一点对于当时的人们强调一端，把下对上的礼敬看成是用礼的重点，具有纠偏的作用。接下来，为证明“礼之用，和为贵”的正确性，他指出周代先王的治国之道，就已经做到了和在礼中，以和为美，无论大小事都做到了遵循此道。最后，他又指出了用礼的另一个误区，即只知道一味求和，而不懂得用礼来调节和约束，这样做的最终结果自然也是不可行的。所以在有子看来，要想正确地使用礼，就应该做到“礼以和贵”，“和以礼节”。这种看问题的角度和思考问题的方法简直无懈可击。从实际情况来看，有子的见解的确很高明，但就“和为贵”本身已经成为几千年来人们为人处世的一句名言，就可以说明他的这番话所具有的生命力。即使在今天，大到国事，小到私事，概莫能外。礼是制度，是原则，可是它需要变通，需要调节，需要达到双方利益的最大化，所以和就成了检验礼的参照物。但是一味强化和的效果而使它脱离了礼的怀抱，那和就失去了实际的意义，并且必然要走向它的反面，甚至导致用礼的双方都陷入不义、不和之境。这里有子把孔子对礼的阐释又深化了一步。

三、践言远耻

有子还提出在社会交往中应该掌握原则、把握分寸，使孔子仁学体系中的“信”、“义”概念更具体化：“信近于义，言可复也。恭近于礼，远耻辱也。因不失其亲，亦可宗也。”“近”，符合，接近；“复”，实践，实行。意思是讲诚信、守盟约，必须合乎义的范畴，只有这样，诺言才可以兑现。对人对事的恭敬之心必须合乎礼度，这样才可以避免耻辱。所依凭的是亲近的、值得信赖的人，行事也就可靠了。此三点强调的都是慎始的问题，万事慎始才可善终。一个不合乎义的合约从一开始就注定了它无法实现的结局，即使短期兑现也终究逃不脱正义的制裁。不知道有子当年是否有过追随孔子周游列国的经历，如果有过，他肯定记得孔子和弟子们在蒲地被围的情景。当时师徒一行人想取道蒲地投奔卫国，正好赶上公叔氏据蒲叛卫，所以蒲人就扣留了孔氏的队伍。弟子中有一个叫公良孺的，是陈国人，他自己带了五辆车子一路为孔子保驾护航。他身高力大，勇武过人，面对蒲人的无礼阻挠毫不手软，激烈交锋过后，蒲人也觉得此人是个令他们头疼的主，所以就起意放行，但是必须要求孔子答应一个条件，就是绝对不去卫国。孔子立刻同意，于是蒲人放他们从东门出去。但是孔子并没有兑现他的承诺，而是带着他的队伍按照原先的计划去了卫国。子贡觉得不解，他问老师：盟约也可以违背吗？孔子的回答很干脆：在要挟下订立的盟约，神是不会认可的。这个故事被司马迁记录在《史记·孔子世家》中。它不仅生动地体现出孔子为人的通达，也充分说明了一个不合乎义的合约从一开始就注定了它必然流产的结局。至于恭敬必须合乎礼，也提醒我们做事要把握分寸，恭敬过头，既会直接影响办事的效果，也会导致当事人自取其辱；讨好谄媚、溜须拍马正是送给恭敬过头者的荆棘花冠。要想行事可靠，自然要依靠自己了解的和值得信赖的人。如果用人不当，也就谈不上办事可靠，最终的结果也就肯定是事与愿违了。

四、君与百姓

以上三次发言完毕后，有子休息了很长一段时间，直到《颜渊》篇中，也就是间隔了十一幕以后他才现身。不过，这次他出语更是惊人，比孔子当年不满季康子实行以田亩征税制度而表现出的批判勇气还要坚决得多。鲁哀公问他，现在国内年岁饥荒，国家财政吃紧，你可有什么解决问题的办法呢？（哀公问于有若曰："年饥，用不足，如之何？"）有子的回答是，那为什么不实行抽取十分之一的彻税法呢？！这个回答太出乎哀公的意料，因为彻税法已经在鲁宣公十五年（公元前594年）被废除，至他们谈话之时已过去了百余年，所以他反问有子：我征收十分之二的田租还不够用，怎么可能退回到只收十分之一呢？（"二，吾犹不足，如之何其彻也？"）有子掷地有声地反驳哀公："百姓足，君孰与不足？百姓不足，君孰与足？"也就是说，如果采取减轻税负的办法，先使百姓富足起来，国君还愁用度不够吗？如果百姓都不能富足，国君的富足又从何谈起呢？这种富国必先富民的思想与孔子完全相同。

鲁哀公十二年（公元前483年），鲁国实行新的征税制度，百姓的负担大大加重，这是孔子晚年痛心疾首的一件事，所以他对推行新税法的弟子冉求大为光火，甚至不愿再认他为徒，要和他断绝师生关系。而有子和孔子意见一致，他不仅否定了在哀公任上实行新税法的做法，也指出了鲁宣公以后的五任君王都没有施行轻征薄敛的经济政策，对历史和现实都提出了批评。从表面上看，也许有子的观念有些保守，他居然还希望回到百年以前的旧税法中，可实际上，他的贵民观点和富国必先富民的经济发展思路一点也不过时。我们在阅读有子的这一段话时，如果和当年孔子的思想做个比较，就更能够发现有子的勇气可嘉。鲁哀公十一年（公元前 484 年），也就是孔子结束了十四年的周游历程回到鲁国的那一年，季康子作为宰相召集高层领导会议，酝酿实行新的征税制度。孔子当时被尊为国老，所以听取他的意见也是一个重要的程序，季康子要从孔子这里找到推行新税法不违背周公之典的理论支撑。这项任务就交给了冉求。我们知道，正是因为冉求的努力，季康子才派特使迎回了当时在卫国面临困境的孔子一行。可是这层亲密的师生关系并不能够动摇孔子“敛从其薄”的观念，他一听学生代表季氏向他征询改税的意见就以“丘不识也”为推脱，也即“我不懂这些”而委婉地表达了自己的反对态度。冉求代表季氏连问了三次，孔子三缄其口。等到会谈结束，孔子才私下里告诉冉求自己的真实想法：君子办事要依据礼法，施舍要力求丰厚，处事要力求适中，赋敛要力求微薄。如果这样，原先按丘征税的办法就已经足够了，用不着实行新税法。（“君子之行也，度于礼：施取其厚，事举其中，敛从其薄。如是，则以丘也足矣。”《左传·哀公十一年》）这里我们对比有子和哀公谈话的态度，就发现他非常果决，他的胆略、他的勇气、他的见识都很令人佩服。当然，孔子之所以采取那样的委婉态度肯定自有原因，也许和他当时的特殊处境有关，和他与冉求的特殊关系有关，也和他个人的性格有关。

我们从以上四处记录中已经可以看出有子思想的深邃，他的“孝弟也，为仁之本也”的思想，他的“礼之用，和为贵”的思想，他的“信近于义，言可复也。恭近于礼，远耻辱也”的思想，他的“百姓足，君孰不足？百姓不足，君孰与足”的思想，都是在准确地把握孔子思想体系的基础上，进一步丰富了儒家的学说。我们可以说，他是那批后期才俊中最忠于夫子之道的学生。

值得一提的是，根据《左传·哀公八年》的记载，在鲁哀公八年（公元前 487 年），鲁国曾遭遇吴国的侵犯，吴军由武城长驱直入，鲁国局势危在旦夕。鲁大夫微虎组织了一支夜袭吴军的敢死队，有子也报名参加，而且被作为精英留在这支部队里，尽管最终未能成事，但是也足见有子是个文武双全的人物。这也就不奇怪他为什么在和鲁哀公谈话时会选择那样的方式了。

第十五节　子骞：孔子赞为孝子

闵损，名损，字子骞，鲁国人，比孔子小十五岁，名列"孔门十哲"，与孔子最赏识的颜渊共扬德行之美名，是孔子最优秀的学生之一。在《论语·先进》篇中，老师对他的孝行大加赞赏："孝哉闵子骞！人不间于其父母昆弟之言。"元人郭居敬辑录的《二十四孝》故事中也记载了他的事迹，使他的大名在童蒙合诵中响彻于中国传统文化史上七百多年。

子骞塑像

一、孝哉闵子骞

孔子一生授徒三千，能称得上孝子的弟子不在少数，仅《论语》中就至少有仲由和曾参两位是孝行的模范。西汉刘向所撰《说苑·建本》一节，就生动地记录了他们的先进事迹。仲由自己吃糠咽菜却"百里负米"孝敬父母，而在自己官居高位衣食无忧时，每每想起父母总是泪流满面。曾参以一则耘瓜的故事令世人对他大加赞叹。他幼年时帮助父亲打理瓜地，一不小心连草带苗一起锄掉，其父大发雷霆，抄起家伙一顿猛打，致使他当场昏死过去。可是醒来之后，看着在一旁后悔不已的父亲，他不哭不怨，一路小跑回到家却弹起琴来，意在告诉父亲：儿子的身体没被打坏，千万不要为自己担心。这样的孝顺实在是太难得。可能正是儿子的这一片孝心深深地打动了这位父亲，所以他才修得后来的那一份恬淡和超脱，使他在《论语·先进》篇中所描画的那一幅嬉戏春风的美景博得了孔子的赞同。可是，仲由和曾参这两位孝行突出的高徒，并没有得到孔子给予的孝子的美誉，孔子只把这个称号送给了闵损，并且在颁奖时呼其字而不称其名。那颁奖词也值得玩味，孔子先是大赞一声：孝哉闵子骞！接下来又补充一句："人不间于其父母昆弟之言。"意思是人们无法挑剔他父母和兄弟夸赞他孝顺的话，也就是说他的孝顺经过了严格的审查，无懈可击，他是当之无愧的孝子。

被孔子赞为孝子的闵子骞到底有着什么样的孝行而获得了如此的殊荣呢？我们可从《二十四孝》的"芦衣顺母"中看个究竟。俗话说"夏天的日头，晚娘的拳头"，闵子骞就摊上了这么一个狠心的晚娘。他生母早死，父亲娶了后妻，又生了两个儿子，继母经常虐待他。她给自己亲生的两个儿子穿着厚厚的棉花做的冬衣，却给闵子骞穿用芦花做的棉袄。闵子骞的父亲是个小商人，整天为了生计奔波在外，丝毫不知道家里发生的虐子事件。一个寒风凛冽的冬日，父亲又要出门，闵子骞为他牵出牛轱辘车。因为天寒地冻，闵子骞冷得直打战而把绳子掉落在地上，父亲看着他哆哆嗦嗦、办事不力的样子，气不打一处来，劈头盖脸一阵怒骂外加一顿鞭打，那扬起的鞭子打破了儿子的棉衣，也打飞了藏在里面的芦花，一朵朵飞舞的芦花诉说着闵子骞遭受的一次次虐待，父亲这才知道，自己的孩子在家里过的是什么样的苦日子。气恨交加之下，他的第一个反应就是要冲回家去休掉那个狠心的婆娘。可是深明事理的闵子骞却跪在父亲面前请求他饶恕继母，认为留下母亲只是自己一个人受冷；休了母亲，三个孩子就都要挨冻了。（"母在一子单，母去三子寒。"）父亲大为感动，继母闻之也悔恨知错，从此待他亲如己出，一个即将破碎的家庭终得以合家团圆。有诗赞曰："闵氏有贤郎，何曾怨后娘。车前留母在，三子免风霜。"这里，我们看到闵子骞的境界实在是常人难及，正如胡炳文所言："他人之孝，处人伦之常，闵子则处变而不失其常。"闵子骞以忍耐和宽容孝对继母，这比孝顺亲生父母要难能可贵得多。换句话说，连昔日那么狠心的继母都可以被他感化，就足见闵子骞的孝行有多么大的穿透力量。闵子骞的孝行安定了一个五口之家，给四乡八邻做父母的人们都提了个醒，出门在外的男人要懂得关心家人，仅仅会挣钱是远远不够的；为人继母的要公心持家，善待继子女。他也给后世做儿女的树立了一个如何从大局出发的榜样，甚至给我们今天如何建设和谐家庭提供了一个榜样。所以，闵子骞的孝行更具有教育意义，也更具有理性的思考。孔子自然要对他特别嘉奖，要亲自颁奖致辞，并在《先进》篇中授予他孝子牌匾，在德行榜上高挂着他的大名。

二、辞官

在闵子骞少年的孝行之中，我们已经可以看出他是一个很有头脑的人。成年之后，尤其在师从孔子以后，他崇德又理性的那一面更是给我们留下了深刻的印象。他重视道德修养，淡漠仕途名利。一次，不知是季桓子还是季康子，慕闵子骞之名想聘请他管理自己的采邑费地，封他为费宰。可是闵子骞认为季氏"不臣于鲁"，是个违礼之人。如果做了他的官，就违背了忠信，也违背了自己的道德操守。所以他毫不犹豫地对前来劝说他做官的使者说："善为我辞焉！如有复我者，则吾必在汶上矣。"意思是，好好地为我推辞掉这件事吧！如果再来召我的话，我就必然会在汶水之上了。这里的"汶"指汶水，在鲁国的北面、齐国的南面；"上"是指水之北，汶水之北也就是指齐国，暗指投奔齐国，所以此处闵子骞的意思很明白：如果再来相邀，我就出国一走了之了。这"不仕大夫，不食污君之禄"的决绝态度，和冉求、子路当年辅佐季康子时明知道讨伐颛臾国有失礼义还为主子寻找借口的做法相去甚远。而从另外一方面来看，他懂得在乱世中、在恶人当政时远离是非、洁身自好，也是一种非常明智的君子之行。朱熹在《四书章句集注》中就非常肯定闵子骞的这种做法，他认为在一个"刚则必取祸，柔则必取辱"的特殊环境里.远走高飞是一种可取之举。"见得思义"，闵子骞做到了；"道不同，不相与之为谋"，闵子骞做到了；"邦有道则仕，邦无道则可卷而怀之"，闵子骞也做到了，所以我们应该说，"訚訚如也（意为正直恭顺的样子）"的闵子骞的确是孔子的一个好学生。

可是，一向有着"知其不可而为之"的积极入世的孔子则极力劝说闵子骞上任，希望他可以怀着将儒家思想付诸社会实践的远大抱负来施展他的政治才华。于是在担任费宰的数年里,他按照孔子的教诲"执德法为衔勒",即以道德与法令作为管理百姓的抓手,使百姓得以安居乐业,并采取一系列德化于民的方法,使费地呈现繁荣。然而,终究是志不同道难合,在孔子被迫辞官离鲁的那一年,闵子骞也辞掉费宰,追随老师周游列国去了。

三、言必有中

在《先进》篇里,还有一则关于闵子骞的记事:鲁人为长府。闵子骞曰:"仍旧贯,如之何?何必改作!"子曰:"夫人不言,言必有中。"这是说鲁国执政者意欲扩建库房即国库,闵子骞听说后批评道:原来的库房就很好,有什么必要劳民伤财去改建呢?孔子对闵子骞的这番言论很赏识,表扬这个学生说,此人平时不怎么开口,可是一说出话来就能够讲到点子上,颇有"不鸣则已,一鸣惊人"的风度。不像有一种人,正好反过来,平时夸夸其谈,关键时候却总是掉链子。闵子骞这种"夫人不言,言必有中"的才能不是一般人可以为之的,按朱熹《四书章句集注》的话讲,那就是"言不妄发,发必当理,惟有德者能之"。只有以仁德为生命底色的人,才能够做到平日里慎言左右,关键时刻"言必有中"。这里我们也可以看到闵子骞崇尚节俭的生活作风。联想他少年时身着芦花棉衣的艰难,就知道他不赞成统治者铺张浪费是怎样一如既往地保持了艰苦朴素的好品德。崇尚节俭、安守朴素是一件看起来容易做起来难的事。有人以为财富可以无穷尽地被创造,以为节俭和朴素已经成了保守和落后的代名词,甚至有人以为它已经阻挡了社会进步的脚步,于是把铺张浪费美誉为拉动内需,动辄以钱摆谱,挥金如土,更有甚者只认价格不认货,越贵越买,自诩为以消费促生产。虽然消费与生产互相依存,但是消费与浪费是两个截然不同的概念,任何时代,无论物质如何丰富,都必须树立正确的消费观念,必须合理有效地利用资源,尤其是生态资源。在提高人们生活水平、改善人们生活质量的同时,始终不可忘记可持续发展的重要性。

由于闵子骞的孝悌忠义,后代给他缺席颁奖的帝王不少,对他的嘉奖追封也很多。

孔子论政

据不完全统计，大约有：唐开元二十七年（公元739年）玄宗封他为“费侯”，北宋大中祥符元年（公元1008年）封他为“琅琊公”，南宋度宗咸淳三年（公元1267年）又封他为“费公”，明嘉靖皇帝曾赐“翰林院五经大博士”，清康熙皇帝亲赐“德性之科”四字匾额，清乾隆皇帝亲书“笃圣祠”金字匾额。经过历代皇帝赐匾追封和文人墨客赋诗题记，闵子骞的懿行美德得以千古流传。

值得一提的是，闵子骞葬于何地至今尚有争讼，山东省济南市以及费县、河南省范县、安徽省宿州市以及萧县均存有闵子祠及墓。尤其是位于安徽省宿州市曹村镇的闵子骞祠，还是宿州市重点名胜古迹，也是安徽省省级重点文物保护单位，其墓坐北朝南，高六米，直径四十米，颇为壮观。近旁有两座高二米、直径二十四米的墓，传说墓主为闵子骞的两个异母弟弟。墓地总占地面积约六千四百平方米，四周松柏环绕，“闵墓松风”素为宿州八景之一。闵祠始建于宋朝，现存殿宇十四间，祠内还存有见证了沧桑岁月的古柏和银杏。祠外有碑亭两座，祠东公路旁还有牌坊一座，上书“先贤闵子故里”。祠东南另有孝泉和闵子故居。至于闵子骞如何从鲁国移居于此，有传说是从父辈开始，为避“三家弄权”的乱世之政而举家迁居此地。由于缺乏有力的佐证，现在已经难以定论孰是孰非，习惯上以山东费县闵子庄的闵子祠为正宗，这里也是其长子闵沃盈墓所在地。它的规模宏大，原面积有二十余亩，曾十一次重修，有碑碣百余处。正阳门上悬乾隆皇帝手书“笃圣祠”三个金光大字，今尚有

遗迹。

第十六节　司马耕:被孔子告诫慎言

司马耕,复姓司马,单名耕,字子牛,宋国人,孔子晚年的学生。司马迁在《史记·仲尼弟子列传》中对他的评价是"多言而躁",也就是说司马牛是个话多、性子又急躁的人。《孔子家语·卷九·七十二弟子解》也说他"为性躁,好言语"。这些都说明他的性格中还有不少需要磨砺的地方。孔子一向火眼金睛,他对学生可谓了如指掌,每次回答学生的问题,都能够对症下药,做到有的放矢。在《论语·颜渊》篇中,司马耕有两次提问,一次问仁,一次问君子,这两个问题都至关重要,都涉及孔子学说的核心内容;但是孔子都是长话短说,开出的药方都简简单单。下面就让我们来看看司马耕究竟患了何种病,孔子又给他开了哪样药?

一、"讱"字药方

司马耕塑像

司马牛问仁。子曰:"仁者,其言也讱。"曰:"其言也讱,斯谓之仁已乎?"子曰:"为之难,言之得无讱乎?"(《颜渊》)

由于孔子已经做过先期观察,他知道司马牛有放言高论的习惯,所以在这儿,当司马牛问及怎样才是仁时,孔子没有把脉就开了一个一字药方——"讱",他说,仁人,应该言语谨慎。"讱"是指言语迟钝,这里引申为出言慎重。朱熹在《四书章句集注》中对此的解释是:"讱,忍也,难也。仁者心存而不放,故其言若有所忍而不易发,盖其德之一端也。"这里朱熹认为仁人"切言",实际上就是"忍言",只不过这个"忍"并不是仁人主观上有意而为之,是因为他们存仁在心，凡事都深思熟虑，不轻易开口，而在客观上就造成了一种遇事“忍言”的效果。并且他还认为“忍言”是一种品德，很不容易做到。的确，在很多情况下，能够忍住不说话，或者说能够谨慎出言的人实在不多。相反，夸夸其谈者，自以为是者，不吐不快者，反客为主者，冲口而出不计后果者，却比比皆是，尤其在年轻好胜的人群中更是普遍。所以孔子就着司马牛问仁的机会，对这个“为性躁，好言语”的学生敲敲警钟，意思是对其而言，当下最要紧的事是解决自身存在的主要问题，不克服“多言而躁”的缺点，要想达到仁的境界是绝无可能的。

但是司马牛并没有意识到孔子开出的药方是针对自己的性格缺陷，反而觉得这个“讱”字药方太简单，太容易，他似乎不能够相信老师庞大的仁学体系居然可以如此容易地只用一个“讱”字来作为实现的参照物，所以他忍不住接着问老师：“说话克制，不轻易出口，这就能说是仁了吗？”言下之意，如果做到“其言也讱”就能够算得上仁的话，那为仁还有何难？又有谁会做不到呢？面对学生仍然执迷不悟的情状，孔子知道还必须把道理讲得再清楚一点，于是，他反问司马牛：“凡事做起来都是困难的，所以我们说话能不谨慎吗？”这里的潜台词是：如果你出语轻率，说到做不到，或者说一个言行不一的人，那能算是仁人吗？更何况“其言也讱”还不过是为仁的一个方面。孔子在此力图使司马牛提高思想认识，希望他明白谨慎说话与修仁之间的密切关系。孔子很善于做思想工作，他知道只有认识到位，行动才有可能到位，他的那个“讱”字药方才有可能生效，他所倡导的以仁为目标的修身计划才能够实现。实际上，出语谨慎的原因并不止“为之难”，即使“为之不难”，也不能够不假思索地张口就来，历史上片言获罪、祸从口出的例子实在太多，生活中言多必失的情况也不少见，这些都是说话要谨慎的理由。不知道司马牛在孔子的这次专家门诊之后，有没有意识到那个“讱”字药方对于他的重要意义。

需要指出的是，在司马牛问仁之前，他的两位师兄，颜回和冉雍也刚刚看过老师的专家门诊，他们拿到的处方各有不同，颜师兄的是“克己复礼为仁”，具体的使用方法是“非礼勿视，非礼勿听，非礼勿言，非礼勿动”；冉师兄的则是“出门如见大宾，使民如承大祭”，具体的使用方法是“己所不欲，勿施于人。在邦无怨，在家无怨”。这两位师兄的理解力都很高，当场就明白了老师的意图，并且立马表态："回（雍）虽不敏，请事斯语矣。"就是说虽然自己资质愚钝，但一定会按照老师开的方子切实努力。相比之下，司马牛在接过老师的处方时就少了这两位师兄的诚恳，很可能他还没有回过神来，还没有真正明白孔子的"讱"字药方对于自己的意义何在。这也从一个侧面反映了司马牛"多言而躁"的性格本身，的确限制了他的思考能力。

二、君子不忧不惧

无论司马牛是否开始采用了孔子的"讱"字药方，是否已经取得了明显疗效，他始终还是一个积极上进的学生。一日，他又去了孔子的家，这回他是想问问怎样才能够做一个君子：司马牛问君子。子曰："君子不忧不惧。"曰："不忧不惧，斯谓之君子矣乎？"子曰："内省不疚，夫何忧何惧？"要理解这次问诊的过程，我们需要对司马牛的背景做一点交代。

参照《左传·哀公十四年》所记"桓魋在宋国犯上作乱"一事，以及《孔子家语·卷九·七十二弟子解》中关于司马牛"见兄桓魋行恶，牛常忧之"的说明，再加上孔安国在《〈论语〉集解》中所言"牛兄桓魋将为乱，牛自宋来学，常忧惧，故孔子解之"，我们大体可以推知司马牛是宋国大夫桓魋的弟弟，司马桓魋在宋国很受宋公恩宠，可是他却恃宠骄盈，不断扩张自己的势力，意欲以下犯上，图谋不轨。这个野心一直使做弟弟的司马牛心怀忧惧，虽然他反对哥哥的做法，却无能为力。另外，孔子当年周游过宋，曾经批评桓魋的奢靡，他让一批石匠为自己建造身后的石椁，竟然花了三年的时间还没有完工，把石匠全都累得病倒了，可见其铺张浪费的程度，所以孔子当时气愤地说道："若是其靡也，死不如朽速愈。"意思是如果这般奢侈，还不如身死之后朽烂得快一点好。由于受到孔子批评，司马桓魋恼羞成怒，意欲杀掉这个敢对他有微词的人。一次，他趁孔子在大树下给学生讲习礼仪，就怒气冲冲地派人把大树给砍了。尽管孔子镇定自若，并且告诉学生上天赋予他传播道德的使命，桓魋也不能拿他怎么样，可是学生们还是心有余悸，催促着老师赶快离开是非之地，孔子也就只得带着一行人匆忙离开了宋国。也许正是因为这两个原因，使得投师孔子门下的司马牛总是心有不安。可是孔子说过的“君子坦荡荡，小人长戚戚”的话始终萦绕在他耳边，他不甘于陷在小人之列，所以他想去孔子的家求医问药。

明察秋毫的孔子一听司马牛张口，就知道他心里在想什么，所以立刻开好一张“君子不忧不惧”的处方递给了学生。司马牛一看，觉得太过简单，他不相信地问老师：“不忧愁，不恐惧，这就可以做君子了吗？”要想成为君子，的确需要多方面的品德锤炼，如果只做到“不忧不惧”，确实还离君子的要求很远。但是就司马牛当前的状况来看，克服内心的忧惧是当务之急，如果这个心理疾患不解决，问题就会越来越严重，别说做君子，就连做个正常人都难了，所以孔子先要开出这副药让他服用。为点化司马牛的主要困惑，孔子又说明了为什么开出这个“不忧不惧”药方的原因。他话里有话地对司马牛说，如果自我反省，没有内疚，上不愧天，下不愧地，有什么好忧愁和恐惧的呢？也就是说不忧不惧是建立在问心无愧的前提下，如果一个人做到了不忧不惧、问心无愧，那怎么可能成不了君子呢？这番话非常具有针对性，孔子是在告诉这个为了家庭背景背着很大思想包袱、整日忧心忡忡的学生，你所忧惧的那些事都不在你的能力范围之内，你那么惊恐和忧虑没有用，应当放下包袱，轻装上阵，凡事力求问心无愧就可以了。这次心理门诊让我们想起当年孔子对出身不好的冉雍排忧解难的情景。那时候，他也是这样循循善诱，想尽办法鼓励和温暖着这些有家庭问题的学生的。

三、司马牛之叹

司马牛被心里的阴影追逼着，变得越来越忧伤。司马牛忧曰：“人皆有兄弟，我独亡。”子夏曰：“商闻之矣：死生有命，富贵在天。君子敬而无失，与人恭而有礼。四海之内，皆兄弟也——君子何患乎无兄弟也？”这位客居异国、有家难回的游子内心充满了伤感，虽然他努力地以学习充实自己，不断地从老师那里汲取精神的力量，可是他还是无法转移自己的注意力，他无时无刻不被兄长之事所困扰，既担心兄弟的性命安全，又不悦于他陷自己于不义，那种挂念和愤恨的矛盾心情不是一般人可以理解的，所以他找到才智过人又具有创新思考力的同窗子夏，对着他倒起了心中的苦水。他对子夏说，我的命好苦呀，别人都有兄弟，唯独我没有哦！潜在之意是，我摊上桓魋这样一个哥哥，有兄弟也等于没兄弟哟！还不知道哪一天大难临头呢！子夏当时实际上是孔子的助教，在帮助老师整理典籍的同时，也帮助解答一些学弟的问题，那时候他已经学有所成，很有见地了。所以他听到学弟司马牛之叹，就安慰他道："我听说死生由命运主宰，富贵由上天安排。君子只要谨慎行事没有过失，对人恭敬、以礼相待，那普天下的人就都是你的兄弟了。君子何愁没有兄弟呀？"子夏的这番"死生有命，富贵在天""四海之内皆兄弟"的劝慰实在高明，直到今天还对我们的生活产生着不小的影响。至于"四海之内皆兄弟"的劝言，以它豪迈奔放的激情感染了很多人，至今还被悬挂在联合国总部的墙上呢！

"司马牛之叹"是一种人类共有的孤独之感，也是引发人们忧伤甚至是心理疾病的一个重要原因。《红楼梦》第四十五回描写了宝钗和黛玉之间的一段对话，起因是宝钗来潇湘馆探望病中的黛玉，引出了秋日里愁思满腹的黛玉的感伤，她先是叹"死生由命，富贵在天"，接着又感叹自己身世飘零、孤苦伶仃。向来懂得宽慰人心的宝钗故意岔开忧伤的话头对黛玉说："我虽有个哥哥，你也是知道的，只有个母亲比你略强些。咱们也算同病相怜。你也是个明白人，何必作'司马牛之叹'？"如果说宝钗确实是个心机过人、手段高明的女性，那这一次她实在是个诚心实意安慰闺中女友的小姐，她在黛玉的孤独中也看到了自己的影子，从某种角度讲，她也是飘零一族，她也没有父亲的疼爱，又摊上个混世魔王般的哥哥，也离乡背井投奔在亲戚家中，所以她和黛玉一样，也算是同病相怜。这次谈话使黛玉深受感动，说了一大通掏心窝子的话，看上去已经亲如知己了。现在，"司马牛之叹"已经进入我们的成语库，和我们的生活密不可分，即使处在现代社会快速发展的节律中，我们的内心深处也会时常传来司马牛那样的深深叹息。所以，我们需要子夏那样的同窗，需要宝钗那样的朋友，需要友情，需要关爱。

把司马牛的名和字合起来看，就可以发现他的名字"耕牛"非常具有历史意义。范文澜先生在他的《中国通史》第一册第六节《东周时期的经济状况》中，就将司马耕作为东周后半期已经开始用牛耕田的证据。用牛耕田，是中国农耕文明步人新的发展阶段的标志。实际上，孔子的学生中还有一个人也叫耕牛，那人姓冉，在"孔门十哲"的德行榜上也有一席之地。可能他们谁也不会想到，他们的大名就这样在中国文化史上留下了印记。

第十七节　孔鲤：不用缴学费

在前文《孔子怀疑论者》中，我们已经和孔鲤打过照面，他是传承孔子血脉的唯一的儿子。据《孔子家语·卷九·七十二弟子解》记载，孔子十九岁时娶了宋人亓官氏，第二年喜得贵子。儿子出生时孔子已经初涉政坛，担任过委吏、乘田这样的小官。虽然官微位卑，可是他的学识已经使他崭露头角，并获得了鲁昭公的青睐。当孔子沉浸在初为人父的喜悦中时，昭公特派使者前来致贺，并赐活蹦乱跳的大鲤鱼一尾。荣君之赐，喜上加喜，孔子干脆以鲤鱼作为儿子的大名。古人有名还要有字，字又必须与名的意义相合，所以顺着“鲤”这个名，孔子就给儿子取了“伯鱼”一字，“鱼”和“鲤”配合得当，再加上个“伯”字，把头胎儿子的身份也说清楚了。因为“伯”为老大之意，今天所言的伯伯就是这个意思的延伸。《诗经·小雅·何人斯》中有两句诗：“伯氏吹埙，仲氏吹篪。”意思是老大吹奏着陶制的乐器，老二吹奏着竹制的乐器，兄弟之间互相应和，其乐融融。并不是每一个孩子的出生都有这样的荣幸，都可以得到君王的赐予，所以二十岁的孔子自然是欣喜万分，他要把鲁君对自己的赏识转化为自己对孩子的期望，他希望这尾鲤鱼自由快乐地生活，而不要像自己那样一路艰难地走过童年和少年。

孔鲤

一、诗礼传家

父亲的要求是严格的，伯鱼总共在《论语》中现身三次，两次都挨了批评，原因都与学习有关。《季氏》篇通过伯鱼的回忆，记录了他在家里被父亲严厉批评的两个场景：

陈亢问于伯鱼曰："子亦有异闻乎？"对曰："未也。尝独立，鲤趋而过庭。曰：'学诗乎？'对曰：'未也。''不学诗，无以言。'鲤退而学诗。他日，又独立，鲤趋而过庭。曰：'学礼乎？'对曰：'未也。''不学礼，无以立。'鲤退而学礼。闻斯二者。"陈亢退而喜曰："问一得三，闻诗，闻礼，又闻君子之远其子也。"

那个总是对孔子充满怀疑的学生陈亢，有一天终于忍不住自己的好奇，他想知道老师到底有没有给自己的儿子开小灶，就找了个机会与同窗孔鲤攀谈起来。他问伯鱼：您在您父亲那儿，有没有得到什么特别的传授呀？伯鱼如实相告：什么也没有。可是仔细想想，伯鱼觉得倒有两次庭训算是父亲对他的特别教诲，所以他一字不漏地复述给了眼前这位总想挖点新闻的同学。这两次庭训都发生在孔子站在自家的庭院里思考问题的时候，伯鱼小步快走以示尊敬地经过父亲面前，可是父亲两次都叫住了他，一次问他是否念了诗，一次问他是否演习了礼，并且严肃地告诫他"不学诗，无以言""不学礼，无以立"，十分强调诗、礼学习的重要性。这两次庭训中透出追求圣境的严父对儿子学习状况的不满，也传达出一位普通父亲对儿子言谈和处世能力的担忧。于是，这诗、礼也就成了孔门后人传家的祖训。

好在孔鲤是个听话的儿子，也是个老实的学生，所以两次听完父亲的教诲，他都是认真地领命而去。从他与陈亢的对话中，我们也看出他的敦厚朴实，那位最喜欢持怀疑态度的同窗都对他的回答很满意。不过，最使陈亢高兴的事情是听说了孔子的君子风范，他从伯鱼那里知道孔子从不给儿子开小灶后，心里的疑团终于解开，脸上也绽开了笑容。这一段对话还传达出一个信息，它说明孔子对学生的教学是以鼓励自学为主的，并要求学生有大量的课外阅读，在学生自行体悟诗、礼这些重要的教育科目中，把课堂教学向外延伸，真正做到教与学相结合，从而达成他的教学目标。

伯鱼在《论语》中第二次被父亲批评是因为他的学业长进速度太慢。可能因为上一回孔子已经给儿子布置了读诗学礼的任务，所以过了一段时日要督查儿子的学习进度，就把孔鲤叫到了面前：子谓伯鱼曰："女为《周南》《召南》矣乎？人而不为《周南》《召南》，其犹正墙面而立也与？"这次提问非常具体，父亲直接问儿子《周南》《召南》读完了没有？很可能伯鱼的阅读速度太慢，还没有读完这二十五篇诗歌，所以又惹得父亲一通教训。他严厉地告诫儿子，《周南》《召南》是正始之道，王化之基，一个人如果不读这些诗篇，简直就像"正墙面而立"，什么也看不见，一步也行不通。这次教训比上次更严厉，上次是说"不学诗，无以言"，大不了不说话。现在的情况要严重得多，如果不读这些诗，那就不能看又不能走.如果再加上前面的不能说，那样的人生就太蒙昧、太悲惨了，无异于身陷枯井，与世隔绝。这段批评不仅说明孔子的严格态度，也表明了孔鲤不是一个学习优秀的学生，甚至在学习态度上都存在问题。也许父亲的学生都太出色，给了孔鲤太大的压力，这压力使他失去了自信，也使他产生了厌学的情绪。不知道孔子的这次批评是不是在课堂上，如果是在大庭广众之下，那老实巴交的孔鲤就成了烤鱼片了。

在《说苑·建本》中也记录了一则父亲劝学的教诲：孔子曰："鲤，君子不可以不学，见人不可以不饰；不饰则无根，无根则失理；失理则不忠，不忠则失礼，失礼则不立。夫远而有光者，饰也；近而逾明者，学也。譬之如污池，水潦注焉，萑蒲生之，从上观之，知其非源也。"《孔子家语·卷二·致思》也有一处与此相似的记载。这两处记录或许可以反映出一个共同的意思，那就是伯鱼的修德和进学水平离父亲的要求还有着一段不小的差距。可能是伯鱼先天的悟性不够，后天的努力也不足；也可能是父亲的工作太忙，没有给予他充分的辅导；还有可能是伯鱼生性胆怯，遇到问题既不敢问父亲又不好意思问同窗，反正，最终的结果是他没能成为"孔门十哲"，"七十二贤弟子"也与他无缘。大概"不才"是孔子对这个不用缴学费的特殊学生的比较客观的评价。

尽管伯鱼的学业不尽父意，可是父亲对他的早逝却是心痛至极的。在《先进》篇里有一段对话就很能说明这一点：颜渊死，颜路请子之车以为之椁。子曰："才不才。亦各言其子也。鲤也死,有棺而无椁。吾不徒行以为之椁。以吾从大夫之后,不可徒行也。"这里记载了孔子最赏识的学生颜回去世时的一件事。他的父亲颜路因为家贫买不起棺外之椁,就恳请自己的老师卖掉那辆专车以替颜回体面地治丧。孔子听着眼前这个老来丧子的学生的哭诉,也悲从中来,勾起了自己对逝去的儿子的思念。他对颜渊说,虽然你儿子有才我儿子无才,可是他们都是我们各自的儿子,孔鲤去世时也是有棺无椁,没有享受棺外套椁的待遇哦!更何况我曾经有过做鲁大夫的经历,按礼节我也不能够徒步而行,于情于理我都不可能卖车去给你的儿子买椁哟!两位老父亲,两段伤心情,尤其对于孔子而言,失去爱徒的伤痛交织着失去爱子的悲凄,传承学说之脉和传承家族之脉的两个最爱都英年早逝,孔子内心的悲情可想而知,他不禁欷歔不已、仰天长叹:哎呀,老天这是要我的命,要我的命呀!("噫!天丧予!天丧予!"《先进》)

二、承传儒学

孔鲤去世时只有五十岁,上有老父下有幼子。其子名伋,字子思,关于他的生年学界一直没有确考,这里从匡亚明先生的《孔子评传》之说,子思大约出生在鲁哀公十三年(公元前482年),也就是孔子结束十四年的游学生涯从卫国返回鲁国后的第三年。而这一年也正好是伯鱼去世的那一年,孙子和祖父一样都遭遇了年幼失怙的不幸。祖父去世时子思也只有四岁大小。虽然没有机会聆听爷爷的教诲,可是有爷爷的忠实弟子给他传道、授业、解惑,引领他走上了儒学之道。至于他的老师究竟是哪一位,学界也无确论,多数人认为他师从曾子,也有人认为他可能受业于子游。无论他师从何人,他的学识和德行有目共睹。

与父亲孔鲤相比,子思学业优异。他在二十岁左右,就已经打下了相当深厚的学识功底,较为全面地掌握了孔子思想的理论体系,并且最终形成了自己的理论主张。他认为儒家道德观念的核心在于诚,并认为诚是世界的本原。("诚者,天之道也,诚之者,人之道也。""诚者,物之终始,不诚无物。"《中庸》)在他看来,人在通过修德达到至诚之境后,则"可以赞天地之化育","可以与天地参矣",也就是可以与天地相沟通,可以顶天立地成为一个大写的人。他的这一观点和他提出的以中庸治国的学说，以及荆门郭店出土的楚简《五行》中所提出的“仁义礼智圣”思想，都大大地丰富和发展了祖父孔子所创立的儒家学说。子思的这些理论，后来又被他的再传弟子孟子进一步继承和发展，从而形成了儒家学派中的一个著名学派——思孟学派。他是先秦仁学谱系中从孔子到孟子的一个重要承传，对后来宋明理学的心性之学，也产生过重大的影响。他学问渊博，著录甚丰。据《汉书·艺文志·诸子略》所记，他曾著有《子思》一书，凡二十三篇，只可惜都已佚失。相传我们现在所能看到的《礼记》中的《中庸》《表记》《坊记》《缁衣》四篇都出自他的笔下。

子思身处礼崩乐坏、诸侯争霸的战国乱世，所以明道救世是他毕生的追求。和爷爷一样，他先是在鲁国收徒授业，推行自己的政治主张，后来又周游列国，在宋、齐、卫等国以儒家的仁政德治思想游说诸侯，以自己的实际行动维护着儒家的道德理想和人格尊严。他的事迹散落在很多史料中。

《孔丛子(上卷)·抗志》曾记载了他在卫国与卫君讨论治国安邦之策，敢于直陈卫君不辨是非，亲媚疏正，导致卫国的政治出现“无非”的不正常状况。这“无非”不是说卫国的政治完美无缺，无可挑剔，而是说没有人敢对卫君的错误提出批评，没有人敢讲真话，卫国上下已经形成了一种唯上是从的坏风气。他还毫不留情地指出，这样下去卫国就没有什么好前程可言了。(子思谓卫君曰:“君之国事将日非矣。”君曰:“何故?”对曰:“有由然焉。君出言皆以为是，而卿大夫莫敢矫其非;卿大夫出言亦皆以为是，而士庶莫敢矫其非。君臣既自贤矣，而群下同声贤之。贤之则顺而有福，矫之则逆而有祸，故使如此。如此则善安从生?”)这卫君还算是个明白人，听过子思的一席诤言，连连表态:“然乎，寡人之过也！今知改矣。”

《资治通鉴·周纪》中也记录了子思居卫期间的一个故事。他在卫侯面前力荐苟变做干城之将，指出为政者要心胸宽广，要树立“取其所长，弃其所短”的用人观念。这个故事对我们今天的人力资源管理工作或许有所启发。它说的是卫国一个叫苟变的人，“其材可将五百乘”，也就是说有将帅之才，可是他曾经在做地方官收税时吃了老百姓的两个鸡蛋,所以卫侯料定此人不拘小节,不予任用。子思认为一个好的领导应该像一个好的木匠一样,懂得如何取舍不同种类的木材。尤其处在战国乱世,正是广泛用人的特殊时期,如果一个国家只因为两个鸡蛋就舍弃了一个将帅之才,这样的事情实在要被邻国笑话。子思这种宽以待人、从大处着眼的理性通达的人才观,与他爷爷当年对管仲的评价一样,显示了符合人性和符合时代发展的先进性。“金无足赤,人无完人”是人尽皆知的道理,可是具体到实践中,大多数人就难以运用自如了。不过子思始终是个清醒的人,他不仅懂得“取其所长,弃其所短”的用人之道,还敢于当面指出卫侯狭隘保守的用人观念已经与时代的需要背道而驰。

子思居卫还有一个故事,赞的是他的气节:子思居于卫,缊袍无表,二旬而九食。田子方闻之,使人遗狐白之裘,恐其不受,因谓之曰:“吾假人,遂忘之;吾与人也,如弃之。”子思辞而不受,子方曰:“我有子无,何故不受?”子思曰:“伋闻之,妄与不如弃物于沟壑,伋虽贫也,不忍以身为沟壑,是以不敢当也。”他居住在卫国的一段时期里,生活极其拮据,只能穿粗麻布且只有里子没有面子的破袍子,二十天只吃了九顿饭,平均两天吃不到一顿,实在是穷困潦倒。可是他却不肯接受田子方赠予的白狐皮大衣。据说田子方是子贡的学生,是个非常富有且在官场上很有作为的人。遗憾的是他不太会说话,不仅没有帮成子思,反而惹得子思一肚子不高兴,自己也被抢白一通。子思说,既然你送人礼物就像扔东西一样,那我孔伋即使再贫困,也不能拿自己当沟壑,给你往里面扔东西呀,所以我绝对不能够要你的白狐皮大衣。从安贫乐道和临危不惧这些方面来看,子思的确很像他的爷爷。他和当年周游列国的孔子一样,坚守着儒家的道德理想和人格尊严。

正是出于对理想的坚守,子思晚年回到鲁国时,虽然受到鲁穆公的礼遇,却常常在他面前直言不讳,及时指出鲁穆公为政的错误。在荆门郭店楚简《鲁穆公见子思》一文中就记载了这样一个场面:“鲁穆公问于子思曰:‘何如而可谓忠臣?’子思曰:‘恒称其君之恶者,可谓忠臣矣。’公不悦,揖而退之。”在子思的眼里,一个敢于经常指出君王错误的人,才有资格称得上忠臣。从这个记录中我们也看出了子思这么做所付出的代价,这次直谏的结果使鲁穆公甚为不悦地拂袖而去。比起爷爷"以道事君，不可则止"的态度来，子思显得要更为决绝。

从以上这些事迹中，我们可以看出子思的刚直性格与父亲的怯懦大不相同。他和父亲的不同还表现在他对学习的重要性的高度认识上，他对学习的体会非常深刻："学所以益才也，砺所以致刃也。吾尝幽处而深思，不若学之速；吾尝跛而望，不若登高之博见。故顺风而呼，声不加疾而闻者众；登丘而招，臂不加长而见者远。故鱼乘于水，鸟乘于风，草木乘于时。"这里，他指出了学习与成才之间的密切关系。这一点他和爷爷一脉相承，他爷爷当年沉浸在学习的快乐中，"发愤忘食，乐以忘忧，不知老之将至"。我们完全可以说，孔子和子思所取得的成就与他们勤奋好学的天性密不可分。子思的学识和德行使他赢得了"述圣"的称号。与父亲相比，他不仅名扬后世，寿命也长了十二年，据《史记·孔子世家》的记载，子思享年六十二岁。

山东曲阜的孔林

今天，在山东曲阜的孔林中，正安息着孔子的一家三代，他们分别被尊为孔氏的一世祖、二世祖和三世祖。孔子墓位于孔林的正中，墓东是孔鲤之墓，墓南是孔伋之墓，据说这种设计有携子抱孙之意。也许，孔子一生为了理想东奔西走，根本无暇享受天伦之乐，甚至对儿孙也未能尽到责任。现在，祖孙三代静卧一处，要说的话，要交的心，都由千年的苍松古柏见证，代代的孔氏后人聆听。他们彼此温暖，彼此慰藉，彼此切磋，彼此相守。毕竟，在中国的历史上，还没有任何一个家庭可以如此地被镌刻在人类文明史的丰碑上。